동아출판이 만든 진짜 기출예상문제집

특급기출

기말고사

중학 영어 **3-2**

How to Study

이 책의 구성과 특징

STEP A 영역별로 교과서 핵심 내용을 학습하고, 연습 문제로 실력을 다집니다. 실전 TEST로 학교 시험에 대비합니다.

Words 만점 노트
교과서 흐름대로 핵심 어휘와 표현을 학습합니다.

Words Plus 만점 노트
대표 어휘의 영영풀이 및 다의어, 반의어 등을 학습하며 어휘를 완벽히 이해합니다.

Words 연습 문제 &
Words Plus 연습 문제
다양한 유형의 연습 문제를 통해 어휘 실력을 다집니다.

Words 실전 TEST
학교 시험 유형의 어휘 문제를 풀며 실전에 대비합니다.

Listen and Talk 핵심 노트
교과서 속 핵심 의사소통 기능을 학습하고, 시험 포인트를 확인합니다.

Listen and Talk 만점 노트
교과서 속 모든 대화문의 심층 분석을 통해 대화문을 철저히 학습합니다.

Listen and Talk 연습 문제
빈칸 채우기와 대화 순서 배열하기를 통해 교과서 속 모든 대화문을 완벽히 이해합니다.

Listen and Talk 실전 TEST
학교 시험 유형의 Listen and Talk 문제를 풀며 실전에 대비합니다. 서술형 실전 문항으로 서술형 문제까지 대비합니다.

Grammar 핵심 노트
교과서 속 핵심 문법을 명쾌한 설명과 시험 포인트로 이해하고, Quick Check로 명확히 이해했는지 점검합니다.

Grammar 연습 문제
핵심 문법별로 연습 문제를 풀며 문법의 기본을 다집니다.

Grammar 실전 TEST
학교 시험 유형의 문법 문제를 풀며 실전에 대비합니다. 서술형 실전 문항으로 서술형 문제까지 대비합니다.

Reading 만점 노트
교과서 속 읽기 지문을 심층 분석하여 시험에 나올 내용을 완벽히 이해하도록 합니다.

Reading 연습 문제
빈칸 채우기, 바른 어휘·어법 고르기, 틀린 문장 고치기, 배열로 문장 완성하기 등 다양한 형태의 연습 문제를 풀며 읽기 지문을 완벽히 이해하고, 시험에 나올 내용에 완벽히 대비합니다.

Reading 실전 TEST
학교 시험 유형의 읽기 문제를 풀며 실전에 대비합니다. 서술형 실전 문항으로 서술형 문제까지 대비합니다.

기타 지문 만점 노트 & 기타 지문 실전 TEST
학교 시험에 나올 만한 각 영역의 기타 지문들까지 학습하고 실전 문항까지 풀어 보면 빈틈없는 내신 대비가 가능합니다.

STEP B   내신 만점을 위한 고득점 TEST 구간으로, 다양한 유형과 난이도의 학교 시험에 완벽히 대비합니다.

고득점을 위한 연습 문제
- Listen and Talk 영작하기
- Reading 영작하기

영작 완성 연습 문제를 통해, 대화문과 읽기 지문을 완벽히 이해하면서 암기합니다.

고득점 맞기 TEST
- Words 고득점 맞기
- Grammar 고득점 맞기
- Listen and Talk 고득점 맞기
- Reading 고득점 맞기

고난도 문제를 각 영역별로 풀며 실전에 대비합니다. 수준 높은 서술형 실전 문항으로 서·논술형 문제까지 영역별로 완벽 대비합니다.

서술형 100% TEST
다양한 유형의 서술형 문제를 통해 학교 시험에서 비중이 확대되고 있는 서술형 평가에 철저히 대비합니다.

내신 적중 모의고사   학교 시험과 유사한 모의고사로 실전 감각을 기르며, 내신에 최종적으로 대비합니다.

[1~3회] 대표 기출로 내신 적중 모의고사
학교 시험에 자주 출제되는 대표적인 기출 유형의 모의고사를 풀며 실전에 최종적으로 대비합니다.

[4회] 고난도로 내신 적중 모의고사
학교 시험에서 변별력을 높이기 위해 출제되는 고난도 문제 유형의 모의고사를 풀며 실전에 최종적으로 대비합니다.

오답 공략
모의고사에서 틀린 문제를 표시한 후, 부족한 영역과 학습 내용을 점검하여 내신 대비를 완벽히 마무리합니다.

Contents 차례

Special Lesson   **Finding the Good in Your Friends**

정답 및 해설

If you can dream it, you can do it.

- Walt Disney -

Lesson

7

Technology in Our Lives

 **Words**

만점 노트

Listen & Talk

□□ amount	몡 양, 액수	
□□ appreciate☆	통 고마워하다	
□□ front desk	안내 데스크, 접수처	
□□ insert	통 넣다, 삽입하다	
□□ place	통 놓다, 두다	
□□ press	통 (버튼 등을) 누르다	
□□ rent	통 (사용료를 내고) 빌리다	
□□ transportation	몡 교통수단, 탈것; 운송, 수송	
□□ type	통 (자판기로) 타자를 치다, 입력하다	
□□ unlock	통 (잠긴 것을) 열다	

Reading

□□ analysis	몡 분석
□□ analyze☆	통 분석하다
□□ avoid	통 피하다, 방지하다
□□ collect	통 모으다, 수집하다
□□ communication	몡 의사소통, 연락
□□ complex	혱 복잡한
□□ crime	몡 범죄
□□ database	몡 데이터베이스
□□ develop	통 성장하다, 발달하다
□□ disease	몡 질병, 병
□□ draw	통 (결과를) 이끌어 내다
□□ flu	몡 독감
□□ forecast☆	몡 예측, 예보 통 예측하다, 예보하다
□□ further	혱 추가의, 더 이상의
□□ identify☆	통 알아보다, 확인하다, 식별하다
□□ improve	통 개선하다, 향상하다
□□ include	통 포함하다
□□ industry	몡 산업
□□ influence	통 영향을 미치다 몡 영향
□□ leave	통 남기다; 떠나다
□□ mainly	부 주로, 대개
□□ meaningful☆	혱 의미 있는
□□ method	몡 방법, 방식
□□ national	혱 국가의, 국가를 대표하는
□□ performance	몡 경기력, 수행, 성과; 공연
□□ predict☆	통 예측하다
□□ prevention☆	몡 예방, 방지
□□ purchase	몡 구입, 구매 통 구입하다, 구매하다
□□ spread	몡 확산, 전파 통 퍼지다, 퍼뜨리다
□□ symptom	몡 증상
□□ technology	몡 기술
□□ trace	몡 흔적, 자취, 발자국
□□ upload	통 ~을 전송하다, 업로드하다
□□ be likely to☆	~할 것 같다
□□ focus on☆	~에 집중하다
□□ play a role☆	역할을 하다
□□ recommend A for B	A를 B에게 추천하다
□□ thanks to	~ 덕분에

Language in Use

□□ generally	부 일반적으로 (cf. general 혱 일반적인)	
□□ possibly	부 아마 (cf. possible 혱 가능한)	
□□ regularly	부 규칙적으로 (cf. regular 혱 규칙적인)	
□□ society	몡 사회	
□□ from now on	이제부터	
□□ take off	~을 벗다 (↔ put on)	

Think and Write & Team Project

□□ actually	부 실제로, 사실은	
□□ distance	몡 거리	
□□ gap	몡 차이, 격차	
□□ based on	~에 근거하여	

Review

□□ dig	통 (땅을) 파다 (-dug-dug)	
□□ dirt	몡 흙, 먼지	

Words
연습 문제

A 다음 단어의 우리말 뜻을 쓰시오.

01 disease

02 regularly

03 meaningful

04 forecast

05 identify

06 transportation

07 industry

08 symptom

09 trace

10 method

11 amount

12 improve

13 unlock

14 predict

15 analyze

16 complex

17 further

18 purchase

19 include

20 spread

B 다음 우리말 뜻에 알맞은 영어 단어를 쓰시오.

01 국가의, 국가를 대표하는

02 (결과를) 이끌어 내다

03 피하다, 방지하다

04 의사소통, 연락

05 범죄

06 놓다, 두다

07 모으다, 수집하다

08 기술

09 영향(을 미치다)

10 경기력, 수행, 성과; 공연

11 예방, 방지

12 남기다; 떠나다

13 고마워하다

14 넣다, 삽입하다

15 데이터베이스

16 (사용료를 내고) 빌리다

17 성장하다, 발달하다

18 독감

19 (버튼 등을) 누르다

20 분석

C 다음 영어 표현의 우리말 뜻을 쓰시오.

01 play a role

02 from now on

03 based on

04 be likely to

05 focus on

06 recommend A for B

07 thanks to

08 take off

D 다음 우리말 뜻에 알맞은 영어 표현을 쓰시오.

01 ~에 집중하다

02 ~을 벗다

03 역할을 하다

04 ~에 근거하여

05 ~ 덕분에

06 이제부터

07 ~할 것 같다

08 A를 B에게 추천하다

Words Plus

만점 노트

영영풀이

□□ analyze	분석하다	to examine something carefully
□□ avoid	피하다	to stay away from someone or something
□□ communication	의사소통	the sharing or exchange of messages, information, or ideas
□□ crime	범죄	an action that the law does not allow
□□ database	데이터베이스	a large amount of information stored in a computer system
□□ develop	성장하다, 발달하다	to grow and change into something bigger, better, or more important
□□ flu	독감	an illness that is like a bad cold but can be very serious
□□ identify	알아보다, 확인하다, 식별하다	to realize who someone is or what something is
□□ improve	개선하다, 향상하다	to become better or to make something better
□□ include	포함하다	to contain something as a part of a whole
□□ industry	산업	the work or business of manufacturing products or providing services
□□ influence	영향을 미치다	to change or affect something
□□ method	방법, 방식	a way of doing something
□□ performance	경기력, 수행	the action or process of accomplishing a task or function
□□ predict	예측하다	to say that something is going to happen
□□ purchase	구입(품), 구매(품)	the action of buying something; a thing that has been bought
□□ spread	확산, 전파	the growth or development of something, so that it affects a larger area or a larger number of people
□□ symptom	증상	something that shows you may have a particular illness
□□ trace	흔적, 자취, 발자국	a mark or sign of a past event or thing

단어의 의미 관계

- 유의어
  - disease (병) = illness
  - method (방법) = way
  - forecast (예측하다) = predict
  - complex (복잡한) = complicated

- 반의어
  - lock (잠그다) ↔ unlock (열다)
  - simple (간단한) ↔ complex (복잡한)

- 형용사 – 부사
  - general (일반적인) – generally (일반적으로)
  - possible (가능한) – possibly (아마)
  - regular (규칙적인) – regularly (규칙적으로)
  - wise (현명한) – wisely (현명하게)

- 명사 – 형용사
  - help (도움) – helpful (도움이 되는)
  - meaning (의미) – meaningful (의미 있는)
  - nation (국가) – national (국가의)

다의어

- **draw** 1. 동 (결과를) 이끌어 내다, 도출하다 2. 동 그리다
  1. What results did you **draw** from the survey?
     (그 설문 조사에서 어떤 결과를 도출했나요?)
  2. Tom likes to **draw** trees.
     (Tom은 나무 그리는 것을 좋아한다.)

- **leave** 1. 동 남기다 2. 동 떠나다
  1. The thief **left** no trace behind.
     (그 도둑은 아무 흔적도 남기지 않았다.)
  2. The train will **leave** soon. (기차는 곧 떠날 것이다.)

- **performance** 1. 명 경기력, 수행 2. 명 공연
  1. I was impressed by the team's **performance**.
     (나는 그 팀의 경기력에 깊은 인상을 받았다.)
  2. This evening's **performance** will begin at 8:00 p.m.
     (오늘 저녁 공연은 8시에 시작할 것이다.)

Words Plus

연습 문제

A 다음 영영풀이에 해당하는 단어를 [보기]에서 골라 쓴 후, 우리말 뜻을 쓰시오.

> [보기]   purchase   include   method   symptom   flu   avoid   database   improve

1 _____ : a way of doing something : _____
2 _____ : to contain something as a part of a whole : _____
3 _____ : to stay away from someone or something : _____
4 _____ : to become better or to make something better : _____
5 _____ : something that shows you may have a particular illness : _____
6 _____ : an illness that is like a bad cold but can be very serious : _____
7 _____ : a large amount of information stored in a computer system : _____
8 _____ : the action of buying something; a thing that has been bought : _____

B 다음 빈칸에 알맞은 단어를 [보기]에서 골라 쓰시오. (단, 중복 사용 불가)

> [보기]   crime   analyze   trace   spread   identify

1 Babies can easily _____ their mothers.
2 The woman disappeared without a _____.
3 The police worked hard to prevent _____.
4 This software is used to _____ marketing data.
5 You can stop the _____ of this disease by washing your hands.

C 우리말과 의미가 같도록 빈칸에 알맞은 말을 쓰시오.

1 그 영화는 실화에 기반을 두고 있다.   → The film is _____ _____ a real-life story.
2 들어오기 전에 신발을 벗으렴.   → _____ _____ your shoes before you come in.
3 많은 사람들이 환경 문제에 집중한다.   → Many people _____ _____ environmental issues.
4 학교는 우리 사회에서 중요한 역할을 한다.
  → Schools _____ _____ important _____ in our society.
5 그 지역들에서는 지진이 일어날 가능성이 더 크다.
  → Earthquakes _____ more _____ _____ happen in those areas.

D 다음 짝지어진 두 단어의 관계가 같도록 빈칸에 알맞은 단어를 쓰시오.

1 lock : unlock = simple : _____
2 help : helpful = meaning : _____
3 regular : regularly = wise : _____
4 forecast : predict = illness : _____
5 possible : possibly = general : _____

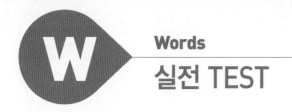

Words

실전 TEST

STEP A

01 다음 영영풀이에 해당하는 단어로 알맞은 것은?

> to change or affect something

① rent   ② predict   ③ avoid
④ identify   ⑤ influence

02 다음 중 짝지어진 단어의 관계가 [보기]와 같은 것은?

> [보기]   forecast – predict

① lock – unlock   ② nation – national
③ simple – complex   ④ disease – illness
⑤ general – generally

[03~04] 다음 빈칸에 공통으로 들어갈 말로 알맞은 것을 고르시오.

03
> • Jim tried to focus _____ his project.
> • I'll stop playing mobile games from now _____.

① in   ② of   ③ with
④ to   ⑤ on

04
> • The thief didn't _____ any trace at the scene of the crime.
> • They will _____ for Yeosu this weekend.

① avoid   ② draw   ③ leave
④ collect   ⑤ develop

05 다음 짝지어진 두 단어의 관계가 같도록 빈칸에 알맞은 단어를 쓰시오.

> regular : regularly = possible : _____

06 다음 빈칸 ⓐ~ⓔ에 들어갈 말로 알맞지 <u>않은</u> 것은?

> • I _____ⓐ_____ a lot of pictures on my blog every day.
> • The weather _____ⓑ_____ says it will rain tomorrow.
> • Can you _____ⓒ_____ a good place to visit in London?
> • They are _____ⓓ_____ to arrive at the station at around 12.
> • The first _____ⓔ_____ of the disease is coughing.

① ⓐ: upload   ② ⓑ: method
③ ⓒ: recommend   ④ ⓓ: likely
⑤ ⓔ: symptom

[07~08] 주어진 우리말과 의미가 같도록 빈칸에 알맞은 말을 쓰시오.

07
> 그는 과학 프로젝트에서 중요한 역할을 했다.

→ He _____ _____ important _____ in the science project.

08
> 방에 들어가기 전에 모자를 벗어라.

→ _____ your hat _____ before you enter the room.

Listen and Talk
핵심 노트

1 방법 · 절차 묻고 답하기

> A: **Do you know how to** return these books?
>
> B: Sure. **First**, insert the card. **Then** put the books in this box.

이 책들을 어떻게 반납하는지 아세요?

그럼요. 먼저 카드를 넣으세요. 그런 다음 이 상자에 책들을 넣으세요.

상대방에게 어떤 일을 하는 방법이나 절차를 물을 때 「Can you tell me how to +동사원형 ~?」 또는 「Do you know how to+동사원형 ~?」으로 말한다. 이에 대한 답으로 방법이나 절차를 설명할 때는 동사원형으로 시작하는 명령문으로 말하는데, 보통 first(첫 번째로), second(두 번째로), then(그다음에), last(마지막으로)와 같이 순서를 나타내는 말을 문장 앞에 넣어 방법이나 절차의 순서를 명확하게 알려 준다.

시험 포인트 **point**

어떤 일의 순서나 절차를 바르게 배열하는 문제가 글 또는 그림으로 출제되므로, 순서를 나타내는 주요 어휘를 충분히 숙지하고, 내용의 순서를 파악하는 연습을 하도록 한다.

A: Can you tell me how to boil eggs? (달걀 삶는 방법을 알려 주시겠어요?)

B: Of course. First, put water and the eggs in a pot. Then, boil the water and the eggs for 10 to 12 minutes.
(그럼요. 먼저, 냄비에 물과 달걀을 넣으세요. 그런 다음, 10~12분간 물과 달걀을 끓이세요.)

A: OK. And then? (알겠어요. 그다음에는요?)

B: Last, take the eggs out and cool them.
(마지막으로, 달걀을 꺼내서 식히세요.)

2 감사 표현하기

> A: I really **appreciate your help.**
>
> B: You're welcome.

도와주셔서 정말 고맙습니다.

천만에요.

상대방에게 고마움을 표현할 때 Thank you (very much). / Thanks (a lot). 또는 Thank you for ~. / I (really) appreciate ~. / I can't thank you enough. 등으로 말한다. 이에 답할 때는 You're welcome.이나 Don't mention it. 또는 It's my pleasure. 등으로 말한다.

시험 포인트 **point**

앞에서 언급된 내용에 대한 응답으로 감사 표현을 고르는 문제. 또는 감사 표현에 대한 알맞은 응답을 고르는 문제가 출제되므로, 감사하는 표현과 이에 답하는 여러 표현을 잘 익혀 두도록 한다.

· A: Thank you for sharing it with me. (그것을 나와 공유해 줘서 고마워.)

  B: Don't mention it. (별일 아닌 걸.)

· A: I really appreciate everything you've done for us.
   (저희를 위해 해 주신 모든 것에 정말 감사해요.)

  B: You're welcome. (천만에요.)

· A: I can't thank you enough. (뭐라고 감사해야 할지 모르겠네요.)

  B: It's my pleasure. (제가 좋아서 한 일이에요.)

L&T Listen and Talk
만점 노트

Listen and Talk A-1
교과서 120쪽

B: Excuse me. ❶Can you tell me how to add money to my transportation card?

G: Of course. ❷First, put your card in the machine. Second, choose ❸the amount of money you want to add.

B: OK.

G: ❹Last, insert your money into the machine.

B: That ❺sounds simple. Thanks.

❶ 상대방에게 어떤 일을 하는 방법이나 절차를 물을 때 「Can you tell me how to+동사원형 ~?」으로 말할 수 있다.
add A to B: A를 B에 넣다
transportation card: 교통 카드

❷ 방법이나 절차를 설명할 때, first, second, then 등의 순서를 나타내는 연결어를 사용하여 순서를 명확하게 알려 줄 수 있다.

❸ the amount of money는 '돈의 액수, 금액'이라는 의미이고, you want to add는 선행사 the amount of money를 수식하는 관계대명사절이다.

❹ Last(마지막으로)는 방법이나 절차를 설명하면서 마지막 순서를 말할 때 사용한다.

❺ sound+형용사: ~하게 들리다

Q1 소녀는 소년에게 무엇을 알려 주고 있나요? _____

Q2 The boy needs to put his transportation card in the machine first. (T / F)

Listen and Talk A-2
교과서 120쪽

B: I want to buy a snack. ❶Do you know how to use this snack machine?

G: Yeah. First, choose ❷the snack you want.

B: I already did. ❸What's next?

G: Just put in the money. ❹Then take the snack out.

B: ❺Got it. Thanks.

❶ 상대방에게 방법이나 절차를 물을 때 「Do you know how to+동사원형 ~?」으로도 말할 수 있다.
snack machine: 과자 자판기

❷ 관계대명사절인 you want가 선행사 the snack을 수식하는 형태이다.

❸ 절차를 설명하는 상대방에게 그다음 절차는 무엇인지 묻는 표현이다. (= Then what?)

❹ Then은 '그다음에, 그러고 나서'라는 뜻으로, 다음 순서를 말할 때 주로 사용한다.

❺ 상대방의 말을 듣고 '알았다.' 또는 '이해했다.'라고 말할 때 (I) Got it.이라고 한다.

Q3 The girl doesn't know how to use the snack machine. (T / F)

Q4 What does the boy have to do first to use the snack machine? He has to _____.

Listen and Talk A-3
교과서 120쪽

G: Excuse me. I want to ❶rent a bike. Can you tell me how to use this application?

M: Sure. First, ❷log in to the application. Then find the RENT button and touch it.

G: ❸Then what?

M: Then the application will give you ❹a number to unlock a bike with.

G: Thank you. ❺I really appreciate your help.

❶ (사용료를 내고) 자전거를 빌리다

❷ ~에 로그인하다

❸ 절차를 설명하는 상대방에게 그다음 절차는 무엇인지 묻는 표현이다. (= What's next? / And then?)

❹ '자전거 잠금을 해제할 수 있는 번호'라는 의미로, to unlock a bike with가 a number를 뒤에서 수식하는 형태이다.

❺ 도와줘서 고맙다는 의미의 표현으로, Thank you for your help. 또는 간단히 Thanks (a lot). 등으로 바꿔 말할 수 있다.

Q5 두 사람은 무엇에 관해 대화하고 있나요? ( )   ⓐ 자전거 타는 법   ⓑ 앱 사용법

Listen and Talk C

교과서 121쪽

G: Excuse me, but ❶what's this robot for?

B: Oh, it's a robot that finds books for you.

G: Really? ❷Can you tell me how to use it?

B: Sure. First, ❸place your library card on the robot's screen.

G: OK.

B: Second, ❹type the title of the book you're looking for and then press ENTER.

G: ❺Is that all?

B: Yes. Then, the robot will find the book and take it to the front desk.

G: ❻So I can just go to the front desk and get the book?

B: Right. It's so easy, ❼isn't it?

G: ❽Yes, it's really amazing. Thank you.

❶ What's ~ for?는 물건의 용도를 묻는 표현이다.

❷ 물건의 사용법을 묻는 말이며, it은 this robot을 가리킨다.

❸ place A on B: A를 B 위에 놓다

❹ type이 '타자를 치다, 입력하다'라는 의미의 동사로 쓰였고, 목적격 관계대명사가 생략된 관계대명사절인 you're looking for가 선행사 the book을 수식하고 있다.

❺ 상대방이 말한 것이 전부인지 묻는 표현이다.

❻ 「주어+동사 ~」 형태의 평서문 어순인데 끝에 물음표가 붙었다. 이는 자신의 말이 맞는지 확인하는 표현이다.

❼ 확인이나 동의를 구할 때 문장 뒤에 덧붙여 '그렇지 않니?'라는 뜻으로 묻는 부가의문문이다. 긍정문 뒤에는 부정형 부가의문문을 덧붙인다.

❽ 부가의문문으로 묻는 질문에 답할 때는 묻는 말의 내용이 맞으면 Yes로, 맞지 않으면 No로 말한다.

Q6 What is the robot used for? (   )

Q7 A library card is needed when the girl uses the robot.

ⓐ finding books   ⓑ reading books

(T / F)

Talk and Play

교과서 122쪽

A: ❶Do you know how to make tea?

B: Sure. First, put a tea bag in a cup.

A: OK.

B: Then, ❷pour hot water in the cup.

A: ❸And then?

B: Last, ❹take the tea bag out after 3 minutes.

A: ❺I got it. I really appreciate your help.

❶ 상대방에게 절차나 방법을 묻는 표현이다.
make tea: 차를 끓이다(만들다)

❷ pour A in B: A를 B에 붓다

❸ 이어지는 절차가 무엇인지 묻는 표현으로, What's next? / Then what? 등으로 바꿔 말할 수 있다.

❹ take out: ~을 꺼내다

❺ 상대방의 말을 듣고 '알았다.' 또는 '이해했다.'라고 말하는 표현이다.

Q8 차를 만들 때 두 번째로 할 일은 무엇인가요?

Review - 1

교과서 134쪽

G: Can you tell me how to ❶plant a potato?

B: Sure. First, ❷cut a potato into small pieces. Second, dig holes in the ground.

G: ❸Then?

B: Then put the potato pieces in the holes and ❹cover the holes with dirt.

G: ❺That sounds simple. Thanks.

❶ 감자를 심다

❷ cut ~ into pieces: ~을 여러 조각으로 자르다

❸ = What's next? / And then? / Then what?

❹ cover A with B: A를 B로 덮다

❺ '~하게 들리다'는 「sound+형용사」로 나타낸다.

Q9 감자를 구멍에 넣은 후에 무엇을 해야 하나요? (   )

ⓐ 감자를 작은 조각으로 자르기   ⓑ 흙으로 덮기

Listen and Talk

빈칸 채우기

• 주어진 우리말과 일치하도록 교과서 대화문을 완성하시오.

Listen and Talk A-1

B: Excuse me. _____ _____ _____ _____ how to add money to my transportation card?

G: Of course. _____, put your card in the machine. _____, choose _____ _____ _____ _____ you want to add.

B: OK.

G: _____, _____ your money _____ the machine.

B: That sounds _____. Thanks.

해석   교과서 120쪽

B: 실례합니다. 교통 카드에 돈을 충전하는 방법을 알려 주시겠어요?

G: 그럼요. 먼저, 기계에 카드를 넣으세요. 두 번째로, 충전하고 싶은 금액을 선택하세요.

B: 알겠어요.

G: 마지막으로, 기계에 돈을 넣으세요.

B: 간단한 것 같네요. 고맙습니다.

Listen and Talk A-2

B: I want to buy a snack. Do you know _____ _____ _____ this snack machine?

G: Yeah. _____, choose the snack you want.

B: I already did. What's _____?

G: Just put in the money. Then _____ the snack _____.

B: _____ it. Thanks.

교과서 120쪽

B: 저는 과자를 사고 싶어요. 이 과자 자판기를 어떻게 사용하는지 아세요?

G: 네. 먼저, 원하는 과자를 고르세요.

B: 이미 했어요. 그다음은 뭔가요?

G: 돈을 넣으세요. 그런 다음 과자를 꺼내세요.

B: 알겠어요. 고마워요.

Listen and Talk A-3

G: Excuse me. I want to _____ _____ _____. Can you _____ _____ _____ _____ _____ this application?

M: Sure. First, _____ _____ _____ the application. _____ find the RENT button and touch it.

G: Then _____?

M: Then the application will give you a number _____ _____ a bike with.

G: Thank you. I really _____ _____ _____.

교과서 120쪽

G: 실례합니다. 자전거를 빌리고 싶은데요. 이 앱을 어떻게 사용하는지 알려 주시겠어요?

M: 그럼요. 먼저, 앱에 로그인하세요. 그런 다음 RENT 버튼을 찾아서 터치하세요.

G: 그다음에는 뭘 하죠?

M: 그러면 앱이 자전거 잠금을 해제할 수 있는 번호를 알려 줄 거예요.

G: 고맙습니다. 도와주셔서 정말 감사해요.

Listen and Talk C

G: Excuse me, but what's this _____ _____?

B: Oh, it's a robot that finds books for you.

G: Really? Can _____ _____ _____ _____ to use it?

B: Sure. First, _____ your library card on the robot's _____.

G: OK.

B: _____, _____ the title of the book you're _____ _____ and then press ENTER.

G: Is _____ _____?

B: Yes. Then, the robot will find the book and _____ it _____ the front desk.

G: So I can just go to the front desk and get the book?

B: Right. It's so easy, _____ _____?

G: _____, it's really _____. Thank you.

Talk and Play

A: _____ _____ _____ how to make tea?

B: Sure. First, _____ _____ _____ _____ in a cup.

A: OK.

B: Then, _____ _____ _____ in the cup.

A: And _____?

B: _____, take the tea bag out after 3 minutes.

A: _____ _____ _____. I really _____ your help.

Review - 1

G: Can you tell me _____ _____ _____ _____ _____?

B: Sure. _____, _____ a potato _____ _____ _____.
_____, dig holes in the ground.

G: Then?

B: _____ put the potato pieces in the holes and _____ _____ _____ with dirt.

G: That _____ _____. Thanks.

G: 실례합니다만, 이 로봇은 용도가 뭔가요?

B: 아, 그것은 책을 찾아 주는 로봇이에요.

G: 정말요? 어떻게 사용하는지 알려 주시겠어요?

B: 그럼요. 먼저, 도서 대출 카드를 로봇 화면 위에 대세요.

G: 알겠어요.

B: 두 번째로, 당신이 찾고 있는 책의 제목을 입력한 다음 ENTER를 누르세요.

G: 그게 다인가요?

B: 네. 그러면, 로봇이 그 책을 찾아서 안내 데스크로 가져다줄 거예요.

G: 그러면 저는 그냥 안내 데스크로 가서 책을 받을 수 있네요?

B: 그렇습니다. 아주 쉬워요, 그렇지 않아요?

G: 네, 정말 놀랍네요. 고마워요.

A: 너는 차 만드는 방법을 아니?

B: 그럼. 먼저, 컵에 티백을 넣어.

A: 알겠어.

B: 그런 다음, 그 컵에 뜨거운 물을 부어.

A: 그다음에는?

B: 마지막으로, 3분 뒤에 티백을 꺼내.

A: 알겠어. 도와줘서 정말 고마워.

G: 감자 심는 방법을 알려 주겠니?

B: 그럼. 먼저, 감자를 작은 조각으로 잘라. 둘째로, 땅에 구멍을 파.

G: 그다음에는?

B: 그런 다음 구멍에 감자 조각들을 넣고 흙으로 구멍을 덮어.

G: 간단한 것 같네. 고마워.

Listen and Talk

대화 순서 배열하기

1 Listen and Talk A-1

교과서 120쪽

ⓐ Last, insert your money into the machine.
ⓑ Of course. First, put your card in the machine. Second, choose the amount of money you want to add.
ⓒ OK.
ⓓ That sounds simple. Thanks.
ⓔ Excuse me. Can you tell me how to add money to my transportation card?

(　　) – (　　) – ⓒ – (　　) – (　　)

2 Listen and Talk A-2

교과서 120쪽

ⓐ Yeah. First, choose the snack you want.
ⓑ I want to buy a snack. Do you know how to use this snack machine?
ⓒ Just put in the money. Then take the snack out.
ⓓ I already did. What's next?
ⓔ Got it. Thanks.

(　　) – (　　) – (　　) – (　　) – (　　)

3 Listen and Talk A-3

교과서 120쪽

ⓐ Then what?
ⓑ Sure. First, log in to the application. Then find the RENT button and touch it.
ⓒ Excuse me. I want to rent a bike. Can you tell me how to use this application?
ⓓ Then the application will give you a number to unlock a bike with.
ⓔ Thank you. I really appreciate your help.

(　　) – (　　) – (　　) – (　　) – (　　)

4 Listen and Talk C

교과서 121쪽

A: Excuse me, but what's this robot for?
ⓐ So I can just go to the front desk and get the book?
ⓑ Really? Can you tell me how to use it?
ⓒ Yes. Then, the robot will find the book and take it to the front desk.
ⓓ OK.
ⓔ Sure. First, place your library card on the robot's screen.
ⓕ Is that all?
ⓖ Right. It's so easy, isn't it?
ⓗ Oh, it's a robot that finds books for you.
ⓘ Second, type the title of the book you're looking for and then press ENTER.
ⓙ Yes, it's really amazing. Thank you.

A – (　　) – (　　) – (　　) – ⓓ – (　　) – ⓕ – (　　) – (　　) – ⓖ – ⓙ

5 Talk and Play

교과서 122쪽

ⓐ Sure. First, put a tea bag in a cup.
ⓑ And then?
ⓒ OK.
ⓓ Do you know how to make tea?
ⓔ I got it. I really appreciate your help.
ⓕ Last, take the tea bag out after 3 minutes.
ⓖ Then, pour hot water in the cup.

(　　) – (　　) – ⓒ – (　　) – ⓑ – (　　) – (　　)

6 Review - 1

교과서 134쪽

ⓐ Sure. First, cut a potato into small pieces. Second, dig holes in the ground.
ⓑ That sounds simple. Thanks.
ⓒ Then?
ⓓ Then put the potato pieces in the holes and cover the holes with dirt.
ⓔ Can you tell me how to plant a potato?

(　　) – (　　) – (　　) – (　　) – ⓑ

STEP A

[01~02] 다음 대화의 빈칸에 들어갈 말로 알맞은 것을 고르시오.

01

> A: I want to buy a snack. _____
> B: Yes. Choose the snack you want and put in the money. Then take the snack out.

① Can you buy me some snacks?
② How do I get to the snack shop?
③ Where can I find a snack machine?
④ Is there any place I can buy a snack?
⑤ Do you know how to use this snack machine?

02

> A: Can you tell me how to use a copy machine?
> B: Sure. First, put the paper on the copy machine. Then choose the paper size and the number of copies. Last, press the START button.
> A: I got it. _____

① That's all right.
② Don't mention it.
③ Do you need some help?
④ I really appreciate your help.
⑤ Thank you for copying it for me.

03 다음 대화의 밑줄 친 ①~⑤ 중 흐름상 어색한 것은?

> A: ①Excuse me. Can you tell me how to add money to my transportation card?
> B: ②No, I'm afraid not. First, put your card in the machine. ③Second, choose the amount of money you want to add.
> A: OK.
> B: ④Last, insert your money into the machine.
> A: That sounds simple. ⑤Thanks.

①   ②   ③   ④   ⑤

04 다음 대화의 밑줄 친 문장과 바꿔 쓸 수 있는 것은?

> A: Do you know how to get to the park?
> B: Sure. Walk straight two blocks and turn left.
> A: I appreciate it.

① Excuse me.
② That's too bad.
③ You can't miss it.
④ It's my pleasure.
⑤ Thank you for your help.

05 자연스러운 대화가 되도록 (A)~(D)를 바르게 배열한 것은?

> A: Excuse me. I want to rent a bike. Can you tell me how to use this application?
> (A) Then what?
> (B) Sure. First, log in to the application. Then find the RENT button and touch it.
> (C) Thank you. I really appreciate your help.
> (D) Then the application will give you a number to unlock a bike with.

① (A) – (C) – (B) – (D)
② (A) – (D) – (C) – (B)
③ (B) – (A) – (D) – (C)
④ (B) – (D) – (C) – (A)
⑤ (C) – (D) – (B) – (A)

06 다음 대화의 빈칸 ⓐ~ⓔ에 들어갈 말로 알맞지 <u>않은</u> 것은?

> A: Do you know _____ⓐ_____ to plant a potato?
> B: Sure. _____ⓑ_____, cut a potato into small pieces.
> A: OK.
> B: _____ⓒ_____, dig holes in the ground.
> A: And then?
> B: _____ⓓ_____, put the potato pieces in the holes.
> A: Is that all?
> B: No. _____ⓔ_____, cover the holes with dirt.
> A: That sounds simple. Thanks.

① ⓐ: how
② ⓑ: First
③ ⓒ: Then
④ ⓓ: Second
⑤ ⓔ: Last

[07~09] 다음 대화를 읽고, 물음에 답하시오.

A: Excuse me, but what's ⓐ this robot for?
B: Oh, it's a robot that finds books for you.
A: Really? (①)
B: Sure. First, place your library card on the robot's screen.
A: OK. (②)
B: Second, type the title of the book you're looking for and then press ENTER.
A: Is that all? (③)
B: Yes. Then, the robot will find the book and take it to the front desk.
A: So I can just go to the front desk and get the book? (④)
B: Right. It's so easy, isn't it? (⑤)
A: Yes, it's really amazing. _____ ⓑ

07 위 대화의 ①~⑤ 중 주어진 문장이 들어갈 위치로 알맞은 것은?

Can you tell me how to use it?

①　　②　　③　　④　　⑤

08 위 대화의 밑줄 친 ⓐthis robot에 대해 알 수 있는 것을 모두 고르면?

① 용도　　② 개발자　　③ 사용료
④ 사용법　　⑤ 사용 후기

09 위 대화의 빈칸 ⓑ에 들어갈 말로 알맞은 것을 모두 고르면?

① That's OK.
② Thank you.
③ You're welcome.
④ I appreciate your help.
⑤ I'm sorry to hear that.

10 괄호 안의 단어를 배열하여 다음 대화를 완성하시오.

A: (1)_____?
　　(you, how, do, to, make, know, tea)
B: Sure. First, put a tea bag in a cup. Then, pour hot water in the cup.
A: And then?
B: Last, take the tea bag out after 3 minutes.
A: I got it. (2)_____.
　　(I, your, appreciate, really, help)

11 다음 메모의 내용과 일치하도록 대화를 완성하시오.

How to Boil Eggs
1. Put water and the eggs in a pot.
2. Boil the water and the eggs for 10 to 12 minutes.
3. Take the eggs out and cool them.

A: Do you know how to boil eggs?
B: Sure. First, (1)_____.
　　Then, (2)_____.
A: And then?
B: (3)_____, take the eggs out and cool them.

12 다음 글에서 설명하는 절차에 따라 그림에 번호를 쓰시오.

Let me tell you how to use the drink machine. First, insert money into the machine. Second, choose the drink you want. Then just take the drink out of the machine.

(　) － (　) － (　)

Grammar
핵심 노트

1 분사구문

읽기 본문 **Using** various methods, experts analyze big data.
분사구문 (~하면서)

전문가들은 다양한 방법들을 사용하여 빅데이터를 분석한다.

대표 예문 Big data is improving the performance of players, **making** sports more exciting.

빅데이터는 스포츠를 더욱 흥미진진하게 만들면서 선수들의 경기력을 향상하고 있다.

Walking along the street, I saw a man with five dogs.

나는 길을 따라 걷다가 개 다섯 마리와 함께 있는 남자를 보았다.

Waving his hand, he walked out of the house.

그는 손을 흔들면서 집 밖으로 걸어 나갔다.

Eating a sandwich, she waited for the train.

그녀는 샌드위치를 먹으면서 기차를 기다렸다.

분사가 동사와 접속사의 역할을 동시에 하며, 그 분사가 이끄는 구가 문장 내에서 부사구로 쓰이는 것을 분사구문이라고 한다. 분사구문은 문맥에 따라 다양한 의미를 나타내며, 「접속사＋주어 ＋동사 ~」 형태의 부사절로 바꿔 쓸 수 있다.

(1) 동시동작(~하면서): as, while

Eating breakfast, we watched TV. (우리는 아침 식사를 하면서 TV를 봤다.)
= While we were eating breakfast, we watched TV.

(2) 시간(~할 때, ~하자마자): when, as soon as 등

Seeing me, the baby stopped crying. (그 아기는 나를 보자 울음을 그쳤다.)

(3) 이유(~해서, ~하기 때문에): because, as, since

Having no money, he couldn't buy the bag. (그는 돈이 없어서 그 가방을 살 수 없었다.)

(4) 조건(~하면): if

Turning left, you will see the museum. (왼쪽으로 돌면 박물관이 보일 것이다.)

한 단계 | 더!

• 분사구문의 뜻을 명확하게 하기 위해 분사구문 앞에 접속사를 쓰기도 한다.

While **working** in Paris, he met Sue. (그는 파리에서 일하는 동안 Sue를 만났다.)

• 분사구문의 부정은 분사 앞에 부정어 not이나 never를 써서 나타낸다.

Not **knowing** French, I couldn't read the book. (프랑스어를 몰라서 나는 그 책을 읽을 수 없었다.)

• 분사구문에서 Being은 생략할 수 있다.

(**Being**) Too tired, I fell asleep right away. (나는 너무 피곤해서 바로 잠들어 버렸다.)

point
시험 포인트 ❶
부사절을 분사구문으로 바꾸는 문제가 자주 출제되므로 부사절을 분사구문으로 만드는 법을 충분히 익혀 두도록 한다.
① 부사절의 접속사를 생략한다.
② 부사절의 주어를 생략한다.
  (단, 주절의 주어와 같을 때)
③ 부사절의 동사를 「동사원형＋-ing」 형태로 바꾼다. (단, 주절과 시제가 같을 때)

point
시험 포인트 ❷
분사구문의 의미를 구별하여 알맞은 부사절로 바꾸는 문제가 자주 출제되므로 주절과의 맥락을 잘 파악하도록 한다. 다만, 분사구문은 경우에 따라서는 한 가지 이상의 의미로 해석될 수도 있다.

QUICK CHECK

1 다음 빈칸에 괄호 안의 동사를 알맞은 형태로 쓰시오.

(1) _____ his homework, he felt sleepy. (do)

(2) _____ the news, she started to cry. (hear)

(3) _____ with her dad, she smiled brightly. (dance)

2 다음 밑줄 친 부분을 어법에 맞게 고쳐 쓰시오. (단, 한 단어만 바꿔 쓸 것)

(1) Waited for the bus, I met Tom. → _____

(2) Don't feeling well, I stayed home. → _____

(3) Call my name, Anne walked towards us. → _____

2 접속사 as

읽기 본문 **As** information and communication technology develops, ~함에 따라 the amount of data we have is getting much greater than before.

정보 통신 기술이 발달함에 따라, 우리가 갖고 있는 데이터의 양이 이전보다 훨씬 더 많아지고 있다.

대표 예문 Health professionals can now forecast a disease just **as** ~하듯이 weather experts forecast the weather.

날씨 전문가들이 날씨를 예측하는 것과 같이, 현재 건강 전문가들이 질병을 예측할 수 있다.

As I told you, we will meet at 6:00 in front of the bus stop. ~하듯이

내가 너에게 말했듯이, 우리는 버스 정류장 앞에서 6시에 만날 것이다.

She got wiser **as** she got older. ~함에 따라

그녀는 나이가 더 들어감에 따라 더 현명해졌다.

As it was late at night, we went back home. ~ 때문에

밤이 늦었기 때문에 우리는 집으로 돌아갔다.

접속사로 쓰이는 as는 부사절을 이끌면서 다음과 같이 다양한 의미를 나타낸다.

(1) ~하면서, ~할 때

As I left the building, I saw Amy. (나는 그 건물을 떠날 때 Amy를 봤다.)

(2) ~ 때문에

As it is getting dark, we should go home. (어두워지고 있으니 우리는 집에 가야 한다.)

(3) ~하듯이

As you know, he will come back soon. (너도 알다시피, 그는 곧 돌아올 거야.)

(4) ~함에 따라, 할수록

As she grew older, she became much weaker. (그녀는 나이가 들면서 훨씬 더 약해졌다.)

(5) ~하는 대로

Don't change the story **as** you want. (원하는 대로 이야기를 바꾸지 마.)

시험 포인트 ❶ point

접속사 as의 의미를 구별하는 문제가 주로 출제되므로 부사절과 주절의 논리 관계를 파악할 수 있어야 한다. 다양한 예시 문장을 통해 의미를 구분하여 익혀 두도록 한다.

시험 포인트 ❷ point

접속사 as와 전치사 as를 구분하는 문제도 출제되므로 as의 쓰임을 잘 구분하도록 한다.
· 접속사 as + 주어 + 동사 ~
· 전치사 as + 명사(구)

한 단계 더!

전치사 as + 명사(구)

(1) ~처럼: They were all dressed **as** clowns. (그들은 모두 광대처럼 입었다.)

(2) ~로서: She is leading the team **as** a captain. (그녀는 주장으로서 팀을 이끌고 있다.)

QUICK CHECK

1 다음 괄호 안에서 알맞은 것을 고르시오.

(1) The meeting started (if / as) I arrived there.

(2) (As / Unless) I mentioned earlier, we will meet at six.

(3) (As / Though) it is raining outside, we won't go out today.

2 자연스러운 문장이 되도록 연결하시오. (단, 중복 연결 불가)

(1) He felt great • • ⓐ we get wiser.

(2) As we get older, • • ⓑ as he stood on the mountaintop.

(3) I didn't go to the gym today • • ⓒ as I had a lot of homework to do.

G 연습 문제

1 분사구문

A 자연스러운 문장이 되도록 연결하시오. (단, 중복 연결 불가)

1 Being too sick, •   • ⓐ I read a book all night long.

2 Taking this bus, •   • ⓑ she had to be in the hospital for a week.

3 Going into the theater, •   • ⓒ you can get to the City Hall in ten minutes.

4 Not feeling sleepy at all, • • ⓓ we turned off our cell phones.

B 다음 두 문장의 의미가 같도록 주어진 접속사를 사용하여 문장을 완성하시오.

1 Waiting for the train, she ate a sandwich.

= _____, she ate a sandwich. (while)

2 Being too busy, they couldn't go camping with us.

= _____, they couldn't go camping with us. (because)

3 Solving this problem, you will get a prize.

= _____, you will get a prize. (if)

C 다음 밑줄 친 분사구문에서 어법상 틀린 부분을 찾아 바르게 고쳐 쓰시오.

1 <u>Seen me on the street</u>, he ran away.   _____ → _____

2 <u>When use this knife</u>, you should be very careful.   _____ → _____

3 <u>Knowing not what to do</u>, he asked for my help.   _____ → _____

4 <u>Not heard the phone call</u>, I couldn't answer.   _____ → _____

D 주어진 우리말과 의미가 같도록 괄호 안의 표현을 어법에 맞게 사용하여 문장을 완성하시오.

1 나는 음악을 들으면서 화초에 물을 주었다. (listen to, water the plants)

→ _____ _____ music, I _____ _____ _____.

2 집에 도착하자마자 그녀는 창문을 모두 열었다. (arrive home, all the windows)

→ _____, she _____ _____ _____ _____.

3 그는 친구가 없기 때문에 항상 외로웠다. (have friends, always lonely)

→ _____ _____ _____, he _____ _____ _____.

2 접속사 as

A [보기]에서 알맞은 말을 골라 문장을 완성하시오. (단, 중복 사용 불가)

| [보기] | • we made a fire | • as it snowed a lot |
| | • as I walked out of the café | • the leaves will turn yellow and red |

1 As time goes by, _____.

2 I spilled my coffee _____.

3 As it was getting cold, _____.

4 The picnic was canceled _____.

B 주어진 문장과 의미가 같도록 because나 when을 사용하여 문장을 완성하시오.

1 As I entered the room, I dropped my smartphone.

= _____, I dropped my smartphone.

2 I'm really hungry as I haven't eaten anything since this morning.

= I'm really hungry _____.

3 Some people listen to music as they study.

= Some people listen to music _____.

C 주어진 우리말과 의미가 같도록 접속사 as와 괄호 안의 단어를 사용하여 문장을 완성하시오. (단, 필요시 단어의 형태를 바꿀 것)

1 너도 알듯이, 김 선생님은 운동을 좋아하지 않으셔. (know)

→ _____, Mr. Kim doesn't like exercising.

2 그녀가 그곳에 없어서 나는 메모를 남겼다. (not, there)

→ I left a note _____.

3 봄이 옴에 따라 날씨가 점점 더 따뜻해진다. (spring, come)

→ _____, it gets warmer and warmer.

D 주어진 우리말과 의미가 같도록 괄호 안의 단어를 바르게 배열하여 문장을 쓰시오.

1 그들은 우리가 요청한 대로 그 일을 했다. (as, they, had asked, did, we, the work)

→ _____

2 그녀는 나이가 들어감에 따라 더 현명해졌다. (older, wiser, as, got, she, became, she)

→ _____

3 매우 늦었기 때문에 우리는 집으로 갔다. (went, late, it, as, home, we, was, very)

→ _____

Grammar
실전 TEST

STEP **A**

01 다음 빈칸에 들어갈 wave의 형태로 알맞은 것은?

> _____ her hand, she got on the train.

① Wave ② Waving ③ Waved
④ Waves ⑤ Being waved

02 다음 문장의 밑줄 친 부분과 바꿔 쓸 수 있는 것은?

> I joined the cooking club <u>as</u> I was interested in cooking.

① if ② but ③ whether
④ though ⑤ because

03 다음 두 문장의 의미가 같도록 할 때, 빈칸에 들어갈 말로 알맞은 것은?

> Since I drink too much coffee, I can't fall asleep easily.
> = _____, I can't fall asleep easily.

① Drink too much coffee
② Drunk too much coffee
③ Drinking too much coffee
④ I drinking too much coffee
⑤ When drank too much coffee

04 다음 중 밑줄 친 <u>As</u>의 우리말 의미가 알맞지 <u>않은</u> 것은?

① <u>As</u> he had the flu, he didn't go out.
   (~ 때문에)
② <u>As</u> it grew darker, it became colder.
   (~하듯이)
③ They didn't do <u>as</u> I had asked them to do.
   (~하는 대로)
④ <u>As</u> I grow older, I enjoy reading books more.
   (~함에 따라)
⑤ <u>As</u> everyone knows, Sujin is the best player.
   (~하듯이)

05 다음 밑줄 친 부분을 바르게 바꿔 쓴 것은?

> <u>Taking a shower</u>, I heard someone knocking.

① If I took a shower
② Unless I take a shower
③ While I was taking a shower
④ Though I didn't take a shower
⑤ Because I wasn't taking a shower

06 다음 빈칸에 들어갈 말로 알맞지 <u>않은</u> 것은?

> As it rained heavily, _____.

① Jina couldn't drive
② I put on a raincoat
③ the land became drier
④ the picnic was canceled
⑤ they couldn't play tennis

한 단계 | 더!
07 다음 우리말을 영어로 바르게 옮긴 것을 <u>모두</u> 고르면?

> 나는 무엇을 해야 할지 몰라서 가만히 서 있었다.

① Not known what to do, I just stood still.
② Didn't know what to do, I just stood still.
③ Not knowing what to do, I just stood still.
④ Knowing not what to do, I just stood still.
⑤ As I didn't know what to do, I just stood still.

08 다음 문장에서 어법상 틀린 부분을 바르게 고친 것은?

> Walked along the river, I saw a man with five dogs.

① Walked → Walking ② along → on
③ saw → see ④ with → from
⑤ dogs → dog

09 다음 중 밑줄 친 As(as)의 의미가 [보기]와 같은 것은?

[보기] As she was tired, she went to bed early.

① I'll do it as you wish.
② As I was cooking dinner, the phone rang.
③ As you know, this is not a good question.
④ As she grew up, she became more beautiful.
⑤ As it snowed a lot, the camping was canceled.

10 다음 중 어법상 틀린 문장은?

① He rode his bike, listening to music.
② Having dinner, I watched a TV show.
③ Was too hungry, I ate a whole pizza.
④ Turning to the left, you'll see the bank.
⑤ Reading a book, Tim ate some cookies.

11 다음 중 빈칸에 As가 들어가기에 어색한 것은?

① _____ he didn't answer my phone, I texted him.
② _____ they are twins, they look totally different.
③ _____ it gets colder, people wear thicker clothes.
④ _____ I was cleaning my room, Mom came home.
⑤ _____ Dad told you, you should not eat too much fast food.

12 다음 중 밑줄 친 부분의 쓰임이 나머지와 다른 하나는?

① She watched TV, eating an apple.
② Talking to himself, he drove a car.
③ Playing online games is very exciting.
④ Sending text messages, he ate breakfast.
⑤ Looking out the window, I drank some tea.

고
산도
13 다음 중 어법상 틀린 문장끼리 짝지어진 것은?

ⓐ Played soccer, he hurt his leg.
ⓑ As you can see, I'm not a good singer.
ⓒ He prepared dinner, listening to the radio.
ⓓ Being too tired, I couldn't focus on the exam.
ⓔ As she had a lot of money, she couldn't buy the shoes.

① ⓐ, ⓓ   ② ⓐ, ⓔ   ③ ⓑ, ⓓ
④ ⓒ, ⓔ   ⑤ ⓓ, ⓔ

고
산도 한 단계 더!
14 다음 두 문장을 한 문장으로 연결하여 쓴 것 중 어법상 틀린 것은?

① Go straight two blocks. Then you'll see the park.
→ Going straight two blocks, you'll see the park.
② Kevin played a mobile game. He ate a sandwich at the same time.
→ Kevin ate a sandwich, playing a mobile game.
③ Mina waited for her friends. She was talking on the phone, too.
→ Mina waited for her friends, talked on the phone.
④ I didn't know about the accident. So I had nothing to say.
→ Not knowing about the accident, I had nothing to say.
⑤ Jessica had a terrible headache. So she stayed in bed all day.
→ Having a terrible headache, Jessica stayed in bed all day.

STEP A

신유형
15 다음 우리말을 분사구문이 쓰인 영어 문장으로 옮길 때, 빈칸에 필요 **없는** 단어는?

> 그 소녀는 풀밭에 앉아 새들에게 먹이를 주었다.
> → _____, the girl fed birds.

① grass　　② on　　③ the
④ sat　　⑤ sitting

고난도
16 다음 중 밑줄 친 분사구문을 부사절로 바꾼 것 중 어법상 **틀린** 것은?

① Seeing the accident, I almost fell over.
　→ When I saw the accident
② Leaving now, you can catch the last train.
　→ If you leave now
③ Getting up late, he is always late for school.
　→ As he gets up late
④ Seeing a burning house, I called 119 for help.
　→ When I see a burning house
⑤ Being injured, he couldn't finish the marathon.
　→ Because he was injured

고난도 신유형
17 다음 문장 (A)~(C)에 대한 설명 중 **틀린** 것은?

> (A) As we were a little late, we took a taxi.
> (B) Arriving in Jeju-do, I called my friend Tim.
> (C) As winter comes, it gets colder and colder.

① (A)의 As는 Because나 Since로 바꿔 쓸 수 있다.
② (A)의 부사절을 분사구문으로 바꿔 문장을 다시 쓰면 Being a little late, we took a taxi.이다.
③ (B)의 Arriving in Jeju-do는 When I arrived in Jeju-do로 바꿔 쓸 수 있다.
④ (B)의 Arriving은 주절의 시제와 맞춰 Arrived로 고쳐 써야 한다.
⑤ (C)의 As는 '~함에 따라'라는 의미로 쓰였다.

18 다음 빈칸에 공통으로 들어갈 알맞은 접속사를 쓰시오.

> • _____ time went by, things got better.
> • She went home without a word _____ she was very angry.
> • _____ the doctor told you, you should take this medicine.

→ _____

19 다음 그림을 보고, [보기]에서 알맞은 표현을 골라 분사구문을 사용하여 문장을 완성하시오.

> [보기] • drink water
> • play the guitar
> • eat ice cream
> • talk on the phone

(1) _____, Eric read a book.
(2) _____, Yumi sang songs.
(3) _____, Amy walked her dog.
(4) _____, Jiho waited for the bus.

20 다음 글의 밑줄 친 문장을 분사구문을 사용하여 다시 쓰시오.

> My sister and I walked around the shopping mall to buy a birthday present for Mom. <u>As we felt hungry after shopping, we went to the food court to eat something.</u>

→ _____
_____

21 다음 우리말과 의미가 같도록 괄호 안의 단어를 어법에 맞게 사용하여 문장을 완성하시오. (단, 모두 같은 접속사를 사용할 것)

(1) 그는 나이가 들어감에 따라 더욱 명랑해졌다.
→ _____ _____ _____ _____, he became more cheerful. (grow, old)

(2) 내가 전에 말했듯이, 함께 일하는 것은 절대 쉽지 않다.
→ _____ _____ _____ _____, working together is never easy. (say, before)

(3) 우리가 예측한 대로, 영화관은 매우 붐볐다.
→ _____ _____ _____, the movie theater was very crowded. (predict)

22 다음 밑줄 친 부분을 분사구문으로 바꿔 쓰시오.

(1) <u>After she finished her homework</u>, she went to bed.
→ _____,
she went to bed.

(2) <u>Because he doesn't have enough money</u>, he can't buy the car now.
→ _____,
he can't buy the car now.

(3) <u>When I walked on the beach</u>, I saw some people swimming in the sea.
→ _____,
I saw some people swimming in the sea.

[23~24] 주어진 우리말과 의미가 같도록 [조건]에 맞게 영어 문장을 쓰시오.

> [조건] 1. 괄호 안의 말을 어법에 맞게 사용할 것
> 2. (1)은 접속사 as로 시작하여 쓰고, (2)는 분사구문으로 시작하여 쓸 것

23 그는 버스에서 내리면서 내게 인사했다.
(get off, say hello to)

(1) _____
(2) _____

24 나는 배가 별로 고프지 않아서 아무것도 먹지 않았다.
(that hungry, anything)

(1) _____
(2) _____

25 다음 〈A〉와 〈B〉에서 각각 알맞은 말을 하나씩 골라 접속사 as로 시작하는 한 문장으로 연결하여 쓰시오. (단, 중복 사용 불가)

> **A** (1) I arrived late.
> (2) I entered the kitchen.
> (3) The doctor told me.

> **B** · I will take this medicine every day.
> · I missed the beginning of the movie.
> · I could smell Mom's cookies.

(1) _____
(2) _____
(3) _____

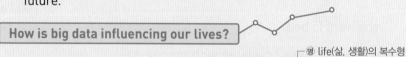

주요 문장

빅데이터와 함께 살아가기

01 당신은 온라인 서점을 방문해서 그 서점이 당신에게 추천한 책들을 보고 놀란 적이 있는가?

02 그 책들 중 다수가 당신에게 흥미로워 보였다.

03 그러면 그 서점은 당신이 무엇을 좋아하는지 어떻게 알았을까?

04 이것은 모두 빅데이터 때문에 가능하다.

빅데이터는 무엇인가?

05 빅데이터는 매우 크고 복잡한 데이터의 집합이다.

06 정보 통신 기술이 발달함에 따라 우리가 갖고 있는 데이터의 양이 이전보다 훨씬 더 많아지고 있다.

07 이것의 주된 이유는 우리가 온라인상에서 하는 거의 모든 것들이 흔적을 남기기 때문이다.

08 예를 들어, 당신이 블로그에 올린 사진들과 온라인 상점에서의 구매 기록들이 모두 빅데이터의 일부이다.

09 하지만 단순히 데이터를 수집하는 것만으로는 충분하지 않다.

10 빅데이터는 분석되어야 하는데, 이것은 빅데이터 전문가들에 의해서 이루어진다.

11 전문가들은 다양한 방법들을 사용하여 빅데이터를 분석하고, 그것으로부터 의미 있는 결과들을 도출한다.

12 그런 다음, 이런 결과들은 의사결정을 하거나 미래를 예측하는 데 사용될 수 있다.

빅데이터는 우리 삶에 어떻게 영향을 미치고 있는가?

13 빅데이터는 우리 삶의 거의 모든 부분에 영향을 미치고 있다.

14 그것은 회사들이 소비자들이 필요로 하는 것을 더 잘 이해하고 더 많은 상품을 팔도록 도와준다.

15 그것은 사람들이 교통 체증을 피하도록 도와준다.

16 그것의 쓰임은 끝이 없는데, 여기 몇 가지 흥미로운 예들이 있다.

Living with Big Data

01 「Have you (ever)+과거분사(visited, been) ~?」 현재완료(경험)
Have you ever visited an online bookstore and been surprised by
수동태 (be동사+과거분사+by+행위자)
the books [that the store recommended for you]?
선행사 목적격 관계대명사 recommend A for B: A를 B에게 추천하다
관계대명사절

02 Many of them looked interesting to you.
= the books 「감각동사 look+형용사」 ~해 보이다

03 So how did the bookstore know what you liked?
know의 목적어

04 This is all possible because of big data.
「because of+명사(구)」 ~ 때문에

What is big data?

05 Big data is data sets [that are very big and complex].
관계대명사절
선행사 주격 관계대명사

06 As information and communication technology develops, the amount of
「접」 ~함에 따라 선행사 (주어)
data [we have] is getting much greater than before.
목적격 관계대명사 생략 「get+비교급」 더 ~해지다 동사 훨씬 (비교급 강조)

07 This is mainly because almost everything [that we do online] leaves a
이것은 ~ 때문이다 선행사 목적격 관계대명사 동사 (everything은
(because절의 주어) 단수 취급)
trace.

08 For example, [the photos [you upload on your blog] and the records of
선행사 목적격 관계대명사 생략 동사
your purchases at online stores] are all part of big data.
주어 (the photos ~ and the records ~ stores) 동사 (동명사(구) 주어는 단수 취급)

09 Simply collecting data, however, is not enough.
주어 역할을 하는 동명사구

10 Big data has to be analyzed, and this is done by big data experts.
~해야 한다 수동태 (be동사+과거분사) 수동태 (be동사+과거분사+by+행위자)
빅데이터를 분석하는 일

11 Using various methods, experts analyze big data and draw meaningful
분사구문 「동」 (결과를) 이끌어 내다
results from it.
= big data

12 These results then can be used to make decisions or to predict the
「be used to+동사원형」 ~하는 데 사용되다
future.

How is big data influencing our lives?

13 Big data is influencing almost all parts of our lives.
「명」 life(삶, 생활)의 복수형

14 It helps companies understand their customers' needs better and helps
= Big data = companies'
「help+목적어+(to+)동사원형」 (목적어)가 ~하도록 돕다 「명」 (pl.) 요구, 수요
them sell more products.
= companies

15 It helps people avoid heavy traffic.
= Big data 「help+목적어+(to+)동사원형」 (목적어)가 ~하도록 돕다

16 Its uses are endless, and here are some interesting examples.
use 「명」 쓰임 「end(「명」 끝)+접미사 -less: 「형」 끝없는, 무한한

Disease Forecast

┌ 명사절을 이끄는 접속사

17 Did you know [that health professionals can now forecast a
                    명사절 (know의 목적어)
    disease just as weather experts forecast the weather]?
                        접 ~하듯이

18 This is possible thanks to big data.
    앞 문장의 내용을 가리킴   「thanks to+명사(구)」 ~ 덕분에

19 For example, when the flu season comes,
                    접 ~할 때   when절에서는 미래의
    people will buy more flu medicine. 일도 현재시제 사용

                                                    ┌ 부사 much의 비교급
20 They will also search online about flu symptoms more.
    = People   ┌ 조건의 if절에서는 미래의 일도 현재시제 사용

21 If this kind of data is analyzed wisely, the spread
    접 (만약) ~하면   수동태 (be동사+과거분사)   명 확산, 전파
    of the flu can be predicted.
                수동태 (be동사+과거분사)

Improving Performance in Sports

22 Are you a sports fan?

23 Well, big data is improving the performance of
                    ┌ 분사구문: ~하면서 (동시동작)
    players, making sports more exciting.
            「make+목적어+목적격보어(형용사)」 (목적어)가 ~하게 하다

24 A famous example is Germany's national soccer team.
                                ┌ by+동명사: ~함으로써
25 The team built a database by collecting and analyzing a huge amount of
                                    └ 전치사(by)의 목적어 ┘
    data on players.
        전 ~에 대하여, ~에 관하여   명사절 (전치사 about의 목적어)
26 For example, the data included information about [how much each

    player ran and how long he had the ball].
        └ 간접의문문 (의문사+주어+동사 ~)┘
27 With the help of this database, Germany's national soccer team

    was able to improve its performance and win the 2014 World Cup.
    = could   └   and로 연결된 병렬 구조   ┘

Crime Prevention

28 Thanks to big data, police can now predict crime before it happens.
                                                    = crime
29 Through the analysis of big data about the type, time and place of crime,
    = By analyzing
    police can make a map of crime hot spots.
                ┌ 간접의문문 「의문사+주어+동사」 (identifies의 목적어 역할)
30 This map identifies when and where crime is most likely to happen.
                        형 추가의, 더 이상의   「be likely to+동사원형」~할 것 같다
31 Police can prevent further crime by focusing on the areas and the times
        ┌ 목적격 관계대명사 생략   by+동명사: ~함으로써   선행사
    [this map predicts].
    관계대명사절 (선행사 수식)
32 Big data has already changed the world greatly.
                「have+과거분사」 현재완료(완료)
33 So where will the big data industry go from here?
                                        명사절 (agree의 목적어)
34 Nobody knows for sure, but experts agree [that big data
    대 아무도 ~ (않다)   명사절을 이끄는 접속사
    will play a more and more important role in our lives].
                「비교급+and+비교급」 점점 더 ~한

질병 예측

17 당신은 날씨 전문가들이 날씨를 예측하는
    것과 같이 현재 건강 전문가들이 질병을
    예측할 수 있다는 것을 알고 있었는가?

18 이것은 빅데이터 덕분에 가능하다.

19 예를 들어, 독감의 계절이 오면 사람들은
    독감 약을 더 많이 구입할 것이다.

20 그들은 또한 온라인상에서 독감 증상에 대
    해 더 많이 검색해 볼 것이다.

21 이런 종류의 데이터가 현명하게 분석된다
    면, 독감의 확산은 예측될 수 있다.

스포츠에서의 경기력 향상

22 당신은 스포츠 팬인가?

23 빅데이터는 스포츠를 더 흥미진진하게 만
    들면서 선수들의 경기력을 향상하고 있다.

24 한 유명한 사례가 독일 국가 대표 축구팀
    이다.

25 그 팀은 선수들에 관한 엄청난 양의 데이
    터를 모으고 분석함으로써 데이터베이스
    를 구축했다.

26 예를 들어, 그 데이터는 각각의 선수들이
    얼마나 많이 달렸고, 얼마나 오랫동안 공을
    갖고 있었는지에 관한 정보를 포함했다.

27 이 데이터베이스의 도움으로, 독일 국가
    대표 축구팀은 경기력을 향상할 수 있었고,
    2014년 월드컵에서 우승할 수 있었다.

범죄 예방

28 빅데이터 덕분에 경찰은 이제 범죄가 발생
    하기 전에 그 범죄를 예측할 수 있다.

29 범죄의 유형, 시간 및 장소에 관한 빅데이
    터 분석을 통해, 경찰은 범죄 다발 지역의
    지도를 만들 수 있다.

30 이 지도는 범죄가 언제, 어디에서 가장 발
    생할 것 같은지 알려 준다.

31 경찰은 이 지도가 예측하는 지역과 시간대
    에 집중함으로써 추가 범죄를 예방할 수
    있다.

32 빅데이터는 이미 세계를 크게 변화시켰다.

33 그러면 빅데이터 산업은 여기에서부터 어
    디로 가게 될까?

34 누구도 확실히 알지는 못하지만, 전문가들
    은 빅데이터가 우리 삶에서 더욱 더 중요
    한 역할을 할 것이라는 데에는 동의한다.

빈칸 채우기

• 우리말과 의미가 같도록 교과서 본문의 문장을 완성하시오.

01 Have you ever visited an online bookstore and _____ _____ _____ the books that the store _____ _____ you?

01 당신은 온라인 서점을 방문해서 그 서점이 당신에게 추천한 책들을 보고 놀란 적이 있는가?

02 Many of them _____ _____ to you.

02 그 책들 중 다수가 당신에게 흥미로워 보였다.

03 So how did the bookstore know _____ _____ _____?

03 그러면 그 서점은 당신이 무엇을 좋아하는지 어떻게 알았을까?

04 This is all possible _____ _____ big data.

04 이것은 모두 빅데이터 때문에 가능하다.

05 Big data is _____ _____ that are very big and _____.

05 빅데이터는 매우 크고 복잡한 데이터의 집합이다.

06 _____ information and communication technology develops, the amount of data we have is getting _____ greater than before.

06 정보 통신 기술이 발달함에 따라 우리가 갖고 있는 데이터의 양이 이전보다 훨씬 더 많아지고 있다.

07 This is mainly _____ almost everything that we do online _____ _____ _____.

07 이것의 주된 이유는 우리가 온라인상에서 하는 거의 모든 것들이 흔적을 남기기 때문이다.

08 _____ _____, the photos you upload on your blog and the _____ of your _____ at online stores are all part of big data.

08 예를 들어, 당신이 블로그에 올린 사진들과 온라인 상점에서의 구매 기록들이 모두 빅데이터의 일부이다.

09 Simply _____ data, however, is _____ _____.

09 하지만 단순히 데이터를 수집하는 것만으로는 충분하지 않다.

10 Big data has to _____ _____, and this _____ _____ by big data experts.

10 빅데이터는 분석되어야 하는데, 이것은 빅데이터 전문가들에 의해서 이루어진다.

11 _____ various methods, experts _____ big data and _____ meaningful results from it.

11 전문가들은 다양한 방법들을 사용하여 빅데이터를 분석하고, 그것으로부터 의미 있는 결과들을 도출한다.

12 These results then can _____ _____ _____ make decisions or to predict the future.

12 그런 다음, 이런 결과들은 의사결정을 하거나 미래를 예측하는 데 사용될 수 있다.

13 Big data _____ _____ almost all parts of our lives.

13 빅데이터는 우리 삶의 거의 모든 부분에 영향을 미치고 있다.

14 It helps companies _____ their customers' _____ better and helps them sell more products.

14 그것은 회사들이 소비자들이 필요로 하는 것을 더 잘 이해하고 더 많은 상품을 팔도록 도와준다.

15 It _____ _____ _____ heavy traffic.

15 그것은 사람들이 교통 체증을 피하도록 도와준다.

16 Its _____ are _____, and here are some interesting examples.

16 그것의 쓰임은 끝이 없는데, 여기 몇 가지 흥미로운 예들이 있다.

17 Did you know that health professionals can now forecast a _____ just _____ weather experts _____ _____ _____?

17 당신은 날씨 전문가들이 날씨를 예측하는 것과 같이 현재 건강 전문가들이 질병을 예측할 수 있다는 것을 알고 있었는가?

18 This is possible _____ _____ big data.

18 이것은 빅데이터 덕분에 가능하다.

19 For example, when the flu season _____, people _____ _____ more _____ medicine.

19 예를 들어, 독감의 계절이 오면 사람들은 독감 약을 더 많이 구입할 것이다.

20 They will also search online about flu _____ more.

20 그들은 또한 온라인상에서 독감 증상에 대해 더 많이 검색해 볼 것이다.

21 If this kind of data _____ _____ wisely, the spread of the flu can _____ _____.

21 이런 종류의 데이터가 현명하게 분석된다면, 독감의 확산은 예측될 수 있다.

22 _____ _____ a sports fan?

22 당신은 스포츠 팬인가?

23 Well, big data is improving the _____ of players, _____ sports more _____.

23 빅데이터는 스포츠를 더 흥미진진하게 만들면서 선수들의 경기력을 향상하고 있다.

24 A famous _____ is Germany's _____ soccer team.

24 한 유명한 사례가 독일 국가 대표 축구팀이다.

25 The team built a database _____ _____ and _____ a huge amount of data on players.

25 그 팀은 선수들에 관한 엄청난 양의 데이터를 모으고 분석함으로써 데이터베이스를 구축했다.

26 For example, the data included information about _____ _____ each player ran and _____ _____ he had the ball.

26 예를 들어, 그 데이터는 각각의 선수들이 얼마나 많이 달렸고, 얼마나 오랫동안 공을 갖고 있었는지에 관한 정보를 포함했다.

27 _____ _____ _____ this database, Germany's national soccer team _____ _____ _____ improve its performance and win the 2014 World Cup.

27 이 데이터베이스의 도움으로, 독일 국가 대표 축구팀은 경기력을 향상할 수 있었고, 2014년 월드컵에서 우승할 수 있었다.

28 Thanks to big data, police can now _____ _____ before it happens.

28 빅데이터 덕분에 경찰은 이제 범죄가 발생하기 전에 그 범죄를 예측할 수 있다.

29 _____ _____ _____ _____ big data about the type, time and place of crime, police can make a map of crime _____ _____.

29 범죄의 유형, 시간 및 장소에 관한 빅데이터 분석을 통해, 경찰은 범죄 다발 지역의 지도를 만들 수 있다.

30 This map identifies when and where crime _____ _____ _____ _____ happen.

30 이 지도는 범죄가 언제, 어디에서 가장 발생할 것 같은지 알려 준다.

31 Police can _____ further crime _____ _____ _____ the areas and the times this map predicts.

31 경찰은 이 지도가 예측하는 지역과 시간대에 집중함으로써 추가 범죄를 예방할 수 있다.

32 Big data _____ already _____ the world greatly.

32 빅데이터는 이미 세계를 크게 변화시켰다.

33 So where will the big data industry go _____ _____?

33 그러면 빅데이터 산업은 여기에서부터 어디로 가게 될까?

34 Nobody knows _____ _____, but experts agree that big data will play a more and more _____ _____ in our lives.

34 누구도 확실히 알지는 못하지만, 전문가들은 빅데이터가 우리 삶에서 더욱 더 중요한 역할을 할 것이라는 데에는 동의한다.

Reading

바른 어휘·어법 고르기

STEP A

01 Have you ever visited an online bookstore and (surprised / been surprised) by the books that the store recommended for you?

02 Many of them looked (interesting / interestingly) to you.

03 So how did the bookstore know (that / what) you liked?

04 This is all possible (because / because of) big data.

05 Big data is data sets (that / what) are very big and complex.

06 As information and communication technology develops, the amount of data we have is getting (very / much) greater than before.

07 This is mainly because almost everything that we do online (leave / leaves) a trace.

08 (However / For example), the photos you upload on your blog and the records of your purchases at online stores are all part of big data.

09 Simply collecting data, however, (is / are) not enough.

10 Big data has to be analyzed, and this is done (by / of) big data experts.

11 (Used / Using) various methods, experts analyze big data and draw meaningful results from it.

12 These results then can be (used / using) to make decisions or to predict the future.

13 Big data is (influencing / influenced) almost all parts of our lives.

14 It helps companies understand their customers' needs better and helps them (sell / selling) more products.

15 It helps people (avoid / protect) heavy traffic.

16 Its uses (is / are) endless, and here are some interesting examples.

17 Did you know that health professionals can now forecast a disease just (as / because) weather experts forecast the weather?

18   This is possible thanks (to / for) big data.

19   For example, when the flu season (comes / will come), people will buy more flu medicine.

20   They will also search online about flu symptoms (less / more).

21   (If / Although) this kind of data is analyzed wisely, the spread of the flu can be predicted.

22   Are you a sports (fan / fans)?

23   Well, big data is improving the performance of players, (makes / making) sports more exciting.

24   A famous example is Germany's (nation / national) soccer team.

25   The team built a database (by / as) collecting and analyzing a huge amount of data on players.

26   For example, the data included information about how much each player ran and how long
(he had / did he have) the ball.

27   With the help of this database, Germany's national soccer team was able to improve its performance
and (win / winning) the 2014 World Cup.

28   Thanks to big data, police can now predict crime (before / after) it happens.

29   (On / Through) the analysis of big data about the type, time and place of crime, police can make a map
of crime hot spots.

30   This map identifies when and where crime is most (like / likely) to happen.

31   Police can prevent further crime by (focus / focusing) on the areas and the times this map predicts.

32   Big data has already (changed / changing) the world greatly.

33   So where will the big data industry go (to / from) here?

34   Nobody (know / knows) for sure, but experts agree that big data will play a more and more important
role in our lives.

Reading
틀린 문장 고치기

• 밑줄 친 부분이 내용이나 어법상 올바르면 ○에, 틀리면 ×에 동그라미 하고 틀린 부분을 바르게 고쳐 쓰시오.

01 Have you ever visited an online bookstore and <u>be surprised by</u> the books that the store recommended for you?   ○ ×

02 Many of them looked <u>boring</u> to you.   ○ ×

03 So how did the bookstore know <u>what you liked</u>?   ○ ×

04 This is all possible <u>because of</u> big data.   ○ ×

05 Big data is data sets that <u>is</u> very big and complex.   ○ ×

06 As information and communication technology develops, the amount of data we have is getting much <u>great</u> than before.   ○ ×

07 This is mainly because almost everything <u>that</u> we do online leaves a trace.   ○ ×

08 For example, the photos you upload on your blog and the records of your purchases at online stores <u>is</u> all part of big data.   ○ ×

09 Simply <u>collecting</u> data, however, is not enough.   ○ ×

10 Big data has to be analyzed, and this <u>is done</u> by big data experts.   ○ ×

11 <u>Using various methods</u>, experts analyze big data and draw meaningful results from it.   ○ ×

12 These results then can <u>be used making</u> decisions or to predict the future.   ○ ×

13 Big data <u>is influencing</u> almost all parts of our lives.   ○ ×

14 It <u>helps companies understand</u> their customers' needs better and helps them sell more products.   ○ ×

15 It helps people <u>avoiding</u> heavy traffic.   ○ ×

16 Its uses are <u>endless</u>, and here are some interesting examples.   ○ ×

17 Did you know that health professionals can now forecast a disease <u>just</u> as weather experts forecast the weather?   ○ ×

18   This is possible <u>thanks to</u> big data.   ○ | ×

19   For example, <u>although</u> the flu season comes, people will buy more flu medicine.   ○ | ×

20   They will also search online about <u>flu symptoms</u> more.   ○ | ×

21   If this kind of data is analyzed wisely, the spread of the flu can <u>predict</u>.   ○ | ×

22   <u>Are you</u> a sports fan?   ○ | ×

23   Well, big data is improving the performance of players, making sports <u>more excited</u>. ○ | ×

24   A famous example <u>is</u> Germany's national soccer team.   ○ | ×

25   The team built a database by <u>collect</u> and analyzing a huge amount of data on players. ○ | ×

26   For example, the data included information about <u>how much each player ran</u> and
      how long he had the ball.   ○ | ×

27   With the help of this database, Germany's national soccer team was able <u>improving</u>
      its performance and win the 2014 World Cup.   ○ | ×

28   Thanks to big data, police can now predict crime before it <u>happens</u>.   ○ | ×

29   Through the <u>analyze</u> of big data about the type, time and place of crime, police can
      make a map of crime hot spot.   ○ | ×

30   This map identifies when and where crime <u>is most likely to happen</u>.   ○ | ×

31   Police can prevent further crime by focusing <u>to</u> the areas and the times this map
      predicts.   ○ | ×

32   Big data <u>has been</u> already changed the world greatly.   ○ | ×

33   So where will the big data industry <u>go from</u> here?   ○ | ×

34   Nobody knows for sure, but experts agree that big data will play a
      <u>more and more important</u> role in our lives.   ○ | ×

배열로 문장 완성하기

STEP A

01 당신은 온라인 서점을 방문해서 그 서점이 당신에게 추천한 책들을 보고 놀란 적이 있는가? (been surprised / recommended / and / an online bookstore / have you / that / for you / the store / ever visited / by the books)

>

02 그 책들 중 다수가 당신에게 흥미로워 보였다. (interesting / many of them / to you / looked)

>

03 그러면 그 서점은 당신이 무엇을 좋아하는지 어떻게 알았을까? (did / what / the bookstore / so / liked / how / you / know)

>

04 이것은 모두 빅데이터 때문에 가능하다. (all possible / this / big data / is / because of)

>

05 빅데이터는 매우 크고 복잡한 데이터의 집합이다. (that / very big and complex / is / are / big data / data sets)

>

06 정보 통신 기술이 발달함에 따라 우리가 갖고 있는 데이터의 양이 이전보다 훨씬 더 많아지고 있다. (the amount of data / than before / as / we / develops / information and communication technology / have / much greater / is getting)

>

07 이것의 주된 이유는 우리가 온라인상에서 하는 거의 모든 것들이 흔적을 남기기 때문이다.
(almost everything / a trace / is / do online / mainly because / this / that / leaves / we)

>

08 예를 들어, 당신이 블로그에 올린 사진들과 온라인 상점에서의 구매 기록들이 모두 빅데이터의 일부이다. (on your blog / all part of big data / and / at online stores / the records of / the photos / for example / you upload / your purchases / are)

>

09 하지만 단순히 데이터를 수집하는 것만으로는 충분하지 않다. (collecting data / not enough / simply / is / however)

>

10 빅데이터는 분석되어야 하는데, 이것은 빅데이터 전문가들에 의해서 이루어진다.
(be analyzed / and / big data / by big data experts / has to / is done / this)

>

11 전문가들은 다양한 방법들을 사용하여 빅데이터를 분석하고, 그것으로부터 의미 있는 결과들을 도출한다.
(big data / analyze / various methods / and / meaningful results / using / from it / draw / experts)

>

12 그런 다음, 이런 결과들은 의사결정을 하거나 미래를 예측하는 데 사용될 수 있다.
(then can be used / the future / or / to make / these results / decisions / to predict)

>

13 빅데이터는 우리 삶의 거의 모든 부분에 영향을 미치고 있다. (almost / our lives / influencing / big data / all parts of / is)

>

14 그것은 회사들이 소비자들이 필요로 하는 것을 더 잘 이해하고 더 많은 상품을 팔도록 도와준다.
(their customers' needs / more products / helps them / it / sell / helps / understand / better / companies / and)

>

15 그것은 사람들이 교통 체증을 피하도록 도와준다. (people / it / heavy traffic / helps / avoid)

>

16 그것의 쓰임은 끝이 없는데, 여기 몇 가지 흥미로운 예들이 있다.
(and / some / its / are endless / interesting examples / here are / uses)

>

17 당신은 날씨 전문가들이 날씨를 예측하는 것과 같이 현재 건강 전문가들이 질병을 예측할 수 있다는 것을 알고 있었는가?
(forecast / just as / can now / did you know / forecast the weather / weather experts / health professionals / that / a disease)

>

18 이것은 빅데이터 덕분에 가능하다. (thanks to / this / possible / big data / is)

>

19 예를 들어, 독감의 계절이 오면 사람들은 독감 약을 더 많이 구입할 것이다.
(will / people / comes / more flu medicine / for example / when / buy / the flu season)

>

20 그들은 또한 온라인상에서 독감 증상에 대해 더 많이 검색해 볼 것이다.
(online / they / also search / flu symptoms more / will / about)

>

21 이런 종류의 데이터가 현명하게 분석된다면, 독감의 확산은 예측될 수 있다.
(wisely / can / analyzed / if / the spread of the flu / this kind of data / be predicted / is)

>

22 당신은 스포츠 팬인가? (a sports fan / you / are)

>

23 빅데이터는 스포츠를 더 흥미진진하게 만들면서 선수들의 경기력을 향상하고 있다.
(improving / is / making / the performance of players / sports / well, big data / more exciting)

>

24 한 유명한 사례가 독일 국가 대표 축구팀이다. (Germany's / a famous example / national soccer team / is)

>

25 그 팀은 선수들에 관한 엄청난 양의 데이터를 모으고 분석함으로써 데이터베이스를 구축했다.
(by collecting / on players / a huge amount of / analyzing / built / and / the team / data / a database)

>

26 예를 들어, 그 데이터는 각각의 선수들이 얼마나 많이 달렸고, 얼마나 오랫동안 공을 갖고 있었는지에 관한 정보를 포함했다. (information about / he had / ran / the data / for example / how much / how long / the ball / each player / included / and)

>

27 이 데이터베이스의 도움으로, 독일 국가 대표 축구팀은 경기력을 향상할 수 있었고, 2014년 월드컵에서 우승할 수 있었다. (was able to / and / Germany's national soccer team / win / improve / with the help of this database / its performance / the 2014 World Cup)

>

28 빅데이터 덕분에 경찰은 이제 범죄가 발생하기 전에 그 범죄를 예측할 수 있다.
(predict / thanks to / crime / it happens / big data / before / can now / police)

>

29 범죄의 유형, 시간 및 장소에 관한 빅데이터 분석을 통해, 경찰은 범죄 다발 지역의 지도를 만들 수 있다. (the type, time and place of crime / through / police / make / the analysis of big data / a map of / about / can / crime hot spots)

>

30 이 지도는 범죄가 언제, 어디에서 가장 발생할 것 같은지 알려 준다.
(crime / this map / most likely / when and where / is / to happen / identifies)

>

31 경찰은 이 지도가 예측하는 지역과 시간대에 집중함으로써 추가 범죄를 예방할 수 있다.
(this map / police / further crime / can / by focusing on / predicts / prevent / the areas and the times)

>

32 빅데이터는 이미 세계를 크게 변화시켰다. (already changed / big data / the world / has / greatly)

>

33 그러면 빅데이터 산업은 여기에서부터 어디로 가게 될까? (the big data industry / so / from here / will / where / go)

>

34 누구도 확실히 알지는 못하지만, 전문가들은 빅데이터가 우리 삶에서 더욱 더 중요한 역할을 할 것이라는 데에는 동의한다. (a more and more / agree that / nobody / important role / for sure / in our lives / knows / but / will / experts / big data / play)

>

01 다음 글의 빈칸에 들어갈 말로 알맞은 것은?

> Have you ever visited an online bookstore and been surprised by the books that the store recommended for you? Many of them looked interesting to you. So how did the bookstore know what you liked? This is all possible _____ big data.

① such as
② thanks for
③ instead of
④ because of
⑤ in addition to

[02~06] 다음 글을 읽고, 물음에 답하시오.

> Big data is data sets that are very big and complex. ⓐAs information and communication technology develops, the amount of data we have is getting (A)| much / very | greater than before. This is mainly because almost everything that we do online leaves a trace. _____ⓑ_____, the photos you upload on your blog and the records of your purchases at online stores are all part of big data.
>
> Simply collecting data, however, is not enough. Big data has to be analyzed, and this is (B)| doing / done | by big data experts. (C)| Using / Used | various methods, experts analyze big data and draw meaningful results from it. These results then can be used to make decisions or to predict the future.

02 윗글의 밑줄 친 ⓐAs와 쓰임이 같은 것은?

① She works there as a doctor.
② Please do the work as I asked yesterday.
③ I couldn't take the class as I arrived late.
④ As he grew older, he became even quieter.
⑤ As I was playing a game, Mom came home.

03 윗글의 흐름상 빈칸 ⓑ에 들어갈 말로 알맞은 것은?

① However
② In addition
③ In the end
④ In contrast
⑤ For example

04 윗글 (A)~(C)의 각 네모 안에 주어진 말 중 어법상 올바른 것끼리 짝지어진 것은?

	(A)		(B)		(C)
①	much	⋯	doing	⋯	Used
②	much	⋯	done	⋯	Using
③	much	⋯	done	⋯	Used
④	very	⋯	done	⋯	Used
⑤	very	⋯	doing	⋯	Using

05 윗글의 내용과 일치하지 <u>않는</u> 것은?

① We had more data in the past than now.
② What we do online can be part of big data.
③ The job of big data experts is to analyze big data.
④ Big data experts draw results from big data.
⑤ Meaningful results from big data can help people make decisions.

06 다음 영영풀이에 해당하는 단어를 윗글에서 찾아 쓰시오.

> to say that something is going to happen

→ _____

[07~10] 다음 글을 읽고, 물음에 답하시오.

Big data is ①influencing almost all parts of our lives. It helps companies understand their customers' needs better and helps ⓐthem sell more products. ⓑIt helps people ②avoid heavy traffic. Its uses are endless, and here are some interesting examples.

(A) This is possible thanks to big data. For example, when the flu season comes, people ③will buy more flu medicine. They will also search online about flu symptoms more.

(B) Did you know that health professionals can now forecast a disease just ④as weather experts forecast the weather?

(C) If this kind of data is analyzed wisely, the spread of the flu can ⑤predict.

07 자연스러운 글이 되도록 (A)~(C)를 바르게 배열한 것은?

① (A) – (B) – (C)　　② (B) – (A) – (C)
③ (B) – (C) – (A)　　④ (C) – (A) – (B)
⑤ (C) – (B) – (A)

08 윗글의 밑줄 친 ①~⑤ 중 어법상 틀린 것을 바르게 고친 것은?

① → influenced　　② → avoiding
③ → bought　　④ → so
⑤ → be predicted

09 윗글의 밑줄 친 ⓐthem과 ⓑIt이 가리키는 것이 순서대로 바르게 짝지어진 것은?

① our lives – big data
② our lives – company
③ companies – big data
④ companies – company
⑤ customers – big data

10 윗글을 읽고 답할 수 <u>없는</u> 질문은?

① How does big data help companies?
② Is there a limit to the uses of big data?
③ What can health professionals now forecast?
④ How do weather experts analyze big data?
⑤ What will people do when the flu season comes?

[11~13] 다음 글을 읽고, 물음에 답하시오.

Are you a sports fan? (①) Well, big data is improving the performance of players, ____ⓐ____ sports more exciting. (②) A famous example is Germany's national soccer team. (③) The team built a database ____ⓑ____ collecting and analyzing a huge amount of data on players. (④) ____ⓒ____ the help of this database, Germany's national soccer team was able to improve its performance and win the 2014 World Cup. (⑤)

11 윗글의 ①~⑤ 중 주어진 문장이 들어갈 위치로 알맞은 것은?

> For example, the data included information about how much each player ran and how long he had the ball.

①　　②　　③　　④　　⑤

12 윗글의 빈칸 ⓐ에 들어갈 make의 형태로 알맞은 것은?

① make　　② made　　③ makes
④ making　　⑤ to make

13 윗글의 빈칸 ⓑ와 ⓒ에 들어갈 말이 순서대로 바르게 짝지어진 것은?

① by – For　　② by – With　　③ for – For
④ for – With　　⑤ on – For

[14~16] 다음 글을 읽고, 물음에 답하시오.

ⓐThanks to big data, police can now ___(A)___ crime before it happens. Through the analysis of big data about the type, time and place of crime, police can make a map of crime hot spots. This map identifies when and where crime ⓑis most likely to happen. Police can ___(B)___ further crime ⓒby focusing on the areas and the times this map predicts.

Big data has already changed the world greatly. So where will the big data industry go from here? Nobody knows ⓓfor sure, but experts agree that big data will ⓔplay a more and more important role in our lives.

14 윗글의 밑줄 친 ⓐ~ⓔ의 우리말 의미가 알맞지 <u>않은</u> 것은?

① ⓐ: ~ 덕분에　　② ⓑ: ~을 가장 좋아하다
③ ⓒ: ~에 집중함으로써　④ ⓓ: 확실히
⑤ ⓔ: 더욱 더 중요한 역할을 하다

15 윗글의 빈칸 (A)와 (B)에 들어갈 말이 순서대로 바르게 짝지어진 것은?

① change – prevent　　② analyze – cause
③ predict – cause　　④ predict – prevent
⑤ improve – predict

16 윗글의 내용을 잘못 이해한 사람끼리 짝지어진 것은?

- 유나: 경찰은 빅데이터를 분석해서 범죄 다발 지역 지도를 만들 수 있어.
- 지민: 범죄 다발 지역 지도로는 이미 발생한 범죄에 대한 정보만 알 수 있어.
- 소미: 빅데이터는 범죄 발생 후 범죄를 처리하는 과정에서 주로 사용돼.
- 호진: 빅데이터는 세상을 크게 변화시켰어.

① 유나, 지민　② 유나, 호진　③ 지민, 소미
④ 지민, 호진　⑤ 소미, 호진

서술형

[17~19] 다음 글을 읽고, 물음에 답하시오.

Have you ever visited an online bookstore and been ⓐsurprised by the books that the store recommended for you? Many of them looked ⓑinteresting to you. So how did the bookstore know what you liked? This is all possible ⓒbecause big data.

(A)빅데이터는 매우 크고 복잡한 데이터의 집합이다. ⓓAs information and communication technology develops, the amount of data we have is getting much ⓔgreater than before. (B)This is mainly because almost everything that we do online leaves a trace. For example, the photos you upload on your blog and the records of your purchases at online stores are all part of big data.

17 윗글의 밑줄 친 우리말 (A)와 의미가 같도록 괄호 안의 표현을 바르게 배열하여 쓰시오.

→ _____

(data sets, that, and, very, big data, are, complex, is, big)

18 윗글의 밑줄 친 ⓐ~ⓔ 중 어법상 <u>틀린</u> 것을 골라 기호를 쓰고 바르게 고쳐 쓴 후, 틀린 이유를 우리말로 쓰시오.

(1) 틀린 부분: (　　) → _____

(2) 틀린 이유: _____

_____

19 윗글의 밑줄 친 (B)This가 의미하는 것을 우리말로 쓰시오.

_____

[20~21] 다음 글을 읽고, 물음에 답하시오.

Simply collecting data, however, is not enough. Big data has to ⓐanalyze, and this is done by big data experts. Using various methods, experts analyze big data and draw meaningful results from it. These results then can be used ⓑmake decisions or to predict the future.

20 윗글의 밑줄 친 ⓐanalyze와 ⓑmake의 어법상 올바른 형태를 각각 쓰시오.

ⓐ _____ ⓑ _____

21 윗글의 내용과 일치하도록 다음 질문에 대한 답을 완전한 영어 문장으로 쓰시오.

Q: What do big data experts do?
A: _____

[22~23] 다음 글을 읽고, 물음에 답하시오.

Did you know ____ⓐ____ health professionals can now forecast a disease just ____ⓑ____ weather experts forecast the weather? This is possible thanks to big data. For example, when the flu season comes, people will buy more flu medicine. They will also search online about flu symptoms more. ____ⓒ____ this kind of data is analyzed wisely, the spread of the flu can be predicted.

22 윗글의 빈칸 ⓐ～ⓒ에 알맞은 접속사를 [보기]에서 골라 쓰시오. (단, 중복 사용 불가)

[보기] as   if   until   that   though

ⓐ _____ ⓑ _____ ⓒ _____

23 윗글의 내용과 일치하도록 할 때, 다음 문장에서 **틀린** 부분을 찾아 바르게 고쳐 쓰시오.

Big data can help health professionals treat a disease.

_____ → _____

[24~25] 다음 글을 읽고, 물음에 답하시오.

Are you a sports fan? Well, ⓐ빅데이터는 스포츠를 더 흥미진진하게 만들면서 선수들의 경기력을 향상하고 있다. A famous example is Germany's national soccer team. The team built a database by collecting and analyzing a huge amount of data on players. For example, the data included information about how much each player ran and how long he had the ball. With the help of this database, Germany's national soccer team was able to improve its performance and win the 2014 World Cup.

24 윗글의 밑줄 친 우리말 ⓐ와 의미가 같도록 빈칸에 알맞은 말을 [조건]에 맞게 쓰시오.

[조건] 1. 분사구문과 비교급을 사용할 것
     2. make와 exciting을 어법에 맞게 사용할 것
     3. 4단어로 쓸 것

→ big data is improving the performance of players, _____

25 윗글을 다음과 같이 요약할 때, 빈칸에 알맞은 말을 쓰시오.

Thanks to big data on _____, Germany's national soccer team could _____ its performance and _____ the 2014 World Cup.

만점 노트

Listen and Talk D

교과서 121쪽

❶Let me tell you how to use a drink machine. First, insert money into the machine. Then, choose ❷the drink you want. Last, ❸take the drink out of the machine. It's easy.

음료 자판기 사용하는 법을 알려 드리겠습니다. 먼저, 기계에 돈을 넣으세요. 그런 다음, 원하는 음료를 고르세요. 마지막으로, 기계에서 음료를 꺼내세요. 간단하죠.

❶ Let me tell you ~.는 '너에게 ~을 말해(알려) 줄게.'라는 의미로, 「사역동사(let)+목적어(me)+동사원형(tell) ~」 형태의 5형식 문장이다. you는 수여동사 tell의 간접목적어, how to use a drink machine은 직접목적어로 쓰였다.

❷ 목적격 관계대명사 which 또는 that이 생략된 관계대명사절인 you want가 선행사 the drink를 수식하는 형태이다.

❸ take A out of B: A를 B에서 꺼내다

Think and Write

교과서 132쪽

Teens' Free Time Activities

We asked 100 teenagers about their free time activities. ❶The results show that the free time activity the teenagers want to do the most is traveling. 34% said that they want to travel in their free time. ❷However, the free time activity they actually do the most is watching TV. 39% said that they watch TV in their free time. ❸Looking at the results, we see that there is a big gap between what the teenagers want to do and what they actually do in their free time.

청소년들의 여가 시간 활동들

우리는 100명의 청소년들에게 그들의 여가 시간 활동에 대해 질문했습니다. 그 결과 청소년들이 가장 하고 싶어 하는 여가 시간 활동은 여행인 것으로 보입니다. 34%가 여가 시간에 여행을 하고 싶다고 말했습니다. 하지만, 그들이 실제로 가장 많이 하는 여가 시간 활동은 TV 시청입니다. 39%가 여가 시간에 TV를 시청한다고 말했습니다. 이 결과를 보면, 우리는 청소년들이 여가 시간에 하고 싶어 하는 것과 여가 시간에 실제로 하는 것 사이에 큰 차이가 있다는 것을 알 수 있습니다.

❶ that절이 동사 show의 목적어 역할을 하며, 목적격 관계대명사가 생략된 관계대명사절인 the teenagers want to do the most가 선행사 the free time activity를 수식하고 있다.

❷ 설문 조사에서 가장 하고 싶어 하는 여가 활동으로 답한 것과 실제로 가장 많이 하는 여가 활동이 다르다는 상반된 내용이 이어지므로, '그러나, 하지만'이라는 뜻의 연결어 However가 쓰였다.

❸ '~하면'이라는 뜻으로 조건의 의미를 나타내는 분사구문으로, 부사절 If we look at the results로 바꿔 쓸 수 있다.

Team Project

교과서 133쪽

❶Based on our survey, we chose Gyeongju. Ten students think that activities are the most important when choosing a field trip place. After we ❷searched for some data online, we found out that ❸there are many things to see and do in Gyeongju.

설문 조사를 바탕으로, 우리는 경주를 골랐습니다. 10명의 학급 친구들이 졸업 여행지를 고를 때 활동이 가장 중요하다고 생각합니다. 온라인으로 자료를 찾아본 후, 우리는 경주에 볼 것과 할 것이 많이 있다는 것을 알게 되었습니다.

❶ based on: ~에 근거하여

❷ search for: ~을 찾다

❸ to see and do는 many things를 수식하는 형용사적 용법의 to부정사로, see와 do가 등위접속사 and로 연결되어 있다.

기타 지문

실전 TEST

[01~02] 다음 글을 읽고, 물음에 답하시오.

(A)음료 자판기 사용하는 법을 알려 드리겠습니다. First, insert money into the machine. ___ⓐ___, choose the drink you want. ___ⓑ___, take the drink out of the machine. It's easy.

01 윗글의 밑줄 친 우리말 (A)와 의미가 같도록 주어진 표현을 바르게 배열하여 문장을 쓰시오.

→ _____

(use, me, how, a drink machine, tell, you, to, let)

02 윗글의 빈칸 ⓐ와 ⓑ에 들어갈 말이 순서대로 바르게 짝지어진 것은?

① Two – Three   ② Then – Second
③ Then – Last   ④ Second – Three
⑤ Second – First

[03~05] 다음 글을 읽고, 물음에 답하시오.

We asked 100 teenagers about their free time activities. The results show that the free time activity the teenagers want to do the most is traveling. 34% said that they want to travel in their free time. ___ⓐ___, the free time activity they actually do the most is watching TV. 39% said that they watch TV in their free time. ⓑIf we look at the results, we see that there is a big gap between what the teenagers want to do and what they actually do in their free time.

03 윗글의 흐름상 빈칸 ⓐ에 들어갈 말로 알맞은 것은?

① Therefore   ② However
③ As a result   ④ Most of all
⑤ For example

04 윗글의 밑줄 친 ⓑ를 분사구문으로 바꿔 쓰시오.

→ _____

05 윗글의 내용과 일치하도록 빈칸에 알맞은 말을 쓰시오.

According to the teenagers' answers about their _____ _____ _____, what they want to do the most is _____, but what they actually do the most is _____ _____.

[06~07] 다음 글을 읽고, 물음에 답하시오.

_____ⓐ_____ on our survey, we ___ⓑ___ Gyeongju. Ten students ___ⓒ___ that activities are the most important when choosing a field trip place. After we ___ⓓ___ for some data online, we found out that there are many things (A)see and ___ⓔ___ in Gyeongju.

06 윗글의 흐름상 빈칸 ⓐ~ⓔ에 들어갈 말로 알맞지 않은 것은?

① ⓐ: Based   ② ⓑ: chose   ③ ⓒ: think
④ ⓓ: cared   ⑤ ⓔ: do

07 윗글의 밑줄 친 (A)see의 형태로 알맞은 것은?

① seen   ② saw   ③ to see
④ seeing   ⑤ have seen

Words
고득점 맞기

01 다음 영영풀이에 해당하는 단어가 순서대로 바르게 짝지어진 것은?

> • an action that the law does not allow
> • to realize who someone is or what something is

① trace – draw   ② purchase – insert
③ crime – identify   ④ distance – predict
⑤ industry – upload

02 다음 빈칸에 들어갈 말로 알맞은 것은?

> Wearing medical masks can help prevent the _____ of the flu.

① method   ② spread   ③ society
④ forecast   ⑤ amount

[03~04] 다음 빈칸에 공통으로 들어갈 말로 알맞은 것을 고르시오.

03
> • They are looking for ways to improve their _____ at work.
> • You're not allowed to use your cell phone during the _____.

① gap   ② analysis   ③ symptom
④ influence   ⑤ performance

04
> • Something is likely _____ happen.
> • Thanks _____ John and his team, we could finish the project on time.

① in   ② to   ③ at
④ on   ⑤ for

05 다음 중 짝지어진 단어들의 관계가 같지 <u>않은</u> 것은?

① lock : unlock = simple : complex
② help : helpful = nation : national
③ wise : wisely = possible : possibly
④ regular : regularly = meaning : meaningful
⑤ disease : illness = complex : complicated

06 다음 중 밑줄 친 부분의 우리말 의미가 알맞지 <u>않은</u> 것은?

① <u>Prevention</u> is always better than a cure. (예방)
② May is a very <u>meaningful</u> month in Korea. (의미 있는)
③ Mike makes decisions <u>based on</u> his emotions. (~에 근거하여)
④ I improved my English pronunciation <u>thanks to</u> Jane. (~에 감사하여)
⑤ The subway is a safe and convenient <u>method</u> of transportation. (교통수단)

07 다음 영영풀이에 해당하는 단어를 빈칸에 쓰시오.

> *n.* something that shows you may have a particular illness

> I think you have some early _____(e)s of a cold.

08 Which can replace the underlined part of the sentence?

> Do you think that it is possible to <u>predict</u> an upcoming earthquake?

① draw   ② leave   ③ develop
④ analyze   ⑤ forecast

09 다음 중 밑줄 친 부분의 쓰임이 어색한 것은?

① Press the button and <u>insert</u> your card here.
② There are several <u>national</u> museums in Seoul.
③ If you need <u>further</u> information, you can call this center.
④ The issue is so <u>complex</u> that everyone can understand it.
⑤ The more science <u>develops</u>, the more convenient the world becomes.

10 다음 우리말과 의미가 같도록 빈칸에 알맞은 말을 쓰시오.

이제부터, 나는 어떤 정크 푸드도 먹지 않겠다.

→ _____ _____ _____, I won't eat any junk food.

11 다음 중 밑줄 친 부분과 바꿔 쓸 수 있는 말로 알맞지 않은 것은?

① They tried their best to <u>avoid</u> mistakes.
        → prevent
② It is the <u>disease</u> that harms your bones.
        → illness
③ He <u>purchased</u> some furniture very cheaply.
        → bought
④ <u>Possibly</u>, he can finish the project by tomorrow.
        → Mainly
⑤ It takes some time to <u>collect</u> all the information.
        → gather

12 고난도 다음 빈칸에 들어갈 단어의 영영풀이로 알맞은 것은?

If you practice every day, your cooking skills will _____ quickly.

① to do an action
② to change or affect something
③ to examine something carefully
④ to say that something is going to happen
⑤ to become better or to make something better

13 다음 중 단어와 영영풀이가 바르게 연결되지 <u>않은</u> 것은?

① **analysis**: a way of doing something
② **avoid**: to stay away from someone or something
③ **include**: to contain something as a part of a whole
④ **flu**: an illness that is like a bad cold but can be very serious
⑤ **database**: a large amount of information stored in a computer system

14 고난도 신유형 다음 중 밑줄 친 <u>leave</u>의 의미가 같은 것끼리 짝지어진 것은?

ⓐ She will <u>leave</u> home at 8 o'clock.
ⓑ The thief didn't <u>leave</u> a single footprint.
ⓒ Why don't you <u>leave</u> some more messages?
ⓓ I'll <u>leave</u> early in the morning to take the first bus.
ⓔ If you <u>leave</u> your name and phone number, you can borrow a bike.

① ⓐ, ⓒ – ⓑ, ⓓ, ⓔ
② ⓐ, ⓓ – ⓑ, ⓒ, ⓔ
③ ⓐ, ⓔ – ⓑ, ⓒ, ⓓ
④ ⓐ, ⓑ, ⓔ – ⓒ, ⓓ
⑤ ⓐ, ⓓ, ⓔ – ⓑ, ⓒ

15 고난도 다음 빈칸 ⓐ~ⓓ 중 어느 곳에도 들어갈 수 <u>없는</u> 단어는?

• Music can ___ⓐ___ people's feelings.
• What is ___ⓑ___ to happen after the story?
• You can ___ⓒ___ results from the given data.
• The outdoor activities ___ⓓ___ mountain biking and canoeing.

① draw
② likely
③ avoid
④ influence
⑤ include

Listen and Talk

영작하기

• 주어진 우리말과 일치하도록 교과서 대화문을 쓰시오.

Listen and Talk A-1

B: _____

G: _____

_____

B: _____

G: _____

B: _____

교과서 120쪽

B: 실례합니다. 교통 카드에 돈을 충전하는 방법을 알려 주시겠어요?

G: 그럼요. 먼저, 기계에 카드를 넣으세요. 두 번째로, 충전하고 싶은 금액을 선택하세요.

B: 알겠어요.

G: 마지막으로, 기계에 돈을 넣으세요.

B: 간단한 것 같네요. 고맙습니다.

Listen and Talk A-2

B: _____

_____

G: _____

B: _____

G: _____

B: _____

교과서 120쪽

B: 저는 과자를 사고 싶어요. 이 과자 자판기를 어떻게 사용하는지 아세요?

G: 네. 먼저, 원하는 과자를 고르세요.

B: 이미 했어요. 그다음은 뭔가요?

G: 돈을 넣으세요. 그런 다음 과자를 꺼내세요.

B: 알겠어요. 고마워요.

Listen and Talk A-3

G: _____

_____

M: _____

_____

G: _____

M: _____

G: _____

교과서 120쪽

G: 실례합니다. 자전거를 빌리고 싶은데요. 이 앱을 어떻게 사용하는지 알려 주시겠어요?

M: 그럼요. 먼저, 앱에 로그인하세요. 그런 다음 RENT 버튼을 찾아서 터치하세요.

G: 그다음에는 뭘 하죠?

M: 그러면 앱이 자전거 잠금을 해제할 수 있는 번호를 알려 줄 거예요.

G: 고맙습니다. 도와주셔서 정말 감사해요.

Listen and Talk C

G: _____

B: _____

G: _____

B: _____

G: _____

B: _____

G: _____

B: _____

G: _____

B: _____

G: _____

해석　　　　　　　　　　　교과서 121쪽

G: 실례합니다만, 이 로봇은 용도가 뭔가요?

B: 아, 그것은 책을 찾아 주는 로봇이에요.

G: 정말요? 어떻게 사용하는지 알려 주시겠어요?

B: 그럼요. 먼저, 도서 대출 카드를 로봇 화면 위에 대세요.

G: 알겠어요.

B: 두 번째로, 당신이 찾고 있는 책의 제목을 입력한 다음 ENTER를 누르세요.

G: 그게 다인가요?

B: 네. 그러면, 로봇이 그 책을 찾아서 안내 데스크로 가져다줄 거예요.

G: 그러면 저는 그냥 안내 데스크로 가서 책을 받을 수 있네요?

B: 그렇습니다. 아주 쉬워요, 그렇지 않아요?

G: 네, 정말 놀랍네요. 고마워요.

Talk and Play

A: _____

B: _____

A: _____

B: _____

A: _____

B: _____

B: _____

A: _____

교과서 122쪽

A: 너는 차 만드는 방법을 아니?

B: 그럼. 먼저, 컵에 티백을 넣어.

A: 알겠어.

B: 그런 다음, 그 컵에 뜨거운 물을 부어.

A: 그다음엔?

B: 마지막으로, 3분 뒤에 티백을 꺼내.

A: 알겠어. 도와줘서 정말 고마워.

Review - 1

G: _____

B: _____

G: _____

B: _____

G: _____

교과서 134쪽

G: 감자 심는 방법을 알려 주겠니?

B: 그럼. 우선 감자를 작은 조각으로 잘라. 둘째로, 땅에 구멍을 파.

G: 그다음에는?

B: 그런 다음 구멍에 감자 조각들을 넣고 흙으로 구멍을 덮어.

G: 간단한 것 같네. 고마워.

 **Listen and Talk**
고득점 맞기

01 다음 대화의 빈칸에 들어갈 말로 알맞은 것은?

> A: _____
> B: Sure. First, put a tea bag in a cup. Then, pour hot water in the cup. And after 3 minutes, take the tea bag out.

① Would you like some tea?
② Why don't you have some tea?
③ Do you know how to make tea?
④ Do you want to learn how to make tea?
⑤ Please tell me where I can drink some tea.

02 다음 대화의 빈칸에 들어갈 말로 알맞지 <u>않은</u> 것을 <u>모두</u> 고르면?

> A: Can you tell me how to use this snack machine?
> B: Yeah. First, choose the snack you want. Then, put in the money. Last, take the snack out.
> A: Got it. _____

① Thanks a lot.   ② It's my pleasure.
③ Don't mention it.   ④ I appreciate your help.
⑤ I can't thank you enough.

03 다음 대화의 밑줄 친 ⓐ~ⓔ 중 흐름상 <u>어색한</u> 것은?

> A: Excuse me. ⓐCan you tell me how to use this machine?
> B: Sure. ⓑFirst, put the paper on the copy machine.
> A: OK.
> B: ⓒLast, choose the paper size and number of the copies.
> A: ⓓAnd then?
> B: Finally, press the START button.
> A: Thank you. ⓔI really appreciate your help.

① ⓐ   ② ⓑ   ③ ⓒ   ④ ⓓ   ⑤ ⓔ

04 Which is the correct order of (A)~(E) to make a natural dialog?

> (A) Then just take your card out.
> (B) Excuse me. I want to return these books. Do you know how to do it?
> (C) What's next?
> (D) I really appreciate your help.
> (E) Sure. It's simple. First, insert the library card into the machine. Second, put the books in this box.

① (A) – (B) – (D) – (C) – (E)
② (B) – (A) – (E) – (C) – (D)
③ (B) – (E) – (C) – (A) – (D)
④ (C) – (B) – (D) – (E) – (A)
⑤ (C) – (D) – (A) – (E) – (B)

[05~06] 다음 대화를 읽고, 물음에 답하시오.

> Girl: Excuse me. I want to rent a bike. Can you tell me _____ⓐ_____?
> Man: Sure. First, log in to the application. Then find the RENT button and touch it.
> Girl: Then what?
> Man: Then the application will give you a number to unlock a bike with.
> Girl: Thank you. I really appreciate your help.

05 위 대화의 빈칸 ⓐ에 들어갈 말로 알맞은 것은?

① how to buy a bike
② where to ride a bike
③ how to use this application
④ how to make an application
⑤ how to get to the bike rental shop

06 위 대화의 내용과 일치하지 <u>않는</u> 것을 <u>모두</u> 고르면?

① The girl wants to rent a bike.
② The man tells the girl how to ride a bike well.
③ The application is used to rent a bike.
④ The man unlocks a bike for the girl.
⑤ The girl thanks the man for his help.

09 다음 중 밑줄 친 <u>As(as)</u>의 의미가 [보기]와 같은 것은?

> [보기] <u>As</u> time passed, her English improved.

① <u>As</u> I was going to the library, I met Jane.
② <u>As</u> he grows older, he is getting healthier.
③ <u>As</u> he walked out, everybody looked at him.
④ He was late for school <u>as</u> he missed the bus.
⑤ The man entered the university <u>as</u> he had wished.

10 다음 중 밑줄 친 부분과 바꿔 쓸 수 <u>없는</u> 것은?

① <u>As</u> I got out of the car, I saw Kate.
  (→ When)
② You can't change the story <u>as</u> you want.
  (→ because)
③ I want to return the shoes <u>as</u> they are too big.
  (→ since)
④ Turn off the water <u>as</u> you are brushing your teeth.
  (→ while)
⑤ <u>As</u> I didn't like the movie, I came out of the theater right away. (→ Because)

11 다음 중 어법상 올바른 문장의 개수는?

> ⓐ I watched a movie, eating a hot dog.
> ⓑ Was too surprised, I couldn't say a word.
> ⓒ As it was late at night, we went back home.
> ⓓ As the temperature goes up, the ice melts.
> ⓔ Waiting while at the train station, I met Tommy.

① 1개   ② 2개   ③ 3개   ④ 4개   ⑤ 5개

 서술형

12 다음 밑줄 친 부분을 분사구문으로 바꿔 쓰시오.

(1) <u>When she heard a dog bark</u>, she looked outside.
  → _____

(2) <u>Because I didn't feel well</u>, I couldn't go to school.
  → _____

13 다음 두 문장을 접속사 as를 사용하여 한 문장으로 연결하시오. (단, 부사절로 시작할 것)

(1) Time passed. Jack felt weaker and weaker.
  → _____

(2) The bread is very delicious. Jenny buys it every morning.
  → _____

14 다음 우리말을 영어로 옮길 때, 어법상 <u>틀린</u> 부분을 찾아 바르게 고쳐 쓰시오.

> 그는 자신의 아기를 팔에 안고서 사진을 찍었다.
> → He holding his baby in his arms, he took a picture.

_____ → _____

15 다음 문장과 의미가 같도록 분사구문을 사용하여 한 문장으로 쓰시오. (단, 분사구문으로 시작할 것)

(1) While she was drinking a cup of coffee, she surfed the Internet.
  → _____

(2) When he doesn't wear glasses, he can't read books.
  → _____

서술형

한 단계 더!

16 다음 중 어법상 틀린 문장 두 개를 찾아 기호를 쓰고, 틀린 부분을 바르게 고쳐 쓰시오.

> ⓐ Staying in New York, I visited my aunt.
> ⓑ Knowing not what to say, she kept silent.
> ⓒ I walked down the street, thinking of her.
> ⓓ Feeling sick, you should take this medicine.
> ⓔ Ran down the stairs, I fell down and hurt my knee.

(1) (   ) _____ → _____

(2) (   ) _____ → _____

[17~18] 다음 우리말과 의미가 같도록 [조건]에 맞게 영어 문장을 쓰시오.

17

> 내가 너에게 말했듯이, 너는 스마트폰을 덜 사용해야 한다.
> (tell, have to, your smartphone, less)

[조건] 1. 부사절로 시작할 것
2. 괄호 안의 표현을 어법에 맞게 사용할 것

→ _____

18

> 그는 노래를 부르면서 세차를 했다.
> (sing a song, clean his car)

[조건] 1. (1)은 부사절, (2)는 분사구문으로 시작하는 문장을 쓸 것
2. 괄호 안의 표현을 어법에 맞게 사용할 것

(1) _____

(2) _____

19 다음 그림에 알맞는 문장이 되도록 〈A〉, 〈B〉에서 문장을 하나씩 골라 분사구문을 포함한 문장으로 쓰시오.

(1)    (2)

(3)    (4)

A
- She played the piano.
- She waited for the bus.
- She rode a bike in the park.
- She saw a mouse in the kitchen.

B
- She fell down.
- She screamed.
- She sang a song.
- She talked on the phone.

(1) _____

(2) _____

(3) _____

(4) _____

20 다음 괄호 안의 단어를 바르게 배열하여 문장을 완성하고, 문장을 우리말로 해석하시오.

(1) _____, the sun rises in the east. (knows, everyone, as)

→ _____

(2) _____, you'll become healthier. (exercise, as, more, you)

→ _____

• 주어진 우리말과 일치하도록 문장을 쓰시오.

01
_____

당신은 온라인 서점을 방문해서 그 서점이 당신에게 추천한 책들을 보고 놀란 적이 있는가?

02
_____

그 책들 중 다수가 당신에게 흥미로워 보였다.

03
_____

그러면 그 서점은 당신이 무엇을 좋아하는지 어떻게 알았을까?

04
_____

이것은 모두 빅데이터 때문에 가능하다.

05
_____

빅데이터는 매우 크고 복잡한 데이터의 집합이다.

06
_____

정보 통신 기술이 발달함에 따라 우리가 갖고 있는 데이터의 양이 이전보다 훨씬 더 많아지고 있다.☆

07
_____

이것의 주된 이유는 우리가 온라인상에서 하는 거의 모든 것들이 흔적을 남기기 때문이다.

08
_____

예를 들어, 당신이 블로그에 올린 사진들과 온라인 상점에서의 구매 기록들이 모두 빅데이터의 일부이다.

09
_____

하지만 단순히 데이터를 수집하는 것만으로는 충분하지 않다.

10
_____

빅데이터는 분석되어야 하는데, 이것은 빅데이터 전문가들에 의해서 이루어진다.

11
_____

전문가들은 다양한 방법들을 사용하여 빅데이터를 분석하고, 그것으로부터 의미 있는 결과들을 도출한다.☆

12
_____

그런 다음, 이런 결과들은 의사결정을 하거나 미래를 예측하는 데 사용될 수 있다.

13
_____

빅데이터는 우리 삶의 거의 모든 부분에 영향을 미치고 있다.

14
_____

그것은 회사들이 소비자들이 필요로 하는 것을 더 잘 이해하고 더 많은 상품을 팔도록 도와준다.

15
_____

그것은 사람들이 교통 체증을 피하도록 도와준다.

16
_____

그것의 쓰임은 끝이 없는데, 여기 몇 가지 흥미로운 예들이 있다.

17
_____

당신은 날씨 전문가들이 날씨를 예측하는 것과 같이 현재 건강 전문가들이 질병을 예측할 수 있다는 것을 알고 있었는가?☆

STEP B

18 _____

이것은 빅데이터 덕분에 가능하다.

19 _____

예를 들어, 독감의 계절이 오면 사람들은 독감 약을 더 많이 구입할 것이다.

20 _____

그들은 또한 온라인상에서 독감 증상에 대해 더 많이 검색해 볼 것이다.

21 _____

이런 종류의 데이터가 현명하게 분석된다면, 독감의 확산은 예측될 수 있다.

22 _____

당신은 스포츠 팬인가?

23 _____

빅데이터는 스포츠를 더 흥미진진하게 만들면서 선수들의 경기력을 향상하고 있다.☆

24 _____

한 유명한 사례가 독일 국가 대표 축구팀이다.

25 _____

그 팀은 선수들에 관한 엄청난 양의 데이터를 모으고 분석함으로써 데이터베이스를 구축했다.

26 _____

예를 들어, 그 데이터는 각각의 선수들이 얼마나 많이 달렸고, 얼마나 오랫동안 공을 갖고 있었는지에 관한 정보를 포함했다.

27 _____

이 데이터베이스의 도움으로, 독일 국가 대표 축구팀은 경기력을 향상할 수 있었고, 2014년 월드컵에서 우승할 수 있었다.

28 _____

빅데이터 덕분에 경찰은 이제 범죄가 발생하기 전에 그 범죄를 예측할 수 있다.

29 _____

범죄의 유형, 시간 및 장소에 관한 빅데이터 분석을 통해, 경찰은 범죄 다발 지역의 지도를 만들 수 있다.

30 _____

이 지도는 범죄가 언제, 어디에서 가장 발생할 것 같은지 알려 준다.

31 _____

경찰은 이 지도가 예측하는 지역과 시간대에 집중함으로써 추가 범죄를 예방할 수 있다.

32 _____

빅데이터는 이미 세계를 크게 변화시켰다.

33 _____

그러면 빅데이터 산업은 여기에서부터 어디로 가게 될까?

34 _____

누구도 확실히 알지는 못하지만, 전문가들은 빅데이터가 우리 삶에서 더욱 더 중요한 역할을 할 것이라는 데에는 동의한다.

Reading

고득점 맞기

[01~02] 다음 글을 읽고, 물음에 답하시오.

Have you ever visited an online bookstore and
____ⓐ____ by the books that the store recommended
for you? Many of them looked interesting to you.
So how did the bookstore know what you liked?
ⓑThis is all possible because of big data.

01 윗글의 빈칸 ⓐ에 들어갈 말로 알맞은 것은?

① surprised   ② surprising
③ being surprised   ④ been surprised
⑤ been surprising

02 윗글의 밑줄 친 ⓑThis가 가리키는 것은?

① 당신이 온라인 서점을 선호하게 된 것
② 사람들이 온라인 서점을 방문하는 이유
③ 당신이 온라인 서점에서 구입하는 책의 종류
④ 온라인 서점이 당신이 무엇을 좋아하는지 아는 것
⑤ 당신이 온라인 서점에서 다른 사람들에게 책을 추천하는 것

[03~05] 다음 글을 읽고, 물음에 답하시오.

Big data is data sets that are very big and
complex. As information and communication
technology develops, the amount of data we have
is getting ⓐmuch greater than before. This is
mainly because almost everything that we do
online ⓑleave a trace. For example, the photos
you upload on your blog and the records of your
purchases at online stores ⓒare all part of big
data.

Simply collecting data, however, is not enough.
Big data has to ⓓbe analyzed, and this is done by
big data experts. ⓔUsed various methods, experts
analyze big data and draw meaningful results
from it. These results then ⓕcan use to make
decisions or to predict the future.

03 윗글의 주제로 가장 알맞은 것은?

① What is big data?
② How big is big data?
③ Where can we find big data?
④ How can we predict the future?
⑤ How fast is information and communication
   technology developing?

04 다음 중 윗글에 사용된 단어의 영영풀이가 아닌 것은?

① a way of doing something
② the action of buying something
③ to examine something carefully
④ to stay away from someone or something
⑤ to say that something is going to happen

05 윗글의 밑줄 친 ⓐ~ⓕ 중 어법상 올바른 것끼리 짝지어진 것은?

① ⓐ, ⓑ   ② ⓐ, ⓒ, ⓓ   ③ ⓑ, ⓓ, ⓕ
④ ⓑ, ⓔ, ⓕ   ⑤ ⓒ, ⓓ, ⓔ, ⓕ

[06~07] 다음 글을 읽고, 물음에 답하시오.

Big data is influencing almost all parts of our
lives. It ____ⓐ____ companies understand their
customers' needs better and ____ⓑ____ them sell
more products. It ____ⓒ____ people avoid heavy
traffic. Its uses are endless, and here are some
interesting examples.
(①) Did you know that health professionals can
now forecast a disease just as weather experts
forecast the weather? (②) This is possible thanks
to big data. (③) For example, when the flu
season comes, people will buy more flu medicine.
(④) If this kind of data is analyzed wisely, the
spread of the flu can be predicted. (⑤)

06 윗글의 빈칸 ⓐ~ⓒ에 공통으로 들어갈 말로 알맞은 것은?

① helps   ② needs   ③ wants
④ expects   ⑤ influences

07 윗글의 ①~⑤ 중 주어진 문장이 들어갈 위치로 알맞은 것은?

> They will also search online about flu symptoms more.

①   ②   ③   ④   ⑤

[08~09] 다음 글을 읽고, 물음에 답하시오.

Are you a sports fan? Well, big data is improving the performance of players, making sports more (A) exciting / excitingly . A famous example is Germany's national soccer team. The team built a database by (B) collect / collecting and analyzing a huge amount of data on players. For example, the data included information about how much each player ran and how long he had the ball. With the help of this database, Germany's national soccer team was able to improve its performance and (C) win / winning the 2014 World Cup.

08 윗글 (A)~(C)의 각 네모 안에 주어진 말 중에서 어법상 올바른 것끼리 짝지어진 것은?

	(A)		(B)		(C)
①	exciting	⋯	collecting	⋯	winning
②	exciting	⋯	collecting	⋯	win
③	exciting	⋯	collect	⋯	win
④	excitingly	⋯	collect	⋯	winning
⑤	excitingly	⋯	collecting	⋯	winning

09 윗글의 **big data**에 대한 설명으로 알맞은 문장의 개수는?

> ⓐ It can affect the performance of sports players.
> ⓑ Germany's national soccer team made its players analyze it.
> ⓒ Germany held the 2014 World Cup thanks to it.
> ⓓ It helped Germany's national soccer team win the 2014 World Cup.

① 0개   ② 1개   ③ 2개   ④ 3개   ⑤ 4개

[10~11] 다음 글을 읽고, 물음에 답하시오.

Thanks to big data, police can now predict crime _____(A)_____. Through the analysis of big data about the type, time and place of crime, police can make a map of crime hot spots. This map identifies when and where crime is most likely ⓐhappen. Police can prevent further crime by focusing on the areas and the times ⓑwhat this map predicts.

Big data has already changed the world ⓒgreat. So where will the big data industry go from here? Nobody ⓓknow for sure, but experts agree that big data will play a ⓔmuch and much important role in our lives.

10 Which is correct for blank (A) in the passage above?

① after it happens
② before it happens
③ after they prevent it
④ though they analyze big data
⑤ before they analyze big data

11 윗글의 밑줄 친 ⓐ~ⓔ를 바르게 고쳐 쓴 것 중 어법상 틀린 것은?

① ⓐ → happening   ② ⓑ → that
③ ⓒ → greatly   ④ ⓓ → knows
⑤ ⓔ → more and more important

[12~14] 다음 글을 읽고, 물음에 답하시오.

Big data is data sets ⓐthat are very big and complex. As information and communication technology develops, the amount of data ⓑwhat we have is getting much greater than before. This is mainly because almost everything that we do online leaves (A)a trace. For example, the photos you upload on your blog and the records of your purchases at online stores are all part of big data.

Simply ©collecting data, however, is not enough. Big data has to be analyzed, and this is done by big data experts. ⓓUsing various methods, experts analyze big data and draw meaningful results from it. These results then can be used to ⓔmaking decisions or to predict the future.

12 윗글의 밑줄 친 ⓐ~ⓔ 중 어법상 틀린 것을 2개 찾아 기호를 쓰고, 바르게 고쳐 쓰시오.

(1) (   ) → _____

(2) (   ) → _____

13 윗글의 밑줄 친 (A)a trace에 해당하는 예시로 본문에 언급된 것 2개를 우리말로 쓰시오.

→ _____

14 윗글의 내용과 일치하도록 빈칸에 알맞은 말을 쓰시오.

Big data is very _____ and _____ data sets, and its amount is getting greater than before. It is analyzed by _____ _____ _____, and people can use its results to _____ _____ or _____ _____ _____.

15 다음 글을 읽고 답할 수 있는 질문을 ⓐ~ⓒ에서 골라 기호를 쓰고, 완전한 영어 문장으로 답하시오.

Are you a sports fan? Well, big data is improving the performance of players, making sports more exciting. A famous example is Germany's national soccer team. The team built a database by collecting and analyzing a huge amount of data on players. For example, the data included information about how much each player ran and how long he had the ball. With the help of this database, Germany's national soccer team was able to improve its performance and win the 2014 World Cup.

ⓐ How much data did Germany's soccer team collect to build a database?
ⓑ What did the data that Germany's national soccer team collected include?
ⓒ Which team did Germany play against in the 2014 World Cup finals?

(   ) → _____

16 다음 글을 읽고, 주어진 질문에 대한 답을 완성하시오.

Thanks to big data, police can now predict crime before it happens. Through the analysis of big data about the type, time and place of crime, police can make a map of crime hot spots. This map identifies when and where crime is most likely to happen. Police can prevent further crime by focusing on the areas and the times this map predicts.

(1) What can police make by analyzing big data?
→ Police can make _____.

(2) How can police prevent further crime?
→ Police can prevent it _____
_____.

서술형 100% TEST

01 다음 영영풀이에 해당하는 단어를 [보기]에서 골라 쓰시오.

> [보기] spread   analyze   develop   symptom

(1) _____ : to examine something carefully

(2) _____ : something that shows you may have a particular illness

(3) _____ : to grow and change into something bigger, better, or more important

(4) _____ : the growth or development of something, so that it affects a larger area or a larger number of people

02 다음 우리말과 의미가 같도록 빈칸에 알맞은 말을 쓰시오.

(1) 곧 비가 올 것 같다.

→ It _____ _____ _____ rain soon.

(2) 스포츠는 사회에서 큰 역할을 한다.

→ Sports _____ _____ huge _____ in society.

(3) 그는 숙제에 집중하기 위해 TV를 껐다.

→ He turned off the TV to _____ _____ his homework.

03 다음 대화의 밑줄 친 우리말과 의미가 같도록 괄호 안의 지시대로 문장을 쓰시오.

> A: Excuse me. I want to rent a bike. (1)이 앱을 어떻게 사용하는지 알려 주시겠어요?
> B: Sure. First, log in to the application. Then find the RENT button and touch it.
> A: Then what?
> B: Then the application will give you a number to unlock a bike with.
> A: Thank you. (2)도와주셔서 정말 감사해요.

(1) (how to를 사용하여 9단어로 쓸 것)

→ _____

(2) (really, appreciate를 사용하여 5단어로 쓸 것)

→ _____

04 다음 대화의 밑줄 친 ⓐ와 ⓑ에서 흐름상 어색한 부분을 찾아 각각 바르게 고쳐 쓰시오.

> A: Excuse me. Can you tell me how to add money to my transportation card?
> B: ⓐOf course. Finally, put your card in the machine. Second, choose the amount of money you want to add.
> A: OK.
> B: Last, insert your money into the machine.
> A: ⓑThat sounds simple. Don't mention it.

ⓐ _____ → _____

ⓑ _____ → _____

[05~07] 다음 대화를 읽고, 물음에 답하시오.

> A: Excuse me, but what's this robot for?
> B: Oh, it's a robot that finds books for you.
> A: Really? _____ ⓐ _____
> B: Sure. First, place your library card on the robot's screen.
> A: OK.
> B: Second, type the title of the book you're looking for and then press ENTER.
> A: ⓑ그게 다인가요?
> B: Yes. Then, the robot will find the book and take it to the front desk.
> A: So I can just go to the front desk and get the book?
> B: Right. ⓒ그건 아주 쉬워요, 그렇지 않아요?
> A: Yes, it's really amazing. Thank you.

05 위 대화의 빈칸 ⓐ에 들어갈 말을 [조건]에 맞게 쓰시오.

> [조건] 1. 사용 방법을 물어볼 것
> 2. know, it을 사용할 것
> 3. 7단어의 완전한 의문문으로 쓸 것

→ _____

06 윗글의 밑줄 친 우리말 ⓑ와 ⓒ를 영어로 옮기시오.

ⓑ _____

ⓒ _____

07 다음 로봇 사용 설명문의 밑줄 친 ⓐ~ⓔ 중 위 대화의 내용과 일치하지 않는 것을 찾아 기호를 쓰고, 내용과 일치하도록 고쳐서 다시 쓰시오.

> **A ROBOT THAT FINDS BOOKS FOR YOU**
>
> ⓐ **How to Use This Robot**
>
> 1. ⓑ Pick your library card on the screen.
> 2. ⓒ Type the title of the book you're looking for.
> 3. ⓓ Press FINISH.
> 4. ⓔ Go to the robot and get the book.

(1) (   ) → _____

(2) (   ) → _____

(3) (   ) → _____

08 다음 두 문장의 의미가 같도록 괄호 안의 접속사를 사용하여 문장을 완성하시오.

(1) The girl watched the sunset, sitting on the grass.

= The girl watched the sunset _____
_____. (while)

(2) Turning left, you can see the bookstore.

= _____, you
can see the bookstore. (if)

(3) Being too busy, she couldn't go to the party.

= _____, she
couldn't go to the party. (because)

09 다음 〈A〉와 〈B〉에서 각각 알맞은 말을 하나씩 골라 접속사 as를 사용하여 자연스러운 문장으로 연결하시오. (단, 〈A〉의 내용으로 문장을 시작할 것)

> **A**
> (1) The boy soon fell asleep.
> (2) We went up the mountain.
> (3) The teacher announced yesterday.

> **B**
> • It became colder.
> • He was very tired.
> • The sports day will be canceled.

(1) _____

(2) _____

(3) _____

한 단계 더!

10 그림의 내용에 맞게 주어진 두 문장을 분사구문을 사용하여 한 문장으로 바꿔 쓰시오. (단, 첫 번째 문장을 분사구문으로 나타낼 것)

(1)

He was talking with me. He kept looking at his cell phone.

→ _____

(2)

She didn't feel comfortable. She left the party early.

→ _____

한 단계 더!

11 다음 대화의 내용과 일치하도록 분사구문을 사용하여 문장을 완성하시오.

(1)
> **A:** Peter, what are you doing?
> **B:** I'm posting some pictures on my blog. I'm also listening to music now.

→ Peter is posting some pictures on his blog, _____ _____ _____.

(2)
> **A:** Minji, why didn't you buy a coat?
> **B:** I didn't have enough money.

→ _____ _____ _____ _____, Minji couldn't buy a coat.

고난도 한 단계 더!

12 다음 우리말과 의미가 같도록 [조건]에 맞게 문장을 쓰시오.

> 그는 무엇을 해야 할지 몰라서 나에게 도움을 청했다.

> [조건] 1. know what to do, ask for my help를 어법에 맞게 사용할 것
> 2. (1)은 분사구문으로, (2)는 as를 사용하여 쓸 것

(1) _____

(2) _____

[13~15] 다음 글을 읽고, 물음에 답하시오.

Big data is data sets that are very big and complex. ⓐAs information and communication technology develops, the amount of data we have is getting ⓑvery greater than before. This is mainly because almost everything ⓒthat we do online leaves a trace. For example, the photos you upload on your blog and the records of your purchases at online stores are all part of big data.

Simply collecting data, however, is not enough. Big data has to be analyzed, and this ⓓis doing by big data experts. (A)다양한 방법들을 사용하여, experts analyze big data and draw meaningful results from it. These results then can ⓔbe used to make decisions or to predict the future.

13 윗글의 밑줄 친 ⓐ~ⓔ 중에서 어법상 틀린 것 두 개를 골라 기호를 쓰고, 바르게 고쳐 쓰시오.

(1) (   ) → _____

(2) (   ) → _____

14 윗글의 밑줄 친 우리말 (A)와 의미가 같도록 [조건]에 맞게 영어로 쓰시오.

> [조건] 1. 분사구문을 사용할 것
> 2. various methods를 사용할 것

→ _____

15 윗글의 빅데이터에 해당하는 예시 두 가지를 본문에서 찾아 쓰시오.

(1) _____

(2) _____

[16~17] 다음 글을 읽고, 물음에 답하시오.

Big data is influencing almost all parts of our lives. It helps companies understand their customers' needs better and helps them sell more products. (A)(heavy, avoid, people, traffic, helps, it). Its uses are endless, and here are some interesting examples.

Did you know that health professionals can now forecast a disease just as weather experts forecast the weather? This is possible thanks to big data. For example, when the flu season comes, people will buy more flu medicine. They will also search online about flu symptoms more. If this kind of data is analyzed wisely, the spread of the flu can be predicted.

16 윗글의 괄호 (A) 안의 단어를 바르게 배열하여 문장을 완성하시오.

→ _____

17 다음 ⓐ~ⓒ 중 윗글의 내용과 일치하지 <u>않는</u> 문장의 기호를 쓰고, 바르게 고쳐 문장을 다시 쓰시오.

> ⓐ The uses of big data are not limited to certain industries.
> ⓑ Big data can help health professionals forecast a disease.
> ⓒ The symptoms of the flu can be predicted thanks to big data.

(   ) → _____

18 다음 글의 내용과 일치하도록 독일 국가 대표 축구팀 감독과의 가상 인터뷰를 완성하시오.

> Are you a sports fan? Well, big data is improving the performance of players, making sports more exciting. A famous example is Germany's national soccer team. The team built a database by collecting and analyzing a huge amount of data on players. For example, the data included information about how much each player ran and how long he had the ball. With the help of this database, Germany's national soccer team was able to improve its performance and win the 2014 World Cup.

> REPORTER: Your team won the 2014 World Cup. What was the secret?
> COACH: By _____ _____ on players, my team could improve its performance.
> REPORTER: What kind of data was it?
> COACH: The data included information about _____ _____.
> REPORTER: Wow, big data really makes sports more exciting.

[19~20] 다음 글을 읽고, 물음에 답하시오.

> Thanks to big data, police can now predict crime before it happens. Through the analysis of big data about the type, time and place of crime, police can make a map of crime hot spots. This map identifies when and where crime is most likely to happen. Police can prevent further crime by focusing on the areas and the times this map predicts.
> Big data has already changed the world greatly. So where will the big data industry go from here? Nobody knows for sure, but experts agree that ⓐ빅데이터는 우리 삶에서 점점 더 중요한 역할을 할 것이다.

19 윗글의 밑줄 친 우리말 ⓐ와 의미가 같도록 [조건]에 맞게 영어로 쓰시오.

> [조건] 1. play, role, important, our lives를 사용할 것
> 2. 비교급과 and를 사용할 것

→ _____
_____

20 윗글의 내용과 일치하도록 다음 질문에 대한 답을 완성하시오.

(1) How can police make a map of crime hot spots?
→ They can make it through _____
_____.

(2) What does a map of crime hot spots do?
→ It _____
_____.

(3) What can police do by using a map of crime hot spots?
→ Police can _____
_____.

01 다음 중 짝지어진 단어의 관계가 [보기]와 같은 것은? 3점

> [보기]   lock – unlock

① wise – wisely   ② simple – complex
③ nation – national   ④ possible – possibly
⑤ forecast – predict

02 다음 영영풀이에 해당하는 단어로 알맞은 것은? 3점

> to stay away from someone or something

① collect   ② analyze   ③ avoid
④ identify   ⑤ predict

03 다음 빈칸에 들어갈 말이 순서대로 바르게 짝지어진 것은? 3점

> • Teachers _____ an important role in our society.
> • It's so noisy outside. I can't _____ on my studies.

① take – focus   ② play – focus
③ take – forecast   ④ play – improve
⑤ make – improve

04 다음 중 밑줄 친 단어의 우리말 의미가 알맞지 <u>않은</u> 것은? 3점

① The dog disappeared without a <u>trace</u>. (흔적)
② My parents <u>influence</u> my life the most.
                          (격려한다)
③ The movie <u>industry</u> in Korea is growing fast.
                   (산업)
④ You can get a discount on the next <u>purchase</u>.
                             (구매)
⑤ Our goal is to prevent the <u>spread</u> of the disease.
                   (확산)

05 다음 대화의 빈칸에 들어갈 말로 알맞은 것은? 3점

> A: _____
> B: Sure. First, cut a potato into small pieces.

① Do you want to plant a potato?
② Where did you plant potatoes?
③ Do you know when to plant a potato?
④ Can you tell me how to plant a potato?
⑤ How many potatoes are you going to plant?

서술형1
06 다음 대화의 빈칸 (A)~(C)에 들어갈 말로 알맞은 것을 [보기]에서 골라 기호를 쓰시오. 4점

> A: I want to buy a snack. _____(A)_____
> B: Yeah. First, choose the snack you want.
> A: I already did. _____(B)_____
> B: Put in the money. Then take the snack out.
> A: _____(C)_____

> [보기] ⓐ What's next?
>   ⓑ Got it. Thanks.
>   ⓒ Do you know how to use this snack machine?

(A) _____   (B) _____   (C) _____

서술형2
07 자연스러운 대화가 되도록 (A)~(D)를 바르게 배열하시오. 4점

> (A) Sure. First, put a tea bag in a cup. Then pour hot water in a cup.
> (B) Last, take the tea bag out after 3 minutes.
> (C) OK.
> (D) Do you know how to make tea?
> A: I got it. I really appreciate your help.

(   ) – (   ) – (   ) – (   )

[08~10] 다음 대화를 읽고, 물음에 답하시오.

> A: Excuse me, but what's this robot for?
> B: Oh, it's a robot that finds books for you.
> A: Really? _____ ⓐ _____
> B: Sure. First, place your library card on the robot's screen.
> A: OK.
> B: Second, type the title of the book you're looking for and then press ENTER.
> A: Is that all?
> B: Yes. Then, _____ ⓑ _____ and take it to the front desk.
> A: So I can just go to the front desk and get the book?
> B: Right. It's so easy, isn't it?
> A: Yes, it's really amazing. Thank you.

서술형3

08 위 대화의 빈칸 ⓐ에 들어갈 말을 주어진 [조건]에 맞게 영어로 쓰시오. 5점

> [조건] 1. tell, how, it을 사용할 것
> 2. 8단어의 의문문으로 쓸 것

→ _____

09 위 대화의 빈칸 ⓑ에 들어갈 말로 가장 알맞은 것은? 4점

① you have to help the robot
② the robot will find the book
③ you should pay for the book
④ the robot will read the book
⑤ the robot will give you a library card

서술형4 고난도

10 위 대화의 내용과 일치하도록 대화 속 단어를 사용하여 다음 문장을 완성하시오. 4점

> People can use the robot when they want to
> _____ books in the library.

11 다음 빈칸에 들어갈 walk의 형태로 알맞은 것은? 3점

> _____ along the street, I met my old friend.

① Walk ② Walked ③ Walking
④ To walk ⑤ To walking

12 다음 중 밑줄 친 **As**의 의미가 나머지와 <u>다른</u> 하나는? 4점

① <u>As</u> I said before, I keep my promises.
② <u>As</u> Jina was nervous, she made a mistake.
③ <u>As</u> the movie was boring, Jason fell asleep.
④ <u>As</u> we were late for the meeting, we hurried.
⑤ <u>As</u> Jenny didn't come to school, I called her.

서술형5

13 다음 두 문장의 의미가 같도록 빈칸에 알맞은 말을 3단어로 쓰시오. 4점

> As Cathy entered the room, she smiled at us.
>
> = Cathy smiled at us, _____.

고난도

14 다음 중 어법상 올바른 문장끼리 짝지어진 것은? 5점

> ⓐ He did as I had asked him to do.
> ⓑ We watched TV, eaten sandwiches.
> ⓒ As she got older, she became wiser.
> ⓓ I feeling cold, I turned on the heater.
> ⓔ Working hard, you will definitely pass the test.

① ⓐ, ⓓ ② ⓑ, ⓓ ③ ⓒ, ⓓ
④ ⓐ, ⓒ, ⓔ ⑤ ⓑ, ⓓ, ⓔ

[15~17] 다음 글을 읽고, 물음에 답하시오.

Big data is data sets that are very big and complex. (①) As information and communication technology develops, the amount of data we have is getting much greater than before. (②) For example, the photos you upload on your blog and the records of your purchases at online stores are all part of _____ⓐ_____. Simply collecting data, however, is not enough. (③) Big data has to be analyzed, and ⓑthis is done by big data experts. (④) Using various methods, experts analyze big data and draw meaningful results from it. (⑤) These results then can be used to make decisions or to predict the future.

15 윗글의 ①~⑤ 중 주어진 문장이 들어갈 위치로 알맞은 것은? **4점**

This is mainly because almost everything that we do online leaves a trace.

①   ②   ③   ④   ⑤

서술형6

16 윗글의 흐름상 빈칸 ⓐ에 들어갈 말을 본문에서 찾아 쓰시오. **4점**

→ _____ _____

17 윗글의 밑줄 친 ⓑthis가 가리키는 것은? **3점**

① collecting big data
② analyzing big data
③ purchasing big data
④ using various methods
⑤ making decisions or predicting the future

[18~19] 다음 글을 읽고, 물음에 답하시오.

Big data is _____ⓐ_____ almost all parts of our lives. It helps companies understand their customers' needs better and helps them sell more products. It helps people avoid heavy traffic. Its uses are endless, and here are some interesting examples.

18 윗글의 빈칸 ⓐ에 들어갈 말로 가장 알맞은 것은? **3점**

① leaving   ② avoiding   ③ collecting
④ influencing   ⑤ purchasing

19 윗글 뒤에 이어질 내용으로 가장 알맞은 것은? **4점**

① 빅데이터의 정의
② 빅데이터의 폐해
③ 빅데이터 분석 방법
④ 빅데이터를 발명한 사람
⑤ 빅데이터의 다양한 쓰임새

고 난도

20 다음 글의 빈칸에 들어갈 말로 알맞은 것은? **4점**

_____ Using Big Data
Did you know that health professionals can now forecast a disease just as weather experts forecast the weather? This is possible thanks to big data. For example, when the flu season comes, people will buy more flu medicine. They will also search online about flu symptoms more. If this kind of data is analyzed wisely, the spread of the flu can be predicted.

① Market Research   ② Online Search
③ Disease Forecast   ④ Weather Prediction
⑤ Accident Prevention

[21~22] 다음 글을 읽고, 물음에 답하시오.

Are you a sports fan? Well, big data is ⓐimproving the performance of players, ⓑmade sports more exciting. A famous example is Germany's national soccer team. The team built a database by collecting and ⓒanalyzing a huge amount of data on players. For example, the data ⓓincluded information about how much each player ran and how long he had the ball. With the help of (A)this database, Germany's national soccer team was able to improve its performance and ⓔwin the 2014 World Cup.

서술형7 | 고/난도

21 윗글의 밑줄 친 ⓐ~ⓔ 중 어법상 **틀린** 것을 찾아 기호를 쓰고 바르게 고쳐 쓴 후, 틀린 이유를 쓰시오. 각 **4점**

(1) 틀린 부분: (　　　) → _____

(2) 틀린 이유: _____

_____

22 윗글의 밑줄 친 (A)this database에 대한 내용으로 알맞지 **않은** 것은? 4점

① 독일 국가 대표 축구팀이 구축했다.

② 독일 국가 대표 축구 선수들을 분석한 것이다.

③ 독일 국가 대표 축구 선수들의 공 점유 시간에 대한 정보는 제외했다.

④ 독일 국가 대표 축구팀의 경기력을 향상시켰다.

⑤ 독일 국가 대표 축구팀이 2014년 월드컵에서 우승하는 데 도움이 되었다.

[23~25] 다음 글을 읽고, 물음에 답하시오.

Thanks ___ⓐ___ big data, police can now predict crime before it happens. ___ⓑ___ the analysis of big data about the type, time and place of crime, police can make a map of crime hot spots. This map identifies when and where crime is most likely ___ⓒ___ happen. Police can prevent further crime by focusing ___ⓓ___ the areas and the times this map predicts.

Big data has already changed the world greatly. So where will the big data industry go from here? Nobody knows ___ⓔ___ sure, but experts agree that big data will play a more and more important role in our lives.

23 윗글의 주제로 가장 알맞은 것은? 4점

① what big data is

② the role of police

③ the definition of big data

④ the influence of big data in our lives

⑤ how to collect big data in everyday life

24 윗글의 빈칸 ⓐ~ⓔ에 들어갈 말로 알맞지 **않은** 것은? 4점

① ⓐ: for ② ⓑ: Through ③ ⓒ: to

④ ⓓ: on ⑤ ⓔ: for

서술형8 | 고/난도

25 윗글의 내용과 일치하도록 빈칸에 알맞은 말을 쓰시오. 각 **2점**

By (1)_____ big data, police can make a map of (2)_____ _____ _____ and use it to (3)_____ further crime.

01 다음 중 단어의 성격이 나머지와 다른 하나는? 3점

① wisely   ② mainly   ③ friendly
④ regularly   ⑤ generally

02 다음 중 단어와 영영풀이가 바르게 연결되지 않은 것은? 3점

① **influence**: to change or affect something
② **crime**: an action that the law does not allow
③ **avoid**: to stay away from someone or something
④ **include**: to contain something as a part of a whole
⑤ **symptom**: a large amount of information stored in a computer system

서술형**1**

03 다음 빈칸에 공통으로 들어갈 단어를 쓰시오. 4점

· He isn't likely _____ arrive here on time.
· Thanks _____ the Internet, our lives have become more convenient.

→ _____

04 다음 중 밑줄 친 단어의 쓰임이 어색한 것은? 4점

① A fever is a cold <u>symptom</u>.
② As we know, Canada is a <u>huge</u> country.
③ There are many <u>national</u> parks in the USA.
④ I earned a lot of money for the <u>purchase</u> of the car.
⑤ Did you hear about today's weather <u>forecast</u>?

05 다음 대화의 ①~⑤ 중 주어진 문장이 들어갈 위치로 알맞은 것은? 3점

What's next?

A: I want to buy a snack. Do you know how to use this snack machine? (①)
B: Yeah. First, choose the snack you want. (②)
A: I already did. (③)
B: Just put in the money. (④) Then take the snack out.
A: (⑤) Got it. Thanks.

서술형**2**

06 다음 대화의 밑줄 친 우리말과 의미가 같도록 괄호 안의 표현을 바르게 배열하여 문장을 쓰시오. 4점

A: Excuse me. <u>교통 카드에 돈을 충전하는 방법을 알려 주시겠어요?</u>
B: Of course. First, put your card in the machine.

→ _____

(how, you, can, add money, to, me, to, tell, my transportation card)

07 다음 대화의 밑줄 친 ①~⑤ 중 흐름상 어색한 것은? 4점

A: Excuse me. I want to rent a bike. ①Can you tell me how to use this application?
B: Sure. ②First, log in to the application. Then find the RENT button and touch it.
A: ③Then what?
B: ④Then the application will give you a number to unlock a bike with.
A: Thank you. ⑤Don't mention it.

[08~10] 다음 대화를 읽고, 물음에 답하시오.

> **A:** _____ⓐ_____, but what's this robot for?
> **B:** Oh, it's a robot that finds books for you.
> **A:** Really? _____ⓑ_____
> **B:** Sure. First, place your library card on the robot's screen.
> **A:** OK.
> **B:** Second, type the title of the book you're looking for and then press ENTER.
> **A:** _____ⓒ_____
> **B:** Yes. _____ⓓ_____, the robot will find the book and take it to the front desk.
> **A:** So I can just go to the front desk and get the book?
> **B:** Right. _____ⓔ_____
> **A:** Yes, it's really amazing. (A) <u>도와주셔서 정말 감사해요.</u>

08 위 대화의 흐름상 빈칸 ⓐ~ⓔ에 들어갈 말로 알맞지 <u>않은</u> 것은? **4점**

① ⓐ: Excuse me
② ⓑ: Can you find some books for me?
③ ⓒ: Is that all?
④ ⓓ: Then
⑤ ⓔ: It's so easy, isn't it?

[서술형3]

09 위 대화의 밑줄 친 우리말 (A)와 의미가 같도록 괄호 안의 단어를 사용하여 5단어의 영어 문장을 쓰시오. **4점**

→ _____

(appreciate, your)

[서술형4]

10 위 대화의 내용과 일치하도록 로봇 사용 방법을 나타내는 그림을 순서대로 배열하시오. **4점**

(A)  (B) (C)

(   ) – (   ) – (   )

11 다음 문장의 밑줄 친 **As**와 바꿔 쓸 수 있는 것은? **3점**

> <u>As</u> he is kind, everybody likes him.

① If   ② Whether   ③ Although
④ Because   ⑤ Even though

한 단계 │ 더!

12 다음 빈칸에 들어갈 말로 알맞은 것을 <u>모두</u> 고르면? **4점**

> _____, she cooked spaghetti.

① Watch TV
② Drank tea
③ Playing loud music
④ While singing a song
⑤ Being talked on the phone

[서술형5]

13 다음 두 문장을 **as**로 시작하는 한 문장으로 쓰시오. **4점**

> Tony grew older. He became braver.

→ _____

고난도 한 단계 │ 더!

14 다음 중 짝지어진 두 문장의 의미가 같지 <u>않은</u> 것은? **4점**

① As I sang a song, I heard the doorbell.
  = Singing a song, I heard the doorbell.
② When I got home, nobody was at home.
  = As I got home, nobody was at home.
③ Smiling brightly, the baby walked to her mom.
  = The baby smiled brightly, walking to her mom.
④ Going down the stairs, I found a coin.
  = While I was going down the stairs, I found a coin.
⑤ As she didn't know Korean, she couldn't read the book.
  = Although she knew Korean, she couldn't read the book.

15 다음 글의 밑줄 친 ⓐ~ⓓ 중 어법상 올바른 것은? 4점

> Have you ever ⓐ<u>visit</u> an online bookstore and been surprised by the books ⓑ<u>that</u> the store recommended for you? Many of them looked ⓒ<u>interested</u> to you. So how did the bookstore know what you liked? This is all possible ⓓ<u>because</u> big data.

① 없음　　② ⓐ　　③ ⓑ　　④ ⓒ　　⑤ ⓓ

[16~17] 다음 글을 읽고, 물음에 답하시오.

> Big data is data sets that are very big and complex. (A)<u>As</u> information and communication technology develops, the amount of data we have is getting much greater than before. This is mainly because almost everything that we do online leaves a trace. For example, the photos you upload on your blog and the records of your purchases at online stores are all part of big data.
>
> Simply collecting data, however, is not enough. Big data has to be analyzed, and this is done by big data experts. Using various methods, experts analyze big data and draw meaningful results from it. These results then can be used to make decisions or to predict the future.

16 윗글의 밑줄 친 (A)As와 의미상 쓰임이 같은 것은? 4점

① Please do <u>as</u> I say.
② <u>As</u> I was sleepy, I hurried to go to bed.
③ Can you turn off the light <u>as</u> you leave?
④ <u>As</u> my car broke down, I was late for work.
⑤ <u>As</u> the population increases, people need more houses.

17 윗글의 내용과 일치하도록 할 때, 빈칸 ⓐ~ⓒ에 알맞은 말이 순서대로 바르게 짝지어진 것은? 5점

> _____ⓐ_____ results from big data that is _____ⓑ_____ by experts can be used to _____ⓒ_____ the future.

① Various – analyzed – prevent
② Complex – collected – predict
③ Complex – analyzed – develop
④ Meaningful – analyzed – predict
⑤ Meaningful – collected – develop

[18~20] 다음 글을 읽고, 물음에 답하시오.

> Big data is influencing almost all parts of our lives. It helps companies understand their _____ⓐ_____ needs better and helps them sell more products. It helps people avoid heavy traffic. Its uses are _____ⓑ_____, and here are some interesting examples.
>
> Did you know that health professionals can now forecast a disease just as weather experts forecast the weather? This is _____ⓒ_____ thanks to big data. For example, _____(A)_____ the flu season comes, people will buy more flu medicine. They will also search online about flu _____ⓓ_____ more. If this kind of data is analyzed wisely, the spread of the flu can be _____ⓔ_____.

18 윗글의 빈칸 ⓐ~ⓔ에 들어갈 말 중 문맥상 어색한 것은? 4점

① ⓐ: customers'　　② ⓑ: endless
③ ⓒ: impossible　　④ ⓓ: symptoms
⑤ ⓔ: predicted

19 윗글의 흐름상 빈칸 (A)에 들어갈 말로 알맞은 것을 모두 고르면? 4점

① as　　② that　　③ when
④ though　　⑤ unless

서술형6 고산도

20 윗글의 내용을 다음과 같이 정리할 때, 빈칸에 들어갈 말을 본문에서 찾아 각각 한 단어로 쓰시오. (단, 필요시 형태를 바꿀 것) 각 **3**점

> the (1)_____ of big data in our lives and how it can be used for (2)_____ forecast

[21~23] 다음 글을 읽고, 물음에 답하시오.

> Are you a sports fan? Well, big data is improving the performance of players, ⓐ(more, sports, exciting, make). A famous example is Germany's national soccer team. The team built a database by collecting and analyzing a huge amount of data on players. For example, the data included information about how much each player ran and how long he had the ball. ____ⓑ____ this database, Germany's national soccer team was able to improve its performance and win the 2014 World Cup.

서술형7

21 윗글의 괄호 ⓐ의 단어를 [조건]에 맞게 배열하여 문장을 완성하시오. **4**점

> [조건] 1. '스포츠를 더 흥미진진하게 만들면서'의 의미가 되도록 쓸 것
> 2. 한 단어만 형태를 바꿀 것

→ _____

22 윗글의 흐름상 빈칸 ⓑ에 들어갈 말로 알맞은 것은? **3**점

① Instead of
② Thanks for
③ In addition to
④ In contrast with
⑤ With the help of

고산도

23 윗글을 읽고 알 수 없는 것은? **5**점

① Big data can be used in sports.
② Germany's national soccer team is a good example of using big data.
③ Germany's national soccer team collected a lot of data on players to build a database.
④ The data collected by Germany's national soccer team showed who ran fastest in the team.
⑤ The database on players helped Germany's national soccer team win the 2014 World Cup.

[24~25] 다음 글을 읽고, 물음에 답하시오.

> Thanks to big data, police can now predict crime before it happens. Through the analysis of big data about the type, time and place of crime, police can make a map of crime hot spots. This map identifies when and where crime is most likely (A) to happen / happening . Police can prevent further crime by (B) focusing / to focus on the areas and the times this map predicts.
> ⓐBig data has already changed the world greatly. So where will the big data industry go from here? Nobody knows for sure, but experts agree (C) that / what big data will play a more and more important role in our lives.

24 윗글 (A)~(C)의 각 네모 안에 주어진 말 중 어법상 올바른 것끼리 짝지어진 것은? **3**점

	(A)	(B)	(C)
①	to happen	focusing	that
②	to happen	to focus	what
③	to happen	focusing	what
④	happening	to focus	that
⑤	happening	focusing	what

서술형8 고산도

25 윗글의 밑줄 친 문장 ⓐ에 해당하는 예시를 본문에서 찾아 문장을 완성하시오. **6**점

> By using big data, _____
> _____ now.

01 다음 빈칸에 들어갈 말이 순서대로 바르게 짝지어진 것은?
3점

> • I was able to answer the question _____ .
> • To be healthy, we need to eat _____ meals.

① ease – regular
② easily – regular
③ easy – regular
④ easily – regularly
⑤ easy – regularly

02 다음 중 밑줄 친 draw(Draw)의 뜻이 나머지와 다른 하나는?
3점

① I'm drawing an outline of the ship.
② Draw a line at the bottom of the page.
③ Why don't you draw a picture of your family?
④ Did you draw any conclusions at the meeting?
⑤ My brother likes to draw pictures in his free time.

03 다음 빈칸 ⓐ～ⓔ에 들어갈 말로 알맞지 <u>않은</u> 것은? 4점

> • _____ⓐ_____ to Jessica, I could find my watch.
> • He tried to focus _____ⓑ_____ the conversation.
> • This team is most _____ⓒ_____ to win the game.
> • We can save a huge _____ⓓ_____ of energy by recycling.
> • Smartphones are playing an important _____ⓔ_____ in our lives.

① ⓐ: Thanks
② ⓑ: at
③ ⓒ: likely
④ ⓓ: amount
⑤ ⓔ: role

고/산도
04 다음 대화의 밑줄 친 문장과 바꿔 쓸 수 있는 것을 <u>모두</u> 고르면?
4점

> A: <u>Thank you for inviting me.</u>
> B: Don't mention it.

① I'm afraid I can't invite you.
② I'd like to invite you to dinner.
③ I really appreciate your invitation.
④ I'm truly grateful to you for inviting me.
⑤ I'm sorry to hear that you're not invited.

서술형1
05 다음 대화의 내용과 일치하도록 빈칸에 알맞은 말을 6단어로 쓰시오.
4점

> A: Do you know how to use a drink machine?
> B: Sure. First, insert your money into the machine. Then, choose the drink you want and take the drink out of the machine.
> A: Wow, that's easy.

→ The speakers are talking about _____
_____ .

06 다음 중 짝지어진 대화가 <u>어색한</u> 것은? 4점

① A: What's next?
   B: Then, put in the money.
② A: Is that all?
   B: No. Last, take your card out.
③ A: Thanks for your help.
   B: It's my pleasure.
④ A: Do you know how to make tea?
   B: Sure. I got it.
⑤ A: Can you tell me how to use this application?
   B: Sure. First, log in to the application.

[07~09] 다음 대화를 읽고, 물음에 답하시오.

> Lucy: Excuse me, but what's this robot for?
> Seho: Oh, it's a robot that ___ⓐ___ books for you.
> Lucy: Really? Can you tell me how to use it?
> Seho: Sure. First, place your library card on the robot's screen.
> Lucy: OK.
> (A) Second, type the title of the book you're looking for and then press ENTER.
> (B) Yes. Then, the robot will find the book and take it to the front desk.
> (C) Is that all?
> Lucy: So I can just go to the front desk and get the book?
> Seho: Right. It's so easy, isn't it?
> Lucy: Yes, it's really amazing. Thank you.

07 위 대화의 흐름상 빈칸 ⓐ에 들어갈 말로 알맞은 것은? 3점

① finds　　② pays　　③ buys
④ returns　　⑤ makes

08 자연스러운 대화가 되도록 (A)~(C)를 바르게 배열하시오.

4점

(　　) – (　　) – (　　)

09 위 대화를 읽고 답할 수 <u>없는</u> 질문은? 4점

① Who knows how to use the robot?
② Where can people use the robot?
③ What is needed to use the robot?
④ What is the final step for using the robot?
⑤ How much does it cost to use the robot?

한 단계 더!
10 다음 빈칸에 공통으로 알맞은 말을 한 단어로 쓰시오. 4점

> • We decided to go home _____ it was getting dark.
> • Sam is working _____ a librarian at the library.

→ _____

11 다음 대화에서 어법상 <u>틀린</u> 부분을 찾아 바르게 고쳐 쓰시오. (단, 한 단어만 고칠 것) 5점

> A: How was your weekend trip to the lake?
> B: As you know, the weather was good. Arrived there, we set up a tent and went fishing at the lake.

_____ → _____

12 다음 중 밑줄 친 **as(As)**의 의미가 [보기]와 같은 것은? 4점

> [보기] Do <u>as</u> you like.

① <u>As</u> the day goes on, it gets colder.
② Why didn't you do <u>as</u> he told you?
③ <u>As</u> it is Sunday, I don't have to get up early.
④ I saw Tom running <u>as</u> I opened the window.
⑤ <u>As</u> he lives near my house, he often sees me.

한 단계 더!
13 다음 중 어법상 올바른 문장의 개수는? 5점

> ⓐ I didn't call her as I was busy.
> ⓑ Shaking hands, we greeted each other.
> ⓒ Turned to the left, you'll find the building.
> ⓓ Before getting off the bus, she met Jake.
> ⓔ Someone knocked on the door as I was about to go out.

① 1개　② 2개　③ 3개　④ 4개　⑤ 5개

14 다음 밑줄 친 부분과 바꿔 쓸 수 있는 것은?   3점

> Playing soccer, Tom broke his arm.

① If he played soccer
② When played soccer
③ Since he plays soccer
④ While we played soccer
⑤ While he was playing soccer

17 윗글을 잘못 이해한 사람은?   4점

① 준호: 정보 통신 기술이 발달하면서 많은 양의 데이터가 생겨나고 있어.
② 재민: 온라인 서점에서 구매한 책의 내역은 빅데이터의 일부가 될 수 없어.
③ 수지: 데이터는 수집뿐만 아니라 분석도 필요해.
④ 민하: 전문가들은 데이터를 분석하기 위해 다양한 방법들을 사용해.
⑤ 석진: 빅데이터를 분석하여 의미 있는 결과들을 얻을 수 있어.

[15~17] 다음 글을 읽고, 물음에 답하시오.

Big data is data sets that are very big and complex. As information and communication technology develops, @the amount of data we have is getting much greater than before. This is mainly because almost everything that we do online leaves a trace. For example, the photos you upload on your blog and the records of your purchases at online stores are all part of big data.

Simply collecting data, however, is not enough. Big data has to be analyzed, and this is done by big data experts. ___ⓑ___ various methods, experts analyze big data and draw meaningful results from it. These results then can ___ⓒ___ to make decisions or to predict the future.

서술형 5

15 윗글의 밑줄 친 @의 주된 이유를 30자 내외의 우리말로 쓰시오.   4점

→ _____

16 윗글의 빈칸 ⓑ와 ⓒ에 들어갈 동사 use의 알맞은 형태가 순서대로 바르게 짝지어진 것은?   4점

① Use – use
② Use – be used
③ Using – use
④ Using – be used
⑤ Used – be used

[18~19] 다음 글을 읽고, 물음에 답하시오.

Big data is @influencing almost all parts of our lives. It helps companies ⓑunderstand their customers' needs better and helps them sell more products. It ⓒhelps people avoid heavy traffic. Its uses are endless, and here are some interesting examples.

Did you know that health professionals can now forecast a disease just ⓓas weather experts forecast the weather? This is possible thanks to big data. For example, when the flu season ⓔwill come, people will buy more flu medicine. They will also search online about flu symptoms more. If this kind of data is analyzed wisely, ___(A)___.

서술형 6

18 윗글의 밑줄 친 @~ⓔ 중 어법상 틀린 것을 찾아 기호를 쓰고 바르게 고쳐 쓰시오.   5점

(_____) → _____

19 윗글의 흐름상 빈칸 (A)에 들어갈 말로 가장 알맞은 것은?   4점

① the flu can spread quickly
② the flu medicine has an effect
③ the flu will appear more often
④ the spread of the flu can be predicted
⑤ various flu symptoms won't disappear

[20~22] 다음 글을 읽고, 물음에 답하시오.

Are you a sports fan? (①) Well, big data is improving the performance of players, making sports more exciting. (②) A famous example is Germany's national soccer team. (③) For example, the data included ⓐ각각의 선수가 얼마나 많이 달렸는지에 관한 정보 and how long he had the ball. (④) With the help of this database, Germany's national soccer team was able to improve its performance and win the 2014 World Cup. (⑤)

20 윗글의 ①~⑤ 중 주어진 문장이 들어갈 위치로 알맞은 것은? **3점**

The team built a database by collecting and analyzing a huge amount of data on players.

①   ②   ③   ④   ⑤

서술형 **7**

21 윗글의 밑줄 친 우리말 ⓐ와 의미가 같도록 주어진 단어들을 바르게 배열하시오. **4점**

player, how, ran, information, about, much, each

→ _____

서술형 **8** 고/난도

22 윗글의 내용과 일치하도록 본문 속 단어를 사용하여 다음 문장을 완성하시오. (단, 필요시 형태를 바꿀 것) **각 2점**

The database built by Germany's national soccer team (1)_____ the team improve its (2)_____ and (3)_____ the 2014 World Cup.

[23~24] 다음 글을 읽고, 물음에 답하시오.

Thanks ___ⓐ___ big data, police can now predict crime before it happens. Through the analysis of big data about the type, time and place of crime, police can make a map of crime hot spots. ⓑThis map identifies when and where crime is most likely to happen. Police can prevent further crime ___ⓒ___ focusing on the areas and the times this map predicts.

23 윗글의 빈칸 ⓐ와 ⓒ에 들어갈 말이 순서대로 바르게 짝지어진 것은? **3점**

① to – by   ② for – by   ③ to – on
④ for – in   ⑤ in – with

고/난도 신/유형

24 다음 중 윗글의 밑줄 친 ⓑThis map에 대한 내용으로 알맞지 <u>않은</u> 것의 개수는? **5점**

ⓐ It shows crime hot spots.
ⓑ It can be helpful to prevent further crime.
ⓒ It is made through the analysis of big data about crime.
ⓓ It predicts the reasons why crime is likely to happen.

① 0개   ② 1개   ③ 2개   ④ 3개   ⑤ 4개

25 다음 글을 읽고 알 수 있는 것은? **4점**

Big data has already changed the world greatly. So where will the big data industry go from here? Nobody knows for sure, but experts agree that big data will play a more and more important role in our lives.

① 빅데이터의 장단점
② 빅데이터 산업의 명암
③ 빅데이터가 가져온 변화들
④ 빅데이터의 다양한 활용 방법
⑤ 빅데이터에 대한 전문가들의 의견

01 다음 짝지어진 두 단어의 관계가 같도록 할 때, 빈칸에 들어갈 단어로 알맞은 것은? **3점**

> method : way = illness : _____

① flu
② trace
③ disease
④ spread
⑤ prevention

서술형**1**

02 다음 영영풀이에 공통으로 해당하는 단어를 쓰시오. **4점**

> *v.* to change or affect something
> *n.* the power to have an effect on people or things

→ _____

고난도

03 다음 중 짝지어진 문장의 밑줄 친 단어가 같은 의미로 쓰인 것은? **4점**

① I'm a big fan of soccer.
　The cause of the fire was a fan.
② She has been very kind to me.
　What kind of music do you like?
③ What did he leave on the bus?
　How often do trains leave for Busan?
④ Draw a straight line on a piece of paper.
　What result did you draw from the report?
⑤ Jackson trained every day to improve his performance.
　He praised the members of the soccer team for their great performance.

04 다음 중 의미하는 바가 나머지와 다른 하나는? **3점**

① I appreciate your help.
② I can't thank you enough.
③ I would like to thank you.
④ Thank you for helping me.
⑤ I'll appreciate it if you can help me.

05 다음 대화의 빈칸에 들어갈 말로 알맞지 <u>않은</u> 것은? **3점**

> A: Do you know how to plant a potato?
> B: Sure. First, cut a potato into small pieces. Second, dig holes in the ground.
> A: _____
> B: Then put the potato pieces in the holes and cover the holes with dirt.
> A: That sounds simple. Thanks.

① OK.
② What's up?
③ And then?
④ What's next?
⑤ Then what?

서술형**2** 고난도

06 다음과 같은 상황에서 Ryan이 Jane에게 요청할 말을 괄호 안의 단어를 사용하여 쓰시오. **4점**

> Ryan went to the library to print out his science report, but he didn't know how to use the printer. Then, he saw Jane, his classmate. She was printing something out on the other computer.

Ryan: Hi, Jane. _____
_____? (tell, how)

서술형**3**

07 다음 대화의 밑줄 친 ⓐ~ⓔ 중 흐름상 어색한 문장의 기호를 쓰고, 문맥에 맞게 고쳐 다시 쓰시오. **4점**

> A: Excuse me. I want to rent a bike. ⓐDo you know how to use this application?
> B: Yes. ⓑFirst, log in to the application. ⓒThen find the RENT button and touch it.
> A: Then what?
> B: ⓓThen the application will give you a number to unlock a bike with.
> A: Got it. ⓔI'm really sorry to hear that.

(　) → _____

[08~10] 다음 대화를 읽고, 물음에 답하시오.

Lucy: Excuse me, but (A)이 로봇은 용도가 뭔가요?

Seho: Oh, it's a robot that finds books for you.

Lucy: Really? Can you tell me how to use it?

Seho: Sure. First, place your library card on the robot's screen.

Lucy: OK.

Seho: Second, type the title of the book you're looking for and then press ENTER.

Lucy: Is that all?

Seho: Yes. Then, the robot will find the book and take it to the front desk.

Lucy: So I can just go to the front desk and get the book?

Seho: Right. It's so easy, isn't it?

Lucy: Yes, it's really amazing. Thank you.

서술형 4 고난도

08 위 대화의 밑줄 친 우리말 (A)와 의미가 같도록 [조건]에 맞게 영어로 쓰시오. **5점**

> [조건] 1. what을 포함할 것
> 2. 축약하지 않고 5단어로 쓸 것

→ _____

09 위 대화의 내용과 일치하지 <u>않는</u> 것은? **4점**

① There is a robot that can help people in the library.

② Seho tells Lucy how to use the robot.

③ To use the robot, you need your student ID card.

④ If you type the title of the book you're looking for on the robot, the robot will find it for you.

⑤ Lucy thinks the robot is easy to use.

서술형 5

10 위 대화의 내용과 일치하도록 다음을 완성하시오. 각 2점

---

(1) _____ **Use This Robot**

STEP 1. (2) _____ on the screen.

STEP 2. (3) _____.

STEP 3. (4) _____.

STEP 4. (5) _____ and get the book.

신유형

11 다음 문장의 밑줄 친 부분을 부사절로 바꿔 쓸 때 사용할 수 있는 단어를 <u>모두</u> 고르면? **4점**

> <u>Talking with her</u>, you can understand her well.

① if
② they
③ before
④ talk
⑤ talked

한 단계 더!

12 다음 중 분사구문을 사용하여 바르게 바꿔 쓴 것은? **3점**

① As soon as the thief saw the police officer, he ran away.
→ Saw the police officer, the thief ran away.

② Because I didn't know his number, I couldn't call him.
→ Didn't know his number, I couldn't call him.

③ If you turn to the right, you can easily find the store.
→ Turn to the right, you can easily find the store.

④ While he was listening to music, he ran in the park.
→ Being listened to music, he ran in the park.

⑤ As Melanie was too surprised, she almost cried.
→ Too surprised, Melanie almost cried.

한 단계 더!

13 다음 밑줄 친 As(as)의 역할이 나머지와 <u>다른</u> 하나는? **3점**

① <u>As</u> Tom got older, he became shyer.

② Lisa felt great <u>as</u> she finished the race.

③ Mom works there <u>as</u> an English teacher.

④ <u>As</u> I mentioned earlier, practice makes perfect.

⑤ <u>As</u> we all know, Andrew is really good at basketball.

고난도 한 단계 더!

14 다음 중 밑줄 친 부분의 쓰임이 같은 것끼리 짝지어진 것은? 4점

> ⓐ He wrote a letter, thinking of his son.
> ⓑ They thanked me for finding their dog.
> ⓒ Having the flu, I couldn't go to the party.
> ⓓ Not being tired, he continued to work out.
> ⓔ Doing the job wasn't easy, but I enjoyed it.

① ⓐ, ⓑ, ⓓ   ② ⓐ, ⓒ, ⓓ   ③ ⓑ, ⓒ, ⓔ
④ ⓑ, ⓓ, ⓔ   ⑤ ⓒ, ⓓ, ⓔ

15 다음 글의 빈칸에 들어갈 말로 알맞은 것을 모두 고르면? 4점

> Have you ever visited an online bookstore and been surprised by the books that the store recommended for you? Many of them looked interesting to you. So how did the bookstore know what you liked? This is all possible _____ big data.

① thanks to   ② instead of
③ because of   ④ with the help of
⑤ in addition to

[16~18] 다음 글을 읽고, 물음에 답하시오.

> Big data is data sets that are very big and ____ⓐ____. As information and communication technology develops, the ____ⓑ____ of data we have is getting much greater than before. (①) This is mainly because almost everything that we do online leaves a trace. (②) For example, the photos you upload on your blog and the records of your purchases at online stores are all part of big data.
> (③) Big data has to be analyzed, and this is done by big data experts. (④) Using various ____ⓒ____, experts analyze big data and draw ____ⓓ____ results from it. (⑤) (A) These results then can be used to making decisions or to predict the future.

16 윗글의 빈칸 ⓐ~ⓓ 중 어느 곳에도 들어갈 수 없는 것은? 4점

① amount   ② methods   ③ complex
④ symptoms   ⑤ meaningful

17 윗글의 ①~⑤ 중 주어진 문장이 들어갈 위치로 알맞은 것은? 3점

> Simply collecting data, however, is not enough.

①   ②   ③   ④   ⑤

서술형 6

18 윗글의 밑줄 친 문장 (A)에서 어법상 틀린 부분을 찾아 바르게 고쳐 쓰시오. 4점

_____ → _____

[19~20] 다음 글을 읽고, 물음에 답하시오.

> Big data is influencing almost all parts of our lives. It helps companies understand their customers' needs better and helps them sell more products. It helps people (A) avoid / avoiding heavy traffic. Its uses are endless, and here are some interesting examples.
> Did you know that health professionals can now forecast a disease just (B) as / because weather experts forecast the weather? This is possible thanks to big data. For example, when the flu season comes, people will buy more flu medicine. They will also search online about flu symptoms more. If this kind of data is analyzed wisely, the spread of the flu can (C) predict / be predicted.

19 윗글 (A)~(C)의 각 네모 안에 주어진 말 중 어법상 올바른 것끼리 짝지어진 것은? 3점

	(A)	(B)	(C)
①	avoid	⋯ as	⋯ predict
②	avoid	⋯ as	⋯ be predicted
③	avoid	⋯ because	⋯ predict
④	avoiding	⋯ as	⋯ be predicted
⑤	avoiding	⋯ because	⋯ predict

서술형7 고난도

20 다음 중 윗글을 읽고 답할 수 있는 질문을 골라 기호를 쓰고, 완전한 영어 문장으로 답하시오. **4점**

> ⓐ How does big data help customers?
> ⓑ When did weather experts begin to use big data?
> ⓒ What can health professionals now forecast using big data?

( ) → _____

[21~22] 다음 글을 읽고, 물음에 답하시오.

> Are you a sports fan? Well, big data is ___ⓐ___ the performance of players, making sports more ___ⓑ___. A famous ___ⓒ___ is Germany's national soccer team. The team built a database by ___ⓓ___ and analyzing a huge amount of data on players. For example, the data included information about (A)각 선수가 얼마나 많이 달렸는지 and (B)그가 얼마나 오랫동안 공을 갖고 있었는지. With the help of this database, Germany's national soccer team ___ⓔ___ improve its performance and win the 2014 World Cup.

21 윗글의 흐름상 빈칸 ⓐ~ⓔ에 들어갈 말로 알맞지 <u>않은</u> 것은? **3점**

① ⓐ: improving   ② ⓑ: exciting
③ ⓒ: method   ④ ⓓ: collecting
⑤ ⓔ: was able to

서술형8

22 윗글의 밑줄 친 우리말 (A)와 (B)를 괄호 안의 지시대로 영어로 쓰시오. **각 3점**

(A) (how, each player를 사용하여 5단어로 쓸 것)
→ _____

(B) (how, had the ball을 사용하여 6단어로 쓸 것)
→ _____

[23~25] 다음 글을 읽고, 물음에 답하시오.

> Thanks to big data, police can now predict crime before it ⓐis happened. Through the analysis of big data about the type, time and place of crime, police can make a map of crime hot spots. This map identifies when and where crime is most likely ⓑto happen. Police can prevent further crime by ⓒfocusing on the areas and the times this map predicts.
>
> Big data has already changed the world ⓓgreat. So where will the big data industry go from here? (A)누구도 확실히 알지는 못하지만, but experts agree that big data will play a more and ⓔmost important role in our lives.

23 윗글의 밑줄 친 ⓐ~ⓔ 중 어법상 올바른 것의 개수는? **4점**

① 1개   ② 2개   ③ 3개   ④ 4개   ⑤ 5개

신유형

24 윗글의 밑줄 친 우리말 (A)를 영어로 옮길 때 필요하지 않은 단어는? **3점**

① for   ② nobody   ③ knows
④ sure   ⑤ didn't

25 다음 ⓐ~ⓒ에 윗글의 내용과 일치하면 T, 일치하지 <u>않으면</u> F를 쓸 때, 순서대로 바르게 짝지어진 것은? **4점**

> • Thanks to big data, police can make a map of crime hot spots. (ⓐ)
> • The map of crime hot spots identifies why crime is likely to happen. (ⓑ)
> • With the information the map of crime hot spots provides, police can prevent crime. (ⓒ)

① T − T − T   ② T − F − T   ③ T − F − F
④ F − T − F   ⑤ F − F − T

● 틀린 문항을 표시해 보세요.

● 부족한 영역을 점검하고 어떻게 더 학습할지 계획을 적어 보세요.

〈제1회〉 대표 기출로 내신 **적중** 모의고사　　　총점 _____ / 100

문항	영역	문항	영역	문항	영역
01	p.10(W)	10	p.15(L&T)	19	p.30(R)
02	p.10(W)	11	p.22(G)	20	p.31(R)
03	p.8(W)	12	p.23(G)	21	p.31(R)
04	p.8(W)	13	p.22(G)	22	p.31(R)
05	p.13(L&T)	14	pp.22~23(G)	23	p.31(R)
06	p.14(L&T)	15	p.30(R)	24	p.31(R)
07	p.15(L&T)	16	p.30(R)	25	p.31(R)
08	p.15(L&T)	17	p.30(R)		
09	p.15(L&T)	18	p.30(R)		

제1회 오답 공략
부족한 영역
학습 계획

〈제2회〉 대표 기출로 내신 **적중** 모의고사　　　총점 _____ / 100

문항	영역	문항	영역	문항	영역
01	p.10(W)	10	p.15(L&T)	19	pp.30~31(R)
02	p.10(W)	11	p.23(G)	20	pp.30~31(R)
03	p.8(W)	12	p.22(G)	21	p.31(R)
04	p.8(W)	13	p.23(G)	22	p.31(R)
05	p.14(L&T)	14	pp.22~23(G)	23	p.31(R)
06	p.13(L&T)	15	p.30(R)	24	p.31(R)
07	p.14(L&T)	16	p.30(R)	25	p.31(R)
08	p.15(L&T)	17	p.30(R)		
09	p.15(L&T)	18	pp.30~31(R)		

제2회 오답 공략
부족한 영역
학습 계획

〈제3회〉 대표 기출로 내신 **적중** 모의고사　　　총점 _____ / 100

문항	영역	문항	영역	문항	영역
01	p.10(W)	10	p.23(G)	19	pp.30~31(R)
02	p.10(W)	11	p.22(G)	20	p.31(R)
03	p.8(W)	12	p.23(G)	21	p.31(R)
04	p.13(L&T)	13	pp.22~23(G)	22	p.31(R)
05	p.13(L&T)	14	p.22(G)	23	p.31(R)
06	p.13(L&T)	15	p.30(R)	24	p.31(R)
07	p.15(L&T)	16	p.30(R)	25	p.31(R)
08	p.15(L&T)	17	p.30(R)		
09	p.15(L&T)	18	pp.30~31(R)		

제3회 오답 공략
부족한 영역
학습 계획

〈제4회〉 고난도로 내신 **적중** 모의고사　　　총점 _____ / 100

문항	영역	문항	영역	문항	영역
01	p.10(W)	10	p.15(L&T)	19	pp.30~31(R)
02	p.10(W)	11	p.22(G)	20	pp.30~31(R)
03	p.10(W)	12	p.22(G)	21	p.31(R)
04	p.13(L&T)	13	p.23(G)	22	p.31(R)
05	p.15(L&T)	14	p.22(G)	23	p.31(R)
06	p.13(L&T)	15	p.30(R)	24	p.31(R)
07	p.14(L&T)	16	p.30(R)	25	p.31(R)
08	p.15(L&T)	17	p.30(R)		
09	p.15(L&T)	18	p.30(R)		

제4회 오답 공략
부족한 영역
학습 계획

Lesson
8

The Joseon Dynasty Through Paintings

주요 학습 내용	의사소통 기능	선호 표현하기	**A:** Which food do you prefer, Tteokbokki or Gimbap? (떡볶이와 김밥 중에 어떤 음식을 더 좋아하니?) **B:** I prefer Tteokbokki. (나는 떡볶이를 더 좋아해.)
		의견 표현하기	It seems to me that it's more delicious. (나는 그것이 더 맛있는 것 같아.)
	언어 형식	to부정사의 의미상 주어	It was impossible **for him to catch** any fish. (그가 어떤 물고기라도 잡는 것은 불가능했다.)
		가정법 과거	It **would** be wonderful **if** I **could** eat fresh fish. (신선한 물고기를 먹을 수 있다면 정말 좋을 텐데.)

학습 단계
PREVIEW

STEP **A**	Words	Listen and Talk	Grammar	Reading	기타 지문
STEP **B**	Words	Listen and Talk	Grammar	Reading	서술형 100% Test
내신 적중 모의고사	제 1 회	제 2 회	제 3 회	제 4 회	

Words

만점 노트

Listen and Talk

☐☐ choice	몡 선택(권)	
☐☐ exhibition	몡 전시(회)	
☐☐ inventor	몡 발명가	
☐☐ painting	몡 그림	

☐☐ plate	몡 접시, 그릇	
☐☐ prefer☆	동 ~을 더 좋아하다, 선호하다	
☐☐ preference	몡 선호(도); 더 좋아하는 것	
☐☐ seem☆	동 (~인 것처럼) 보이다, ~인 것 같다	

Talk and Play

☐☐ exact	형 정확한
☐☐ exist	동 존재하다

☐☐ exit	몡 출구 동 나가다
☐☐ twin	몡 쌍둥이

Reading

☐☐ appear	동 보이다, 나타나다
☐☐ attitude	몡 태도, 자세
☐☐ bamboo	몡 대나무
☐☐ behavior	몡 행동
☐☐ bend	동 굽다, 구부러지다 (-bent-bent)
☐☐ bloom	동 꽃을 피우다, 꽃이 피다
☐☐ carp☆	몡 잉어 (단·복수 동형)
☐☐ character☆	몡 문자, 글자, 부호
☐☐ completely	부 완전히
☐☐ decoration	몡 장식
☐☐ despite	전 ~에도 불구하고 (= in spite of)
☐☐ disappointed	형 실망한
☐☐ dynasty	몡 시대, 왕조
☐☐ fan	몡 부채; 선풍기
☐☐ folk painting☆	민화
☐☐ frozen☆	형 얼어붙은
☐☐ ill	형 아픈
☐☐ justice	몡 정의
☐☐ lotus flower	연꽃
☐☐ loyalty☆	몡 충성(심), 충실

☐☐ object	몡 물건, 물체
☐☐ pond	몡 연못
☐☐ represent☆	동 나타내다, 상징하다 (= stand for)
☐☐ respect☆	몡 존경(심), 공경, 존중
	동 존경하다, 존중하다
☐☐ symbol	몡 상징
☐☐ symbolic☆	형 상징적인, 상징하는
☐☐ symbolize☆	동 상징하다
☐☐ thus	부 따라서, 그러므로 (= therefore)
☐☐ tool	몡 도구
☐☐ value☆	몡 가치
☐☐ will	몡 의지
☐☐ as follows	다음과 같이
☐☐ fight for	~을 (얻기) 위해 싸우다
☐☐ for this reason☆	이런 이유로
☐☐ get well	(병이) 나아지다
☐☐ in particular☆	특히
☐☐ in the case of	~의 경우에
☐☐ once upon a time	옛날 옛적에
☐☐ remind A of B☆	A에게 B를 상기시키다

Language in Use

☐☐ curvy	형 구불구불한
☐☐ disappointing	형 실망스러운
☐☐ effectively	부 효과적으로
☐☐ fascinated	형 매료된

☐☐ fascinating	형 매력적인
☐☐ million	몡 100만
☐☐ make a mistake	실수하다
☐☐ make money	돈을 벌다

Review

☐☐ principal	몡 교장

☐☐ triangle	몡 삼각형

연습 문제

A 다음 단어의 우리말 뜻을 쓰시오.

01 bloom _____
02 carp _____
03 despite _____
04 represent _____
05 justice _____
06 exhibition _____
07 fascinated _____
08 disappointing _____
09 effectively _____
10 dynasty _____
11 symbol _____
12 completely _____
13 thus _____
14 lotus flower _____
15 seem _____
16 ill _____
17 appear _____
18 bamboo _____
19 attitude _____
20 loyalty _____

B 다음 우리말 뜻에 알맞은 영어 단어를 쓰시오.

01 접시, 그릇 _____
02 굽다, 구부러지다 _____
03 문자, 글자, 부호 _____
04 행동 _____
05 연못 _____
06 도구 _____
07 부채 _____
08 물건, 물체 _____
09 의지 _____
10 ~을 더 좋아하다, 선호하다 _____
11 가치 _____
12 얼어붙은 _____
13 발명가 _____
14 선택(권) _____
15 존경(하다), 존중(하다) _____
16 상징적인 _____
17 100만 _____
18 장식 _____
19 상징하다 _____
20 민화 _____

C 다음 영어 표현의 우리말 뜻을 쓰시오.

01 remind A of B _____
02 in particular _____
03 make a mistake _____
04 for this reason _____
05 once upon a time _____
06 fight for _____
07 get well _____
08 in the case of _____
09 as follows _____
10 make money _____

D 다음 우리말 뜻에 알맞은 영어 표현을 쓰시오.

01 특히 _____
02 ~을 (얻기) 위해 싸우다 _____
03 옛날 옛적에 _____
04 (병이) 나아지다 _____
05 ~의 경우에 _____
06 이런 이유로 _____
07 돈을 벌다 _____
08 실수하다 _____
09 A에게 B를 상기시키다 _____
10 다음과 같이 _____

Words Plus
만점 노트

영영풀이

☐☐ appear	보이다, 나타나다	to begin to be seen or come into existence
☐☐ attitude	태도	the way you think or feel about something or someone
☐☐ behavior	행동	a particular way of acting
☐☐ bend	굽다, 구부러지다	to become curved or folded and not straight
☐☐ bloom	꽃을 피우다, 꽃이 피다	to produce flowers
☐☐ character	문자, 글자, 부호	a letter or symbol used in an alphabet or in mathematics
☐☐ despite	～에도 불구하고	although something happens or exists
☐☐ dynasty	시대, 왕조	a period of time when a particular family ruled a country or area
☐☐ frozen	얼어붙은	made into, covered with, or surrounded by ice
☐☐ ill	아픈	not feeling well or suffering from a disease
☐☐ justice	정의	the fact that something is fair and reasonable
☐☐ loyalty	충성(심)	a feeling of support for someone or something
☐☐ object	물건, 물체	a thing that you can see and touch
☐☐ represent	나타내다, 상징하다	to show or mean something
☐☐ respect	존경(심)	a feeling of deep admiration for someone
☐☐ symbol	상징	a sign, picture, object, etc. that represents something else
☐☐ symbolic	상징적인	used or considered as a symbol
☐☐ tool	도구	something that helps you to do a particular activity

단어의 의미 관계

- **유의어**
  despite (～에도 불구하고) = in spite of
  thus (따라서, 그러므로) = therefore

- **동사 – 명사**
  behave (행동하다) – behavior (행동)
  choose (선택하다) – choice (선택)
  decorate (장식하다) – decoration (장식)
  exhibit (전시하다) – exhibition (전시)
  prefer (선호하다) – preference (선호)

- **형용사 – 명사**
  important (중요한) – importance (중요성)
  loyal (충성스러운, 충실한) – loyalty (충성, 충실)
  symbolic (상징적인) – symbol (상징)

- **과거분사형 형용사 – 현재분사형 형용사**
  disappointed (실망한) – disappointing (실망스러운)
  fascinated (매료된) – fascinating (매력적인)
  surprised (놀란) – surprising (놀라게 하는)

다의어

- **character** 1. 몡 문자, 글자 2. 몡 등장인물 3. 몡 성격
  1. The address was written in Chinese **characters**.
     (주소는 한자로 쓰여 있었다.)
  2. Julian is the most interesting **character** in the play.
     (Julian은 그 연극에서 가장 흥미로운 등장인물이다.)
  3. He has a cheerful but quiet **character**.
     (그는 명랑하지만 조용한 성격이다.)

- **object** 1. 몡 물건, 물체 2. 몡 목표, 목적
  1. Look, there's a strange **object** in the sky!
     (봐, 하늘에 이상한 물체가 있어!)
  2. The **object** of the game is to improve children's math skills. (그 게임의 목적은 아이들의 수학 능력을 향상시키는 것이다.)

- **will** 1. 몡 의지 2. 조 ～할(일) 것이다
  1. He is a man of strong **will**. (그는 의지가 강한 사람이다.)
  2. I **will** do my best to win the game.
     (나는 그 경기에서 이기도록 최선을 다할 것이다.)

Words Plus

연습 문제

A 다음 영영풀이에 해당하는 단어를 [보기]에서 찾아 쓴 후, 우리말 뜻을 쓰시오.

[보기]	symbol	bloom	object	appear	bend	represent	attitude	frozen

1 _____ : to produce flowers : _____
2 _____ : to show or mean something : _____
3 _____ : a thing that you can see and touch : _____
4 _____ : to begin to be seen or come into existence : _____
5 _____ : to become curved or folded and not straight : _____
6 _____ : made into, covered with, or surrounded by ice : _____
7 _____ : the way you think or feel about something or someone : _____
8 _____ : a sign, picture, object, etc. that represents something else : _____

B 다음 빈칸에 알맞은 단어를 [보기]에서 찾아 쓰시오.

[보기]	tool	despite	respect	prefer	behavior

1 The students _____ jazz to rock music.
2 The game continued _____ the heavy rain.
3 We should show more _____ to our teachers.
4 The Internet is a very useful communication _____.
5 The boy's bad _____ annoyed everyone in the classroom.

C 우리말과 의미가 같도록 빈칸에 알맞은 말을 쓰시오.

1 그는 특히 공상 과학 영화를 매우 좋아한다.
   → He loves science fiction movies _____ _____.
2 네 머리카락과 눈은 네 어머니를 생각나게 한다.
   → Your hair and eyes _____ me _____ your mother.
3 옛날 옛적에, 용감한 공주가 살았어요.
   → _____ _____ _____ _____, there lived a courageous princess.
4 그들은 둘 다 쇼핑을 정말 좋아한다. 이런 이유로, 그들은 종종 함께 쇼핑하러 간다.
   → They both love shopping. _____ _____ _____, they often go shopping together.

D 다음 짝지어진 두 표현의 관계가 같도록 빈칸에 알맞은 단어를 쓰시오.

1 loyalty : loyal = symbol : _____
2 choose : choice = behave : _____
3 therefore : thus = in spite of : _____
4 prefer : preference = decorate : _____
5 disappointed : disappointing = _____ : fascinating

W Words
실전 TEST

STEP A

01 다음 영영풀이에 해당하는 단어로 알맞은 것은?

> a feeling of deep admiration for someone

① tool   ② respect   ③ justice
④ symbol   ⑤ dynasty

02 다음 중 짝지어진 단어의 관계가 [보기]와 같은 것은?

> [보기]   behave – behavior

① ill – sick   ② loyal – loyalty
③ symbol – symbolic   ④ choose – choice
⑤ fascinated – fascinating

03 다음 빈칸에 공통으로 들어갈 말로 알맞은 것은?

> • There was a strange _____ in the backyard.
> • The _____ of the project is to teach children about road safety.

① will   ② carp   ③ value
④ choice   ⑤ object

고
난도
04 다음 각 빈칸에 disappoint를 알맞은 형태로 써서 문장을 완성하시오.

> • The results of the test were _____.
> • We were _____ with the game score.

05 다음 중 밑줄 친 부분의 우리말 의미가 알맞지 않은 것은?

① Do you prefer coffee to tea? (~을 더 좋아하다)
② He likes detective stories in particular. (특히)
③ Kate's attitude in class has improved a lot. (태도)
④ Tom is the funniest character in the movie. (문자)
⑤ The field trip was not cancelled despite the rain. (~에도 불구하고)

06 다음 중 밑줄 친 will의 쓰임이 같은 것끼리 짝지어진 것은?

> ⓐ Jack will be five years old next month.
> ⓑ He showed us his will to succeed.
> ⓒ You will get there in time if you hurry.
> ⓓ She has a strong will to overcome all the difficulties.

① ⓐ, ⓑ   ② ⓑ, ⓒ   ③ ⓑ, ⓓ
④ ⓐ, ⓑ, ⓓ   ⑤ ⓑ, ⓒ, ⓓ

[07~08] 다음 우리말과 의미가 같도록 빈칸에 알맞은 말을 쓰시오.

07
> 이런 이유로, 5월은 결혼식 하기에 좋은 달로 여겨진다.

→ _____ _____ _____, May is considered to be a good month for weddings.

08
> 당신에게 몇 가지 간단한 규칙을 상기시켜 드리고 싶습니다.

→ I want to _____ you _____ a few simple rules.

L&T · Listen and Talk
핵심 노트

1 선호 표현하기

> **A: Which food do you prefer,** Tteokbokki **or** Gimbap**?**
>
> **B: I prefer** Tteokbokki.
>
> 떡볶이와 김밥 중에 어느 음식을 더 좋아하니?
>
> 나는 떡볶이를 더 좋아해.

선호하는 것을 물을 때, Which do you prefer?라고 말할 수 있다. 둘 중 어느 것을 더 선호하는지 물을 때는 Which (one) do you prefer, *A* or *B*?라고 말한다. Which (one) do you like more(better), *A* or *B*?라고 물을 수도 있다. 자신이 더 선호하는 것을 말할 때는 I prefer ~. 또는 I like ~ more(better).라고 하며, 'B보다 A가 더 좋아요.'라고 말할 때는 I prefer *A* to *B*.나 I like *A* more(better) than *B*.라고 한다.

> **시험 포인트** **point**
>
> 화자가 둘 중 선호하는 것을 고르는 문제가 출제되므로 prefer 뒤에 이어지는 내용을 잘 파악하도록 한다. 선호하는 것을 말하는 표현을 고르는 문제도 자주 출제되므로, 선호하는 것을 말하는 다양한 표현을 익혀 두도록 한다.

· A: Which one do you prefer, science or history? (과학과 역사 중에 어느 것을 더 좋아하니?)

　B: I like history more. (나는 역사가 더 좋아.)

· A: We can drink soda or milk. Which do you prefer?
　(탄산음료나 우유를 마실 수 있어. 어느 것을 더 좋아하니?)

　B: I prefer soda. (탄산음료가 더 좋아.)

· A: Which season do you like better, summer or winter?
　(여름과 겨울 중에 어느 계절을 더 좋아하니?)

　B: I prefer winter to summer. (나는 여름보다 겨울이 더 좋아.)

2 의견 표현하기

> **A: It seems to me that** it's more delicious.
>
> **B:** I think so, too.
>
> 나는 그것이 더 맛있는 거 같아.
>
> 나도 그렇게 생각해.

자신의 의견을 말할 때 「It seems to me (that)+주어+동사 ~.」로 표현할 수 있으며, 이때 to me는 생략할 수 있다. I think (that) ~. 또는 In my opinion, ~. 등으로도 자신의 의견을 말할 수 있다. 상대방의 의견에 동의할 때는 I think so, too. 또는 I agree (with you).로 답할 수 있고, 동의하지 않을 때는 I don't think so. 또는 I don't agree (with you). 등으로 답할 수 있다.

> **시험 포인트** **point**
>
> 화자의 의견이 무엇인지 고르는 문제가 출제되므로 It seems to me that 뒤에 이어지는 내용을 잘 파악하도록 한다. 또한 의견을 나타내는 표현을 고르는 문제도 자주 출제되므로, 의견을 나타내는 다양한 표현을 익혀 두도록 한다.

· A: It seems to me that basketball is more exciting. (나는 농구가 더 흥미진진한 것 같아.)

　B: I agree with you. (나도 동의해.)

· A: I think that we need an expert. (나는 우리에게 전문가가 필요하다고 생각해.)

　B: I think so, too. (나도 그렇게 생각해.)

· A: In my opinion, her new book is not that interesting.
　(내 생각에는 새로 나온 그녀의 책이 그렇게 재미있지 않은 것 같아.)

　B: I don't think so. (나는 그렇게 생각하지 않아.)

만점 노트

Listen and Talk A-1

교과서 138쪽

G: Minho, look at these two paintings of cats here. ❶Aren't they great?

B: ❷Yes, they are.

G: They both are good, but I like ❸the one on the left more. How about you?

B: ❹I prefer the one on the right. ❺It seems to me that the cat in it is cuter. I also like the bird in it.

❶「Be동사+not+주어 ~?」 형태의 부정 의문문이다.

❷ 부정 의문문에 답할 때는 묻는 내용이 맞다고 생각하면 Yes로, 맞지 않다고 생각하면 No로 답한다.

❸ '왼쪽에 있는 것'이라는 의미로, one은 앞에 언급된 명사(painting)의 반복을 피하기 위해 쓴 대명사이다.

❹ I prefer ~.는 '나는 ~을 더 좋아한다.'라는 뜻으로 자신이 선호하는 것을 나타낼 때 사용하는 표현이다.

❺「It seems to me that+주어+동사 ~.」는 '나는 ~인 것 같아.'라는 뜻으로 자신의 의견을 말하는 표현이다.

Q1 소년은 어느 그림이 더 좋다고 했나요? (　　)

ⓐ 왼쪽 그림　　ⓑ 오른쪽 그림

Listen and Talk A-2

교과서 138쪽

G: We can have Bibimbap or Galbitang. ❶Which do you prefer?

B: I prefer Bibimbap. It seems to me that it's the healthier choice.

G: ❷I think so, too. ❸I also like Bibimbap more.

B: Let's order, then. I'm very hungry.

❶ 선호하는 것을 물을 때 Which (one) do you prefer? 라고 한다.

❷ 상대방의 의견에 동의하는 표현으로, I agree (with you).(나도 동의해.)라고 말할 수도 있다.

❸ I like ~ more(better).로도 자신이 선호하는 것을 나타낼 수 있다.

Q2 소년이 갈비탕보다 비빔밥을 선호하는 이유는 무엇인가요? (　　)

ⓐ 건강에 더 좋은 선택 같아서　　ⓑ 더 맛있어 보여서

Listen and Talk A-3

교과서 138쪽

G: Look at these two old plates, Steve. Aren't they beautiful?

B: Yes. ❶Which one do you prefer, the green plate or the white plate?

G: Well, ❷it's hard to choose, but I like the green one better. How about you?

B: ❸Me, too. It seems to me that the green plate is more unique.

❶ 둘 중 선호하는 것이 무엇인지 물을 때 Which (one) do you prefer, A or B?라고 한다. Which (one) do you like more(better), A or B?라고도 할 수 있다.

❷「it ~ to부정사」 구문으로, it은 가주어이고 to부정사가 진주어이다. 이때 it은 의미가 없으므로 '그것'이라고 해석하지 않는다.

❸ = I like the green one better, too.

Q3 The boy prefers the white plate to the green plate. (T / F)

Listen and Talk A-4

교과서 138쪽

G: Junsu, you said you're going to buy a gift for your sister. How about the bags here?

B: They ❶look nice.

G: ❷Which one do you prefer, the one with flowers or the one with animals?

B: I prefer ❸the one with flowers. It seems to me that my sister will like it more.

❶ look+형용사: ~해 보이다

❷ Which (one) do you prefer, A or B?로 둘 중 선호하는 것을 묻는 표현이다. one 대신 bag을 쓸 수도 있다.

❸ '꽃무늬가 있는 것'이라는 뜻으로, 대명사 one이 가리키는 것은 가방(bag)이다.

Q4 Which bag does the boy prefer?

He prefers the bag _____ _____.

Listen and Talk C

교과서 139쪽

G: ❶There are two exhibitions we can go to. Which one do you want to see more, Eric?

B: I prefer the ❷Korean mask exhibition. Is that OK, Somi?

G: Of course. ❸And it seems to me that the mask exhibition will be much more interesting.

B: ❹Do you think so?

G: Yes. Look at this poster. There isn't just an exhibition. There's also a ❺mask dance show at 4:00 and 6:00.

B: Great! ❻I've never seen a mask dance show before.

G: Well, I've seen a show before. ❼I'm sure you'll like it.

B: So where is the show?

G: It's in Dasom Hall, ❽next to the exhibition room.

B: It's 4:30 now, so let's watch the 6 o'clock show.

G: OK. Let's go see the exhibition first.

❶ 목적격 관계대명사 which나 that이 생략된 관계대명사절 we can go to가 two exhibitions를 수식한다.

❷ Korean mask exhibition: 한국 탈 전시회

❸ It seems to me that ~.은 자신의 의견을 나타내는 표현이다. much는 비교급 more interesting 앞에서 '훨씬'이라는 의미로 비교급을 강조한다.

❹ '너는 그렇게 생각하니?'라는 뜻으로, 앞에서 상대방이 말한 의견을 확인하는 표현이다.

❺ mask dance: 탈춤

❻ 「I've never+과거분사 ~ before.」는 '나는 ~해 본 적이 없다.'라는 의미를 나타내는 현재완료 표현이다.

❼ 「I'm sure (that)+주어+동사 ~.」는 확신을 나타내는 표현이다.

❽ '~ 옆에'라는 의미로, 다솜 홀의 위치를 설명하기 위해 쓰였다.

Q5 Somi and Eric will watch the dance show and then see the exhibition. (T / F)

Talk and Play

교과서 140쪽

A: ❶Which do you prefer, Ramyeon or spaghetti?

B: I prefer Ramyeon. ❷It seems to me that it's more delicious. How about you?

A: I prefer Ramyeon, too.

❶ 선호를 묻는 표현으로, Which one(food) do you prefer(like more/better), ~?라고 말할 수도 있다.

❷ 자신의 의견을 나타내는 표현으로, I think (that) it's more delicious.라고도 할 수 있다.

Q6 두 사람이 모두 좋아하는 음식은 무엇인가요? _____

Review - 1

교과서 152쪽

G: ❶Joe, didn't you say you needed to buy a cap? How about these caps here?

B: They look great.

G: ❷Which one do you prefer, the one with triangles or the one with flowers?

B: I ❸prefer the one with triangles. It seems to me that it's more unique.

❶ 대답을 실제로 듣기 위한 질문이라기보다는 Joe, you said you needed to buy a cap.이라는 뜻으로 한 말이다.

❷ 둘 중 무엇을 선호하는지 묻는 말로, Which (cap) do you prefer(like more/better), ~?라고 말할 수도 있다.

❸ 대명사 one이 가리키는 것은 모자(cap)이다.

Q7 소년은 어느 모자가 더 좋다고 했나요? _____

Review - 3

교과서 152쪽

A: ❶There are two movies we can see. Which one do you want to see more, Somi?

B: ❷I prefer *Batman*. I saw *Spider-Man* last week. Is this OK, John?

A: Of course. It seems to me that *Batman* will be much more fun.

B: Good. Then, let's go and see ❸it.

❶ 목적격 관계대명사가 생략된 관계대명사절 we can see가 two movies를 수식한다.

❷ 자신이 선호하는 것을 답하는 상황으로, I want to see *Batman* more.의 의미이다.

❸ = *Batman*

Q8 John prefers _____ because he thinks it _____.

L&T — Listen and Talk
빈칸 채우기

• 주어진 우리말과 일치하도록 교과서 대화문을 완성하시오.

Listen and Talk A-1

G: Minho, look at these two paintings of cats here. Aren't they great?

B: _____, they _____.

G: They both are good, but I _____ the one on the left _____. How about you?

B: _____ _____ the one on the right. It _____ _____ _____ that the cat in it is _____. I also like the bird in it.

교과서 138쪽

G: 민호야, 여기 고양이 그림 두 점을 봐. 멋지지 않니?

B: 응, 멋지다.

G: 둘 다 좋긴 하지만 나는 왼쪽 그림이 더 좋아. 너는 어때?

B: 나는 오른쪽 그림이 더 좋아. 나는 그 그림 속 고양이가 더 귀여운 것 같아. 그림 속 새도 마음에 들어.

Listen and Talk A-2

G: We can have Bibimbap or Galbitang. Which _____ _____ _____?

B: _____ _____ Bibimbap. It seems to me _____ it's the _____ _____.

G: _____ _____ _____, too. I also like Bibimbap more.

B: Let's order, then. I'm very hungry.

교과서 138쪽

G: 비빔밥이나 갈비탕을 먹을 수 있네. 너는 어느 것이 더 좋아?

B: 나는 비빔밥이 더 좋아. 나는 그게 건강에 더 좋은 선택인 것 같아.

G: 나도 그렇게 생각해. 나도 비빔밥을 더 좋아해.

B: 그럼, 주문하자. 너무 배가 고파.

Listen and Talk A-3

G: Look at these two old plates, Steve. _____ _____ beautiful?

B: Yes. _____ one _____ _____ _____, the green plate or the white plate?

G: Well, it's hard to choose, but I _____ the green one _____. How about you?

B: Me, too. _____ _____ to me that the green plate is more _____.

교과서 138쪽

G: 이 오래된 두 접시 좀 봐. Steve. 아름답지 않니?

B: 그렇네. 너는 초록색 접시와 흰색 접시 중에서 어느 것이 더 마음에 들어?

G: 글쎄, 선택하기 어렵지만, 나는 초록색 접시가 더 마음에 들어. 너는 어때?

B: 나도 그래. 나는 초록색 접시가 더 독특한 것 같아.

Listen and Talk A-4

G: Junsu, you said you're going to buy a gift for your sister. How about the bags here?

B: They _____ nice.

G: Which one _____ _____ _____, the one with flowers _____ the one with animals?

B: _____ _____ the one with flowers. _____ _____ _____ _____ _____ my sister will like it more.

교과서 138쪽

G: 준수야, 네가 여동생에게 줄 선물을 살 거라고 했잖아. 여기 있는 가방들 어때?

B: 좋아 보인다.

G: 너는 꽃무늬 있는 것과 동물 무늬 있는 것 중에 어느 것이 더 좋아?

B: 나는 꽃무늬 있는 것이 더 좋아. 나는 여동생이 그것을 더 좋아할 것 같아.

Listen and Talk C

G: There are two exhibitions we can go to. _____ one do you want to see _____, Eric?

B: I _____ the Korean mask exhibition. Is that OK, Somi?

G: Of course. And _____ _____ _____ _____ that the mask exhibition will be much more interesting.

B: Do _____ _____ _____?

G: Yes. Look at this poster. There isn't just an exhibition. There's also a mask dance show at 4:00 and 6:00.

B: Great! _____ _____ _____ a mask dance show _____.

G: Well, I've seen a show before. _____ _____ you'll like it.

B: So where is the show?

G: It's in Dasom Hall, _____ _____ the exhibition room.

B: It's 4:30 now, so let's watch the 6 o'clock show.

G: OK. Let's go see the exhibition _____.

Talk and Play

A: _____ _____ _____ _____, Ramyeon or spaghetti?

B: I prefer Ramyeon. It _____ _____ _____ _____ it's more delicious. How about you?

A: I _____ Ramyeon, _____.

Review - 1

G: Joe, didn't you say you needed to buy a cap? How about these caps here?

B: They look great.

G: _____ _____ do you _____, the one with triangles _____ the one with flowers?

B: _____ _____ the one with triangles. It seems to me that it's _____ _____.

Review - 3

A: There are two movies we can see. _____ _____ do you want to see _____, Somi?

B: I _____ Batman. I saw Spider-Man last week. Is this OK, John?

A: Of course. _____ _____ _____ _____ that Batman will be much more fun.

B: Good. Then, let's go and see it.

해석

교과서 139쪽

G: 우리가 갈 수 있는 전시회가 두 개 있어. 어느 전시회를 더 보고 싶니, Eric?

B: 나는 한국 탈 전시회가 더 좋아. 괜찮아, 소미야?

G: 그럼. 그리고 나도 탈 전시회가 훨씬 더 흥미로울 것 같아.

B: 그렇게 생각해?

G: 응. 이 포스터를 봐. 전시회만 있는 게 아니야. 4시와 6시에 탈춤 공연도 있어.

B: 잘됐다! 난 전에 탈춤 공연을 본 적이 없거든.

G: 음, 난 전에 본 적이 있어. 네가 분명히 좋아할 거야.

B: 그래서 공연은 어디에서 해?

G: 전시실 옆에 있는 다솜 홀에서 해.

B: 지금이 4시 30분이니까 6시 공연을 보자.

G: 좋아. 먼저 전시를 보러 가자.

교과서 140쪽

A: 너는 라면과 스파게티 중 어느 것을 더 좋아하니?

B: 나는 라면을 더 좋아해. 나는 라면이 더 맛있는 것 같아. 너는 어때?

A: 나도 라면을 더 좋아해.

교과서 152쪽

G: Joe, 모자를 사야 한다고 하지 않았어? 여기 있는 모자들 어때?

B: 무척 좋아 보이네.

G: 너는 삼각형 무늬가 있는 것과 꽃무늬가 있는 것 중에 어느 것이 더 좋아?

B: 나는 삼각형 무늬가 있는 것이 더 좋아. 나는 그것이 더 독특한 것 같아.

교과서 152쪽

A: 우리가 볼 수 있는 영화가 두 개 있어. 너는 어느 것이 더 보고 싶니, 소미야?

B: 나는 '배트맨'이 더 좋아. '스파이더맨'은 지난주에 봤거든. 그래도 괜찮니, John?

A: 물론이지. 나는 '배트맨'이 훨씬 더 재미있을 것 같아.

B: 좋아. 그럼 가서 보자.

Listen and Talk

대화 순서 배열하기

1 Listen and Talk A-1

교과서 138쪽

ⓐ They both are good, but I like the one on the left more. How about you?

ⓑ Yes, they are.

ⓒ Minho, look at these two paintings of cats here. Aren't they great?

ⓓ I prefer the one on the right. It seems to me that the cat in it is cuter. I also like the bird in it.

(　　) – ⓑ – (　　) – (　　)

2 Listen and Talk A-2

교과서 138쪽

ⓐ I prefer Bibimbap. It seems to me that it's the healthier choice.

ⓑ Let's order, then. I'm very hungry.

ⓒ We can have Bibimbap or Galbitang. Which do you prefer?

ⓓ I think so, too. I also like Bibimbap more.

(　　) – (　　) – (　　) – ⓑ

3 Listen and Talk A-3

교과서 138쪽

ⓐ Well, it's hard to choose, but I like the green one better. How about you?

ⓑ Look at these two old plates, Steve. Aren't they beautiful?

ⓒ Me, too. It seems to me that the green plate is more unique.

ⓓ Yes. Which one do you prefer, the green plate or the white plate?

ⓑ – (　　) – (　　) – (　　)

4 Listen and Talk A-4

교과서 138쪽

ⓐ Which one do you prefer, the one with flowers or the one with animals?

ⓑ They look nice.

ⓒ Junsu, you said you're going to buy a gift for your sister. How about the bags here?

ⓓ I prefer the one with flowers. It seems to me that my sister will like it more.

(　　) – ⓑ – (　　) – (　　)

5 Listen and Talk C

A: There are two exhibitions we can go to. Which one do you want to see more, Eric?

ⓐ Well, I've seen a show before. I'm sure you'll like it.

ⓑ It's in Dasom Hall, next to the exhibition room.

ⓒ Do you think so?

ⓓ I prefer the Korean mask exhibition. Is that OK, Somi?

ⓔ It's 4:30 now, so let's watch the 6 o'clock show.

ⓕ Of course. And it seems to me that the mask exhibition will be much more interesting.

ⓖ So where is the show?

ⓗ Great! I've never seen a mask dance show before.

ⓘ Yes. Look at this poster. There isn't just an exhibition. There's also a mask dance show at 4:00 and 6:00.

ⓙ OK. Let's go see the exhibition first.

A – (　　) – (　　) – ⓒ – (　　) – (　　) – ⓐ – (　　) – ⓑ – (　　) – ⓙ

6 Talk and Play

ⓐ I prefer Ramyeon, too.

ⓑ I prefer Ramyeon. It seems to me that it's more delicious. How about you?

ⓒ Which do you prefer, Ramyeon or spaghetti?

(　　) – (　　) – (　　)

7 Review - 1

ⓐ Which one do you prefer, the one with triangles or the one with flowers?

ⓑ They look great.

ⓒ Joe, didn't you say you needed to buy a cap? How about these caps here?

ⓓ I prefer the one with triangles. It seems to me that it's more unique.

(　　) – ⓑ – (　　) – (　　)

8 Review - 3

ⓐ Of course. It seems to me that *Batman* will be much more fun.

ⓑ I prefer *Batman*. I saw *Spider-Man* last week. Is this OK, John?

ⓒ Good. Then, let's go and see it.

ⓓ There are two movies we can see. Which one do you want to see more, Somi?

(　　) – (　　) – (　　) – ⓒ

STEP A

[01~02] 다음 대화의 빈칸에 들어갈 말로 알맞은 것을 고르시오.

01

A: _____
B: I like spaghetti more.

① What is your favorite food?
② What did you eat for lunch?
③ How do you like your spaghetti?
④ How did you make this spaghetti?
⑤ Which do you prefer, Ramyeon or spaghetti?

02

A: There are two movies we can see. Which one do you prefer?
B: I prefer *Batman*. _____

① I like *Spider-Man* more.
② I don't want to see *Batman*.
③ I usually don't watch movies.
④ Watching movies is not allowed here.
⑤ It seems to me that it will be much more fun.

03 자연스러운 대화가 되도록 (A)~(C)를 바르게 배열한 것은?

A: We can have Bibimbap or Galbitang. Which do you prefer?
(A) Let's order, then. I'm very hungry.
(B) I prefer Bibimbap. It seems to me that it's the healthier choice.
(C) I think so, too. I also like Bibimbap more.

① (A) – (C) – (B)
② (B) – (A) – (C)
③ (B) – (C) – (A)
④ (C) – (A) – (B)
⑤ (C) – (B) – (A)

[04~05] 다음 대화를 읽고, 물음에 답하시오.

A: Minho, look at these two paintings of cats here. Aren't they great? (①)
B: Yes, they are. (②)
A: They both are good, but I like the one on the left more. How about you? (③)
B: (④) ⓐIt seems to me that the cat in it is cuter. I also like the bird in it. (⑤)

04 위 대화의 ①~⑤ 중 주어진 문장이 들어갈 위치로 알맞은 것은?

I prefer the one on the right.

①   ②   ③   ④   ⑤

05 위 대화의 밑줄 친 ⓐ의 의도로 알맞은 것은?

① 금지하기   ② 의견 표현하기
③ 당부하기   ④ 소망 표현하기
⑤ 조언하기

06 다음 대화의 밑줄 친 ①~⑤ 중 흐름상 어색한 것은?

A: Look at these two old plates, Steve. ①Aren't they beautiful?
B: Yes. ②Which one do you prefer, the green plate or the white plate?
A: Well, ③it's hard to choose, but I like the green one better. ④How about you?
B: Me, too. ⑤It seems to me that the white plate is more beautiful.

①   ②   ③   ④   ⑤

[07~08] 다음 대화를 읽고, 물음에 답하시오.

> A: There are two exhibitions we can go to. ⓐWhich one do you want to see more, Eric?
>
> B: I prefer the Korean mask exhibition. Is that OK, Somi?
>
> A: Of course. And it seems to me that the mask exhibition will be much more interesting.
>
> B: Do you think so?
>
> A: Yes. Look at this poster. There isn't just an exhibition. There's also a mask dance show at 4:00 and 6:00.
>
> B: Great! I've never seen a mask dance show before.
>
> A: Well, I've seen a show before. I'm sure you'll like it.
>
> B: So where is the show?
>
> A: It's in Dasom Hall, next to the exhibition room.
>
> B: It's 4:30 now, so let's watch the 6 o'clock show.
>
> A: OK. Let's go see the exhibition first.

07 위 대화의 밑줄 친 ⓐ와 같은 의미로 바꿔 쓸 수 있는 것은?

① Which do you prefer
② Which one did you see
③ Which did you like better
④ What is your favorite exhibition
⑤ Why do you prefer the Korean mask exhibition

08 위 대화의 내용과 일치하지 <u>않는</u> 것은?

① Eric과 소미는 한국 탈 전시회를 보러 가기로 했다.
② 소미는 한국 탈 전시회가 더 흥미로울 것 같다고 생각한다.
③ Eric은 탈춤 공연을 본 적이 없다.
④ 탈춤 공연은 전시실 옆에 있는 다솜 홀에서 열린다.
⑤ Eric과 소미는 탈춤 공연을 본 후 전시실에 갈 것이다.

서술형

09 다음 대화의 빈칸에 들어갈 말을 주어진 철자로 시작하여 쓰시오.

> A: Do you like English better than math?
>
> B: Yes. I p_____ English. It seems to me that learning a new language is more interesting.

10 다음 대화의 빈칸 ⓐ에 알맞은 말을 괄호 안의 단어를 배열하여 완성하시오.

> A: Which one do you like more, strawberry milk or chocolate milk?
>
> B: I prefer strawberry milk. _____ⓐ_____

→ It _____.
(me, it's, to, that, seems, more, delicious)

[11~12] 다음 대화를 읽고, 물음에 답하시오.

> A: Junsu, you said you're going to buy a gift for your sister. How about the bags here?
>
> B: They look nice.
>
> A: ⓐ너는 꽃무늬 있는 것과 동물 무늬 있는 것 중에 어느 것이 더 좋아?
>
> B: I prefer the one with flowers. It seems to me that my sister will like it more.

11 위 대화의 밑줄 친 우리말 ⓐ와 의미가 같도록 문장을 완성하시오.

→ _____ _____ _____ _____, the one with flowers or the one with animals?

고
난도
12 위 대화의 내용과 일치하도록 빈칸에 알맞은 말을 쓰시오.

> Junsu thinks that _____ _____ will prefer the bag _____ _____.

핵심 노트

1 to부정사의 의미상 주어

읽기 본문	It was impossible **for him to catch** any fish.	그가 어떤 물고기라도 잡는 것은 불가능했다.

가주어 / to부정사의 의미상 주어 / 진주어

대표 예문 It is not **easy for me to move** this table. — 내가 이 탁자를 옮기는 것은 쉽지 않다.

It is **important for you to manage** time effectively. — 네가 시간을 효율적으로 관리하는 것은 중요하다.

to부정사의 의미상 주어 (of 사용)

It is nice **of you to help** me. — 네가 나를 돕다니 친절하구나.

사람에 대한 주관적 평가를 나타내는 형용사

It is foolish **of him to make** the same mistake twice. — 그가 같은 실수를 두 번 한 것은 어리석은 일이다.

(1) 쓰임: to부정사의 행위의 주체가 문장의 주어와 다를 때, to부정사 앞에 「for/of+목적격」 형태의 의미상 주어를 써서 행위의 주체를 나타낸다.

It is necessary **for him** to see a doctor. (그는 진료를 받는 것이 필요하다.)

(2) 형태

• 대부분의 경우에는 to부정사의 의미상 주어를 「for+목적격」의 형태로 쓴다.

It is important **for them** to read books. (그들이 책을 읽는 것은 중요하다.)

• 사람에 대한 주관적 평가를 나타내는 형용사(kind, nice, smart, clever, polite, careless, thoughtful, rude 등)가 쓰이는 경우에는 to부정사의 의미상 주어를 「of+목적격」의 형태로 쓴다.

It is *kind* **of you** to say so. (그렇게 말하다니 너는 친절하구나.)

한 단계 더!

to부정사의 의미상 주어를 특별히 나타내지 않는 경우

1. to부정사의 의미상 주어가 막연한 일반적인 사람이거나, 문맥상 뚜렷한 경우

    It is dangerous **to swim** in this river. (이 강에서 수영하는 것은 위험하다.)

2. to부정사의 의미상 주어가 문장의 주어와 같은 경우

    I hope **to visit** the city some day. (나는 언젠가 그 도시를 방문하기를 바란다.)

point

시험 포인트 ❶

to부정사의 의미상 주어의 형태(for/of+목적격)를 구분하는 문제가 자주 출제되므로 의미상 주어 앞에 오는 형용사가 사람에 대한 주관적 평가를 나타내는 형용사인지 잘 확인하도록 한다.

point

시험 포인트 ❷

It ~ to부정사
문장의 주어 자리에 to부정사(구)가 올 경우, to부정사(구)를 문장 뒤로 보내고 주어 자리에 it을 대신 쓸 수 있다. 이때의 it을 가주어, to부정사(구)를 진주어라고 한다.

It's difficult to walk on Earth.

▶ 중 2 교과서 7과

QUICK CHECK

1 다음 괄호 안에서 알맞은 것을 고르시오.

(1) It is difficult (of / for) me to choose what to wear.

(2) It's so nice (of / for) her to help me with my project.

(3) It is impossible (of / for) me to remember everyone's name right now.

2 다음 빈칸에 알맞은 말을 [보기]에서 하나씩 골라 **of** 또는 **for**를 사용하여 쓰시오.

[보기]	stupid	kind	important

(1) It's _____ _____ him to walk my dog for me.

(2) It's so _____ _____ me to make such a mistake.

(3) It's very _____ _____ you to exercise every day.

2 가정법 과거

읽기 본문 It **would** be wonderful if I **could** eat fresh fish.
조동사의 과거형+동사원형 　　(조)동사의 과거형

내가 신선한 물고기를 먹을 수 있다면 정말 좋을 텐데.

대표 예문 If I **had** wings, I **could** fly.

나에게 날개가 있다면, 나는 날아다닐 수 있을 텐데.

If I **made** lots of money, I **would** help poor children in Africa.

내가 돈을 많이 번다면, 나는 아프리카의 가난한 아이들을 도울 텐데.

I **would** call him if I **knew** his phone number.

내가 그의 전화번호를 안다면, 나는 그에게 전화할 텐데.

If Sally **were** here, she **would** help me.

Sally가 여기 있다면, 그녀가 나를 도와줄 텐데.

(1) 쓰임과 의미: 가정법 과거는 현재의 사실과 반대되는 상황을 가정하거나 실현 가능성이 낮은 일을 가정하여 말할 때 사용하며, '(만약) ~한다면, …할 텐데.'로 해석한다.

If she **had** enough money, she **could** buy a new car.
(그녀에게 충분한 돈이 있다면, 그녀는 새 자동차를 살 수 있을 텐데.)

← As she doesn't have enough money, she cannot buy a new car. 〈현재 사실〉
(그녀는 충분한 돈이 없어서 새 자동차를 살 수 없다.)

(2) 형태: 「If+주어+동사의 과거형 ~, 주어+조동사의 과거형+동사원형 …」

If he **kept** his promises, I **would** trust him. (그가 약속을 지킨다면, 나는 그를 믿을 텐데.)

가정법 과거의 if절에서 be동사는 인칭에 상관없이 주로 were를 쓰는 것이 원칙이지만, If I were you를 제외한 경우에는 was를 쓰기도 한다.

If I **were** you, I **would** not go there alone. (내가 너라면, 나는 그곳에 혼자 가지 않을 텐데.)

> **point**
> 시험 포인트
> 가정법 과거 문장의 올바른 형태를 묻는 문제가 자주 출제된다. 가정법 과거인지 파악하려면, 현재의 사실과 반대되는 상황을 가정하고 있는지 문장의 내용을 올바르게 파악하는 것이 중요하다.

한 단계 더!

접속사 if

1. 조건을 나타내는 부사절을 이끄는 접속사 if: (만약) ~라면

   If it rains tomorrow, I will stay at home. (내일 비가 온다면, 나는 집에 있을 거야.)
   현재시제 사용

2. 명사절을 이끄는 접속사 if: ~인지 아닌지

   I was wondering **if** you would like the movie. (나는 네가 그 영화를 좋아할지 궁금해하고 있었어.)

QUICK CHECK

1 다음 괄호 안에서 알맞은 것을 고르시오.

(1) If I (am / were) not sick, I could go to the party.

(2) If it snowed, we (will / would) play outside together.

(3) She will go to the zoo if it (isn't / were not) too cold tomorrow.

2 다음 괄호 안의 동사를 어법에 맞게 사용하여 문장을 완성하시오.

(1) If I _____ rich, I could help all of them. (be)

(2) If I _____ the book, I could lend it to you. (have)

(3) If you knew the truth, you _____ be surprised. (will)

Grammar
연습 문제

1 to부정사의 의미상 주어

A 괄호 안의 단어를 to부정사의 의미상 주어로 사용하여 주어진 문장을 다시 쓰시오.

1 It was difficult to build a house. (he)

→ _____

2 It is silly to give up the job. (Mary)

→ _____

3 It is not hard to finish the work in a week. (we)

→ _____

B 다음 문장의 밑줄 친 부분을 어법에 맞게 고쳐 쓰시오.

1 It is kind <u>to help my son of you</u>. → _____

2 It is difficult for Suji <u>rides</u> a bike alone. → _____

3 It was not easy <u>of me</u> to move this table. → _____

4 It wasn't nice <u>for him</u> to say such a thing. → _____

C 주어진 우리말과 의미가 같도록 괄호 안의 단어를 사용하여 문장을 완성하시오.

1 그가 어떤 물고기라도 잡는 것은 불가능했다. (catch)

→ It was impossible _____ _____ _____ _____ any fish.

2 그 문제를 풀다니 그녀는 똑똑하구나. (solve)

→ It is clever _____ _____ _____ _____ the problem.

3 네가 매일 아침을 먹는 것은 중요하다. (eat)

→ It is important _____ _____ _____ _____ breakfast every day.

4 네가 작별 인사도 없이 떠나는 것은 무례하다. (leave)

→ It's rude _____ _____ _____ _____ without saying good-bye.

D 주어진 우리말과 의미가 같도록 괄호 안의 표현을 바르게 배열하여 문장을 쓰시오.

1 나는 이 책을 읽는 것이 매우 어렵다. (to read, very difficult, is, for me, this book, it)

→ _____

2 그가 문을 잠그지 않은 것은 부주의했다. (of him, it, not, the gate, careless, was, to lock)

→ _____

3 내가 결과를 예측하는 것은 불가능하다. (the result, impossible, is, to predict, for me, it)

→ _____

2 가정법 과거

A 다음 괄호 안에서 알맞은 것을 고르시오.

1 If I (am / were / will be) you, I would accept his offer.

2 I (will / would / won't) call him if I knew his phone number.

3 If he (can / could / will be able to) speak French, he could talk with Marie.

4 You will get hungry during the class if you (don't / didn't / won't) eat breakfast.

B 주어진 우리말과 의미가 같도록 괄호 안의 단어를 어법에 맞게 사용하여 가정법 과거 문장을 완성하시오.

1 내가 고양이라면, 나는 하루 종일 태양 아래 누워 있을 텐데. (be, will, lie)

   → If I _____ a cat, I _____ _____ in the sun all day.

2 내가 돈을 많이 번다면, 나는 아프리카에 있는 가난한 아이들을 도울 수 있을 텐데. (make, can, help)

   → If I _____ lots of money, I _____ _____ poor children in Africa.

3 오늘 수업이 없다면, 나는 놀이공원에 갈 텐데. (have, will, go)

   → If I _____ no class today, I _____ _____ to the amusement park.

C 주어진 우리말과 의미가 같도록 괄호 안의 표현을 사용하여 가정법 과거 문장으로 완성하시오.

1 그가 그 소식을 듣는다면, 그는 기뻐할 텐데. (hear, the news, be happy)

   → If _____.

2 날씨가 좋다면, 우리는 밖에서 놀 텐데. (it, fine, play outside)

   → If _____.

3 내게 시간이 있다면, 나는 그녀와 함께 도서관에 갈 수 있을 텐데. (have time, go to the library)

   → If _____.

D 다음 문장을 [예시]와 같이 가정법 과거 문장으로 바꿔 쓰시오.

[예시] As I don't have wings, I can't fly. → If I had wings, I could fly.

1 As she is not hungry, she won't eat the pizza.

   → _____

2 As Tom doesn't have a car, he can't give me a ride.

   → _____

3 As I have a lot of homework to do, I can't go to the concert.

   → _____

Grammar
실전 TEST

01 다음 빈칸에 들어갈 말로 알맞은 것은?

> If I _____ a long vacation, I could travel around the country.

① have   ② had   ③ having
④ to have   ⑤ have had

02 다음 빈칸에 들어갈 말로 알맞지 <u>않은</u> 것은?

> It was very _____ of you to say so.

① nice   ② wise   ③ clever
④ foolish   ⑤ important

03 다음 두 문장의 의미가 같도록 할 때, 빈칸에 들어갈 말이 순서대로 바르게 짝지어진 것은?

> As I am sick, I can't go to the party.
> = If I _____ sick, I _____ go to the party.

① was – could   ② were – could
③ were – couldn't   ④ weren't – could
⑤ weren't – couldn't

04 다음 빈칸에 들어갈 말이 순서대로 바르게 짝지어진 것은?

> _____ is smart _____ you _____ solve the puzzle in such a short time.

① It – for – to   ② It – of – to
③ It – of – for   ④ This – of – to
⑤ This – for – for

05 다음 문장의 밑줄 친 **donate**의 형태로 어법상 알맞은 것은?

> If I had a lot of money, I <u>donate</u> it to charity.

① donated   ② will donate
③ am donating   ④ had donated
⑤ would donate

06 다음 우리말과 의미가 같도록 할 때, 빈칸에 들어갈 말로 알맞은 것은?

> 너는 시간을 효율적으로 관리할 필요가 있다.
> → It is necessary _____.

① you managing time effectively
② you to manage time effectively
③ of you managing time effectively
④ of you to manage time effectively
⑤ for you to manage time effectively

신유형
07 다음 우리말을 영어로 옮길 때 빈칸에 필요 <u>없는</u> 단어는?

> 파도가 높지 않다면 우리는 수영하러 갈 수 있을 텐데.
> → _____, we could go swimming.

① waves   ② if   ③ are
④ were   ⑤ not

고난도
08 다음 대화의 밑줄 친 ①~⑤ 중 어법상 <u>틀린</u> 것은?

> A: I ①lied to my dad. I feel so ②bad.
> B: If I ③were you, I ④will tell him the truth and ⑤apologize.

①   ②   ③   ④   ⑤

09 다음 중 빈칸에 들어갈 말이 나머지와 <u>다른</u> 하나는?

① It will be safer _____ you to wear a helmet.

② It's exciting _____ him to play computer games.

③ It's very kind _____ you to show me the way.

④ It is dangerous _____ children to swim in the lake.

⑤ It is not possible _____ everyone to enter the room.

[10~11] 다음 문장에서 어법상 <u>틀린</u> 부분을 바르게 고친 것을 고르시오.

10
If I am not busy, I could go camping.

① If → Unless   ② am → were
③ could → couldn't   ④ go → went
⑤ camping → to camp

11
It was polite for him to open the door for me.

① It → This   ② was → is
③ for him → of him   ④ to open → opened
⑤ for me → of me

12 다음 중 어법상 <u>틀린</u> 문장은?

① If I were you, I would not forgive him.

② If I knew the truth, I would tell you about it.

③ It is impossible of you to get there on time.

④ It's generous of him to lend you the money.

⑤ If we went to Paris, we could see the Eiffel Tower.

13 다음 대화의 빈칸에 들어갈 말로 알맞은 것은?

A: _____ if you had no classes today?

B: I would go to an amusement park.

① Where will you go
② Where did you visit
③ What would you do
④ What are you going to do
⑤ What did you decide to do

14 다음 우리말을 영어로 바르게 옮긴 것은?

그녀가 지갑을 잃어버린 것은 부주의했다.

① It was careless her to lose her purse.
② It was careless of her to lose her purse.
③ It was careless to lose her purse of her.
④ It was careless for her to lose her purse.
⑤ It was careless to lose her purse for her.

15 다음 중 어법상 올바른 문장끼리 짝지어진 것은?

ⓐ It's very easy for him to use the machine.

ⓑ If I won the lottery, I will buy a new house.

ⓒ It was difficult for me to pass the driving test.

ⓓ It is very rude for you to say such a thing.

① ⓐ, ⓑ   ② ⓐ, ⓒ
③ ⓐ, ⓒ, ⓓ   ④ ⓑ, ⓒ
⑤ ⓑ, ⓓ

한 단계 | 더!

16 다음 중 밑줄 친 If(if)의 쓰임이 나머지와 <u>다른</u> 하나는?

① <u>If</u> it were sunny, I would go hiking.
② I would call him <u>if</u> I knew his phone number.
③ <u>If</u> I were you, I wouldn't stay up late at night.
④ I'm wondering <u>if</u> Sue will attend the meeting.
⑤ <u>If</u> we went to Egypt, we could see the pyramids.

신유형

17 다음 우리말과 의미가 같도록 괄호 안의 단어를 배열할 때, 5번째로 올 단어는?

> 내가 이 탁자를 옮기는 것은 쉽지 않다.
> (this, not, for, is, me, to, move, easy, it, table)

① to   ② easy   ③ me
④ for   ⑤ move

고난도

18 다음 중 어법상 올바른 문장의 개수는?

> ⓐ If I am you, I would ask for help.
> ⓑ If Andy were here, he would be very excited.
> ⓒ It's very nice for you to pick up the trash.
> ⓓ If I had time, I could see you more often.
> ⓔ It can be hard for Jason to speak in front of a lot of people.

① 1개   ② 2개   ③ 3개   ④ 4개   ⑤ 5개

서술형

19 주어진 문장을 다음과 같이 바꿔 쓸 때, 빈칸에 알맞은 말을 쓰시오.

> To learn a foreign language is difficult for me.

→ _____ is difficult _____ _____
_____ _____ a foreign language.

20 다음 밑줄 친 부분에서 어법상 <u>틀린</u> 것을 찾아 바르게 고쳐 쓰시오.

(1)
> If I had a one-month vacation, <u>I will live in Jeju-do.</u>

_____ → _____

(2)
> <u>If I am the principal of my school,</u> I would hold Sports Day every month.

_____ → _____

고난도

21 다음 대화에서 어법상 <u>틀린</u> 문장을 찾아 바르게 고쳐 문장을 다시 쓰시오.

> A: Tony, you are late again.
> B: I'm sorry. This is not easy of me to come to school on time.

→ _____

22 다음 그림을 보고, 〈A〉와 〈B〉에서 알맞은 말을 각각 하나씩 골라 [예시]와 같이 문장을 완성하시오.

A	be rich	B	can eat
	~~be taller~~		can meet
	have legs		can buy

[예시]

If I were taller, I could eat the grapes.

(1)

If I _____ _____, I _____ _____ food for my family.

(2)

If I _____ _____, I _____ _____ the prince.

한 단계 더!

23 다음 우리말을 [조건]에 맞게 영어 문장으로 쓰시오.

[조건] 1. 괄호 안의 표현을 사용할 것
2. 가주어 it과 to부정사를 사용할 것

(1) 바다에서 수영을 하는 것은 재미있다.
(fun, swim in the sea)

→ _____

(2) 그 기계를 수리하다니 너는 똑똑하구나.
(you, clever, fix the machine)

→ _____

(3) 아이들이 그곳에서 뛰어다니는 것은 안전하지 않다.
(children, safe, run around, there)

→ _____

고
난도

24 다음 문장을 [예시]와 같이 바꿔 쓰시오.

[예시] As I am not a bird, I can't fly to you.
→ If I were a bird, I could fly to you.

(1) She can't go to work as she is ill.

→ _____

(2) As you don't ask your father, he won't help you.

→ _____

(3) As I don't have free time, I can't travel around the world.

→ _____

(4) As he speaks too fast, I can't understand him better.

→ _____

25 다음 그림을 보고, 〈A〉와 〈B〉에서 알맞은 말을 각각 하나씩 골라 문장을 완성하시오. (단, 의미상 주어를 반드시 포함할 것)

A	nice	B	ride a bike
	easy		help the old lady
	dangerous		cross at a red light

(1) It's not _____.

(2) It's _____.

(3) It's _____.

문자도, 조선 시대를 보는 창

Munjado, a Window into the Joseon Dynasty

01 오른쪽에 있는 그림을 보라.

01 Look at the painting on the right.
명 그림

02 한자 효(孝)가 보이는가?

02 Do you see the Chinese character, hyo (孝)?
└─ 동격 ─┘

03 잉어, 거문고, 그리고 부채도 보이는가?

03 Do you also see a carp, a geomungo, and a fan?
명 잉어 (단·복수형 동일)   명 부채

04 이런 종류의 그림을 문자도라고 하며, 그것은 조선 시대 후기에 인기 있었던 민화의 한 종류이다.

04 This kind of painting is called Munjado, and it is a type of folk painting
명 종류   ~로 불린다 (수동태)   명 종류   선행사 (단수)
[that was popular in the late Joseon dynasty].
주격 └ 선행사에 수 일치   관계대명사절
관계대명사 (= which)

05 문자도에는 보통 한자 하나가 동물이나 사물들과 함께 나온다.

대개, 보통 (빈도부사)
05 In Munjado, there is usually a Chinese character with some animals or
└─ There is + 단수 주어: ~이 있다 ─┘
objects.

06 문자도에는 여덟 개의 한자 중 하나가 나온다.

one of + 복수 명사: ~ 중 하나 (단수 취급)
06 One of eight Chinese characters appears in Munjado.
┌─ = ─┘   주어 One에 수 일치

07 그것들은 효(孝), 제(悌), 충(忠), 신(信), 예(禮), 의(義), 염(廉), 치(恥)이고, 조선 시대 사람들에게 중요했던 가치들을 나타낸다.

= eight Chinese characters   주격 관계대명사 (= which)
07 They are hyo (孝), je (悌), chung (忠), sin (信), ye (禮), ui (義), yeom (廉), and
chi (恥), and they represent the values [that were important to people of
선행사 (복수) 관계대명사절 └ 선행사에 수 일치
the Joseon dynasty].

08 문자도에 있는 동물이나 사물은 단순히 장식만은 아니다.

08 The animals or objects in Munjado are not just decorations.
┌─ = ─┘

09 그것들은 종종 상징적이다.

09 They often are symbolic.

10 예를 들어, '효' 그림에 있는 잉어는 한 옛이야기로 인해 부모님에 대한 공경을 상징한다.

명 존경(심), 공경
10 For example, carp in the paintings of hyo symbolize respect for parents
잉어들 (복수형)   주어 carp와 수 일치
because of an old story.
because of + 명사(구): ~ 때문에

11 그 이야기는 다음과 같다.

11 The story goes as follows.

12 옛날 옛적에, 한 남자가 나이 든 어머니와 살고 있었다.

12 Once upon a time,
a man lived with his old mother.

13 어느 겨울, 남자의 어머니는 병이 들어서 아무것도 먹을 수 없었다.

┌ and로 연결된 병렬 구조 ┐
13 One winter, the man's mother became ill and couldn't eat anything.
become + 형용사: ~하게 되다

14 무척 추운 어느 날, 어머니는 남자에게 말했다. "신선한 물고기를 먹을 수 있다면 정말 좋겠구나."

14 On one very cold day, the mother said to the man, "It would be
특정한 날이나 요일, 어느 날 등에 사용하는 전치사
wonderful if I could eat fresh fish."
가정법 과거 「If + 주어 + 동사의 과거형 ~, 주어 + 조동사의 과거형 + 동사원형 …」
(만약) ~한다면 …할 텐데 (현재 사실과 반대되는 상황이나 실현 가능성이 희박한 일을 가정하여 말할 때 사용)

15 The man went out to the river, but it was completely frozen.
go out to:
~로 나가다
(♥) 완전히

15 남자는 강으로 나갔지만, 강은 완전히 얼
어붙어 있었다.

16 It was impossible for him to catch any fish.
가주어
to부정사의
의미상 주어
진주어 (to부정사구)

16 그가 어떤 물고기라도 잡는 것은 불가능했다.

17 The man was so disappointed that he cried out to the sky, "What should
「so+형용사/부사+that+주어+동사」 너무(매우) ~해서 …하다
I do? Please help me."

17 남자는 몹시 낙담해서 하늘에 대고 외쳤
다. "제가 어떻게 해야 하나요? 제발 저를
도와주세요."

18 Then the ice melted, and three carp suddenly came out of the water.
melt (동) 녹다   복수형

18 그러자 얼음이 녹았고, 잉어 세 마리가 갑
자기 물 밖으로 나왔다.

19 The man went back home and cooked the fish for his mother.
└─and로 연결된 병렬 구조─┘   (단·복수형 동일)
= three carp (의미상 복수 명사)

19 남자는 집으로 돌아가서 어머니에게 그 물
고기들을 요리해 드렸다.

20 Then his mother got well.

20 그러자 그의 어머니는 병이 나았다.

There are+복수 주어: ~이 있다
21 There are other examples of symbolic objects in Munjado.
└──=──┘

21 문자도에 있는 상징적인 사물의 또 다른
예가 있다.

22 They are bamboo in the paintings of the character *chung* (忠) and lotus
flowers in the paintings of *ui* (義).

22 한자 '충(忠)' 그림에 있는 대나무와 '의(義)'
그림에 있는 연꽃이다.

23 Bamboo does not bend.
└=┘   (동) 구부러지다 (자동사)

23 대나무는 구부러지지 않는다.

24 It stays green in all kinds of weather.
stay+형용사: 모든 종류의
~한 상태를 유지하다

24 그것은 어떤 날씨에서도 푸르름을 유지한다.

25 For these reasons, bamboo
= 대나무가 구부러지지 않고 어떤 날씨에서도
푸르름을 유지하는 것
came to symbolize loyalty to the king.
come to+동사원형: ~하게 되다

25 이런 이유로, 대나무는 왕에 대한 충성심
을 상징하게 되었다.

┌──── 등위접속사 but으로 연결된 병렬 구조 ────┐
26 In the case of lotus flowers, they grow in muddy ponds but still bloom
└──=──┘   (♥) 그런데도,
그럼에도 불구하고
beautifully.

26 연꽃의 경우, 그것들은 진흙투성이의 연못
에서 자라지만 그럼에도 아름답게 꽃을 피
운다.

┌ (♥) 따라서, 그러므로   ┌ (명) 의지
27 They thus became a symbol of a person's will to fight for justice despite
= Lotus flowers   형용사적 용법의   despite+명사(구):
to부정사   ~에도 불구하고
difficulties.   (= in spite of)

27 그래서 그 꽃들은 어려움에도 불구하고 정
의를 위해 싸우는 한 사람의 의지를 상징
하게 되었다.

28 Munjado was much more than a painting to people of the Joseon
비교급 앞에 much, even, still, a lot, (by) far 등이 오면
dynasty.   '훨씬'이라는 뜻으로 비교급을 강조함

28 문자도는 조선 시대 사람들에게 그림 그
훨씬 이상의 것이었다.

┌ = Munjado ┌ = people of the Joseon dynasty ┌주격 관계대명사 (= which)
29 It reminded them of important values [that greatly influenced their
remind A of B: A에게 B를 상기시키다   └선행사┘ └관계대명사절
behaviors and attitudes].

29 그것은 그들에게 자신들의 행동과 태도에 큰
영향을 미치는 중요한 가치를 상기시켰다.

30 In particular, for children, Munjado was a study tool.

30 특히 아이들에게 문자도는 학습 도구였다.

┌ = Munjado
31 Through it, children in the Joseon dynasty could learn the importance of
(전) ~을 통해   = were able to
harmony in family and society.
(전) (어떤 환경) 안에서

31 그것을 통해, 조선 시대의 아이들은 가족과
사회에서 조화의 중요성을 배울 수 있었다.

• 우리말과 의미가 같도록 교과서 본문의 문장을 완성하시오.

01 Look at the painting _____ _____ _____.

01 오른쪽에 있는 그림을 보라.

02 Do you see the _____ _____, hyo (孝)?

02 한자 효(孝)가 보이는가?

03 Do you also see a _____, a geomungo, and a _____?

03 잉어, 거문고, 그리고 부채도 보이는가?

04 This kind of painting _____ _____ Munjado, and it is a type of folk painting _____ _____ popular in the late Joseon dynasty.

04 이런 종류의 그림을 문자도라고 하며, 그것은 조선 시대 후기에 인기 있었던 민화의 한 종류이다.

05 In Munjado, there _____ usually a Chinese character with some _____ or _____.

05 문자도에는 보통 한자 하나가 동물이나 사물들과 함께 나온다.

06 _____ _____ eight Chinese characters _____ in Munjado.

06 문자도에는 여덟 개의 한자 중 하나가 나온다.

07 They are hyo (孝), je (悌), chung (忠), sin (信), ye (禮), ui (義), yeom (廉), and chi (恥), and they _____ the values that were important to people of _____ _____ _____.

07 그것들은 효(孝), 제(悌), 충(忠), 신(信), 예(禮), 의(義), 염(廉), 치(恥)이고, 조선 시대 사람들에게 중요했던 가치들을 나타낸다.

08 The animals or objects in Munjado are _____ _____ _____.

08 문자도에 있는 동물이나 사물은 단순히 장식만은 아니다.

09 They often are _____.

09 그것들은 종종 상징적이다.

10 For example, carp in the paintings of hyo _____ respect for parents _____ _____ an old story.

10 예를 들어, '효' 그림에 있는 잉어는 한 옛이야기로 인해 부모님에 대한 공경을 상징한다.

11 The story _____ _____ _____.

11 그 이야기는 다음과 같다.

12 _____ _____ _____ _____, a man lived with his old mother.

12 옛날 옛적에, 한 남자가 나이 든 어머니와 살고 있었다.

13 One winter, the man's mother _____ _____ and couldn't eat anything.

13 어느 겨울, 남자의 어머니는 병이 들어서 아무것도 먹을 수 없었다.

14 On one very cold day, the mother said to the man, "It would be wonderful _____ _____ _____ _____ fresh fish."

14 무척 추운 어느 날, 어머니는 남자에게 말했다. "신선한 물고기를 먹을 수 있다면 정말 좋겠구나."

15 The man went out to the river, but it was _____ _____.

15 남자는 강으로 나갔지만, 강은 완전히 얼어붙어 있었다.

16 It was impossible _____ _____ _____ _____ any fish.

17 The man was _____ disappointed that he _____ _____ _____ the sky, "What should I do? Please help me."

18 Then the ice _____, and three carp suddenly _____ _____ _____ the water.

19 The man _____ _____ _____ and cooked the fish for his mother.

20 Then his mother _____ _____.

21 There are other examples of _____ _____ in Munjado.

22 They are _____ in the paintings of the character *chung* (忠) and _____ _____ in the paintings of *ui* (義).

23 Bamboo does not _____.

24 It _____ _____ in all kinds of weather.

25 _____ _____ _____, bamboo came to symbolize _____ to the king.

26 _____ _____ _____ _____ lotus flowers, they grow in muddy ponds but _____ bloom beautifully.

27 They _____ became a symbol of a person's _____ to fight for justice _____ difficulties.

28 Munjado was _____ _____ _____ a painting to people of the Joseon dynasty.

29 It _____ them _____ important values that greatly influenced their behaviors and _____.

30 _____ _____, for children, Munjado was a _____ _____.

31 _____ it, children in the Joseon dynasty could learn the _____ _____ _____ in family and society.

16 그가 어떤 물고기라도 잡는 것은 불가능했다.

17 남자는 몹시 낙담해서 하늘에 대고 외쳤다. "제가 어떻게 해야 하나요? 제발 저를 도와주세요."

18 그러자 얼음이 녹았고, 잉어 세 마리가 갑자기 물 밖으로 나왔다.

19 남자는 집으로 돌아가서 어머니에게 그 물고기들을 요리해 드렸다.

20 그러자 그의 어머니는 병이 나았다.

21 문자도에 있는 상징적인 사물의 또 다른 예가 있다.

22 한자 '충(忠)' 그림에 있는 대나무와 '의(義)' 그림에 있는 연꽃이다.

23 대나무는 구부러지지 않는다.

24 그것은 어떤 날씨에서도 푸르름을 유지한다.

25 이런 이유로, 대나무는 왕에 대한 충성심을 상징하게 되었다.

26 연꽃의 경우, 그것들은 진흙투성이의 연못에서 자라지만 그럼에도 아름답게 꽃을 피운다.

27 그래서 그 꽃들은 어려움에도 불구하고 정의를 위해 싸우는 한 사람의 의지를 상징하게 되었다.

28 문자도는 조선 시대 사람들에게 그림 그 훨씬 이상의 것이었다.

29 그것은 그들에게 자신들의 행동과 태도에 큰 영향을 미치는 중요한 가치를 상기시켰다.

30 특히 아이들에게 문자도는 학습 도구였다.

31 그것을 통해, 조선 시대의 아이들은 가족과 사회에서 조화의 중요성을 배울 수 있었다.

01 Look at the painting (on / off) the right.

02 Do you see the (China / Chinese) character, *hyo* (孝)?

03 Do you also see (carps / a carp), a geomungo, and a fan?

04 This kind of painting (calls / is called) Munjado, and it is a type of folk painting that was popular in the late Joseon dynasty.

05 In Munjado, there (are / is) usually a Chinese character with some animals or objects.

06 One of eight Chinese characters (appear / appears) in Munjado.

07 They are *hyo* (孝), *je* (悌), *chung* (忠), *sin* (信), *ye* (禮), *ui* (義), *yeom* (廉), and *chi* (恥), and they represent the values that (was / were) important to people of the Joseon dynasty.

08 The animals or objects in Munjado (is / are) not just decorations.

09 They often are (symbolic / symbolize).

10 For example, carp in the paintings of *hyo* symbolize (respect / loyalty) for parents because of an old story.

11 The story goes (as / with) follows.

12 Once (of / upon) a time, a man lived with his old mother.

13 One winter, the man's mother became (ill / well) and couldn't eat anything.

14 On one very cold day, the mother said to the man, "It would be wonderful if I (can / could) eat fresh fish."

15 The man went out to the river, but it was completely (frozen / froze).

16 It was impossible (him / for him) to catch any fish.

17 The man was so (excited / disappointed) that he cried out to the sky, "What should I do? Please help me."

18 Then the ice melted, and three carp suddenly (come / came) out of the water.

19 The man went back home and cooked the fish (his mother / for his mother).

20 Then his mother (goes / got) well.

21 There are other examples of (symbolize / symbolic) objects in Munjado.

22 They are bamboo in the paintings (of / to) the character *chung* (忠) and lotus flowers in the paintings of *ui* (義).

23 Bamboo (is / does) not bend.

24 It stays (green / greenly) in all kinds of weather.

25 (For / In) these reasons, bamboo came to symbolize loyalty to the king.

26 In the case of lotus flowers, they grow in muddy ponds (so / but) still bloom beautifully.

27 They (thus / however) became a symbol of a person's will to fight for justice despite difficulties.

28 Munjado was (much / very) more than a painting to people of the Joseon dynasty.

29 It reminded them (of / with) important values that greatly influenced their behaviors and attitudes.

30 (In / On) particular, for children, Munjado was a study tool.

31 (Without / Through) it, children in the Joseon dynasty could learn the importance of harmony in family and society.

Reading

틀린 문장 고치기

• 밑줄 친 부분이 내용이나 어법상 올바르면 ○에, 틀리면 ×에 동그라미 하고 틀린 부분을 바르게 고쳐 쓰시오.

01 Look at the painting on the right.   ○ ×

02 Do you see the Chinese character, *hyo* (孝)?   ○ ×

03 Do you also see a carp, a geomungo, and a fan?   ○ ×

04 This kind of painting is called Munjado, and it is a type of folk painting that were popular in the late Joseon dynasty.   ○ ×

05 In Munjado, there is usually a Chinese character with some animals or objects.   ○ ×

06 One of eight Chinese character appears in Munjado.   ○ ×

07 They are *hyo* (孝), *je* (悌), *chung* (忠), *sin* (信), *ye* (禮), *ui* (義), *yeom* (廉), and *chi* (恥), and they represent the values who were important to people of the Joseon dynasty.   ○ ×

08 The animals or objects in Munjado are not just decorations.   ○ ×

09 They often are symbolize.   ○ ×

10 For example, carp in the paintings of *hyo* symbolize respect for parents because an old story.   ○ ×

11 The story goes as followed.   ○ ×

12 Once upon a time, a man lived with his old mother.   ○ ×

13 One winter, the man's mother became ill and can't eat anything.   ○ ×

14 On one very cold day, the mother said to the man, "It would be wonderful if I could eat fresh fish."   ○ ×

15 The man went out to the river, but it was completely frozen.   ○ ×

16 It was impossible for him caught any fish.   ○ ×

17 The man was so <u>disappointing</u> that he cried out to the sky, "What should I do? Please help me." ☐ ○ ☒ ✕

18 Then the ice melted, and three <u>carps</u> suddenly came out of the water. ☐ ○ ☒ ✕

19 The man went back home and <u>cooks</u> the fish for his mother. ☐ ○ ☒ ✕

20 Then his mother <u>got well</u>. ☐ ○ ☒ ✕

21 There are <u>other examples</u> of symbolic objects in Munjado. ☐ ○ ☒ ✕

22 They are bamboo in the paintings of <u>the character</u> *chung* (忠) and lotus flowers in the paintings of *ui* (義). ☐ ○ ☒ ✕

23 Bamboo <u>does not bend</u>. ☐ ○ ☒ ✕

24 It stays green in <u>all kind of</u> weather. ☐ ○ ☒ ✕

25 For these reasons, bamboo <u>came symbolizing</u> loyalty to the king. ☐ ○ ☒ ✕

26 In the case of lotus flowers, they grow in muddy ponds but <u>still</u> bloom beautifully. ☐ ○ ☒ ✕

27 They thus became a symbol of a person's will to fight for justice <u>despite of</u> difficulties. ☐ ○ ☒ ✕

28 Munjado was <u>much more than</u> a painting to people of the Joseon dynasty. ☐ ○ ☒ ✕

29 It reminded them of important values that greatly <u>influences</u> their behaviors and attitudes. ☐ ○ ☒ ✕

30 In <u>particularly</u>, for children, Munjado was a study tool. ☐ ○ ☒ ✕

31 <u>Through</u> it, children in the Joseon dynasty could learn the importance of harmony in family and society. ☐ ○ ☒ ✕

01 오른쪽에 있는 그림을 보라. (on / look / the painting / the right / at)

>

02 한자 효(孝)가 보이는가? (you / the Chinese character, *hyo* (孝) / see / do)

>

03 잉어, 거문고, 그리고 부채도 보이는가? (and a fan / also / a geomungo / do / a carp / see / you)

>

04 이런 종류의 그림을 문자도라고 하며, 그것은 조선 시대 후기에 인기 있었던 민화의 한 종류이다. (that / and / in the late Joseon dynasty / is called / it is / this kind of painting / a type of folk painting / was popular / Munjado)

>

05 문자도에는 보통 한자 하나가 동물이나 사물들과 함께 나온다.
(usually / is / some animals or objects / a Chinese character / with / in Munjado / there)

>

06 문자도에는 여덟 개의 한자 중 하나가 나온다. (in Munjado / one of / appears / eight Chinese characters)

>

07 그것들은 효(孝), 제(悌), 충(忠), 신(信), 예(禮), 의(義), 염(廉), 치(恥)이고, 조선 시대 사람들에게 중요했던 가치들을 나타낸다.
(people / and / important to / represent / they / *hyo* (孝), *je* (悌), *chung* (忠), *sin* (信), *ye* (禮), *ui* (義), *yeom* (廉), and *chi* (恥) / the values / they are / that / of the Joseon dynasty / were)

>

>

08 문자도에 있는 동물이나 사물은 단순히 장식만은 아니다. (are / in Munjado / just decorations / not / the animals or objects)

>

09 그것들은 종종 상징적이다. (symbolic / often are / they)

>

10 예를 들어, '효' 그림에 있는 잉어는 한 옛이야기로 인해 부모님에 대한 공경을 상징한다.
(of *hyo* / for parents / an old story / for example / symbolize / carp / respect / because of / in the paintings)

>

11 그 이야기는 다음과 같다. (as / the story / follows / goes)

>

12 옛날 옛적에, 한 남자가 나이 든 어머니와 살고 있었다. (lived / once upon a time / his old mother / with / a man)

>

13 어느 겨울, 남자의 어머니는 병이 들어서 아무것도 먹을 수 없었다.
(couldn't / became / the man's mother / one winter / anything / ill / eat / and)

>

14 무척 추운 어느 날, 어머니는 남자에게 말했다. "신선한 물고기를 먹을 수 있다면 정말 좋겠구나."
(to the man / could / fresh fish" / be wonderful / eat / the mother / "It / on one very cold day / said / if / would / I)

>

15 남자는 강으로 나갔지만, 강은 완전히 얼어붙어 있었다. (to the river / completely frozen / the man / was / but / went out / it)

>

16 그가 어떤 물고기라도 잡는 것은 불가능했다. (for him / any fish / it / impossible / to catch / was)

>

17 남자는 몹시 낙담해서 하늘에 대고 외쳤다. "제가 어떻게 해야 하나요? 제발 저를 도와주세요."
(that / to the sky / the man / he / was / Please help me." / so disappointed / "What should I do? / cried out)

>

18 그러자 얼음이 녹았고, 잉어 세 마리가 갑자기 물 밖으로 나왔다.
(and / melted / of the water / came out / three carp / suddenly / then the ice)

>

19 남자는 집으로 돌아가서 어머니에게 그 물고기들을 요리해 드렸다.
(home / the fish / went back / for his mother / and / the man / cooked)

>

20 그러자 그의 어머니는 병이 나았다. (got / well / then his mother)

>

21 문자도에 있는 상징적인 사물의 또 다른 예가 있다. (symbolic / there / other examples of / in Munjado / objects / are)

>

22 그것들은 한자 '충(忠)' 그림에 있는 대나무와 '의(義)' 그림에 있는 연꽃이다.
(in the paintings of the character chung (忠) / they / lotus flowers / bamboo / in the paintings of ui (義) / and / are)

>

23 대나무는 구부러지지 않는다. (not / bamboo / bend / does)

>

24 그것은 어떤 날씨에서도 푸르름을 유지한다. (green / all kinds of / in / it / weather / stays)

>

25 이런 이유로, 대나무는 왕에 대한 충성심을 상징하게 되었다.
(bamboo / to the king / for these reasons / came / loyalty / to symbolize)

>

26 연꽃의 경우, 그것들은 진흙투성이의 연못에서 자라지만 그럼에도 아름답게 꽃을 피운다.
(in muddy ponds / grow / bloom / but / in the case of / they / beautifully / still / lotus flowers)

>

27 그래서 그 꽃들은 어려움에도 불구하고 정의를 위해 싸우는 한 사람의 의지를 상징하게 되었다.
(a symbol of / for justice / a person's will / difficulties / they thus / despite / to fight / became)

>

28 문자도는 조선 시대 사람들에게 그림 그 훨씬 이상의 것이었다.
(a painting / of the Joseon dynasty / more than / Munjado / to people / much / was)

>

29 그것은 그들에게 자신들의 행동과 태도에 큰 영향을 미치는 중요한 가치를 상기시켰다.
(important values / that / of / reminded / their behaviors and attitudes / it / greatly influenced / them)

>

30 특히 아이들에게 문자도는 학습 도구였다. (a study tool / in particular / Munjado / for children / was)

>

31 그것을 통해, 조선 시대의 아이들은 가족과 사회에서 조화의 중요성을 배울 수 있었다.
(the importance of / children / could learn / in family and society / harmony / through it / in the Joseon dynasty)

>

STEP
A

[01~05] 다음 글을 읽고, 물음에 답하시오.

Look at the painting on the right. Do you see the Chinese character, *hyo* (孝)? Do you also see a carp, a geomungo, and a fan? This kind of painting ___ⓐ___ Munjado, and it is a type of folk painting ___ⓑ___ was popular in the late Joseon dynasty. In Munjado, there is usually a Chinese character with some animals or objects.

One of eight Chinese characters appears in Munjado. (A)They are *hyo* (孝), *je* (悌), *chung* (忠), *sin* (信), *ye* (禮), *ui* (義), *yeom* (廉), and *chi* (恥), and they represent the values ___ⓒ___ were important to people of the Joseon dynasty.

01 윗글의 빈칸 ⓐ에 들어갈 동사 **call**의 형태로 알맞은 것은?

① calls   ② called   ③ is calling
④ is called   ⑤ has called

02 윗글의 빈칸 ⓑ와 ⓒ에 공통으로 들어갈 말로 알맞은 것은?

① who   ② when   ③ that
④ where   ⑤ what

03 윗글의 밑줄 친 (A)They가 가리키는 것으로 알맞은 것은?

① folk paintings
② some animals or objects
③ eight Chinese characters
④ people of the Joseon dynasty
⑤ a carp, a geomungo, and a fan

04 윗글의 문자도에 관한 내용으로 알맞지 <u>않은</u> 것은?

① 문자도는 민화의 한 종류이다.
② 문자도는 조선 시대 후기에 인기가 있었다.
③ 문자도에는 보통 한자가 동물이나 사물과 함께 나온다.
④ 문자도에는 항상 여덟 개의 한자가 모두 나온다.
⑤ 문자도에 등장하는 한자들은 조선 시대 사람들에게 중요했던 가치들을 나타낸다.

05 윗글의 제목으로 가장 알맞은 것은?

① What Is Munjado?
② Who Painted Munjado?
③ Various Kinds of Folk Paintings
④ Animals or Objects in Paintings
⑤ Important Values in the Joseon Dynasty

[06~10] 다음 글을 읽고, 물음에 답하시오.

The animals or objects in Munjado are not just decorations. They often are ①symbolic. For example, carp in the paintings of *hyo* symbolize ②respect for parents because of an old story. The story goes as follows.

(A) Then the ice ③melted, and three carp suddenly came out of the water. The man went back home and cooked the fish for his mother. Then his mother got well.

(B) The man went out to the river, but it was completely frozen. It was impossible ___ⓐ___ to catch any fish. The man was so ④pleased that he cried out to the sky, "What should I do? Please ⑤help me."

(C) Once upon a time, a man lived with his old mother. One winter, the man's mother became ill and couldn't eat anything. On one very cold day, the mother said to the man, "ⓑ신선한 물고기를 먹을 수 있다면 정말 좋겠구나."

06 자연스러운 글이 되도록 윗글의 (A)~(C)를 바르게 배열한 것은?

① (A) – (B) – (C) ② (A) – (C) – (B)
③ (B) – (C) – (A) ④ (C) – (A) – (B)
⑤ (C) – (B) – (A)

07 윗글의 밑줄 친 ①~⑤ 중 문맥상 어색한 것은?

① ② ③ ④ ⑤

08 윗글의 빈칸 ⓐ에 들어갈 말로 알맞은 것은?

① him   ② his   ③ of him
④ for him   ⑤ for his

09 윗글의 밑줄 친 우리말 ⓑ를 영어로 바르게 옮긴 것은?

① It is wonderful if I will eat fresh fish.
② It will be wonderful if I will eat fresh fish.
③ It will be wonderful if I could eat fresh fish.
④ It would be wonderful if I can eat fresh fish.
⑤ It would be wonderful if I could eat fresh fish.

10 윗글의 내용과 일치하지 않는 것은?

① The man's old mother was sick.
② The man's old mother wanted to eat fresh fish.
③ The man couldn't catch any fish at first because the river was frozen.
④ The man bought three fish and cooked them for his mother.
⑤ The man's old mother got better after she ate the fish.

[11~13] 다음 글을 읽고, 물음에 답하시오.

There are other ⓐexamples of symbolic objects in Munjado. (①) They are bamboo in the paintings of the character *chung* (忠) and lotus flowers in the paintings of *ui* (義). (②) Bamboo does not bend. (③) It stays green in ⓑall kinds of weather. (④) ⓒIn the case of lotus flowers, they grow in muddy ponds but still bloom beautifully. (⑤) They thus became a symbol of ⓓa person's will (A)to fight for justice ⓔdespite difficulties.

11 윗글의 밑줄 친 ⓐ~ⓔ의 우리말 의미가 알맞지 않은 것은?

① ⓐ: 상징적인 사물의 예시들
② ⓑ: 모든 종류의 날씨
③ ⓒ: ~에 대비하여
④ ⓓ: 한 사람의 의지
⑤ ⓔ: 어려움에도 불구하고

12 윗글의 ①~⑤ 중 주어진 문장이 들어갈 위치로 가장 알맞은 것은?

> For these reasons, bamboo came to symbolize loyalty to the king.

① ② ③ ④ ⑤

13 윗글의 밑줄 친 (A)to fight와 쓰임이 같은 것은?

① It is nice of you to help me.
② I decided to register for a cooking class.
③ My dream is to become a famous architect.
④ It is fun to read online comics on a smartphone.
⑤ There are many wonderful places to visit in the world.

[14~16] 다음 글을 읽고, 물음에 답하시오.

Munjado was ___ⓐ___ more than a painting to people of the Joseon dynasty. It reminded them ___ⓑ___ important values that greatly influenced their behaviors and attitudes. ___ⓒ___ particular, for children, Munjado was a study tool. ___ⓓ___ it, children in the Joseon dynasty could learn the importance of harmony in family and society.

14 윗글의 빈칸 ⓐ에 들어갈 말로 알맞지 <u>않은</u> 것은?

① much   ② very   ③ far
④ even   ⑤ a lot

15 윗글의 빈칸 ⓑ~ⓓ에 들어갈 말이 순서대로 바르게 짝지어진 것은?

① of – At – Without
② of – In – Through
③ for – With – About
④ for – In – Without
⑤ with – At – Through

16 윗글의 주제로 가장 알맞은 것은?

① 조선 시대 학습 도구들
② 조선 시대 문자도의 유래
③ 조선 시대 문자도의 종류
④ 조선 시대 문자도의 역할
⑤ 조선 시대 사람들의 가치관

[17~19] 다음 글을 읽고, 물음에 답하시오.

Look at the painting on the right. Do you see the Chinese character, *hyo* (孝)? Do you also see a carp, a geomungo, and a fan? This kind of painting is called Munjado, and it is a type of folk painting that was popular in the late Joseon dynasty. In Munjado, there ⓐare usually a Chinese character with (A)some animals or objects.

One of eight Chinese characters ⓑappear in Munjado. They are *hyo* (孝), *je* (悌), *chung* (忠), *sin* (信), *ye* (禮), *ui* (義), *yeom* (廉), and *chi* (恥), and they represent the values that ⓒwas important to people of the Joseon dynasty.

17 윗글의 밑줄 친 ⓐ~ⓒ를 어법상 알맞은 형태로 고쳐 쓰시오.

ⓐ _____   ⓑ _____   ⓒ _____

18 윗글의 밑줄 친 (A)의 예시 3가지를 본문에서 찾아 영어로 쓰시오.

_____, _____, _____

19 다음 영영풀이에 해당하는 단어를 윗글에서 찾아 쓰시오.

a letter or symbol used in an alphabet or in mathematics

→ _____

[20~21] 다음 글을 읽고, 물음에 답하시오.

Once upon a time, a man lived with his old mother. One winter, the man's mother became ill and couldn't eat anything. On one very cold day, the mother said to the man, "It would be (A)|wonderful / disappointing| if I could eat fresh fish."

The man went out to the river, but it was completely frozen. ⓐ그가 어떤 물고기라도 잡는 것은 불가능했다. The man was so disappointed that he cried out to the sky, "What should I do? Please help me." Then the ice (B)|froze / melted|, and three carp suddenly came out of the water. The man went back home and cooked the fish for his mother. Then his mother got (C)|sick / well|.

20 윗글 (A)~(C)의 각 네모 안에 주어진 말 중 문맥상 알맞은 것을 쓰시오.

(A) _____ (B) _____ (C) _____

21 윗글의 밑줄 친 우리말 ⓐ와 의미가 같도록 주어진 단어들을 바르게 배열하여 문장을 쓰시오.

> any, was, catch, impossible, it, him, to, for, fish

→ _____

[22~23] 다음 글을 읽고, 물음에 답하시오.

There are other examples of symbolic objects in Munjado. They are bamboo in the paintings of the character *chung* (忠) and lotus flowers in the paintings of *ui* (義). Bamboo does not bend. ⓐIt stays green in all kinds of weather. For these reasons, bamboo came to symbolize loyalty to the king. In the case of lotus flowers, they grow in muddy ponds but still bloom beautifully. ⓑThey thus became a symbol of a person's will to fight for justice despite difficulties.

22 윗글의 밑줄 친 ⓐIt과 ⓑThey가 가리키는 것을 각각 본문에서 찾아 쓰시오.

ⓐ _____ ⓑ _____

23 윗글의 내용과 일치하도록 다음 질문에 대한 답을 완성하시오.

> **Q:** Why did bamboo come to symbolize loyalty to the king?
> **A:** It was because it _____
> _____.

[24~25] 다음 글을 읽고, 물음에 답하시오.

Munjado was much more than a painting to people of the Joseon dynasty. ⓐIt reminded them of important values what greatly influenced their behaviors and attitudes. In particular, for children, Munjado was a study tool. Through it, children in the Joseon dynasty could learn the importance of harmony in family and society.

24 윗글의 밑줄 친 ⓐ에서 어법상 틀린 부분을 찾아 바르게 고쳐 쓰시오.

_____ → _____

25 윗글의 내용과 일치하도록 빈칸에 알맞은 말을 쓰시오.

> Munjado was used as a _____ _____ in the Joseon dynasty. At that time, children could learn the _____ _____ _____ _____ _____ _____ _____ through Munjado.

만점 노트

Listen and Talk D

교과서 139쪽

❶I prefer science. ❷It seems to me that it's more fun to learn. ❸I also prefer it because I want to be a great inventor like Edison.

나는 과학을 더 좋아해. 나는 그것이 배우기에 더 재미있는 것 같아. 나는 또한 에디슨 같은 훌륭한 발명가가 되고 싶기 때문에 과학을 더 좋아하기도 해.

❶ I prefer ~.는 선호하는 것을 나타내는 표현이다. I like science more(better).로 표현할 수도 있다.
❷ 「It seems to me that+주어+동사 ~.」는 '나는 ~인 것 같다.'라는 뜻으로 자신의 의견을 말하는 표현이다.
❸ it은 science를 가리키고, like는 '~ 같은'이라는 의미의 전치사로 쓰였다.

After You Read – B

교과서 146쪽

· **Paintings of *Hyo* (孝)**: ❶Carp symbolize respect for parents. In an old story, a man caught three carp in a frozen river and cooked ❷them for his sick mother.
· **Paintings of *Chung* (忠)**: Bamboo symbolizes ❸loyalty to the king. ❹It does not bend and stays green in all kinds of weather.
· **Paintings of *Ui* (義)**: ❺Lotus flowers symbolize a person's will to fight for justice despite difficulties. They grow in muddy ponds ❻but still bloom beautifully.

· **효(孝) 그림**: 잉어는 부모님에 대한 존경심(공경)을 상징한다. 옛이야기에서 한 남자가 얼어붙은 강에서 잉어 세 마리를 잡아 아픈 어머니에게 그것을 요리해 드렸다.
· **충(忠) 그림**: 대나무는 왕에 대한 충성심을 상징한다. 그것은 구부러지지 않고 어떤 날씨에서도 푸르름을 유지한다.
· **의(義) 그림**: 연꽃은 어려움에도 불구하고 정의를 위해 싸우는 한 사람의 의지를 상징한다. 그것은 진흙투성이의 연못에서 자라지만 그럼에도 불구하고 아름답게 꽃을 피운다.

❶ carp는 단수와 복수의 형태가 같은 명사로, 여기서는 관사 a 없이 쓰인 복수명사이므로 동사로 symbolizes가 아닌 symbolize가 쓰였다.
　respect for: ~에 대한 존경심
❷ them은 three carp를 가리킨다.
❸ loyalty to: ~에 대한 충성심
❹ It은 bamboo를 가리키고, 동사 does not bend와 stays가 등위접속사 and로 연결되어 병렬 관계를 이룬다.
　「stay+형용사」는 '~한 상태를 유지하다'라는 의미를 나타낸다.
❺ will은 '의지'라는 의미의 명사로 사용되었고, to fight는 형용사적 용법의 to부정사로 앞에 있는 명사구 a person's will을 수식한다.
　「despite+명사(구)」는 '~에도 불구하고'라는 의미로, despite를 in spite of로 바꿔 쓸 수 있다.
❻ 연꽃(lotus flowers)이 자라는 환경(in muddy ponds)과 꽃을 아름답게 피우는 모습(bloom beautifully)이 대조를 이루므로 접속사 but이 사용되었다. still은 '그런데도, 그럼에도 불구하고'의 의미를 나타내는 부사로 쓰였다.

Around the World

교과서 147쪽

· ***The Harvesters***: This painting shows the ❶harvest time of a countryside in Europe in ❷the 16th century.
· ***Ssireum***: This painting shows a ssireum competition in ❸the late Joseon dynasty.
· ***The Country Wedding***: This painting shows the marriage of an American farmer's daughter in the 19th century.

· '추수하는 사람들': 이 그림은 16세기 유럽 시골 지역의 수확기를 보여 준다.
· '씨름': 이 그림은 조선 시대 후기의 씨름 대회를 보여 준다.
· '시골 결혼식': 이 그림은 19세기 미국인 농부의 딸 결혼식을 보여 준다.

❶ harvest time: 수확기, 추수기
❷ '~세기'는 「the+서수+century」로 나타낸다.
❸ late는 '후기의, 말기의'라는 뜻의 형용사로 쓰였고, dynasty는 '시대, 왕조'라는 의미의 명사이다.

실전 TEST

[01~02] 다음 글을 읽고, 물음에 답하시오.

> ⓐI prefer science. It seems to me that it's more fun to learn. I also prefer it because I want to be a great inventor like Edison.

01 윗글의 밑줄 친 ⓐ로 답할 수 있는 질문으로 알맞은 것을 모두 고르면?

① What were you studying?
② Why do you like science?
③ Which do you like more, math or science?
④ Which one do you prefer, math or science?
⑤ Which subject did you study, math or science?

02 윗글의 글쓴이가 과학을 선호하는 <u>두 가지</u> 이유를 우리말로 쓰시오.

(1) _____

(2) _____

[03~05] 다음 글을 읽고, 물음에 답하시오.

> • **Paintings of *Hyo* (孝):** Carp symbolize respect for parents. In an old story, a man caught three carp in a frozen river and ____ⓐ____ them for his sick mother.
> • **Paintings of *Chung* (忠):** Bamboo symbolizes loyalty to the king. It ____ⓑ____ and ____ⓒ____ green in all kinds of weather.
> • **Paintings of *Ui* (義):** Lotus flowers symbolize a person's will to fight for justice (A)despite difficulties. They ____ⓓ____ in muddy ponds but still ____ⓔ____ beautifully.

03 윗글의 빈칸 ⓐ~ⓔ에 들어갈 말로 알맞지 <u>않은</u> 것은?

① ⓐ: cooked   ② ⓑ: does not bend
③ ⓒ: turns   ④ ⓓ: grow
⑤ ⓔ: bloom

04 윗글의 밑줄 친 (A)despite와 바꿔 쓸 수 있는 말을 쓰시오.

→ _____ _____ _____

05 윗글의 내용과 일치하도록 문자도에 관한 표를 완성하시오.

동물/사물	상징하는 바
carp	(1) _____
bamboo	(2) _____
lotus flowers	(3) _____ _____

06 다음 글의 (A)~(C)가 설명하는 그림의 제목을 [보기]에서 골라 기호를 쓰시오.

> (A) This painting shows the harvest time of a countryside in Europe in the 16th century.
> (B) This painting shows a ssireum competition in the late Joseon dynasty.
> (C) This painting shows the marriage of an American farmer's daughter in the 19th century.

> [보기] ⓐ *The Country Wedding*
> ⓑ *The Harvesters*
> ⓒ *Ssireum*

(A) _____ (B) _____ (C) _____

Words
고득점 맞기

01 Which word has the following definition?

> a period of time when a particular family ruled a country or area

① tool   ② object   ③ attitude
④ dynasty   ⑤ decoration

02 다음 짝지어진 두 단어의 관계가 같도록 빈칸에 알맞은 단어를 쓰시오.

(1) symbolic : symbol = loyal : _____

(2) choose : choice = prefer : _____

(3) decorate : decoration = behave : _____

03 다음 중 밑줄 친 부분의 우리말 의미가 알맞지 <u>않은</u> 것은?

① I hope your mother will <u>get well</u> soon.
((병이) 나아지다)
② <u>For this reason</u>, I don't agree with your opinion.
(이런 이유로)
③ He showed interest in dinosaurs <u>in particular</u>.
(우연히)
④ <u>Once upon a time</u>, a man lived with a tiger in the forest. (옛날 옛적에)
⑤ <u>In the case of</u> James, he decided to join the school's volunteer club. (~의 경우에)

04 Which pair is correct for the blanks?

> • Are you _____ in acting?
> • I was _____ with my math grade.
> • She thinks that it is a very _____ movie.

① interested – disappointed – fascinating
② interested – disappointed – fascinated
③ interested – disappointing – fascinated
④ interesting – disappointed – fascinating
⑤ interesting – disappointing – fascinating

05 다음 우리말과 의미가 같도록 빈칸에 알맞은 말을 쓰시오.

> 그 책들은 우리에게 자유의 진정한 가치를 상기시켜 준다.

→ The books _____ us _____ the true _____ of freedom.

06 다음 빈칸에 들어갈 말이 순서대로 바르게 짝지어진 것은?

> • Could you tell me the _____ address?
> • When spring comes, many flowers _____.

① curvy – bend   ② exact – bloom
③ frozen – prefer   ④ unique – symbolize
⑤ symbolic – respect

07 다음 중 주어진 단어의 영영풀이에 해당하지 <u>않는</u> 것은?

> bend   appear   attitude   represent

① to show or mean something
② a feeling of deep admiration for someone
③ to become curved or folded and not straight
④ the way you think or feel about something
⑤ to begin to be seen or come into existence

08 Which underlined word has the same meaning as in the example?

> [보기] The <u>characters</u> in her novel are usually cheerful.

① He is a man of kind <u>character</u>.
② Her behavior shows her <u>character</u>.
③ The address was written in Arabic <u>characters</u>.
④ My sister Anne is the main <u>character</u> in the play.
⑤ Hangeul is easier to learn than Chinese <u>characters</u>.

09 다음 빈칸에 공통으로 알맞은 단어를 쓰시오.

> · The snow _____ continue until tomorrow night.
> · Without a strong _____, our team won't be able to win the game.

→ _____

10 다음 빈칸 ⓐ~ⓓ 중 어느 곳에도 들어갈 수 없는 것은?

> · I _____ⓐ_____ forgot about the appointment.
> · Thank you for coming to our art _____ⓑ_____.
> · I want to manage my time more _____ⓒ_____.
> · The soldiers showed _____ⓓ_____ to their king.

① loyalty   ② tool   ③ exhibition
④ effectively   ⑤ completely

11 다음 중 밑줄 친 부분의 쓰임이 문맥상 어색한 것은?

① Bamboo does not <u>bend</u> easily.
② We need <u>decorations</u> for our Christmas tree.
③ Ms. Baker was worried about her son's bad <u>behavior</u>.
④ Mr. White was upset because his students showed no <u>respect</u> for him.
⑤ The team members were happy for John because he <u>made a mistake</u> in the game.

12 다음 중 밑줄 친 부분과 같은 의미로 쓰인 표현으로 알맞지 <u>않은</u> 것은?

① Do your parents know you are <u>ill</u>?
         → sick
② I have a lot of <u>respect</u> for my boss.
         → admiration
③ The rain stopped and the sun <u>appeared</u>.
         → came out
④ <u>Despite</u> the rain, we went to the soccer game.
         → In spite of
⑤ What does the triangle on the sign <u>represent</u>?
         → speak for

13 다음 밑줄 친 단어의 영영풀이로 알맞은 것은?

> We should try hard to realize <u>justice</u> and peace in our society.

① a particular way of acting
② a thing that you can see and touch
③ the fact that something is fair and reasonable
④ something that helps you to do a particular activity
⑤ an Asian water plant with large white or pink flowers

14 다음 중 밑줄 친 object의 의미가 같은 것끼리 짝지어진 것은?

> ⓐ What is that <u>object</u> in the picture?
> ⓑ She found a strange <u>object</u> in the garage.
> ⓒ Her <u>object</u> is to open a new restaurant.
> ⓓ There is a very sharp <u>object</u> on the ground.
> ⓔ The <u>object</u> of my trip is to meet various people.

① ⓐ, ⓒ   ② ⓐ, ⓑ, ⓓ   ③ ⓐ, ⓓ, ⓔ
④ ⓑ, ⓒ, ⓓ   ⑤ ⓓ, ⓔ

15 다음 영영풀이의 빈칸 ⓐ~ⓔ에 들어갈 말로 알맞지 <u>않은</u> 것은?

> · **bloom**: to produce _____ⓐ_____
> · **carp**: a large _____ⓑ_____ that lives in lakes and rivers
> · **frozen**: made into, covered with, or surrounded by _____ⓒ_____
> · **symbol**: a sign, picture, object, etc. that _____ⓓ_____ something else
> · **character**: a _____ⓔ_____ or symbol used in an alphabet or in mathematics

① ⓐ: flowers   ② ⓑ: fish
③ ⓒ: water   ④ ⓓ: represents
⑤ ⓔ: letter

Listen and Talk
영작하기

• 주어진 우리말과 일치하도록 교과서 대화문을 쓰시오.

Listen and Talk A-1

G: _____
B: _____
G: _____
B: _____

Listen and Talk A-2

G: _____
B: _____
G: _____
B: _____

Listen and Talk A-3

G: _____
B: _____
G: _____
B: _____

Listen and Talk A-4

G: _____
B: _____
G: _____
B: _____

 해석

교과서 138쪽

G: 민호야, 여기 고양이 그림 두 점을 봐. 멋지지 않니?
B: 응, 멋지다.
G: 둘 다 좋긴 하지만 나는 왼쪽 그림이 더 좋아. 너는 어때?
B: 나는 오른쪽 그림이 더 좋아. 나는 그 그림 속 고양이가 더 귀여운 것 같아. 그림 속 새도 마음에 들어.

교과서 138쪽

G: 비빔밥이나 갈비탕을 먹을 수 있네. 너는 어느 것이 더 좋아?
B: 나는 비빔밥이 더 좋아. 나는 그게 건강에 더 좋은 선택인 것 같아.
G: 나도 그렇게 생각해. 나도 비빔밥을 더 좋아해.
B: 그럼, 주문하자. 너무 배가 고파.

교과서 138쪽

G: 이 오래된 두 접시 좀 봐, Steve. 아름답지 않니?
B: 그렇네. 너는 초록색 접시와 흰색 접시 중에서 어느 것이 더 마음에 들어?
G: 글쎄, 선택하기 어렵지만, 나는 초록색 접시가 더 마음에 들어. 너는 어때?
B: 나도 그래. 나는 초록색 접시가 더 독특한 것 같아.

교과서 138쪽

G: 준수야, 네가 여동생에게 줄 선물을 살 거라고 했잖아. 여기 있는 가방들 어때?
B: 좋아 보인다.
G: 너는 꽃무늬 있는 것과 동물 무늬 있는 것 중에 어느 것이 더 좋아?
B: 나는 꽃무늬 있는 것이 더 좋아. 나는 여동생이 그것을 더 좋아할 것 같아.

Listen and Talk C

G: _____

B: _____

G: _____

B: _____

G: _____
_____

B: _____

G: _____

B: _____

G: _____

B: _____

G: _____

Talk and Play

A: _____

B: _____

A: _____

Review - 1

G: _____

B: _____

G: _____

B: _____

Review - 3

A: _____

B: _____

A: _____

B: _____

해석

교과서 139쪽

G: 우리가 갈 수 있는 전시회가 두 개 있어. 어느 전시회를 더 보고 싶니. Eric?

B: 나는 한국 탈 전시회가 더 좋아. 괜찮아, 소미야?

G: 그럼. 그리고 나도 탈 전시회가 훨씬 더 흥미로울 것 같아.

B: 그렇게 생각해?

G: 응. 이 포스터를 봐. 전시회만 있는 게 아니야. 4시와 6시에 탈춤 공연도 있어.

B: 잘됐다! 난 전에 탈춤 공연을 본 적이 없거든.

G: 음. 난 전에 본 적이 있어. 네가 분명히 좋아할 거야.

B: 그래서 공연은 어디에서 해?

G: 전시실 옆에 있는 다솜 홀에서 해.

B: 지금이 4시 30분이니까 6시 공연을 보자.

G: 좋아. 먼저 전시를 보러 가자.

교과서 140쪽

A: 너는 라면과 스파게티 중 어느 것을 더 좋아하니?

B: 나는 라면을 더 좋아해. 나는 라면이 더 맛있는 것 같아. 너는 어때?

A: 나도 라면을 더 좋아해.

교과서 152쪽

G: Joe, 모자를 사야 한다고 하지 않았어? 여기 있는 모자들 어때?

B: 무척 좋아 보이네.

G: 너는 삼각형 무늬가 있는 것과 꽃무늬가 있는 것 중에 어느 것이 더 좋아?

B: 나는 삼각형 무늬가 있는 것이 더 좋아. 나는 그것이 더 독특한 것 같아.

교과서 152쪽

A: 우리가 볼 수 있는 영화가 두 개 있어. 너는 어느 것이 더 보고 싶니. 소미야?

B: 나는 '배트맨'이 더 좋아. '스파이더맨'은 지난주에 봤거든. 그래도 괜찮니, John?

A: 물론이지. 나는 '배트맨'이 훨씬 더 재미있을 것 같아.

B: 좋아. 그럼 가서 보자.

01 다음 대화의 빈칸에 들어갈 말로 알맞은 것은?

> A: _____
>
> B: I prefer math.

① Why do you like math?
② Do you study math a lot?
③ Which subject do you have today?
④ Which are you good at, math or science?
⑤ Which do you like more, math or science?

02 Which is the correct order of (A)~(D) to make a natural dialog?

> (A) Good. Then, let's go and see it.
> (B) Of course. It seems to me that *Batman* will be much more fun.
> (C) There are two movies we can see. Which one do you want to see more, Somi?
> (D) I prefer *Batman*. I saw *Spider-Man* last week. Is this OK, John?

① (A) – (C) – (B) – (D)   ② (C) – (A) – (B) – (D)
③ (C) – (D) – (B) – (A)   ④ (D) – (A) – (B) – (C)
⑤ (D) – (B) – (C) – (A)

03 다음 대화의 빈칸 (A)~(C)에 들어갈 말을 [보기]에서 골라 순서대로 바르게 짝지은 것은?

> A: We can have Gimbap or Tteokbokki. ___(A)___
> B: I prefer Gimbap. ___(B)___ How about you?
> A: ___(C)___ I heard that the Tteokbokki here is very good.
> B: Let's order, then. I'm very hungry.

> [보기] ⓐ I'll have Tteokbokki.
> ⓑ Which do you prefer?
> ⓒ It seems to me that it's the healthier choice.

① ⓐ – ⓑ – ⓒ   ② ⓐ – ⓒ – ⓑ   ③ ⓑ – ⓐ – ⓒ
④ ⓑ – ⓒ – ⓐ   ⑤ ⓒ – ⓑ – ⓐ

04 다음 중 짝지어진 대화가 <u>어색한</u> 것은?

① A: Which do you prefer, apples or oranges?
　 B: I prefer oranges to apples.
② A: It seems to me that Bibimbap is more delicious.
　 B: I think so, too. Let's order Bibimbap, then.
③ A: Look at these two T-shirts. Which one do you prefer?
　 B: I prefer T-shirts to jackets.
④ A: I have chocolate and ice cream. Which do you prefer?
　 B: I like chocolate more.
⑤ A: Which do you like better, soccer or baseball?
　 B: I prefer soccer. It seems to me that it's more exciting.

[05~06] 다음 대화를 읽고, 물음에 답하시오.

> Kate: Junsu, you said you're going to buy a gift for your sister. How about the bags here?
> Junsu: They look nice.
> Kate: Which one do you prefer, the one with flowers or the one with animals?
> Junsu: I prefer the one with flowers. ⓐIt seems to me that my sister will like it more.

05 위 대화의 밑줄 친 ⓐ와 의미가 같은 말을 <u>모두</u> 고르면?

① I want my sister to like it more.
② I wonder if my sister will like it more.
③ I think that my sister will like it more.
④ I'm pleased that my sister likes it more.
⑤ In my opinion, my sister will like it more.

06 위 대화의 내용과 일치하지 <u>않는</u> 것을 <u>모두</u> 고르면?

① Junsu wants to buy his sister a present.
② Kate and Junsu are choosing a bag for Junsu's sister.
③ Junsu's sister already has a bag with flowers.
④ Kate prefers the bag with animals.
⑤ Junsu likes the bag with flowers more.

[07~09] 다음 대화를 읽고, 물음에 답하시오.

> A: There are two exhibitions we can go to. Which one do you want to see more, Eric?
>
> B: I prefer the Korean mask exhibition. Is that OK, Somi?
>
> A: Of course. And ⓐ난 탈 전시회가 훨씬 더 흥미로울 것 같아.
>
> B: Do you think so?
>
> A: Yes. Look at this poster. There isn't just an exhibition. There's also a mask dance show at 4:00 and 6:00.
>
> B: Great! I've never seen a mask dance show before.
>
> A: Well, I've seen a show before. I'm sure you'll like it.
>
> B: So where is the show?
>
> A: It's in Dasom Hall, next to the exhibition room.
>
> B: It's 4:30 now, so let's watch the 6 o'clock show.
>
> A: OK. Let's go see the exhibition first.

07 고
난도 위 대화의 밑줄 친 우리말 ⓐ와 의미가 같도록 [조건]에 맞게 영어 문장을 쓰시오.

> [조건] 1. 자신의 의견을 나타내는 표현을 사용할 것
>
> 2. it으로 시작하여 완전한 문장으로 쓸 것
>
> 3. seem, me, will, much, interesting을 어법에 맞게 사용할 것

→ _____

08 위 대화의 내용과 일치하지 않는 부분을 한 군데 찾아 바르게 고쳐 쓰시오.

> Both Somi and Eric prefer the Korean mask exhibition. They will see the mask dance show before the mask exhibition.

_____ → _____

09 고
난도 Answer the questions in complete English sentences according to the dialog above.

(1) Who has seen a mask dance show before?

→ _____

(2) What time will Somi and Eric see the mask dance show?

→ _____

10 고
난도 다음 대화의 밑줄 친 ⓐ~ⓒ 중 흐름상 어색한 것을 골라 기호를 쓰고, 바르게 고쳐 다시 쓰시오.

> A: ⓐWhich do you prefer, history or English?
>
> B: I prefer history. ⓑIt seems to me that it's more interesting. How about you?
>
> A: ⓒI prefer history, too. It seems to me that learning a new language is more exciting.

( ) → _____

[11~12] 다음 대화를 읽고, 물음에 답하시오.

> A: Look at these two old plates, Steve. Aren't they beautiful?
>
> B: Yes. Which one do you prefer, the green plate or the white plate, Yumi?
>
> A: Well, it's hard to choose, but (A)I like the green one better. How about you?
>
> B: Me, too. It seems to me that the green plate is more unique.

11 위 대화의 밑줄 친 (A)를 같은 의미의 5단어로 바꿔 쓰시오.

→ _____

12 다음 ⓐ~ⓒ 중 위 대화를 읽고 답할 수 있는 질문을 골라 기호를 쓰고, 완전한 영어 문장으로 답하시오.

> ⓐ Where are Yumi and Steve now?
>
> ⓑ Which plate does Steve prefer?
>
> ⓒ Why does Yumi like the green plate better?

( ) → _____

01 다음 빈칸에 들어갈 말로 알맞은 것은?

> If I were you, I _____ to the library to find the books.

① go ② went ③ will go
④ would go ⑤ have gone

02 Which pair is correct for the blanks?

> • It was nice _____ you to help the old lady.
> • It is very easy _____ me to make French toast.

① of − of ② of − for ③ for − of
④ by − for ⑤ for − for

03 다음 두 문장의 의미가 같도록 할 때, 빈칸에 들어갈 말이 바르게 짝지어진 것은?

> I don't have another umbrella, so I can't lend it to you.
> = _____ I _____ another umbrella, I _____ it to you.

① As − had − lent
② As − have − lend
③ If − have − can lend
④ If − had − could lend
⑤ If − didn't have − couldn't lend

04 다음 우리말과 의미가 같도록 괄호 안의 단어를 배열할 때, 4번째로 올 단어로 알맞은 것은?

> 우리가 환경을 보호하는 것은 필요하다.
> (environment, for, it, protect, necessary, us, is, to, the)

① it ② us ③ for
④ protect ⑤ necessary

05 다음 빈칸에 들어갈 말로 알맞지 <u>않은</u> 것은?

> _____, I could go to the concert.

① If I got a ticket
② If I lived in Paris
③ If I were not busy
④ If I have more free time
⑤ If I didn't have a bad cold

06 다음 두 문장의 의미가 같도록 할 때, 빈칸에 들어갈 말로 알맞은 것은?

> He was careless to leave his wallet in the taxi.
> = _____ his wallet in the taxi.

① It was careless him to leave
② It was careless of him to leave
③ It was careless for him to leave
④ That was careless of him leaving
⑤ This was careless for him to leave

07 다음 중 밑줄 친 If(if)의 쓰임이 같은 것끼리 짝지어진 것은?

> ⓐ I asked him <u>if</u> I could use my credit card.
> ⓑ <u>If</u> I were you, I would not go shopping.
> ⓒ I'm not sure <u>if</u> we can finish the project by 6.
> ⓓ He could buy the car <u>if</u> he had enough money.

① ⓐ, ⓑ ② ⓐ, ⓓ ③ ⓑ, ⓒ
④ ⓑ, ⓓ ⑤ ⓒ, ⓓ

08 다음 중 밑줄 친 부분을 생략할 수 있는 것은?

① It's very kind <u>of you</u> to find my book.
② It was natural <u>for him</u> to win the race.
③ It is hard <u>for the boy</u> to read the book.
④ It was wise <u>of Susan</u> to follow his advice.
⑤ It is important <u>for people</u> to keep the river clean.

09 주어진 문장을 가정법 문장으로 잘못 바꾼 것은?

① As she is sick, she won't go out.
→ If she were not sick, she would go out.
② I can't meet him as he isn't in Seoul.
→ If he were in Seoul, I could meet him.
③ Sam can't play in the game as he is injured.
→ If Sam weren't injured, he could play in the game.
④ As I don't like reading, I won't join the book club.
→ If I liked reading, I would join the book club.
⑤ As I don't have a bike, I can't go to school by bike.
→ If I would have a bike, I could go to school by bike.

10 다음 중 빈칸에 들어갈 말이 나머지와 다른 하나는?

① It is safer _____ you to wear a life jacket.
② It is difficult _____ her to get a perfect score.
③ It was stupid _____ me to believe her lies again.
④ It is impossible _____ the dog to climb the tree.
⑤ It was necessary _____ them to learn English to study abroad.

11 다음 대화의 밑줄 친 ①~⑤ 중 문맥상 어색한 것은?

A: Why don't you ①trust him?
B: It's ②because he doesn't keep his promise. If he ③kept his promise, I ④wouldn't trust ⑤him.

①   ②   ③   ④   ⑤

12 다음 중 어법상 틀린 문장을 모두 고르면?

① It is dangerous of you to go out at night.
② If I were you, I would wear a warm jacket.
③ It was silly of me to expect them to help me.
④ If I were a writer, I will write a detective story.
⑤ It wasn't possible for us to enter the building.

고난도 한 단계 더!
13 다음 빈칸 ⓐ~ⓔ에 들어갈 말로 어법상 틀린 것은?

- What ___ⓐ___ he say if he were here?
- If I had an oven, I ___ⓑ___ make cookies.
- You'll see the library if you ___ⓒ___ right.
- If you ___ⓓ___ sleepy, you can go to bed now.
- If the weather ___ⓔ___ nice today, the ceremony would be held outside.

① ⓐ: would   ② ⓑ: will be able to
③ ⓒ: turn   ④ ⓓ: are
⑤ ⓔ: were

고난도 한 단계 더!
14 다음 중 밑줄 친 부분을 어법상 바르게 고치지 않은 것은?

① It is considerate of his to wait for us.
               → him
② It is hard of Daniel to use chopsticks.
          → for
③ If I will be you, I wouldn't eat fast food.
         → were
④ If he weren't tired, he will go swimming.
             → would go
⑤ If you will come to the party, you can meet him.
          → came

한 단계 더!
15 다음 중 어법상 올바른 문장끼리 짝지어진 것은?

ⓐ It is important to eat healthy food.
ⓑ It is cruel of them to fire the employees.
ⓒ If I had a time machine, I can go back to my childhood.
ⓓ It was brave to save people in the river of him.
ⓔ If you knew the truth, you would be surprised.

① ⓐ, ⓑ, ⓔ   ② ⓐ, ⓒ   ③ ⓑ, ⓒ, ⓔ
④ ⓑ, ⓓ   ⑤ ⓒ, ⓓ

STEP B

16 다음 문장을 If로 시작하는 가정법 문장으로 바꿔 쓰시오.

(1) He isn't tall, so he can't reach the top shelf.

→ _____

(2) You say that as you don't know them well.

→ _____

17 다음 우리말과 의미가 같도록 [조건]에 맞게 영어 문장을 쓰시오.

> 그가 그 어려운 문제를 풀다니 영리하다.

[조건] 1. 가주어와 to부정사를 사용할 것
2. smart, solve, the difficult problem을 사용할 것

→ _____

18 다음 ⓐ~ⓓ 중 어법상 <u>틀린</u> 것을 찾아 기호를 쓰고, 바르게 고쳐 문장을 다시 쓰시오.

> ⓐ It wasn't interesting for her to learn a new instrument.
> ⓑ If I had a car, I would travel around the country.
> ⓒ It'll be nice of you to turn off the lights when you go out.
> ⓓ If she asks me, I would teach her how to make Gimchi.

( ) → _____

_____

19 다음 괄호 안의 표현을 어법에 맞게 사용하여, [예시]와 같이 문장을 완성하시오. (단, 현재시제로 쓸 것)

[예시] (important, I, get enough sleep)
→ It is important for me to get enough sleep.

(1) (difficult, he, stand on his hands)

→ _____

(2) (rude, you, say such a thing to the teacher)

→ _____

(3) (dangerous, Jake, ride a bike without a helmet)

→ _____

20 다음 그림을 보고, ⟨A⟩와 ⟨B⟩에서 알맞은 표현을 각각 하나씩 골라 각 인물의 말을 [예시]와 같이 쓰시오.

[예시]    (1)

(2)    (3)

A	• s̶n̶o̶w̶
	• have a robot
	• have a good voice
	• have a lot of money

B	• g̶o̶ ̶s̶k̶i̶i̶n̶g̶
	• be a news anchor
	• buy a new computer
	• make it do my homework

[예시] If it snowed, I would go skiing.

(1) _____

(2) _____

(3) _____

Reading

영작하기

Answers: 본문 pp. 104~105 참고

• 주어진 우리말과 일치하도록 문장을 쓰시오.

01 _____

오른쪽에 있는 그림을 보라.

02 _____

한자 효(孝)가 보이는가?

03 _____

잉어, 거문고, 그리고 부채도 보이는가?

04 _____

이런 종류의 그림을 문자도라고 하며, 그것은 조선 시대 후기에 인기 있었던 민화의 한 종류이다.

05 _____

문자도에는 보통 한자 하나가 동물이나 사물들과 함께 나온다.

06 _____

문자도에는 여덟 개의 한자 중 하나가 나온다.

07 _____

_____

그것들은 효(孝), 제(悌), 충(忠), 신(信), 예(禮), 의(義), 염(廉), 치(恥)이고, 조선 시대 사람들에게 중요했던 가치들을 나타낸다.

08 _____

문자도에 있는 동물이나 사물은 단순히 장식만은 아니다.

09 _____

그것들은 종종 상징적이다.

10 _____

예를 들어, '효' 그림에 있는 잉어는 한 옛이야기로 인해 부모님에 대한 공경을 상징한다.

11 _____

그 이야기는 다음과 같다.

12 _____

옛날 옛적에, 한 남자가 나이 든 어머니와 살고 있었다.

13 _____

어느 겨울, 남자의 어머니는 병이 들어서 아무것도 먹을 수 없었다.

14 _____

무척 추운 어느 날, 어머니는 남자에게 말했다. "신선한 물고기를 먹을 수 있다면 정말 좋겠구나."☆

15 _____

남자는 강으로 나갔지만, 강은 완전히 얼어붙어 있었다.

16 _____

그가 어떤 물고기라도 잡는 것은 불가능했다.☆

17
남자는 몹시 낙담해서 하늘에 대고 외쳤다. "제가 어떻게 해야 하나요? 제발 저를 도와주세요."

18
그러자 얼음이 녹았고, 잉어 세 마리가 갑자기 물 밖으로 나왔다.

19
남자는 집으로 돌아가서 어머니에게 그 물고기들을 요리해 드렸다.

20
그러자 그의 어머니는 병이 나았다.

21
문자도에 있는 상징적인 사물의 또 다른 예가 있다.

22
한자 '충(忠)' 그림에 있는 대나무와 '의(義)' 그림에 있는 연꽃이다.

23
대나무는 구부러지지 않는다.

24
그것은 어떤 날씨에서도 푸르름을 유지한다.

25
이런 이유로, 대나무는 왕에 대한 충성심을 상징하게 되었다.

26
연꽃의 경우, 그것들은 진흙투성이의 연못에서 자라지만 그럼에도 아름답게 꽃을 피운다.

27
그래서 그 꽃들은 어려움에도 불구하고 정의를 위해 싸우는 한 사람의 의지를 상징하게 되었다.

28
문자도는 조선 시대 사람들에게 그림 그 훨씬 이상의 것이었다.

29
그것은 그들에게 자신들의 행동과 태도에 큰 영향을 미치는 중요한 가치를 상기시켰다.

30
특히 아이들에게 문자도는 학습 도구였다.

31
그것을 통해 조선 시대의 아이들은 가족과 사회에서 조화의 중요성을 배울 수 있었다.

Reading

고득점 맞기

[01~03] 다음 글을 읽고, 물음에 답하시오.

Look at the painting ___ⓐ___ the right. Do you see the Chinese character, *hyo* (孝)? Do you also see a carp, a geomungo, and a fan? This kind of painting (A)|calls / is called| Munjado, and it is a type ___ⓑ___ folk painting that was popular in the late Joseon dynasty. In Munjado, there is usually a Chinese character ___ⓒ___ some animals or objects.

One of eight Chinese characters (B)|appear / appears| in Munjado. They are *hyo* (孝), *je* (悌), *chung* (忠), *sin* (信), *ye* (禮), *ui* (義), *yeom* (廉), and *chi* (恥), and they represent the values that (C)|was / were| important ___ⓓ___ people of the Joseon dynasty.

01 윗글의 빈칸 ⓐ~ⓓ의 어느 곳에도 들어갈 수 <u>없는</u> 것은?

① to   ② of   ③ on

④ at   ⑤ with

02 윗글 (A)~(C)의 각 네모 안에 주어진 말 중 어법상 올바른 것끼리 바르게 짝지어진 것은?

	(A)	(B)	(C)
①	calls	⋯ appear	⋯ were
②	calls	⋯ appears	⋯ was
③	is called	⋯ appear	⋯ was
④	is called	⋯ appears	⋯ were
⑤	is called	⋯ appear	⋯ were

03 윗글의 문자도에 관한 설명으로 올바른 문장의 개수는?

ⓐ It is a kind of folk painting.
ⓑ It was popular in the early Joseon dynasty.
ⓒ You can see only Chinese characters in it.
ⓓ Chinese characters in it represent important values of the Joseon dynasty.

① 없음   ② 1개   ③ 2개   ④ 3개   ⑤ 4개

[04~07] 다음 글을 읽고, 물음에 답하시오.

The animals or objects in Munjado are not just decorations. They often are symbolic. ___(A)___, carp in the paintings of *hyo* symbolize respect for parents because of an old story. The story goes ___(B)___ follows.

Once upon a time, a man lived with his old mother. One winter, the man's mother became ill and couldn't eat ⓐ<u>something</u>. On one very cold day, the mother said to the man, "It ⓑ<u>will be</u> wonderful if I could eat fresh fish."

The man went out to the river, but it was ⓒ<u>complete</u> frozen. It was impossible for him ⓓ<u>catch</u> any fish. The man was so ___(C)___ that he cried out to the sky, "What should I do? Please help me." Then the ice melted, and three carp suddenly came out of the water. The man went back home and cooked the fish ⓔ<u>to</u> his mother. Then his mother got well.

04 윗글의 빈칸 (A)와 (B)에 들어갈 말이 순서대로 바르게 짝지어진 것은?

① However – as
② However – to
③ For example – as
④ For example – with
⑤ In other words – to

05 윗글의 밑줄 친 ⓐ~ⓔ를 어법상 바르게 고쳐 쓴 것 중 <u>틀린</u> 것은?

① ⓐ → anything   ② ⓑ → were
③ ⓒ → completely   ④ ⓓ → to catch
⑤ ⓔ → for

06 윗글의 빈칸 (C)에 들어갈 단어의 영영풀이로 알맞은 것은?

① used or considered as a symbol

② not feeling well or suffering from a disease

③ made into, covered with, or surrounded by ice

④ pleased with what has happened or with what you have achieved

⑤ sad because something does not happen or is not as good as expected

07 Which CANNOT be answered from the passage above?

① Where did the man and his mother live?

② What did the man's mother want to eat?

③ Why did the man go out to the river on a cold day?

④ What happened when the man cried out to the sky?

⑤ How many fish did the man get?

[08~09] 다음 글을 읽고, 물음에 답하시오.

There are other examples of symbolic objects in Munjado. (①) They are bamboo in the paintings of the character *chung* (忠) and lotus flowers in the paintings of *ui* (義). Bamboo does not bend. (②) For these reasons, bamboo came to symbolize loyalty to the king. (③) In the case of lotus flowers, they grow in muddy ponds but still bloom beautifully. (④) They thus became a symbol of a person's will to fight for justice despite difficulties. (⑤)

08 윗글의 ①~⑤ 중 주어진 문장이 들어갈 위치로 알맞은 것은?

It stays green in all kinds of weather.

①　　　②　　　③　　　④　　　⑤

09 윗글의 내용을 잘못 이해한 사람끼리 짝지어진 것은?

- 지나: Bamboo and lotus flowers are symbolic objects in Munjado.
- 태호: Bamboo can't stay straight.
- 찬호: Bamboo represents loyalty to the king.
- 미소: Lotus flowers can bloom in muddy ponds.
- 수연: Lotus flowers symbolize a person's will to fight for freedom.

① 지나, 태호　　② 태호, 미소　　③ 태호, 수연

④ 찬호, 수연　　⑤ 미소, 수연

[10~11] 다음 글을 읽고, 물음에 답하시오.

Munjado was ⓐmuch more than a painting to people of the Joseon dynasty. It reminded (A)them of important values ⓑthat greatly ⓒinfluenced their behaviors and attitudes. ⓓIn particular, for children, Munjado was a study tool. Through it, children in the Joseon dynasty ⓔcould learn the importance of harmony in family and society.

10 윗글의 밑줄 친 ⓐ~ⓔ와 바꿔 쓸 수 없는 것은?

① ⓐ → very　　　　② ⓑ → which

③ ⓒ → affected　　　④ ⓓ → Particularly

⑤ ⓔ → were able to

11 What does the underlined (A)them refer to?

① paintings

② important values

③ behaviors and attitudes

④ people of the Joseon dynasty

⑤ children in the Joseon dynasty

서술형

[12~14] 다음 글을 읽고, 물음에 답하시오.

The animals or objects in Munjado are not just decorations. They often are symbolic. For example, carp in the paintings of *hyo* symbolize respect for parents ⓐ<u>because of</u> an old story. The story goes as follows.

Once upon a time, a man lived with his old mother. One winter, the man's mother ⓑ<u>became ill</u> and couldn't eat anything. On one very cold day, the mother said to the man, "_____(A)_____"

The man went out to the river, but it ⓒ<u>was completely frozen</u>. It was impossible ⓓ<u>of him</u> to catch any fish. The man was so disappointed that he cried out to the sky, "What should I do? Please help me." Then the ice melted, and three carp suddenly came out of the water. The man went back home and ⓔ<u>cooked the fish for his mother</u>. Then his mother got well.

12 윗글의 밑줄 친 ⓐ~ⓔ 중 어법상 **틀린** 것을 찾아 바르게 고쳐 쓰고, 틀린 이유를 쓰시오.

(1) 틀린 부분: ( ) → _____

(2) 틀린 이유: _____

_____

고난도

13 윗글의 빈칸 **(A)**에 들어갈 문장을 [조건]에 맞게 완성하시오.

> [조건] 1. 가정법 과거 문장으로 완성할 것
> 2. 괄호 안의 단어들을 어법에 맞게 사용할 것

→ It _____ if _____
fresh fish. (will, wonderful, can, eat)

고난도

14 다음 ⓐ~ⓓ 중 윗글의 내용과 일치하지 **않는** 것을 **두 개** 찾아 기호를 쓰고, 해당 부분을 바르게 고쳐 쓰시오.

> ⓐ The animals or objects in Munjado are often used to symbolize certain values.
> ⓑ Carp in Munjado symbolize respect for friends.
> ⓒ The man cried out to the river, and then he could get three fish.
> ⓓ The man cooked his sick mother three carp.

(1) ( ) _____ → _____

(2) ( ) _____ → _____

[15~16] 다음 글을 읽고, 물음에 답하시오.

There are other examples of symbolic objects in Munjado. They are bamboo in the paintings of the character *chung* (忠) and lotus flowers in the paintings of *ui* (義). Bamboo does not bend. It stays green in all kinds of weather. For these reasons, bamboo came to symbolize loyalty to the king. In the case of lotus flowers, they grow in muddy ponds but still bloom beautifully. They thus became a symbol of a person's will to fight for justice despite difficulties.

15 다음 빈칸에 공통으로 들어갈 단어를 윗글에서 찾아 쓰시오.

> • He _____ be there on time.
> • My brother has a strong _____ to win.

→ _____

16 Read the passage above and answer the questions in complete English sentences.

(1) Which Chinese character is related to bamboo?

→ _____

(2) What do lotus flowers symbolize in Munjado?

→ _____

서술형 100% TEST

01 다음 영영풀이에 해당하는 단어를 [보기]에서 골라 쓰시오.

> [보기] attitude represent character object

(1) _____ : to show or mean something

(2) _____ : a thing that you can see and touch

(3) _____ : the way you think or feel about something or someone

(4) _____ : a letter or symbol used in an alphabet or in mathematics

STEP B

02 다음 제시된 단어를 알맞은 형태로 변형하여 각 문장을 완성하시오.

(1) surprise

ⓐ The news was _____ to everyone.

ⓑ Everyone was _____ to hear the news.

(2) disappoint

ⓐ Jane was _____ with the test results.

ⓑ The player gave a _____ performance.

(3) excite

ⓐ The second half of the movie was more _____.

ⓑ We were so _____ to meet our favorite singer.

03 다음 우리말과 의미가 같도록 빈칸에 알맞은 말을 쓰시오.

(1) 그는 나에게 우리 할아버지를 생각나게 한다.

→ He _____ me _____ my grandfather.

(2) 이 약을 먹으면 곧 몸이 나아질 거예요.

→ If you take this medicine, you will _____ _____ soon.

(3) 옛날 옛적에, 숲속에 한 거인이 살고 있었어요.

→ _____ _____ _____ _____ _____, there lived a giant in the woods.

04 다음 대화의 빈칸에 알맞은 말을 괄호 안의 단어를 사용하여 쓰시오.

> A: Look at these two old plates, Steve. Aren't they beautiful?
> B: Yes. (1)_____, the green plate or the white plate? (prefer)
> A: Well, it's hard to choose, but I (2)_____ _____. (like, green) How about you?
> B: Me, too. (3)_____ _____
> (it, seems, me, more, unique)

[05~06] 다음 대화를 읽고, 물음에 답하시오.

> A: There are two exhibitions we can go to. ⓐ어떤 것을 더 보고 싶니, Eric?
> B: I prefer the Korean mask exhibition. Is that OK, Somi?
> A: Of course. And it seems to me that the mask exhibition will be much more interesting.
> B: Do you think so?
> A: Yes. Look at this poster. There isn't just an exhibition. There's also a mask dance show at 4:00 and 6:00.
> B: Great! I've never seen a mask dance show before.
> A: Well, I've seen a show before. I'm sure you'll like it.
> B: So where is the show?
> A: It's in Dasom Hall, next to the exhibition room.
> B: It's 4:30 now, so let's watch the 6 o'clock show.
> A: OK. Let's go see the exhibition first.

05 위 대화의 밑줄 친 우리말 ⓐ와 의미가 같도록 [조건]에 맞게 영어로 쓰시오.

> [조건] 1. one, want, see, more를 사용할 것
> 2. 8단어로 쓸 것

→ _____

06 위 대화의 내용과 일치하도록 다음 질문에 대한 답을 완전한 영어 문장으로 쓰시오.

(1) Which exhibition does Eric prefer?

→ _____

(2) What are Eric and Somi going to do right after the conversation?

→ _____

07 다음 선호하는 음식을 나타내는 표를 보고, 대화를 완성하시오.

Food	Ramyeon	spaghetti
Mina		♥
Jiho	♥	
Reason	more delicious	healthier

> Mina: (1)_____ _____ _____
> _____, Ramyeon or spaghetti?
> Jiho: I prefer (2)_____. I think it's
> (3)_____ _____. How about you?
> Mina: (4)_____ _____ _____. It
> seems (5)_____ _____ _____
> _____ _____.

08 다음 문장을 가정법 문장으로 바꿔 쓰시오.

(1) I am sick, so I can't go on a trip.
→ If _____,
I _____.

(2) As she doesn't know his email address, she won't contact him.
→ If _____,
_____.

09 다음 우리말과 의미가 같도록 괄호 안의 표현을 사용하여 문장을 쓰시오.

(1) 네가 그렇게 행동한 것은 무례했다.
→ _____
(it, rude, act like that)

(2) 그가 그곳에 정시에 도착하는 것은 불가능했다.
→ _____
(it, impossible, get there, on time)

10 다음 그림을 보고, 〈A〉와 〈B〉에서 알맞은 말을 각각 하나씩 골라 가정법 과거 문장을 완성하시오.

A	B
• have a cat • be tall enough • go to the same school	• pick that apple • take good care of it • see each other every day

(1) If we _____, we
_____.

(2) If I _____,
_____.

(3) If I _____,
_____.

11 다음 ⓐ~ⓓ 중 어법상 <u>틀린</u> 문장을 <u>두 개</u> 찾아 기호를 쓰고, 바르게 고쳐 문장을 다시 쓰시오.

> ⓐ It is necessary for you to go see a doctor.
> ⓑ It's dangerous of you to go there alone.
> ⓒ If I were a millionaire, I will buy a sports car.
> ⓓ If my brother helped me, I could finish my homework earlier.

(1) (　　) → _____

(2) (　　) → _____

12 다음 글의 밑줄 친 상황에서 Ryan이 할 말을 가정법 과거 문장으로 완성하시오.

> Ryan is a big fan of baseball. Today, he has a free ticket to a baseball game, but <u>he can't go to the baseball game because he has a lot of homework to do.</u>

→ If I _____,

_____ .

[13~14] 다음 글을 읽고, 물음에 답하시오.

> Look at the painting on the right. Do you see the Chinese character, *hyo* (孝)? Do you also see a carp, a geomungo, and a fan? This kind of painting is called Munjado, and it is a type of folk painting that ____ⓐ____ popular in the late Joseon dynasty. In Munjado, there is usually a Chinese character with some animals or objects.
>
> One of eight Chinese characters appears in Munjado. They are *hyo* (孝), *je* (悌), *chung* (忠), *sin* (信), *ye* (禮), *ui* (義), *yeom* (廉), and *chi* (恥), and they represent the values that ____ⓑ____ important to people of the Joseon dynasty.

13 윗글의 빈칸 ⓐ와 ⓑ에 들어갈 be동사의 올바른 형태를 각각 쓰시오.

ⓐ _____ ⓑ _____

14 윗글의 내용과 일치하도록 다음 대화를 완성하시오.

> A: Do you know what Munjado is?
> B: Yes. It is (1)_____ _____ _____
> _____ _____ . It was popular in the late Joseon dynasty.
> A: What can we see in Munjado?
> B: We can see one of eight Chinese characters with (2)_____ _____ _____
> _____ in it.
> A: What do the eight Chinese characters in Munjado represent?
> B: They represent the important (3)_____ of (4)_____ _____ _____ .

[15~16] 다음 글을 읽고, 물음에 답하시오.

> The animals or objects in Munjado are not just decorations. They often are symbolic. For example, carp in the paintings of *hyo* symbolize respect for parents because of an old story. The story goes as follows.
>
> Once upon a time, a man lived with his old mother. One winter, the man's mother became ill and couldn't eat anything. On one very cold day, the mother said to the man, "It would be wonderful if I could eat fresh fish."
>
> The man went out to the river, but it was completely frozen. ⓐ그가 어떤 물고기라도 잡는 것은 불가능했다. The man was so disappointed that he cried out to the sky, "What should I do? Please help me." Then the ice melted, and three carp suddenly came out of the water. The man went back home and cooked the fish for his mother. Then his mother got well.

15 윗글의 밑줄 친 우리말 ⓐ와 의미가 같도록 [조건]에 맞게 영어 문장을 쓰시오.

> [조건] 1. 가주어로 시작할 것
> 2. impossible, catch, any를 포함한 총 9단어의 문장을 쓸 것

→ _____

16 윗글의 내용과 일치하도록 다음 질문에 대한 답을 완전한 영어 문장으로 쓰시오.

(1) On one cold day, what did the man's mother want to eat?

→ _____

(2) What happened when the man cried out to the sky?

→ _____

_____

[17~18] 다음 글을 읽고, 물음에 답하시오.

There are other examples of symbolic objects in Munjado. They are bamboo in the paintings of the character *chung*(忠) and lotus flowers in the paintings of *ui*(義). Bamboo does not bend. It stays green in all kinds of weather. ___ⓐ___ these reasons, bamboo came to symbolize loyalty to the king. In the case of lotus flowers, they grow in muddy ponds but ___ⓑ___ bloom beautifully. They ___ⓒ___ became a symbol of a person's will to fight for justice despite difficulties.

17 윗글의 빈칸 ⓐ~ⓒ에 알맞은 말을 [보기]에서 골라 쓰시오.

> [보기]　　thus　　still　　for　　in

ⓐ _____

ⓑ _____

ⓒ _____

18 윗글의 내용과 일치하도록 다음 표를 완성하시오.

문자도	*chung*(忠)	*ui*(義)
사물	(1)_____	(2)_____
상징	(3)_____	(4)_____
	_____	_____

[19~20] 다음 글을 읽고, 물음에 답하시오.

Munjado was much more than a painting to people of the Joseon dynasty. ⓐ그것은 그들에게 자신들의 행동과 태도에 크게 영향을 미치는 중요한 가치를 상기시켰다. In particular, for children, Munjado was a study tool. Through it, children in the Joseon dynasty could learn the importance of harmony in family and society.

19 윗글의 밑줄 친 우리말 ⓐ와 의미가 같도록 [조건]에 맞게 문장을 완성하시오.

> [조건] 1. 괄호 안의 단어들을 바르게 배열할 것
> 2. 괄호 안의 한 단어는 어법에 맞게 반드시 바꿔 쓸 것

→ _____

their behaviors and attitudes.

(them, greatly, important, influenced, who, of, reminded, it, values)

20 다음 빈칸에 들어갈 말을 윗글에서 찾아 쓰시오.

> Emma likes all kinds of music, but she loves rock music _____ _____.

01 다음 중 짝지어진 표현의 관계가 나머지와 <u>다른</u> 하나는? 3점

① ill – sick
② type – kind
③ thus – therefore
④ appear – disappear
⑤ despite – in spite of

02 다음 영영풀이에 해당하는 단어로 알맞은 것은? 3점

> to become curved or folded and not straight

① melt
② bend
③ prefer
④ bloom
⑤ represent

서술형 1
03 다음 빈칸에 공통으로 알맞은 말을 쓰시오. 4점

> • This picture reminds me _____ my school.
> • In the case _____ my parents, they always respect my choice.

→ _____

04 다음 중 밑줄 친 부분의 우리말 의미가 알맞지 <u>않은</u> 것은? 3점

① He showed his true <u>loyalty</u> to the queen.
   (충성심)
② <u>Bamboo</u> leaves are pandas' favorite food.
   (대나무)
③ This <u>tool</u> is used to make holes in leather.
   (도구)
④ She has a good <u>attitude</u> toward her teachers.
   (존경심)
⑤ The <u>frozen</u> stream began to melt when spring came. (얼어붙은)

05 다음 대화의 빈칸에 들어갈 말로 알맞은 것은? 3점

> A: Look at these two old plates.
> _____
> B: I like the green one better.

① Which do you prefer?
② When did you buy them?
③ Which one have you used before?
④ How are you going to carry them?
⑤ Why do you prefer the green plate?

06 다음 대화의 밑줄 친 말과 의미가 같은 것은? 3점

> A: We can have Gimbap or Tteokbokki.
> B: <u>I prefer Gimbap.</u> It seems to me that it's the healthier choice.

① I want more Gimbap.
② I can't eat more Gimbap.
③ I don't like Tteokbokki at all.
④ Gimbap isn't my favorite food.
⑤ I like Gimbap more than Tteokbokki.

서술형 2 고난도
07 다음 대화의 내용과 일치하도록 빈칸에 알맞은 단어를 쓰시오. 6점

> A: Joe, how about these caps here?
> B: They look great.
> A: Which one do you prefer, the one with triangles or the one with flowers?
> B: I like the one with triangles better. It seems to me that it's more unique.

> Joe _____ the cap with triangles _____ the one with flowers because he thinks it's _____ _____.

[08~10] 다음 대화를 읽고, 물음에 답하시오.

> A: There are two exhibitions we can go to. Which one do you want to see more, Eric?
>
> B: I prefer the Korean mask exhibition. Is that OK, Somi?
>
> A: Of course. And _____ⓐ_____ that the mask exhibition will be much more interesting.
>
> B: Do you think so?
>
> A: Yes. Look at this poster. There isn't just an exhibition. There's also a mask dance show at 4:00 and 6:00.
>
> B: Great! I've never seen a mask dance show before.
>
> A: Well, I've seen a show before. I'm sure you'll like it.
>
> B: So where is the show?
>
> A: It's in Dasom Hall, next to the exhibition room.
>
> B: It's 4:30 now, so let's watch the 6 o'clock show.
>
> A: OK. Let's go see the exhibition first.

08 위 대화의 흐름상 빈칸 ⓐ에 들어갈 말로 가장 알맞은 것은? 4점

① I'm worried
② I don't think
③ I don't know
④ it seems to me
⑤ I'm not sure

09 위 대화를 읽고 알 수 있는 것을 <u>모두</u> 고르면? 4점

① 탈 전시회 제목
② 탈춤 공연 기간
③ 탈춤 공연 장소
④ 전시실 운영 시간
⑤ 두 사람이 대화 직후 할 일

서술형3

10 위 대화의 내용과 일치하도록 다음 빈칸에 알맞은 말을 쓰시오. 5점

> Eric and Somi are going to (1)_____
> _____, and then they are going to (2)_____.

11 다음 대화의 빈칸에 들어갈 말로 알맞은 것은? 3점

> A: What would you do if you _____ a one-year vacation?
>
> B: I would travel around the world.

① have
② had
③ don't have
④ didn't have
⑤ will have

서술형4

12 다음 빈칸 ⓐ와 ⓑ에 알맞은 말을 각각 쓰시오. 각 2점

> • It's not easy _____ⓐ_____ me to answer the question.
> • It's very kind _____ⓑ_____ you to help my son.

ⓐ _____　　　ⓑ _____

한 단계 더!

13 다음 중 빈칸에 들어갈 be동사의 형태가 나머지와 <u>다른</u> 하나는? 4점

① If I _____ you, I would tell the truth.
② If you _____ not careful, you can get hurt.
③ If we _____ not busy, we could join the party.
④ If my grandparents _____ here, they would be proud of me.
⑤ What would you do if you _____ a hero with great powers?

고난도

14 다음 중 어법상 <u>틀린</u> 문장은? 5점

① It's difficult for Suji to fix the laptop.
② It's nice of Mike to show us the way.
③ What will happen if we lived without water?
④ It's necessary for us to open the store at 9 a.m.
⑤ If I made lots of money, I would donate the money to charity.

15 다음 글 (A)~(C)의 각 네모 안에 주어진 말 중 문맥상 알맞은 것끼리 바르게 짝지어진 것은? 4점

> Look at the painting on the right. Do you see the Chinese character, *hyo* (孝)? Do you also see a carp, a geomungo, and a fan? This kind of painting is called Munjado, and it is a type of (A) fork / folk painting that was popular in the (B) late / lately Joseon dynasty. In Munjado, there is usually a Chinese character with some animals or (C) objects / objections .

	(A)		(B)		(C)
①	fork	⋯	late	⋯	objects
②	fork	⋯	lately	⋯	objects
③	folk	⋯	late	⋯	objects
④	folk	⋯	lately	⋯	objections
⑤	folk	⋯	late	⋯	objections

[16~18] 다음 글을 읽고, 물음에 답하시오.

> (①) One of eight Chinese characters appears in Munjado. ⓐThey are *hyo* (孝), *je* (悌), *chung* (忠), *sin* (信), *ye* (禮), *ui* (義), *yeom* (廉), and *chi* (恥), and they represent the values that were important to people of the Joseon dynasty. (②) The animals or objects in Munjado are not just decorations. (③) For example, carp in the paintings of *hyo* symbolize respect for parents because of an old story. (④) The story goes as follows. (⑤)

16 윗글의 ①~⑤ 중 주어진 문장이 들어갈 위치로 알맞은 것은? 4점

> They often are symbolic.

①   ②   ③   ④   ⑤

서술형5

17 윗글의 밑줄 친 ⓐThey가 가리키는 것을 본문에서 찾아 3단어로 쓰시오. 4점

→ _____

신유형

18 Which question CANNOT be answered "Yes" from the passage above? 4점

① Does one of eight Chinese characters appear in Munjado?
② Does the character *chung* (忠) appear in Munjado?
③ Do the eight Chinese characters represent important values in the Joseon dynasty?
④ Are the animals or objects in Munjado just decorations?
⑤ Do carp in the Munjado of *hyo* represent respect for parents?

[19~21] 다음 글을 읽고, 물음에 답하시오.

> Once upon a time, a man lived with his old mother. One winter, the man's mother became ill and couldn't eat anything.
> (A) The man went out to the river, but it was completely frozen. It was impossible for him to catch any fish.
> (B) On one very cold day, the mother said to the man, "It would be wonderful if I could eat fresh fish."
> (C) Then the ice melted, and three carp suddenly came out of the water. The man went back home and cooked the fish for his mother. Then his mother got well.
> (D) ⓐThe man was very disappointed, so he cried out to the sky, "What should I do? Please help me."

19 자연스러운 글이 되도록 윗글의 (A)~(D)를 바르게 배열한 것은? 4점

① (A) − (B) − (D) − (C)   ② (A) − (D) − (C) − (B)
③ (B) − (A) − (C) − (D)   ④ (B) − (A) − (D) − (C)
⑤ (D) − (A) − (C) − (B)

서술형6 고/난도

20 윗글의 밑줄 친 문장 ⓐ와 의미가 같도록 [조건]에 맞게 문장을 다시 쓰시오.　5점

> [조건] 1. so ~ that ... 구문을 사용할 것
> 2. 12단어로 쓸 것

→ _____

21 윗글을 읽고 답할 수 <u>없는</u> 질문은?　4점

① Where did the man go to for his sick mother?
② Why couldn't the man catch any fish at first?
③ How did the man feel when he couldn't get any fish?
④ What kind of dish did the man make with the three carp?
⑤ What happened to the man's mother in the end?

[22~23] 다음 글을 읽고, 물음에 답하시오.

> There are other examples of symbolic objects in Munjado. They are bamboo in the paintings of the character *chung* (忠) and lotus flowers in the paintings of *ui* (義). Bamboo does not bend. It stays green in all kinds of weather. ___ⓐ___, bamboo came to symbolize loyalty to the king. In the case of lotus flowers, they grow in muddy ponds but still bloom beautifully. They ___ⓑ___ became a symbol of a person's will to fight for justice despite difficulties.

22 윗글의 빈칸 ⓐ와 ⓑ에 들어갈 말이 순서대로 바르게 짝지어진 것은?　4점

① However – thus
② However – besides
③ For example – however
④ For these reasons – thus
⑤ On the other hand – however

서술형7

23 윗글의 내용과 일치하도록 다음 빈칸에 알맞은 말을 쓰시오.　각 2점

> In Munjado, bamboo symbolizes (1)_____
> _____, and lotus flowers symbolize (2)_____
> in spite of difficulties.

[24~25] 다음 글을 읽고, 물음에 답하시오.

> Munjado was much ⓐ<u>less</u> than a painting to people of the Joseon dynasty. It ⓑ<u>reminded</u> them of important values that greatly ⓒ<u>influenced</u> their behaviors and attitudes. In particular, for children, Munjado was a ⓓ<u>study tool</u>. Through it, children in the Joseon dynasty could learn the ⓔ<u>importance</u> of harmony in family and society.

서술형8 고/난도

24 윗글의 밑줄 친 ⓐ~ⓔ 중 문맥상 어색한 것의 기호를 쓰고, 바르게 고쳐 쓰시오.　5점

( ) → _____

25 윗글의 주제로 가장 알맞은 것은?　4점

① various types of Munjado
② important values in the Joseon dynasty
③ the role of Munjado in the Joseon dynasty
④ what children in the Joseon dynasty studied
⑤ behaviors and attitudes that were important to people of the Joseon dynasty

제 **2** 회 대표 기출로 **내신 적중 모의고사**

모의고사

01 다음 중 짝지어진 두 단어의 관계가 [보기]와 같은 것은? 3점

> [보기] prefer – preference

① loyal – loyalty
② freeze – frozen
③ fascinated – fascinating
④ symbol – symbolic
⑤ decorate – decoration

02 다음 빈칸에 공통으로 들어갈 단어로 알맞은 것은? 3점

> • He will play the main _____ in the movie.
> • Students learned Chinese _____s at seodang in the Joseon dynasty.

① folk   ② tool   ③ respect
④ object   ⑤ character

서술형 1

03 다음 빈칸 ⓐ와 ⓑ에 excite를 알맞은 형태로 써서 문장을 완성하시오. 각 2점

> • I'm so ____ⓐ____ about our weekend trip.
> • His life story was so ____ⓑ____ that I couldn't help listening to it.

ⓐ _____   ⓑ _____

04 다음 빈칸 ⓐ~ⓓ 중 어느 곳에도 들어갈 수 없는 것은? 4점

> • Everyone liked the party ____ⓐ____s.
> • The ____ⓑ____ was full of lotus flowers.
> • A strange ____ⓒ____ is floating in the water.
> • Mike has a strong ____ⓓ____ to win the game.

① will   ② justice   ③ pond
④ object   ⑤ decoration

05 다음 대화의 밑줄 친 문장과 의미가 같지 <u>않은</u> 것을 <u>모두</u> 고르면? 4점

> A: Look at these two paintings of cats here. I like the one on the left more. How about you?
> B: I prefer the one on the right. <u>I think the cat in it is cuter.</u>

① I don't like the cat in it.
② I want the cat in it to be cuter.
③ As for me, the cat in it is cuter.
④ In my opinion, the cat in it is cuter.
⑤ It seems to me that the cat in it is cuter.

06 다음 대화의 밑줄 친 ⓐ~ⓓ 중 흐름상 <u>어색한</u> 것은? 4점

> A: We can have Bibimbap or Galbitang. ⓐWhich do you prefer?
> B: I prefer Bibimbap. ⓑIt seems to me that it's the healthier choice.
> A: I think so, too. ⓒI also like Bibimbap more.
> B: ⓓLet's order Galbitang, then. I'm very hungry.

① 없음   ② ⓐ   ③ ⓑ   ④ ⓒ   ⑤ ⓓ

서술형 2

07 다음 대화의 빈칸 ⓐ에 알맞은 말을 괄호 안의 단어를 사용하여 5단어로 쓰시오. 5점

> A: Look at these two old plates, Steve. Aren't they beautiful?
> B: Yes. Which one do you prefer, the green plate or the white plate?
> A: Well, it's hard to choose, but ____ⓐ____. How about you?
> B: Me, too. It seems to me that the green plate is more beautiful.

→ _____ (prefer)

142 **Lesson 8** The Joseon Dynasty Through Paintings

[08~10] 다음 대화를 읽고, 물음에 답하시오.

> A: There are two exhibitions we can go to.
> _____ ⓐ _____, Eric?
> B: I prefer the Korean mask exhibition. Is that OK, Somi?
> A: Of course. And it seems to me that the mask exhibition will be much more interesting.
> B: Do you think so?
> A: Yes. Look at this poster. (①) There's also a mask dance show at 4:00 and 6:00.
> B: Great! I've never seen a mask dance show before. (②)
> A: Well, I've seen a show before. (③) I'm sure you'll like it.
> B: So where is the show? (④)
> A: It's in Dasom Hall, next to the exhibition room.
> B: It's 4:30 now, so let's watch the 6 o'clock show.
> A: OK. (⑤) Let's go see the exhibition first.

서술형 3

08 위 대화의 빈칸 ⓐ에 들어갈 말을 주어진 단어들을 바르게 배열하여 쓰시오. 5점

> one, more, see, do, to, which, want, you

→ _____

09 위 대화의 ①~⑤ 중 주어진 문장이 들어갈 위치로 알맞은 것은? 3점

> There isn't just an exhibition.

① ② ③ ④ ⑤

10 위 대화의 내용과 일치하지 <u>않는</u> 것은? 4점

① Eric likes the Korean mask exhibition more than the other exhibition.
② There is a mask dance show more than once a day.
③ Somi has seen the Korean mask exhibition before.
④ The mask dance show is held in Dasom Hall.
⑤ Somi and Eric will go to the Korean mask exhibition first.

11 다음 문장을 가정법 문장으로 바꿔 쓸 때, 빈칸에 들어갈 말이 순서대로 바르게 짝지어진 것은? 3점

> As I don't know his address, I can't visit him.
> → If I _____ his address, I _____ visit him.

① knew – could
② knew – couldn't
③ will know – can't
④ didn't know – could
⑤ didn't know – couldn't

서술형 4

12 다음 대화에서 어법상 <u>틀린</u> 부분을 찾아 바르게 고쳐 쓰시오. 4점

> A: I said to Kate, "You are so foolish!"
> B: It's not nice for you to say that. I think you should say sorry to her.

_____ → _____

13 다음 문장을 통해 알 수 있는 현재의 사실로 알맞은 것은? 4점

> I would buy the jacket if it weren't so expensive.

① The jacket is pretty.
② I don't like the jacket.
③ The jacket is very expensive.
④ I don't want to buy the jacket.
⑤ I have enough money to buy the jacket.

고
난도

14 다음 중 어법상 올바른 문장의 개수는? 5점

> ⓐ If I were you, I'll change my mind.
> ⓑ It would be great if he were my friend.
> ⓒ It is for her not easy to get up so early.
> ⓓ They would help you if they knew about your problem.
> ⓔ It's very thoughtful for you to remember my birthday.

① 1개 ② 2개 ③ 3개 ④ 4개 ⑤ 5개

[15~17] 다음 글을 읽고, 물음에 답하시오.

Look at the painting ____ⓐ____ the right. Do you see the Chinese character, *hyo* (孝)? Do you also see a carp, a *geomungo*, and a fan? (A)This kind of painting is called Munjado, and it is a type ____ⓑ____ folk painting that was popular ____ⓒ____ the late Joseon dynasty. In Munjado, there is usually a Chinese character ____ⓓ____ some animals or objects.

One ____ⓔ____ eight Chinese characters appears in Munjado. They are *hyo* (孝), *je* (悌), *chung* (忠), *sin* (信), *ye* (禮), *ui* (義), *yeom* (廉), and *chi* (恥), and they represent the values that were important to people of the Joseon dynasty.

15 윗글의 빈칸 ⓐ~ⓔ에 들어갈 말로 알맞지 <u>않은</u> 것은? 3점

① ⓐ: on   ② ⓑ: of   ③ ⓒ: in

④ ⓓ: with   ⑤ ⓔ: in

16 윗글의 밑줄 친 (A)This kind of painting의 특징으로 알맞은 것을 <u>모두</u> 고르면? 4점

① 민화의 한 종류이다.
② 조선 시대 초기에 인기 있었다.
③ 한자와 함께 사물이나 동물이 그려져 있다.
④ 그림에 등장하는 한자는 모두 열 개이다.
⑤ 조선 시대의 귀하고 값비싼 그림이었다.

서술형5   고/난도

17 윗글의 내용과 일치하도록 빈칸에 알맞은 말을 쓰시오. 6점

What the eight Chinese characters in Munjado _____ is the important _____ in _____ _____ _____.

[18~20] 다음 글을 읽고, 물음에 답하시오.

The animals or objects in Munjado are not just decorations. They often are symbolic. For example, carp in the paintings of *hyo* symbolize ____ⓐ____ for parents because of an old story. The story goes as follows.

Once upon a time, a man lived with his old mother. One winter, the man's mother became ill and couldn't eat anything. On one very cold day, the mother said to the man, "It (A)will / would be wonderful if I could eat fresh fish."

ⓑThe man went out to the river, but it was completely frozen. It was impossible (B)of / for him to catch any fish. The man was (C)so / such disappointed that he cried out to the sky, "What should I do? Please help me." Then the ice melted, and three carp suddenly came out of the water. The man went back home and cooked the fish for his mother. Then his mother got well.

고/난도

18 윗글의 흐름상 빈칸 ⓐ에 들어갈 단어의 영영풀이로 알맞은 것은? 5점

① a thing that you can see and touch
② a feeling of deep admiration for someone
③ the fact that something is fair and reasonable
④ something that helps you to do a particular activity
⑤ a sign, picture, object, etc. that represents something else

19 윗글 (A)~(C)의 각 네모 안에 주어진 말 중 어법상 올바른 것끼리 짝지어진 것은? 3점

	(A)		(B)		(C)
①	will	…	of	…	so
②	will	…	for	…	so
③	would	…	for	…	so
④	would	…	of	…	such
⑤	would	…	for	…	such

20 윗글의 밑줄 친 ⓑThe man의 심경 변화로 알맞은 것은?

4점

① worried → bored
② excited → angry
③ excited → surprised
④ disappointed → sad
⑤ disappointed → pleased

[21~23] 다음 글을 읽고, 물음에 답하시오.

There are other ___(A)___ of symbolic objects in Munjado. ⓐThey are bamboo in the paintings of the character *chung* (忠) and lotus flowers in the paintings of *ui* (義). Bamboo does not bend. ⓑIt stays green in all kinds of weather. For these reasons, (B)bamboo came to symbolize loyalty to the king. In the case of lotus flowers, ⓒthey grow in muddy ponds but still bloom beautifully. They thus became a symbol of a person's will to fight for justice despite difficulties.

21 윗글의 흐름상 빈칸 (A)에 들어갈 말로 알맞은 것은? 3점

① ways
② results
③ reasons
④ examples
⑤ characters

22 윗글의 밑줄 친 ⓐ~ⓒ가 가리키는 것이 순서대로 바르게 짝지어진 것은?

3점

① symbolic objects – *ui* (義) – bamboo
② symbolic objects – bamboo – lotus flowers
③ symbolic objects – *chung* (忠) – lotus flowers
④ Chinese characters – bamboo – difficulties
⑤ Chinese characters – *chung* (忠) – difficulties

서술형**6**

23 윗글의 밑줄 친 (B)의 근거 <u>두 가지</u>를 본문에서 찾아 우리말로 쓰시오. 각 2점

(1) _____

(2) _____

[24~25] 다음 글을 읽고, 물음에 답하시오.

Munjado was much more than a painting to people of the Joseon dynasty. ⓐIt made them think about important values that greatly influenced their behaviors and attitudes. In particular, for children, Munjado was a study tool. Through it, children in the Joseon dynasty could learn the importance of harmony in family and society.

서술형**7** 고
난도

24 윗글의 밑줄 친 ⓐ를 [조건]에 맞게 다시 쓰시오. 5점

[조건] 1. remind를 어법에 맞게 사용할 것
2. 같은 의미가 되도록 6단어로 쓸 것

→ _____

서술형**8**

25 윗글의 내용과 일치하도록 다음 질문에 알맞은 답을 완전한 영어 문장으로 쓰시오. 5점

Q: What could children in the Joseon dynasty learn through Munjado?
A: _____
_____

01 다음 중 단어와 영영풀이가 바르게 연결되지 <u>않은</u> 것은?

3점

① **bloom**: to produce flowers
② **represent**: to show or mean something
③ **object**: a thing that you can see and touch
④ **appear**: to begin to be seen or come into existence
⑤ **behavior**: the way you think or feel about something or someone

02 다음 빈칸에 들어갈 말이 순서대로 바르게 짝지어진 것은?

3점

- _____ upon a time, there lived a dragon.
- The song reminds me _____ my grandma.
- Dad loves Impressionist paintings _____ particular.

① Far – from – in   ② Far – of – at
③ Once – of – in   ④ Once – of – for
⑤ Once – from – for

03 다음 (A)~(C)의 각 네모 안에서 어법상 올바른 것끼리 짝지어진 것은?

3점

I studied hard for the test, but the result was pretty (A) disappointing / disappointed . I felt very (B) depressing / depressed , and even seeing an (C) interesting / interested movie couldn't make me feel better.

	(A)		(B)		(C)
①	disappointing	⋯	depressing	⋯	interesting
②	disappointing	⋯	depressing	⋯	interested
③	disappointing	⋯	depressed	⋯	interesting
④	disappointed	⋯	depressing	⋯	interested
⑤	disappointed	⋯	depressed	⋯	interesting

04 다음 대화의 ①~⑤ 중 주어진 문장이 들어갈 위치로 알맞은 것은?

3점

I prefer *Batman*.

A: (①) There are two movies we can see. Which movie do you want to see more, Somi?
B: (②) I saw *Spider-Man* last week. Is this OK?
A: (③) Of course. It seems to me that *Batman* will be much more fun.
B: Good. (④) Then, let's go and see it. (⑤)

①   ②   ③   ④   ⑤

서술형1

05 다음 문장의 내용과 일치하도록 대화의 빈칸에 알맞은 말을 쓰시오.

5점

Sam prefers science to math because he thinks it's more fun to learn.

A: Sam, _____ _____ do you _____, science or math?
B: I like _____ more. It _____ _____ _____ that it's more fun to learn.

06 다음 중 짝지어진 대화가 <u>어색한</u> 것은?

4점

① A: Which do you prefer, dogs or cats?
   B: I prefer dogs.
② A: I like Bibimbap more than pizza.
   B: I also prefer Bibimbap. Let's order, then.
③ A: I prefer summer to winter. How about you?
   B: I prefer winter because I like cold weather.
④ A: We can have Ramyeon or spaghetti. Which one do you want to have more?
   B: OK. I prefer Bibimbap.
⑤ A: I like the painting on the left more. It seems to me that the cat in it is cuter.
   B: Me, too. I also like the bird in it.

[07~09] 다음 대화를 읽고, 물음에 답하시오.

> A: There are two exhibitions we can go to. ___ⓐ___ do you want to see more, Eric?
>
> B: I ___ⓑ___ the Korean mask exhibition. Is that OK, Somi?
>
> A: Of course. And (A)it seems to me that the mask exhibition will be much more interesting.
>
> B: Do you think so?
>
> A: Yes. Look at this poster. There ___ⓒ___ just an exhibition. There's also a mask dance show at 4:00 and 6:00.
>
> B: Great! I've never seen a mask dance show before.
>
> A: Well, I've seen a show before. ___ⓓ___ you'll like it.
>
> B: So where is the show?
>
> A: It's in Dasom Hall, next to the exhibition room.
>
> B: It's 4:30 now, ___ⓔ___ let's watch the 6 o'clock show.
>
> A: OK. Let's go see the exhibition first.

07 위 대화의 흐름상 빈칸 ⓐ~ⓔ에 들어갈 말로 알맞지 않은 것은? **4점**

① ⓐ: Which one ② ⓑ: don't like
③ ⓒ: isn't ④ ⓓ: I'm sure
⑤ ⓔ: so

08 위 대화의 밑줄 친 표현 (A)와 의미가 같은 것은? **3점**

① I hope ② I think
③ as I said ④ I heard that
⑤ it doesn't matter to me that

서술형 **2**
09 위 대화의 내용과 일치하도록 질문에 알맞은 답을 완전한 영어 문장으로 쓰시오. **5점**

> Q: What will Somi and Eric do at six o'clock?
> A: _____

10 다음 빈칸에 들어갈 말로 알맞지 않은 것은? **3점**

> What would you do _____?

① if you had wings
② if you won a lottery
③ if you were a teacher
④ if Kate asks you to help her
⑤ if you got lost in the forest

11 다음 중 빈칸에 들어갈 말이 나머지와 다른 하나는? **3점**

① It is easy _____ me to ride a bike.
② It's safer _____ her to wear knee pads.
③ It's necessary _____ us to finish the project today.
④ It's important _____ you to spend money wisely.
⑤ It's very careless _____ him to make the same mistake again.

서술형 **3**
12 다음 빈칸에 들어갈 can의 알맞은 형태를 각각 쓰시오. **각 2점**

> Mom is so busy that she (1)_____ come to the school festival. If she were here, she (2)_____ see my performance.

고난도 한 단계 더!
13 다음 중 어법상 올바른 문장끼리 짝지어진 것은? **5점**

> ⓐ It's a good habit to exercise regularly.
> ⓑ It's rude for you to say such a bad word.
> ⓒ I would help people in danger if I'll be a superhero.
> ⓓ If he raised his hand, he could get a chance to say the answer.

① ⓐ, ⓑ ② ⓐ, ⓓ ③ ⓑ, ⓒ
④ ⓑ, ⓓ ⑤ ⓒ, ⓓ

서술형 4

14 다음 두 문장의 의미가 같도록 빈칸에 알맞은 말을 쓰시오.

5점

> He is nice to pick up the trash.
> = _____ is nice _____ _____ to pick up the trash.

[15~17] 다음 글을 읽고, 물음에 답하시오.

> ①Look at the painting on the right. Do you see the ___ⓐ___ hyo (孝)? Do you also see a carp, a geomungo, and a fan? This kind of painting is called Munjado, and it is a type of folk painting that ②was popular in the late Joseon dynasty. In Munjado, there ③is usually a Chinese character with some animals or objects.
>
> One of ⓑeight Chinese characters ④appear in Munjado. They are hyo (孝), je (悌), chung (忠), sin (信), ye (禮), ui (義), yeom (廉), and chi (恥), and they represent the values ⑤that were important to people of the Joseon dynasty.

15 윗글의 밑줄 친 ①~⑤ 중 어법상 틀린 것은?

3점

① ② ③ ④ ⑤

서술형 5

16 윗글의 빈칸 ⓐ에 알맞은 말을 본문에서 찾아 두 단어로 쓰시오.

4점

→ _____

고
난도

17 윗글의 밑줄 친 ⓑ에 대해 바르게 이해하고 있는 사람은?

4점

① 하은: 각 문자도에는 항상 여덟 개의 한자가 모두 들어 있어.
② 연희: 각각의 한자는 동물이나 사물을 상징해.
③ 성찬: 문자도뿐만 아니라 다른 민화에서도 볼 수 있어.
④ 병진: 조선 시대에 중요했던 가치들을 나타내.
⑤ 희정: 조선 시대 사람들이 자주 썼던 한자들이야.

[18~20] 다음 글을 읽고, 물음에 답하시오.

> The animals or objects in Munjado are not just decorations. They often are symbolic. For example, carp in the paintings of hyo symbolize respect for parents because of (A)an old story. The story goes as follows.
>
> Once upon a time, a man lived with his old mother. One winter, the man's mother became ill and couldn't eat anything. On one very cold day, the mother said to the man, "It would be wonderful (B)내가 신선한 물고기를 먹을 수 있다면."
>
> The man went out to the river, but it was completely frozen. (C)It was impossible for him to catch any fish. The man was so disappointed that he cried out to the sky, "What should I do? Please help me." Then the ice melted, and three carp suddenly came out of the water. The man went back home and cooked the fish for his mother. Then his mother got well.

18 윗글의 밑줄 친 (A)an old story의 내용과 일치하는 것은?

4점

① The man lived with his father.
② The man was too sick to eat anything.
③ The old mother was worried about her son.
④ The man came back home with three carp.
⑤ The old mother cooked the fish for her son.

서술형 6

19 윗글의 밑줄 친 우리말 (B)를 [조건]에 맞게 영어로 쓰시오.

5점

> [조건] 1. if, can, eat을 어법에 맞게 사용할 것
> 2. 6단어로 쓸 것

→ _____

한 단계 [더!

20 윗글의 밑줄 친 (C)It과 쓰임이 같은 것끼리 짝지어진 것은? 4점

> ⓐ It's wrong to tell a lie.
> ⓑ It is likely to rain heavily.
> ⓒ It tasted like watermelon.
> ⓓ It was wise of you to listen to her advice.
> ⓔ It would be better for Jenny to stay home today.

① ⓐ, ⓒ   ② ⓐ, ⓓ, ⓔ   ③ ⓑ, ⓒ
④ ⓑ, ⓒ, ⓓ   ⑤ ⓑ, ⓓ, ⓔ

[21~23] 다음 글을 읽고, 물음에 답하시오.

> There are other examples of ___(A)___ objects in Munjado. They are bamboo in the paintings of the character *chung*(忠) and lotus flowers in the paintings of *ui*(義). Bamboo does not bend. It stays green in all kinds of weather. For these reasons, bamboo came to ___(B)___ loyalty to the king. In the case of lotus flowers, they grow in muddy ponds but still bloom beautifully. They thus became a ___(C)___ of a person's will to fight for justice despite difficulties.

21 윗글의 빈칸 (A)~(C)에 들어갈 symbol의 형태로 알맞은 것끼리 바르게 짝지어진 것은? 4점

	(A)	(B)	(C)
①	symbol	⋯ symbol	⋯ symbolic
②	symbol	⋯ symbolic	⋯ symbolize
③	symbolic	⋯ symbolic	⋯ symbol
④	symbolic	⋯ symbolize	⋯ symbol
⑤	symbolic	⋯ symbolize	⋯ symbolic

서술형 7

22 다음 영영풀이에 해당하는 단어를 윗글에서 찾아 쓰시오. 4점

> the fact that something is fair and reasonable

→ _____

서술형 8 고/난도

23 윗글의 내용과 일치하도록 다음 표에서 틀린 부분을 두 군데 찾아 바르게 고쳐 쓰시오. 각 3점

문자도	*chung*(忠)	*ui*(義)
사물	bamboo	lotus flowers
상징하는 바	disrespect to the king	a person's will to fight for justice
특징	• It doesn't bend. • It stays green at all times.	• They bloom beautifully in clean ponds.

(1) _____ → _____

(2) _____ → _____

[24~25] 다음 글을 읽고, 물음에 답하시오.

> Munjado was much more ___ⓐ___ a painting ___ⓑ___ people of the Joseon dynasty. It reminded them ___ⓒ___ important values that greatly influenced their behaviors and attitudes. ___ⓓ___ particular, for children, Munjado was a study tool. Through it, children in the Joseon dynasty could learn the importance of harmony ___ⓔ___ family and society.

24 윗글의 빈칸 ⓐ~ⓔ에 들어갈 말이 같은 것끼리 짝지어진 것은? 4점

① ⓐ, ⓑ   ② ⓑ, ⓓ   ③ ⓒ, ⓓ
④ ⓒ, ⓔ   ⑤ ⓓ, ⓔ

고/난도

25 윗글에 언급된 문자도의 쓰임으로 알맞은 것을 모두 고르면? 5점

① to teach history
② to decorate a house
③ to teach children how to paint
④ to be used as a tool for studying
⑤ to remind people of important values

제 **4** 회 고난도로 내신 **적중** 모의고사

01 Which is correct for the blank? 3점

> Dogs are a symbol of _____. They fight for their owners and protect them.

① dynasty ② value ③ fight
④ loyalty ⑤ bamboo

서술형1

02 다음 영영풀이에 <u>모두</u> 해당하는 단어를 주어진 철자로 시작하여 쓰시오. 4점

> • a person in a book, play, or film
> • a letter or symbol used in an alphabet or in mathematics
> • a person's qualities that make them distinct from other people

→ c_____

03 다음 중 밑줄 친 **object**의 의미가 [보기]와 같은 것을 <u>모두</u> 고르면? 4점

> [보기] What <u>object</u> can you see in this picture?

① What is the <u>object</u> of the project?
② He saw a curious <u>object</u> floating in the sky.
③ Her <u>object</u> in life is to travel all over the world.
④ The passengers are not allowed to carry sharp <u>objects</u>.
⑤ The <u>object</u> of this study is to find out where the sound comes from.

서술형2

04 다음 대화의 빈칸에 공통으로 들어갈 말을 한 단어로 쓰시오. 4점

> A: We can have Bibimbap or Galbitang. Which do you _____?
> B: I _____ Bibimbap to Galbitang. It seems to me that it's the healthier choice.

→ _____

05 다음 대화의 빈칸에 들어갈 말로 알맞은 것은? 3점

> A: Minho, look at these two paintings of cats here. Aren't they great?
> B: Yes, they are.
> A: They both are good, but _____. How about you?
> B: I prefer the one on the right. It seems to me that the cat in it is cuter.

① I like both
② I don't have cats
③ I like cats more
④ I think cats are cute
⑤ I prefer the one on the left

06 다음 대화의 내용과 일치하지 <u>않는</u> 것은? 4점

> Ted: Which do you prefer, summer or winter?
> Sam: I prefer summer. It seems to me that it's the perfect season to have fun. How about you?
> Ted: I prefer winter. It makes me feel more relaxed.

① Sam and Ted are talking about which season they prefer.
② Sam prefers summer to winter.
③ Ted likes winter better than summer.
④ Sam thinks summer is the perfect season to have fun.
⑤ Ted thinks summer makes him feel relaxed.

150 Lesson 8 The Joseon Dynasty Through Paintings

서술형3

07 다음 대화의 밑줄 친 ⓐ와 의미가 같은 문장을 완성하시오.
(단, 대화에 쓰인 단어만 사용할 것)   5점

> A: Which one do you prefer, the green plate or the white plate?
> B: Well, it's hard to choose, but I like the green one better. How about you?
> A: ⓐMe, too. It seems to me that the green plate is more unique.

→ I _____, too.

[08~10] 다음 대화를 읽고, 물음에 답하시오.

> A: There are two exhibitions we can go to. ①Which one do you want to see more, Eric?
> B: I prefer the Korean mask exhibition. Is that OK, Somi?
> A: Of course. ②And it seems to me that the mask exhibition won't be that interesting.
> B: Do you think so?
> A: Yes. Look at this poster. There isn't just an exhibition. There's also a mask dance show at 4:00 and 6:00.
> B: Great! ⓐ나는 전에 탈춤 공연을 한 번도 본 적이 없어.
> A: Well, ③I've seen a show before. I'm sure you'll like it.
> B: ④So where is the show?
> A: It's in Dasom Hall, next to the exhibition room.
> B: It's 4:30 now, so let's watch the 6 o'clock show.
> A: OK. ⑤Let's go see the exhibition first.

08 위 대화의 밑줄 친 ①~⑤ 중 흐름상 어색한 것은?   3점

① ② ③ ④ ⑤

신유형

09 위 대화의 밑줄 친 우리말 ⓐ와 의미가 같도록 주어진 단어를 배열할 때, 4번째로 올 단어는?   4점

> have, show, dance, I, never, a, mask, before, seen

① seen ② have ③ never
④ show ⑤ before

고난도

10 다음은 Eric의 일기이다. 밑줄 친 ①~⑤ 중 위 대화의 내용과 일치하지 않는 것은?   4점

> Today, Somi and I went to a Korean mask exhibition. Actually, ①there was another exhibition, but ②I preferred the mask exhibition. ③There was also a mask dance show, so ④we watched the 4 o'clock show after seeing the exhibition. ⑤It was my first time seeing a mask dance show, and we had a great time.

① ② ③ ④ ⑤

서술형4

11 다음 표를 보고, 선호하는 것을 묻고 답하는 대화를 완성하시오.   각 3점

(1) I like ... (2) I like ...

(1) A: _____
more, strawberry milk or chocolate milk?
B: _____.

(2) A: _____,
math or English?
B: _____.

12 다음 빈칸에 들어갈 수 있는 말끼리 짝지어진 것은?   3점

> It's _____ of him to say that.

ⓐ easy   ⓑ thoughtful   ⓒ stupid
ⓓ important   ⓔ necessary   ⓕ careless

① ⓐ, ⓓ, ⓔ   ② ⓐ, ⓔ, ⓕ   ③ ⓑ, ⓒ, ⓕ
④ ⓑ, ⓓ, ⓔ   ⑤ ⓒ, ⓓ, ⓕ

서술형 5

13 다음 괄호 안의 단어를 어법에 맞게 사용하여 그림 속 인물이 할 말을 가정법 과거 문장으로 각각 완성하시오. 각 3점

(1)

→ If I _____ _____ homework, I _____ _____ _____ with my mom. (have, go)

(2)

→ If _____ _____ _____ today, I _____ _____ _____ with my friends. (sunny, play)

서술형 6

14 다음 문장을 가정법 문장으로 바꿔 쓰시오. 5점

As he doesn't have enough time, he can't help her.

→ _____

서술형 7 고난도

15 다음 ⓐ~ⓔ 중 어법상 틀린 문장을 두 개 찾아 기호를 쓰고, 바르게 고쳐 문장을 다시 쓰시오. 각 3점

ⓐ I would be happy if she were my sister.
ⓑ If I am you, I would send him an email.
ⓒ If you helped me, I could finish it earlier.
ⓓ It was dangerous for us to swim in the sea.
ⓔ It's easy of Jenny to make Italian food.

(1) ( ) → _____

(2) ( ) → _____

16 다음 빈칸에 들어갈 말로 알맞은 것을 모두 고르면? 3점

It can be difficult _____.

① to get up early every day
② learn how to play the guitar
③ for me to say good-bye to you
④ of him to understand the speech
⑤ all of us to share the same room

[17~19] 다음 글을 읽고, 물음에 답하시오.

Look at the painting on the right. Do you see the Chinese ____ⓐ____, hyo (孝)? Do you also see a carp, a geomungo, and a fan? This kind of painting is ____ⓑ____ Munjado, and it is a ____ⓒ____ of folk painting that was popular in the late Joseon dynasty. In Munjado, there is usually a Chinese character with some animals or objects. (A)문자도에는 여덟 개의 한자 중 하나가 나온다. They are hyo (孝), je (悌), chung (忠), sin (信), ye (禮), ui (義), yeom (廉), and chi (恥), and they represent the ____ⓓ____ that were important to people of the Joseon dynasty.

17 윗글의 빈칸 ⓐ~ⓓ 중 어느 곳에도 들어갈 수 없는 것은? 3점

① tool ② type ③ called
④ values ⑤ character

서술형 8

18 윗글의 밑줄 친 우리말 (A)와 의미가 같도록 괄호 안의 단어를 어법에 맞게 사용하여 문장을 완성하시오. 5점

→ One _____.
(appear, in)

서술형 9

19 When was Munjado popular? Answer in a complete English sentence. 4점

→ _____

[20~22] 다음 글을 읽고, 물음에 답하시오.

The animals or objects in Munjado are not just decorations. They often are symbolic. For example, carp in the paintings of *hyo* symbolize _____(A)_____ because of an old story. The story goes as follows.

Once upon a time, a man lived with his old mother. One winter, the man's mother became ill and couldn't eat ⓐnothing. On one very cold day, the mother said to the man, "It ⓑwere wonderful if I could eat fresh fish."

The man went out to the river, but it was completely frozen. (B)그가 어떤 물고기라도 잡는 것은 불가능했다. The man was so ⓒdisappointing that he cried out to the sky, "What should I do? Please help me." Then the ice melted, and three carp suddenly came out of the water. The man went back home and cooked the fish ⓓto his mother. Then his mother got ⓔgood.

20 윗글의 빈칸 (A)에 들어갈 말로 가장 알맞은 것은? 3점

① love for nature　　② loyalty to the king
③ health and growth　④ respect for parents
⑤ honesty and diligence

21 윗글의 밑줄 친 ⓐ~ⓔ를 어법상 바르게 고친 것 중 틀린 것은? 3점

① ⓐ → anything　　② ⓑ → was
③ ⓒ → disappointed　④ ⓓ → for
⑤ ⓔ → well

22 윗글의 밑줄 친 우리말 (B)를 주어진 단어를 사용하여 영어로 옮길 때 필요하지 않은 단어는? 4점

it, impossible, catch, any

① was　　　② of　　　③ for
④ fish　　　⑤ him

[23~25] 다음 글을 읽고, 물음에 답하시오.

There are other examples of symbolic objects in Munjado. They are bamboo in the paintings of the character *chung*(忠) and lotus flowers in the paintings of *ui*(義). Bamboo does not bend. It stays green in all kinds of weather. For these reasons, bamboo came to symbolize loyalty to the king. In the case of lotus flowers, they grow in muddy ponds but still bloom beautifully. They thus became a symbol of a person's will to fight for justice ___ⓐ___ difficulties.

23 윗글의 빈칸 ⓐ에 들어갈 말로 알맞은 것을 모두 고르면? 3점

① despite　　② though　　③ without
④ because of　⑤ in spite of

24 윗글의 주제로 가장 알맞은 것은? 4점

① where bamboo and lotus flowers grow
② the number of Chinese characters in Munjado
③ how to paint bamboo and lotus flowers in Munjado
④ what the Chinese characters *chung*(忠) and *ui*(義) mean
⑤ how bamboo and lotus flowers got their symbolic meanings in Munjado

서술형 10

25 다음 글에서 윗글의 내용과 일치하지 않는 부분을 두 군데 찾아 바르게 고쳐 쓰시오. 각 2점

In Munjado, bamboo symbolizes loyalty to the king because it does not bend and stays tall in all kinds of weather. Lotus flowers in the painting of *ui* symbolize a person's will to fight for loyalty because they bloom beautifully in muddy ponds.

(1) _____ → _____

(2) _____ → _____

내신 적중 모의고사
오답 공략

● 틀린 문항을 표시해 보세요.

〈제1회〉 대표 기출로 내신 **적중** 모의고사   총점 _____ / 100

문항	영역	문항	영역	문항	영역
01	p.84(W)	10	p.89(L&T)	19	pp.104~105(R)
02	p.84(W)	11	p.97(G)	20	pp.104~105(R)
03	p.82(W)	12	p.96(G)	21	pp.104~105(R)
04	p.82(W)	13	p.97(G)	22	p.105(R)
05	p.87(L&T)	14	pp.96~97(G)	23	p.105(R)
06	p.87(L&T)	15	p.104(R)	24	p.105(R)
07	p.89(L&T)	16	p.104(R)	25	p.105(R)
08	p.89(L&T)	17	p.104(R)		
09	p.89(L&T)	18	p.104(R)		

〈제2회〉 대표 기출로 내신 **적중** 모의고사   총점 _____ / 100

문항	영역	문항	영역	문항	영역
01	p.84(W)	10	p.89(L&T)	19	pp.104~105(R)
02	p.84(W)	11	p.97(G)	20	pp.104~105(R)
03	p.84(W)	12	p.96(G)	21	p.105(R)
04	p.82(W)	13	p.97(G)	22	p.105(R)
05	p.87(L&T)	14	pp.96~97(G)	23	p.105(R)
06	p.88(L&T)	15	p.104(R)	24	p.105(R)
07	p.88(L&T)	16	p.104(R)	25	p.105(R)
08	p.89(L&T)	17	p.104(R)		
09	p.89(L&T)	18	pp.104~105(R)		

〈제3회〉 대표 기출로 내신 **적중** 모의고사   총점 _____ / 100

문항	영역	문항	영역	문항	영역
01	p.84(W)	10	p.97(G)	19	pp.104~105(R)
02	p.82(W)	11	p.96(G)	20	pp.104~105(R)
03	p.84(W)	12	p.97(G)	21	p.105(R)
04	p.89(L&T)	13	pp.96~97(G)	22	p.105(R)
05	p.87(L&T)	14	p.96(G)	23	p.105(R)
06	p.87(L&T)	15	p.104(R)	24	p.105(R)
07	p.89(L&T)	16	p.104(R)	25	p.105(R)
08	p.89(L&T)	17	p.104(R)		
09	p.89(L&T)	18	pp.104~105(R)		

〈제4회〉 고난도로 내신 **적중** 모의고사   총점 _____ / 100

문항	영역	문항	영역	문항	영역
01	p.82(W)	10	p.89(L&T)	19	p.104(R)
02	p.84(W)	11	p.87(L&T)	20	pp.104~105(R)
03	p.84(W)	12	p.96(G)	21	pp.104~105(R)
04	p.87(L&T)	13	p.97(G)	22	pp.104~105(R)
05	p.88(L&T)	14	p.97(G)	23	p.105(R)
06	p.87(L&T)	15	pp.96~97(G)	24	p.105(R)
07	p.87(L&T)	16	p.96(G)	25	p.105(R)
08	p.89(L&T)	17	p.104(R)		
09	p.89(L&T)	18	p.104(R)		

● 부족한 영역을 점검하고 어떻게 더 학습할지 계획을 적어 보세요.

제1회 오답 공략
부족한 영역
학습 계획

제2회 오답 공략
부족한 영역
학습 계획

제3회 오답 공략
부족한 영역
학습 계획

제4회 오답 공략
부족한 영역
학습 계획

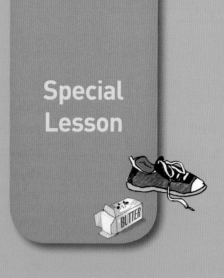

Special
Lesson

Finding the Good
in Your Friends

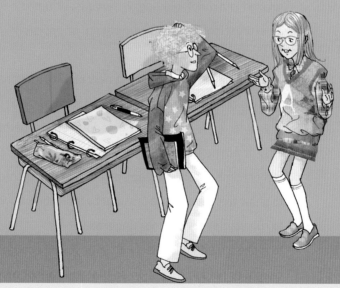

주요 학습 내용	핵심 구문	형용사를 보어로 취하는 동사	You **look worried**. (너는 걱정이 있어 보이는구나.)
		전치사의 목적어로 쓰이는 동명사	When Boyd's foot got stuck in the bicycle stand the other day, Peter got it out **by using** butter. (일전에 Boyd의 발이 자전거 거치대에 끼었을 때, Peter는 버터를 사용해서 그의 발을 꺼냈다.)

학습 단계 PREVIEW	STEP **A**	Words	Reading
	STEP **B**	Words	Reading
	내신 **적중 모의고사**	제 **1** 회	제 **2** 회

Words

만점 노트

Reading

□□ activity	몡 활동	□□ pull	동 당기다
□□ calm	혱 침착한, 차분한	□□ scratch	동 긁다
□□ carefully	뷔 신중하게, 조심스럽게	□□ scream	동 비명을 지르다
□□ cheerful	혱 발랄한, 쾌활한	□□ shyly	뷔 수줍게, 부끄러워하며
□□ compliment☆	몡 칭찬, 찬사 동 칭찬하다	□□ stand	몡 거치대 동 서다, 서 있다
□□ confidently	뷔 자신 있게	□□ still	혱 가만히 있는 뷔 아직도
□□ creative☆	혱 창의적인	□□ stuck☆	혱 (~에 빠져) 움직일 수 없는
□□ fair	혱 공정한, 공평한	□□ try	동 노력하다, 해 보다
□□ happen	동 (일이) 일어나다, 발생하다	□□ all day long	하루 종일
□□ hesitate	동 망설이다, 주저하다	□□ compliment on☆	~에 대해 칭찬하다
□□ messy	혱 지저분한, 엉망인	□□ each other	서로
□□ pause	몡 (일시적인) 중단	□□ except for	~을 제외하고 (= but for)
□□ pick	동 뽑다	□□ pull out	~을 (당겨서) 꺼내다
□□ point	동 가리키다	□□ put A on B	A를 B에 바르다(놓다)

영영풀이

□□ calm	침착한, 차분한	relaxed and quiet, not angry, nervous, or upset
□□ compliment	칭찬	an expression of praise, admiration, or approval
□□ confidently	자신 있게	surely, with confidence
□□ creative	창의적인	able to make or do something new or with imagination
□□ fair	공정한	treating or affecting everyone in the same way
□□ hesitate	망설이다, 주저하다	to wait for a moment before you do or say something
□□ messy	지저분한, 엉망인	dirty or not neat
□□ pause	중지, 중단	a short time when you stop speaking or doing something
□□ point	가리키다	to show the direction or location by indicating it with one's finger
□□ scratch	긁다	to rub your skin with your fingernails
□□ scream	비명을 지르다	to make a loud high noise with your voice because you are afraid, hurt, or excited
□□ stuck	움직일 수 없는	caught or held in a position so that you cannot move

단어의 의미 관계

● 유의어
compliment (칭찬) – praise
last (마지막의) – final
pause (중단) – stop

● 반의어
carefully (신중하게) ↔ carelessly (부주의하게)
clean (깨끗한) ↔ messy (지저분한)
pull (당기다) ↔ push (밀다)

다의어

● stand 1. 몡 거치대 2. 동 서다, 서 있다
1. The hat was hung on a hat **stand**.
   (그 모자는 모자걸이에 걸려 있었다.)
2. Don't **stand** in the doorway. (출입구에 서 있지 마.)

● still 1. 혱 가만히 있는 2. 뷔 아직도
1. Don't move and stay **still**. (움직이지 말고 가만히 있어라.)
2. Do you **still** keep in touch with him?
   (너는 그와 아직도 연락하니?)

연습 문제

A 다음 단어의 우리말 뜻을 쓰시오.

01 try _____

02 stuck _____

03 messy _____

04 pause _____

05 scream _____

06 compliment _____

07 happen _____

08 shyly _____

09 hesitate _____

10 confidently _____

B 다음 우리말 뜻에 알맞은 영어 단어를 쓰시오.

01 발랄한, 쾌활한 _____

02 가리키다 _____

03 가만히 있는; 아직도 _____

04 당기다 _____

05 창의적인 _____

06 긁다 _____

07 신중하게, 조심스럽게 _____

08 활동 _____

09 뽑다 _____

10 공정한, 공평한 _____

C 다음 영어 표현의 우리말 뜻을 쓰시오.

01 each other _____

02 put A on B _____

03 except for _____

04 all day long _____

05 compliment on _____

D 다음 우리말 뜻에 알맞은 영어 표현을 쓰시오.

01 하루 종일 _____

02 서로 _____

03 ~에 대해 칭찬하다 _____

04 ~을 제외하고 _____

05 ~을 (당겨서) 꺼내다 _____

E 다음 영영풀이에 해당하는 단어를 [보기]에서 찾아 쓴 후, 우리말 뜻을 쓰시오.

[보기]	messy	stuck	calm	hesitate	fair

01 _____ : dirty or not neat : _____

02 _____ : treating or affecting everyone in the same way : _____

03 _____ : relaxed and quiet, not angry, nervous, or upset : _____

04 _____ : caught or held in a position so that you cannot move : _____

05 _____ : to wait for a moment before you do or say something : _____

F 우리말과 의미가 같도록 빈칸에 알맞은 말을 쓰시오.

01 우리는 하루 종일 그를 기다렸다. → We waited for him _____ _____ _____.

02 Sally를 제외한 모든 사람들이 나를 쳐다보았다. → Everyone looked at me _____ _____ Sally.

03 나는 Robert에게 그의 훌륭한 음식에 대해 칭찬할 것이다.

→ I'm going to _____ Robert _____ his wonderful food.

04 그 과제를 한 시간 안에 끝내려면 너희는 서로 도와야 한다.

→ You should help _____ _____ to finish the project in an hour.

STEP
A

01 다음 빈칸에 들어갈 말로 알맞은 것은?

I think Jessica is very _____ because she is always full of new and unusual ideas.

① shy ② calm ③ quiet
④ creative ⑤ careful

02 다음 빈칸에 공통으로 들어갈 말로 알맞은 것은?

- Don't _____ too close to the fire.
- Do you know where the bicycle _____ is?

① hesitate ② pick ③ scream
④ scratch ⑤ stand

03 다음 영영풀이에 해당하는 단어로 알맞은 것은?

an expression of praise, admiration, or approval

① pause ② stuck ③ compliment
④ happen ⑤ activity

04 다음 중 밑줄 친 부분의 우리말 의미가 알맞지 <u>않은</u> 것은?

① We had to stay at home all day long.
　　　　　　　　　　　　　　(하루 종일)
② I was sorry to hear about your accident.
　　　　　　　　　　　　　　　(사고)
③ Nobody knows what will happen next.
　　　　　　　　　　　　(발생하다)
④ They looked at each other and laughed.
　　　　　　　　　　(서로)
⑤ You need to pull out the plug to turn it off.
　　　　　　　　(밀어내다)

[05~06] 다음 우리말과 의미가 같도록 빈칸에 알맞은 말을 쓰시오.

05
그 박물관은 국가 공휴일을 제외하고 매일 개관한다.

→ The museum is open daily _____ _____ national holidays.

06
우리는 교통 체증 때문에 그곳에서 한 시간 동안 꼼짝하지 못했다.

→ We _____ _____ there for an hour because of the traffic jam.

07 다음 빈칸에 공통으로 알맞은 단어를 쓰시오.

- I put some jam _____ the bread.
- There are a lot of things to compliment her _____.

→ _____

08 다음 영영풀이에 해당하는 단어가 포함된 문장은?

relaxed and quiet, not angry, nervous, or upset

① A cheerful person smiles all the time.
② He made the passengers remain calm.
③ It's not fair to blame him for everything.
④ Please clean your messy room right now.
⑤ My brother can't stay still for even 10 minutes.

Reading
핵심 구문 노트

Answers p. 43

---

1 형용사를 보어로 취하는 동사

You look worried.
<u>look+형용사: ~하게 보이다</u>

Stay still.
<u>stay+형용사: ~한 상태를 유지하다</u>

너는 걱정이 있어 보이는구나.

가만히 있어라.

2형식 문장에서는 동사 뒤에 주어를 보충 설명해 주는 주격보어가 쓰이는데, 주격보어로 형용사를 쓰는 동사는 다음과 같다.

(1) 상태 동사: be동사, keep, remain, stay 등
They **are rich**. (그들은 부유하다.)　　　We **kept silent**. (우리는 조용히 있었다.)

(2) 상태 변화 동사: become, get, grow, go, turn, fall 등
It is **getting dark**. (날이 어두워지고 있다.)
In autumn, the leaves **turn yellow**. (가을에는 나뭇잎이 노랗게 변한다.)

(3) 감각 동사: look, sound, smell, taste, feel 등
Your idea **sounds great**. (네 아이디어 참 좋은 것 같아.)
I don't **feel hungry** at all. (나는 전혀 배고프지 않아.)

point
시험 포인트
감각 동사나 상태 동사, 상태 변화 동사 뒤에 쓰이는 주격보어의 형태를 묻는 문제가 자주 출제된다. 이러한 동사 뒤에는 부사를 보어로 쓰지 않는 것에 유의한다.

---

2 전치사의 목적어로 쓰이는 동명사

When Boyd's foot got stuck in the bicycle stand the other day, Peter got it out **by using** butter.
<u>전치사+목적어(동명사구)</u>

Nobody else thought **of doing** that.

일전에 Boyd의 발이 자전거 거치대에 끼었을 때, Peter는 버터를 사용해서 그의 발을 꺼냈다.

어느 누구도 그렇게 할 생각을 하지 못했다.

동사가 전치사의 목적어로 쓰일 때는 동명사 형태로 쓴다.

by+-ing	~함으로써	on+-ing	~하자마자
be good at+-ing	~을 잘하다	be afraid of+-ing	~을 두려워하다
be interested in+-ing	~에 관심이 있다	be tired of+-ing	~에 싫증이 나다

point
시험 포인트
전치사 뒤에 오는 목적어의 형태로 알맞은 것을 고르거나 쓰는 문제가 출제된다. 전치사 뒤에 동사가 이어질 때는 반드시 동명사 형태로 쓰는 것에 유의한다.

QUICK CHECK

1 다음 괄호 안에서 알맞은 것을 고르시오.
(1) We kept (silently / silent) in the library.
(2) Jake became (angry / angrily) all of a sudden.
(3) My classmates look very (excited / excitedly) in this picture.

2 다음 빈칸에 괄호 안의 동사를 알맞은 형태로 쓰시오.
(1) He thanked me for _____ him home. (take)
(2) I was worried about _____ a mistake. (make)
(3) Some people are afraid of _____ out alone at night. (go)

Reading
만점 노트

최고의 칭찬

The Best Compliment Ever

장면 1

01 학교의 마지막 주이다.

02 각 학생들은 이름 하나가 쓰인 종이 한 장씩을 막 뽑았다.

03 Ms. Kemp: '학급 친구들에 대한 칭찬'이 이번 학년 우리의 마지막 활동이 될 거예요.

04 모두 이름을 뽑았나요?

05 반 아이들: 네, Kemp 선생님.

06 학생들이 서로 이야기를 나누고 있다.

07 Beth: 너는 누구 이름을 뽑았니?

08 Lucy: (미소 지으며) Boyd를 뽑았어.

09 그 애에 관해서는 말할 게 많아.

10 너는 어때, Beth?

11 Beth: (걱정스러운 표정으로) 어, 나는 Peter 이름을 뽑았어.

12 Lucy: Peter? 아, 이런! 그 애한테서 칭찬할 것을 찾는 게 쉽지 않을 거야.

13 Steve: 그래. 그 애는 말을 많이 하지 않고 하루 종일 그냥 책상에 앉아만 있잖아.

14 Beth: (머리를 긁적이며) 음, 무언가를 찾아야 하겠다.

장면 2

15 Beth는 집에서 그 활동에 대해 부모님과 이야기를 나누고 있다.

16 Beth: 저를 제외한 모두가 다른 친구들에 대한 긴 칭찬 목록을 가지고 있어요.

17 저는 Peter에 관해 무엇을 칭찬해야 할지 모르겠어요.

18 엄마: 잘 생각해 봐. 뭔가 있을 거야.

Scene 1

01 *It is the last week of school.*
비인칭 주어 · 혱 마지막의

02 *Each student has just picked a piece of paper with a name on it.*
each+단수 명사 · 현재완료 (have+과거분사) · 부 막, 방금 → 완료의 의미 강조 · ~ 한 장 · 셀 수 없는 명사 · = a piece of paper

03 Ms. Kemp: "Compliments for Classmates" will be our last activity of the school year.
compliment 혱 칭찬

04 Did everyone pick a name?
동 뽑다

05 Class: Yes, Ms. Kemp.

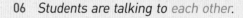

06 *Students are talking to each other.*

07 Beth: So, whose name did you pick?
누구의 (의문형용사)

08 Lucy: (*smiling*) I got Boyd.
미소 지으며 (분사구문) = picked · = Boyd

09 I have a lot to say about him.
have a lot+to부정사: ~할 것이 많다

10 What about you, Beth?
= Whose name did you pick

11 Beth: (*looking worried*) Uh, I picked Peter's name.
look+형용사: ~해 보이다 · 대명사를 뒤에서 수식

12 Lucy: Peter? Oh, no! It won't be easy to find something [to compliment him on].
가주어 · 진주어 (to find 이하) · 형용사적 용법의 to부정사 · compliment+목적어+on ~: ~에 대해 (목적어)를 칭찬하다

13 Steve: Yeah. He doesn't talk much and just sits at his desk all day long.
등위접속사 and로 연결된 병렬 구조

14 Beth: (*scratching her head*) Well, I'll have to find something.
「have to+동사원형」 ~해야 한다

Scene 2

15 *Beth is at home talking with her parents about the activity.*
이야기하면서 (분사구문) · = "Compliments for Classmates"

16 Beth: Everyone has long lists of compliments for other classmates, except for me.
단수 취급 · = but for

17 I don't know what to compliment Peter on.
「의문사 what+to부정사」 무엇을 ~할지 (= what I should compliment Peter on)

18 Mom: Think carefully. There should be something.
부 주의 깊게 · 「There+be동사」 ~이 있다

19 Beth: Well, he's clean. He washes his face every day.
　　　　　　규칙적인 행동은 현재시제로 표현◄┘

20 Mom: That's not a compliment. Everybody does that.
　　　　　　　　　　　　　　　= 매일 세수하는 것

　　　　　　접속사 that 생략
21 Dad: Try again. I'm sure you can find something good to say about him.
　　　be sure: 확신하다　　　　-thing으로 끝나는 대명사를 형용사와　= Peter
　　　　　　　　　　　　　　to부정사가 함께 수식할 때의 어순:
　　　　　　　　　　　　　　「-thing+형용사+to부정사」

Scene 3

22 *The next day, there is an accident at school.*

23 *Boyd's foot is stuck in a bicycle stand.*
　　　발 (*pl.* feet)　　　　　명 거치대

24 Boyd: (*with arms in the air*) Help! I need help!
　　　　　　　　　　　　　　명 도움

　　　　형 가만히 있는　┌try+to부정사: ~하기 위해 노력하다
25 Beth: Stay still. I'm trying to pull your foot out.
　　　stay+형용사: ~한 상태를 유지하다

26 Boyd: (*screaming*) Ouch! That hurts!
　　　　　　　　　　　　hurt 동 아프다

27 Peter: Let me help. Just a minute.
　　　「let+목적어+동사원형(목적격보어)」 (목적어)가 ~하게 하다

28 *Peter runs to the school's kitchen and comes back with butter.*
　　　└── 등위접속사 and로 연결된 병렬 구조 ──┘　전 ~을 가지고

　　　　　　　　　　　　┌put A on B: A를 B에 바르다
29 Peter: I'm going to put this butter on your foot.
　　　「be going to+동사원형」 ~할 예정이다

30 Boyd: What? Butter?

31 Peter: Just stay calm.
　　　　　　형 침착한

　　　　　　　　　　　　　　┌work 동 효과가 있다
32 Beth: (*pointing to Boyd's foot*) Wow! It's working!
　　　　~을 가리키며　　　　　= 발에 버터를 바른 것

33 Boyd's foot is coming out of the stand.
　　　　　come out of: ~에서 나오다

Scene 4
　　　┌ 현재진행형 (be동사+동사원형-ing)
34 *Beth is eating dinner with her parents.*

　　　　　┌= her parents
35 *She tells them about what happened to Boyd.*
　　　tell A about B: A에게 B에 대해 말하다

36 Beth: There was a little accident at school today.
　　　　　~가 있었다　　　단수 주어

37 Boyd's foot got stuck in a bicycle stand.
　　　「get+과거분사」 ~해지다 (수동의 의미)
　　　　　　　　　　　　┌= Boyd
38 Mom: Oh, no! So how did he get his foot out?
　　　　　　　　　　　get ~ out: ~을 꺼내다
　　　　└── 등위접속사 and로 연결된 병렬 구조 ──┘　┌= his foot
39 Beth: Peter put butter on his foot and then pulled it out.
　　　　　　　　　　「타동사+부사」의 목적어가 대명사일 때의 어순:
　　　　　　　　　　「타동사+목적어(대명사)+부사」

19 Beth: 음, 그 애는 깔끔해요. 매일 세수를 해요.

20 엄마: 그건 칭찬이 아니지. 모든 사람들이 하는 거잖니.

21 아빠: 다시 생각해 보렴. 그 아이에 대해 말할 무언가 좋은 점을 분명히 찾을 수 있을 거야.

장면 3

22 다음 날, 학교에서 사고가 일어난다.

23 Boyd의 발이 자전거 거치대에 끼었다.

24 Boyd: (공중에 양팔을 벌린 채) 도와줘! 도움이 필요해!

25 Beth: 가만히 있어. 네 발을 당겨 꺼내려고 노력하는 중이야.

26 Boyd: (비명을 지르며) 아야! 아파!

27 Peter: 내가 도와줄게. 잠깐만.

28 Peter가 학교 주방으로 뛰어가 버터를 가지고 온다.

29 Peter: 네 발에 이 버터를 바를 거야.

30 Boyd: 뭐? 버터를?

31 Peter: 그냥 침착하게 있어.

32 Beth: (Boyd의 발을 가리키며) 와! 효과가 있어!

33 Boyd의 발이 거치대에서 빠져나오고 있어.

장면 4

34 Beth는 부모님과 저녁 식사를 하고 있다.

35 그녀는 부모님께 Boyd에게 일어난 일에 대해 이야기한다.

36 Beth: 오늘 학교에서 작은 사고가 있었어요.

37 Boyd의 발이 자전거 거치대에 끼었어요.

38 엄마: 아, 저런! 그래서 발을 어떻게 뺐니?

39 Beth: Peter가 그 애 발에 버터를 바르고 나서 발을 당겨서 꺼냈어요.

40 아빠: 그거 정말 창의적이었구나. 지저분하지만 창의적이야.

41 Beth: 흠. 창의적이라고요? 아빠, 그것이 칭찬이 될 수 있어요?

42 아빠: 물론이지.

┌ = Peter put butter ~ pulled it out.

40 **Dad:** That was really creative. Messy but creative.
대조의 내용 ← but → 대조의 내용

41 **Beth:** Hmm. Creative? Can that be a compliment, Dad?

42 **Dad:** Sure.

장면 5

43 학교의 마지막 날이고, 학생들은 서로를 칭찬하고 있다.

44 Ms. Kemp: Joanne, Beth에게 무슨 칭찬을 해 주겠니?

45 Joanne: Beth, 너는 항상 쾌활해.

46 또한 친절하고 모두에게 공정해.

47 Beth: 고마워, Joanne. 그렇게 말해 주다니 넌 정말 친절하구나.

48 Ms. Kemp: Beth, 이제 네 말을 들어 보자. 너는 Peter의 이름을 뽑았구나.

49 Beth: (주저하며) 음, 저는 Peter가 창의적이라고 생각해요. Peter, 너는… 어… 창의적이야.

50 Peter: (수줍게) 정말?

51 Ms. Kemp: Peter가 왜 창의적이라고 생각하니?

52 Beth: (한참 있다가) 일전에 Boyd의 발이 자전거 거치대에 끼었을 때, Peter는 버터를 사용해서 그의 발을 꺼냈어요. 그것은 창의적이었어요.

53 Boyd: 맞아! 어느 누구도 그렇게 할 생각을 하지 못했어.

54 Steve: 난 몰랐어. 음, 그렇다면, 나도 그가 창의적이라고 생각해.

55 Beth: (자신 있게) 그래, Peter, 너는 창의적이야!

56 Peter: 고마워, Beth! 그건 최고의 칭찬이야!

Scene 5

43 *It is the last day of school, and the students are complimenting*
비인칭 주어   compliment ⑧ 칭찬하다
each other.

44 **Ms. Kemp:** Joanne, what compliment do you have for Beth?
의문형용사+명사

45 **Joanne:** Beth, you're always cheerful.
항상 (빈도부사)

46 You're also kind and fair to everybody.
┌등위접속사로┐   ┌사람에 대한 주관적 평가를
연결 (병렬)   나타내는 형용사   ┌ cheerful, kind, fair라고
말해 준 것을 의미

47 **Beth:** Thanks, Joanne. It's so nice of you to say so.
가주어   to부정사의   진주어
의미상 주어

48 **Ms. Kemp:** Beth, let's hear from you now. You picked Peter's name.
~로부터 듣다

49 **Beth:** (*hesitating*) Well, I think Peter is creative. Peter, you're ... uh ...
접속사 that 생략
creative.

50 **Peter:** (*shyly*) Really?

┌「make+목적어+동사원형(목적격보어)」, (목적어)가 ~하게 하다
51 **Ms. Kemp:** What made you think Peter is creative?
무엇 때문에 ~라는 생각을 하게 되었니? (이유를 묻는 표현)

52 **Beth:** (*after a long pause*) When Boyd's foot got stuck in the bicycle stand
┌by+동명사: ~함으로써
the other day, Peter got it out by using butter. That was creative.
목적어 it이 대명사이므로   ┌버터를 이용해
got과 out 사이에 위치   ┌ Boyd의 발을 꺼낸 것

53 **Boyd:** Yeah! Nobody else thought of doing that.
다른 누구도 ~하지 않는   전치사+동명사

54 **Steve:** I didn't know that. Well, then, I also think he's creative.
= When Boyd's ~ using butter. 접속사 that 생략

55 **Beth:** (*confidently*) Yeah, Peter, you ARE creative!

┌good의 최상급
56 **Peter:** Thanks, Beth! It's the best compliment ever!
창의적이라고 말해 준 것   ⑨ 이제까지, 지금까지
(최상급을 강조)

빈칸 채우기

• 우리말과 의미가 같도록 교과서 본문의 문장을 완성하시오.

01 It is the _____ _____ of school.

01 학교의 마지막 주이다.

02 _____ _____ has just picked a _____ of paper with a name on it.

02 각 학생들은 이름 하나가 쓰인 종이 한 장씩을 막 뽑았다.

03 Ms. Kemp: "_____ for Classmates" will be our _____ _____ of the school year.

03 Ms. Kemp: '학급 친구들에 대한 칭찬'이 이번 학년 우리의 마지막 활동이 될 거예요.

04 Did everyone _____ _____ _____?

04 모두 이름을 뽑았나요?

05 Class: _____, Ms. Kemp.

05 반 아이들: 네, Kemp 선생님.

06 Students are talking to _____ _____.

06 학생들이 서로 이야기를 나누고 있다.

07 Beth: So, _____ _____ did you pick?

07 Beth: 너는 누구 이름을 뽑았니?

08 Lucy: (_____) I got Boyd.

08 Lucy: (미소 지으며) Boyd를 뽑았어.

09 I have a lot _____ _____ about him.

09 그 애에 관해서는 말할 게 많아.

10 What _____ _____, Beth?

10 너는 어때, Beth?

11 Beth: (_____ _____) Uh, I picked Peter's name.

11 Beth: (걱정스러운 표정으로) 어, 나는 Peter 이름을 뽑았어.

12 Lucy: Peter? Oh, no! It won't be easy to find something to _____ him _____.

12 Lucy: Peter? 아, 이런! 그 애한테서 칭찬할 것을 찾는 게 쉽지 않을 거야.

13 Steve: Yeah. He doesn't talk much and just sits at his desk _____ _____ _____.

13 Steve: 그래. 그 애는 말을 많이 하지 않고 하루 종일 그냥 책상에 앉아만 있잖아.

14 Beth: (*scratching her head*) Well, I'll _____ _____ _____ something.

14 Beth: (머리를 긁적이며) 음, 무언가를 찾아야 하겠다.

15 Beth는 집에서 그 활동에 대해 부모님과
이야기를 나누고 있다.

15 Beth is at home _____ _____ her parents about the activity.

16 Beth: 저를 제외한 모두가 다른 친구들에
대한 긴 칭찬 목록을 가지고 있어요.

16 Beth: Everyone has long lists of compliments for other classmates,
_____ _____ me.

17 저는 Peter에 관해 무엇을 칭찬해야 할지
모르겠어요.

17 I don't know _____ _____ _____ Peter on.

18 엄마: 잘 생각해 봐. 뭔가 있을 거야.

18 Mom: _____ _____. There should be something.

19 Beth: 음, 그 애는 깔끔해요. 매일 세수를
해요.

19 Beth: Well, he's clean. He _____ his face _____ _____.

20 엄마: 그건 칭찬이 아니지. 모든 사람들이
하는 거잖니.

20 Mom: That's not a compliment. _____ _____ that.

21 아빠: 다시 생각해 보렴. 그 아이에 대해 말
할 무언가 좋은 점을 분명히 찾을 수 있을
거야.

21 Dad: Try again. _____ _____ you can find something _____
_____ _____ about him.

22 다음 날, 학교에서 사고가 일어난다.

22 The next day, _____ _____ an accident at school.

23 Boyd의 발이 자전거 거치대에 끼었다.

23 Boyd's foot _____ _____ _____ a bicycle stand.

24 Boyd: (공중에 양팔을 벌린 채) 도와줘! 도
움이 필요해!

24 Boyd: (with arms _____ _____ _____) Help! I need help!

25 Beth: 가만히 있어. 네 발을 당겨 꺼내려
고 노력하는 중이야.

25 Beth: Stay _____. I'm trying to _____ your foot _____.

26 Boyd: (비명을 지르며) 아야! 아파!

26 Boyd: (screaming) Ouch! That _____!

27 Peter: 내가 도와줄게. 잠깐만.

27 Peter: Let _____ _____. Just a minute.

28 Peter가 학교 주방으로 뛰어가 버터를 가
지고 온다.

28 Peter runs to the school's kitchen and _____ _____ _____
butter.

29 Peter: 네 발에 이 버터를 바를 거야.

29 Peter: I'm going to _____ this butter _____ your foot.

30 Boyd: 뭐? 버터를?

30 Boyd: _____? Butter?

31 Peter: 그냥 침착하게 있어.

31 Peter: Just _____ _____.

32 Beth: (_____ _____ *Boyd's foot*) Wow! It's _____!

33 Boyd's foot is _____ _____ _____ the stand.

34 Beth is eating dinner _____ _____ _____.

35 She tells them about what _____ _____ Boyd.

36 Beth: _____ _____ a little _____ at school today.

37 Boyd's foot _____ _____ in a bicycle stand.

38 Mom: Oh, no! So how did he _____ his foot _____?

39 Beth: Peter put butter on his foot and then _____ _____
    _____.

40 Dad: That was really creative. _____ but _____.

41 Beth: Hmm. Creative? _____ that _____ a compliment, Dad?

42 Dad: _____.

43 _____ is the last day of school, and the students are _____
    _____ _____.

44 Ms. Kemp: Joanne, _____ _____ do you have for Beth?

45 Joanne: Beth, you're _____ _____.

46 You're also _____ and _____ to everybody.

47 Beth: Thanks, Joanne. It's so nice _____ _____ to say so.

48 Ms. Kemp: Beth, let's _____ _____ you now. You picked Peter's
    name.

---

32 Beth: (Boyd의 발을 가리키며) 와! 효과
    가 있어!

33 Boyd의 발이 거치대에서 빠져나오고 있어.

34 Beth는 부모님과 저녁 식사를 하고 있다.

35 그녀는 부모님께 Boyd에게 일어난 일에
    대해 이야기한다.

36 Beth: 오늘 학교에서 작은 사고가 있었어요.

37 Boyd의 발이 자전거 거치대에 끼었어요.

38 엄마: 아, 저런! 그래서 발을 어떻게 뺐니?

39 Beth: Peter가 그 애 발에 버터를 바르
    고 나서 발을 당겨서 꺼냈어요.

40 아빠: 그거 정말 창의적이었구나. 지저분하
    지만 창의적이야.

41 Beth: 흠. 창의적이라고요? 아빠, 그것이
    칭찬이 될 수 있어요?

42 아빠: 물론이지.

43 학교의 마지막 날이고, 학생들은 서로를
    칭찬하고 있다.

44 Ms. Kemp: Joanne, Beth에게 무슨
    칭찬을 해 주겠니?

45 Joanne: Beth, 너는 항상 쾌활해.

46 또한 친절하고 모두에게 공정해.

47 Beth: 고마워, Joanne. 그렇게 말해 주
    다니 넌 정말 친절하구나.

48 Ms. Kemp: Beth, 이제 네 말을 들어
    보자. 너는 Peter의 이름을 뽑았구나.

STEP
A

49 Beth: (주저하며) 음, 저는 Peter가 창의
적이라고 생각해요. Peter, 너는… 어…
창의적이야.

50 Peter: (수줍게) 정말?

51 Ms. Kemp: Peter가 왜 창의적이라고
생각하니?

52 Beth: (한참 있다가) 일전에 Boyd의 발
이 자전거 거치대에 끼었을 때, Peter는
버터를 사용해서 그의 발을 꺼냈어요. 그
것은 창의적이었어요.

53 Boyd: 맞아! 어느 누구도 그렇게 할 생각
을 하지 못했어.

54 Steve: 난 몰랐어. 음, 그렇다면, 나도 그
가 창의적이라고 생각해.

55 Beth: (자신 있게) 그래, Peter, 너는 창
의적이야!

56 Peter: 고마워, Beth! 그건 최고의 칭찬
이야!

49 Beth: (_____) Well, I think Peter is creative. Peter, you're … uh …
creative.

50 Peter: (_____) Really?

51 Ms. Kemp: What _____ _____ think Peter is creative?

52 Beth: (*after a* _____ _____) When Boyd's foot got stuck in the
bicycle stand the other day, Peter got it out _____ _____
butter. That was creative.

53 Boyd: Yeah! _____ _____ thought of doing that.

54 Steve: I didn't know that. Well, then, I _____ think he's creative.

55 Beth: (_____) Yeah, Peter, you ARE creative!

56 Peter: Thanks, Beth! It's _____ _____ compliment _____!

Reading

바른 어휘·어법 고르기

01 It is the (lastly / last) week of school.

02 Each student has just picked a piece of (paper / papers) with a name on it.

03 Ms. Kemp: "Compliments for Classmates" will be our last activity (of / at) the school year.

04 Did everyone (put / pick) a name?

05 Class: (Yes / No), Ms. Kemp.

06 Students are talking to each (other / others).

07 Beth: So, (whom / whose) name did you pick?

08 Lucy: (*smiling*) I (get / got) Boyd.

09 I have a lot (say / to say) about him.

10 (Who / What) about you, Beth?

11 Beth: (*looking (worry / worried)*) Uh, I picked Peter's name.

12 Lucy: Peter? Oh, no! It won't be easy to find something to compliment him (on / of).

13 Steve: Yeah. He doesn't talk much and just (sit / sits) at his desk all day long.

14 Beth: (*scratching her head*) Well, I'll have to (find / finding) something.

15 Beth is at home (talked / talking) with her parents about the activity.

16 Beth: Everyone has long lists of compliments for other classmates, except (for / from) me.

17 I don't know (what / who) to compliment Peter on.

18 Mom: Think (careful / carefully). There should be something.

19 Beth: Well, he's clean. He (washes / wash) his face every day.

20 Mom: That's not a compliment. Everybody (do / does) that.

21 Dad: Try again. I'm sure you can find (good something / something good) to say about him.

22 The next day, there (is / are) an accident at school.

23 Boyd's foot is (sticking / stuck) in a bicycle stand.

24 Boyd: (*with arms in the air*) Help! I need (help / helpful)!

25 Beth: Stay still. I'm trying to pull your foot (in / out).

26 Boyd: (*screaming*) Ouch! That (hurts / hurting)!

27 Peter: Let me (help / to help). Just a minute.

28 Peter runs to the school's kitchen and (came / comes) back with butter.

29 Peter: I'm going to put this butter (on / off) your foot.

30 Boyd: (Who / What)? Butter?

31 Peter: Just stay (calm / calmly).

32 Beth: (*pointing to Boyd's foot*) Wow! It's (worked / working)!

33 Boyd's foot is coming (into / out of) the stand.

34 Beth is eating dinner (to / with) her parents.

35 She tells them (to / about) what happened to Boyd.

36 Beth: There (was / were) a little accident at school today.

37 Boyd's foot got (stick / stuck) in a bicycle stand.

38 Mom: Oh, no! So (how / who) did he get his foot out?

39 Beth: Peter put butter on his foot and then pulled (out it / it out).

40 Dad: That was really creative. Messy but (creative / creatively).

41 Beth: Hmm. Creative? Can that (be / will be) a compliment, Dad?

42 Dad: (Sure / Of course not).

43 It is the last day of school, and the students are (compliments / complimenting) each other.

44 Ms. Kemp: Joanne, what compliment do you have (in / for) Beth?

45 Joanne: Beth, you're always (careless / cheerful).

46 You're also kind and (fair / fairly) to everybody.

47 Beth: Thanks, Joanne. It's so nice (of / for) you to say so.

48 Ms. Kemp: Beth, let's (hearing / hear) from you now. You picked Peter's name.

49 Beth: (*hesitating*) Well, I (think / don't think) Peter is creative. Peter, you're … uh … creative.

50 Peter: ((*sadly / shyly*)) Really?

51 Ms. Kemp: (Why / What) made you think Peter is creative?

52 Beth: (*after a long pause*) When Boyd's foot got stuck in the bicycle stand the other day, Peter got it out by (use / using) butter. That was creative.

53 Boyd: Yeah! Nobody else thought (to / of) doing that.

54 Steve: I didn't (know / have) that. Well, then, I also think he's creative.

55 Beth: ((*confidence / confidently*)) Yeah, Peter, you ARE creative!

56 Peter: Thanks, Beth! It's the (worst / best) compliment ever!

틀린 문장 고치기

• 밑줄 친 부분이 내용이나 어법상 올바르면 ○에, 틀리면 ×에 동그라미 하고 틀린 부분을 바르게 고쳐 쓰시오.

01　It is the last week of school.　　○　×

02　Each students has just picked a piece of paper with a name on it.　　○　×

03　Ms. Kemp: "Compliments for Classmates" will be our last activity of the school year.　　○　×

04　Did everyone pick a name?　　○　×

05　Class: Yes, Ms. Kemp.　　○　×

06　Students are talking to each to other.　　○　×

07　Beth: So, who name did you pick?　　○　×

08　Lucy: (smiling) I got Boyd.　　○　×

09　I have a lot to be said about him.　　○　×

10　What about you, Beth?　　○　×

11　Beth: (looking worries) Uh, I picked Peter's name.　　○　×

12　Lucy: Peter? Oh, no! This won't be easy to find something to compliment him on.　　○　×

13　Steve: Yeah. He doesn't talk much and just sits at his desk all day long.　　○　×

14　Beth: (scratching her head) Well, I'll have to find something.　　○　×

15　Beth is at home talking with her parents about the activity.　　○　×

16　Beth: Everyone have long lists of compliments for other classmates, except for me.　　○　×

17　I don't know what to compliment Peter to.　　○　×

18　Mom: Think carefully. There should be something.　　○　×

19 Beth: Well, he's clean. He <u>washes his face</u> every day. ○ ✕

20 Mom: That's not a compliment. <u>Everybody</u> does that. ○ ✕

21 Dad: Try again. I'm sure you can find <u>good to say something</u> about him. ○ ✕

22 The next day, there is an accident <u>of</u> school. ○ ✕

23 Boyd's foot <u>are stuck</u> in a bicycle stand. ○ ✕

24 Boyd: (<u>with arms in the air</u>) Help! I need help! ○ ✕

25 Beth: Stay still. I'm trying <u>pull</u> your foot out. ○ ✕

26 Boyd: (<u>screaming</u>) Ouch! That <u>hurts</u>! ○ ✕

27 Peter: Let me <u>helping</u>. Just a minute. ○ ✕

28 Peter runs to the school's kitchen and comes back <u>with</u> butter. ○ ✕

29 Peter: I'm going to put this butter <u>out of</u> your foot. ○ ✕

30 Boyd: <u>What</u>? Butter? ○ ✕

31 Peter: Just stay <u>calmly</u>. ○ ✕

32 Beth: (<u>pointing to Boyd's foot</u>) Wow! It's working! ○ ✕

33 Boyd's foot is <u>coming out of</u> the stand. ○ ✕

34 Beth is <u>eaten</u> dinner with her parents. ○ ✕

35 She tells them about what <u>happens</u> to Boyd. ○ ✕

36 Beth: <u>There was</u> a little accident at school today. ○ ✕

37 Boyd's foot <u>got stuck</u> in a bicycle stand. ○ ✕

38 Mom: Oh, no! So how did he <u>get his foot in</u>? ○ ✕

39 Beth: Peter put butter on his foot and then <u>pulled them out</u>. ⭕ ❌

40 Dad: That was really <u>create</u>. Messy but creative. ⭕ ❌

41 Beth: Hmm. Creative? <u>Can that be</u> a compliment, Dad? ⭕ ❌

42 Dad: <u>Sure</u>. ⭕ ❌

43 <u>This</u> is the last day of school, and the students are complimenting each other. ⭕ ❌

44 Ms. Kemp: Joanne, <u>what compliment</u> do you have for Beth? ⭕ ❌

45 Joanne: Beth, you're always <u>cheerfully</u>. ⭕ ❌

46 You're also kind <u>but</u> fair to everybody. ⭕ ❌

47 Beth: Thanks, Joanne. It's so nice of you <u>say</u> so. ⭕ ❌

48 Ms. Kemp: Beth, let's hear <u>from</u> you now. You picked Peter's name. ⭕ ❌

49 Beth: (*hesitating*) Well, I think <u>Peter is creative</u>. Peter, you're ... uh ... creative. ⭕ ❌

50 Peter: (*shyly*) Really? ⭕ ❌

51 Ms. Kemp: What made you <u>to think</u> Peter is creative? ⭕ ❌

52 Beth: (*after a long pause*) When Boyd's foot got stuck in the bicycle stand the other day, Peter got it out <u>on</u> using butter. That was creative. ⭕ ❌

53 Boyd: Yeah! Nobody else thought of <u>do</u> that. ⭕ ❌

54 Steve: I didn't know that. Well, then, <u>I also think</u> he's creative. ⭕ ❌

55 Beth: (*confidently*) Yeah, Peter, you ARE creative! ⭕ ❌

56 Peter: Thanks, Beth! It's the best compliment <u>ever</u>! ⭕ ❌

STEP

A

01 학교의 마지막 주이다. (it / of / the last week / is / school)

> _____

02 각 학생들은 이름 하나가 쓰인 종이 한 장씩을 막 뽑았다.
(a piece of / has / a name on it / each student / just picked / with / paper)

> _____

03 Ms. Kemp: '학급 친구들에 대한 칭찬'이 이번 학년 우리의 마지막 활동이 될 거예요.
("Compliments for Classmates" / our / of / will be / last activity / the school year)

> Ms. Kemp: _____

04 모두 이름을 뽑았나요? (everyone / did / a name / pick)

> _____

05 반 아이들: 네, Kemp 선생님. (Ms. Kemp / Yes)

> Class: _____

06 학생들이 서로 이야기를 나누고 있다. (are / each other / talking to / students)

> _____

07 Beth: 그래서, 너는 누구 이름을 뽑았니? (you / whose / so / did / name / pick)

> Beth: _____

08 Lucy: (미소 지으며) Boyd를 뽑았어. (I / smiling / Boyd / got)

> Lucy: _____

09 그 애에 관해서는 말할 게 많아. (to say / have / I / him / about / a lot)

> _____

10 너는 어때, Beth? (about / what / Beth / you)

> _____

11 Beth: (걱정스러운 표정으로) 어, 나는 Peter 이름을 뽑았어. (worried / uh / picked / looking / name / I / Peter's)

> Beth: _____

12 Lucy: Peter? 아, 이런! 그 애한테서 칭찬할 것을 찾는 게 쉽지 않을 거야.
(Peter? / easy / Oh, no! / won't / to compliment / it / to find / be / him / something / on)

> Lucy: _____

13 Steve: 그래. 그 애는 말을 많이 하지 않고 하루 종일 그냥 책상에 앉아만 있잖아.
(Yeah. / talk / just sits / he / and / at his desk / doesn't / much / all day long)

> Steve: _____

14 Beth: (머리를 긁적이며) 음, 무언가를 찾아야 하겠다. (her head / I'll / something / scratching / find / have to / well)

> Beth: _____

15 Beth는 집에서 그 활동에 대해 부모님과 이야기를 나누고 있다.
(Beth / talking with / is at home / the activity / her parents / about)

> _____

16   Beth: 저를 제외한 모두가 다른 친구들에 대한 긴 칭찬 목록을 가지고 있어요.
     (compliments / has / except for / long lists of / for / me / everyone / other classmates)
     > Beth:

17   저는 Peter에 관해 무엇을 칭찬해야 할지 모르겠어요. (I / what / know / don't / Peter / to compliment / on)
     >

18   엄마: 잘 생각해 봐. 뭔가 있을 거야. (there / think / should / carefully / something / be)
     > Mom:

19   Beth: 음, 그 애는 깔끔해요. 매일 세수를 해요. (he's / well / his face / he / clean / washes / every day)
     > Beth:

20   엄마: 그건 칭찬이 아니지. 모든 사람들이 하는 거잖니. (not / does / that's / a compliment / everybody / that)
     > Mom:

21   아빠: 다시 생각해 보렴. 그 아이에 대해 말할 무언가 좋은 점을 분명히 찾을 수 있을 거야.
     (to say / try again / you / I'm sure / find / something good / can / about him)
     > Dad:

22   다음 날, 학교에서 사고가 일어난다. (at school / is / an accident / there / the next day)
     >

23   Boyd의 발이 자전거 거치대에 끼었다. (stuck / a bicycle stand / Boyd's foot / in / is)
     >

24   Boyd: (공중에 양팔을 벌린 채) 도와줘! 도움이 필요해! (arms / with / need help / I / in the air / help)
     > Boyd:

25   Beth: 가만히 있어. 네 발을 당겨 꺼내려고 노력하는 중이야. (still / to pull / trying / stay / I'm / out / your foot)
     > Beth:

26   Boyd: (비명을 지르며) 아야! 아파! (hurts / ouch / that / screaming)
     > Boyd:

27   Peter: 내가 도와줄게. 잠깐만. (a minute / help / just / me / let)
     > Peter:

28   Peter가 학교 주방으로 뛰어가 버터를 가지고 온다.
     (to the school's kitchen / Peter / comes / with / back / and / runs / butter)
     >

29   Peter: 난 네 발에 이 버터를 바를 거야. (on / I'm / this butter / going to / your foot / put)
     > Peter:

30   Boyd: 뭐? 버터를? (butter / what)
     > Boyd:

31   Peter: 그냥 침착하게 있어. (calm / just / stay)
     > Peter:

32 Beth: (Boyd의 발을 가리키며) 와! 효과가 있어! (it's / to Boyd's foot / wow / pointing / working)
> Beth:

33 Boyd의 발이 거치대에서 빠져나오고 있어. (is / Boyd's foot / coming / the stand / out of)
>

34 Beth는 부모님과 저녁 식사를 하고 있다. (dinner / is / her parents / Beth / eating / with)
>

35 그녀는 부모님께 Boyd에게 일어난 일에 대해 이야기한다. (happened / she / to Boyd / them / tells / what / about)
>

36 Beth: 오늘 학교에서 작은 사고가 있었어요. (was / there / at school today / a little accident)
> Beth:

37 Boyd의 발이 자전거 거치대에 끼었어요. (got / a bicycle stand / stuck / in / Boyd's foot)
>

38 엄마: 아, 저런! 그래서 그는 발을 어떻게 뺐니? (Oh, no! / so / get his foot / he / how / out / did)
> Mom:

39 Beth: Peter가 그 애 발에 버터를 바르고 나서 발을 당겨서 꺼냈어요.
(and / Peter / his foot / put / on / pulled / then / it / out / butter)
> Beth:

40 아빠: 그거 정말 창의적이었구나. 지저분하지만 창의적이야. (really / was / but creative / that / creative / messy)
> Dad:

41 Beth: 흠. 창의적이라고요? 그것이 칭찬이 될 수 있어요, 아빠? (creative / Dad / that / hmm / can / a compliment / be)
> Beth:

42 아빠: 물론이지. (sure)
> Dad:

43 학교의 마지막 날이고, 학생들은 서로를 칭찬하고 있다.
(school / is / each other / it / and / are / the last day of / complimenting / the students)
>

44 Ms. Kemp: Joanne, Beth에게 무슨 칭찬을 해 주겠니? (Joanne / do / compliment / for Beth / have / you / what)
> Ms. Kemp:

45 Joanne: Beth, 너는 항상 쾌활해. (Beth / always / cheerful / you're)
> Joanne:

46 너는 또한 친절하고 모두에게 공정해. (to everybody / also / you're / and / fair / kind)
>

47 Beth: 고마워, Joanne. 그렇게 말해 주다니 넌 정말 친절하구나. (Joanne / to say / it's / so / thanks / of you / so nice)
> Beth:

48 Ms. Kemp: Beth, 이제 네 말을 들어 보자. 너는 Peter의 이름을 뽑았구나.
(Beth / Peter's name / hear / picked / let's / you / now / from you)
> Ms. Kemp:

49 Beth: (주저하며) 음, 저는 Peter가 창의적이라고 생각해요. Peter, 너는… 어… 창의적이야.
(well / uh / creative / think / hesitating / Peter is / I / creative / you're / Peter)
> Beth:

50 Peter: (수줍게) 정말? (really / shyly)
> Peter:

51 Ms. Kemp: Peter가 왜 창의적이라고 생각하니? (you / is / what / creative / Peter / made / think)
> Ms. Kemp:

52 Beth: (한참 있다가) 일전에 Boyd의 발이 자전거 거치대에 끼었을 때, Peter는 버터를 사용해서 그의 발을 꺼냈어요. 그것은 창의적이었어요.
(by / a long pause / creative / Boyd's foot / the other day / using / got / when / it / out / in the bicycle stand / Peter / after / butter / got stuck / that was)
> Beth:

53 Boyd: 맞아! 어느 누구도 그렇게 할 생각을 하지 못했어. (Yeah! / that / else / nobody / doing / thought of)
> Boyd:

54 Steve: 난 그걸 몰랐어. 음, 그렇다면, 나도 그가 창의적이라고 생각해.
(creative / that / I / well, then / I also / he's / think / didn't know)
> Steve:

55 Beth: (자신 있게) 그래, Peter, 너는 창의적이야! (Peter / you / creative / confidently / ARE / yeah)
> Beth:

56 Peter: 고마워, Beth! 그건 최고의 칭찬이야! (Beth / the best / it's / ever / thanks / compliment)
> Peter:

Reading
실전 TEST

[01~03] 다음 글을 읽고, 물음에 답하시오.

It is the last week of school. Each student has just picked ⓐa piece of paper with a name on it.

Ms. Kemp: "Compliments for Classmates" will be our last activity of the school year. Did everyone pick a name?

Class: Yes, Ms. Kemp.

Students are talking to ⓑeach other.

Beth: So, whose name did you pick?

Lucy: (*smiling*) I got Boyd. I have a lot to say about him. What about you, Beth?

Beth: (*looking worried*) Uh, I picked Peter's name.

Lucy: Peter? Oh, no! It won't be easy (A)find something to ⓒcompliment him on.

Steve: Yeah. He doesn't talk much and just sits at his desk ⓓall day long.

Beth: (ⓔ*scratching her head*) Well, I'll have to find something.

01 윗글의 밑줄 친 ⓐ~ⓔ의 우리말 의미가 알맞지 <u>않은</u> 것은?

① ⓐ: 한 장의 ~   ② ⓑ: 서로   ③ ⓒ: 불평하다
④ ⓓ: 하루 종일   ⑤ ⓔ: 긁적이며

02 윗글의 밑줄 친 (A)find의 형태로 어법상 알맞은 것은?

① find   ② finds   ③ to find
④ found   ⑤ to be found

03 윗글의 내용과 일치하지 <u>않는</u> 것은?

① 학생들은 이름이 쓰인 종이를 뽑았다.
② '학급 친구들에 대한 칭찬'은 이번 학년의 마지막 활동이다.
③ Lucy와 Boyd는 Beth의 학급 친구들이다.
④ Beth는 Peter의 좋은 점들을 많이 알고 있다.
⑤ Steve와 Lucy는 Peter에 대해서 비슷한 생각을 가지고 있다.

[04~05] 다음 글을 읽고, 물음에 답하시오.

Beth is at home talking with her parents about the activity.

Beth: Everyone has long lists of compliments for other classmates, _____ⓐ_____ me. I don't know what to compliment Peter on.

Mom: Think carefully. There should be something.

Beth: Well, he's clean. He washes his face every day.

Mom: That's not a compliment. Everybody does that.

Dad: Try again. I'm sure you can find something good to say about him.

04 윗글의 흐름상 빈칸 ⓐ에 들어갈 말로 알맞은 것은?

① thanks to   ② as well as   ③ instead of
④ except for   ⑤ because of

05 윗글에 나타난 Beth의 심경으로 가장 알맞은 것은?

① proud   ② pleased   ③ worried
④ excited   ⑤ satisfied

[06~07] 다음 글을 읽고, 물음에 답하시오.

The next day, there is an accident at school. Boyd's foot is stuck in a bicycle stand. (①)

Boyd: (*with arms in the air*) Help! I need help!

Beth: Stay still. I'm trying to pull your foot out. (②)

Boyd: (_____ⓐ_____) Ouch! That hurts!

Peter: Let me help. Just a minute. (③)

Peter runs to the school's kitchen and comes back with butter.

Peter: I'm going to put this butter on your foot.

Boyd: What? Butter? (④)

Peter: Just stay calm.

Beth: (*pointing to Boyd's foot*) Wow! It's working! (⑤)

06 윗글의 ①~⑤ 중 주어진 문장이 들어갈 위치로 알맞은 것은?

> Boyd's foot is coming out of the stand.

①   ②   ③   ④   ⑤

07 윗글의 흐름상 빈칸 ⓐ에 들어갈 말로 가장 알맞은 것은?

① smiling   ② confidently
③ laughing   ④ looking happy
⑤ screaming

[08~09] 다음 글을 읽고, 물음에 답하시오.

> *Beth is eating dinner with her parents. She tells them about what happened to Boyd.*
>
> **Beth:** There was a little (A) activity / accident at school today. Boyd's foot got stuck in a bicycle stand.
> **Mom:** Oh, no! So how did he get his foot out?
> **Beth:** Peter put butter on his foot and then (B) pulled / stuck it out.
> **Dad:** That was really creative. Messy (C) so / but creative.
> **Beth:** Hmm. Creative? Can that be a compliment, Dad?
> **Dad:** Sure.

08 윗글 (A)~(C)의 각 네모 안에 주어진 말 중 문맥상 알맞은 것끼리 바르게 짝지어진 것은?

	(A)		(B)		(C)
①	activity	…	pulled	…	so
②	activity	…	stuck	…	but
③	accident	…	pulled	…	so
④	accident	…	stuck	…	but
⑤	accident	…	pulled	…	but

09 다음 영영풀이에 해당하는 단어를 본문에서 찾아 쓰시오.

> caught or held in a position so that you cannot move

→ _____

서술형

[10~12] 다음 글을 읽고, 물음에 답하시오.

> *It is the last day of school, and the students are complimenting each other.*
>
> **Ms. Kemp:** Joanne, what ____ⓐ____ do you have for Beth?
> **Joanne:** Beth, you're always cheerful. You're also kind and fair to everybody.
> **Beth:** Thanks, Joanne. ⓑ네가 그렇게 말해 주다니 넌 정말 친절하구나.
> **Ms. Kemp:** Beth, let's hear from you now. You picked Peter's name.
> **Beth:** (*hesitating*) Well, I think Peter is creative. Peter, you're ... uh ... creative.
> **Peter:** (*shyly*) Really?
> **Ms. Kemp:** What made you think Peter is creative?
> **Beth:** (*after a long pause*) When Boyd's foot got stuck in the bicycle stand the other day, Peter got it out by using butter. That was ____ⓒ____.

10 윗글의 흐름상 빈칸 ⓐ와 ⓒ에 들어갈 말을 본문에서 찾아 각각 쓰시오. (단, 필요시 형태를 바꿀 것)

ⓐ _____   ⓒ _____

11 윗글의 밑줄 친 우리말 ⓑ와 의미가 같도록 괄호 안의 표현을 사용하여 문장을 완성하시오.

→ It's _____.
(nice, say so)

12 윗글을 읽고 다음 질문에 완전한 영어 문장으로 답하시오.

> **Q.** What compliment did Beth give to Peter?

→ _____

STEP
B
내신 만점을 위한 고득점 TEST 구간

W Words
고득점 맞기

[01~02] 다음 우리말과 의미가 같도록 빈칸에 알맞은 말을 쓰시오.

01 그는 미나의 정직함에 대해 칭찬했다.

→ He _____ Mina _____ her honesty.

02 외출하기 전에 얼굴에 자외선 차단제를 바르는 게 어때?

→ Why don't you _____ sunscreen _____ your face before you go out?

03 다음 빈칸 ⓐ~ⓓ 중 어느 곳에도 들어갈 수 없는 것은?

- Listen ___ⓐ___ to what your teacher tells you.
- My mom usually stays ___ⓑ___ in difficult situations.
- She still hasn't fully recovered from the car ___ⓒ___.
- Can you help me ___ⓓ___ out the weeds?

① calm ② pull ③ hesitate
④ accident ⑤ carefully

04 다음 중 밑줄 친 부분의 쓰임이 어색한 것은?

① Did you hear what happened to Mary?
② This story is so creative and interesting.
③ Brian used to be quite cheerful before the accident.
④ They talked confidently about the future of the computer industry.
⑤ We cleaned up the house all day long, so the floor is messy now.

05 다음 중 밑줄 친 부분의 우리말 의미가 알맞지 않은 것은?

① Don't hesitate to call me if you need anything. (망설이다)
② The front wheels of the car were stuck in the mud. (움직일 수 없는)
③ They fought last week and aren't speaking to each other. (서로)
④ Jackson shyly raised his hand when his name was called. (수줍게)
⑤ My backpack is similar to yours except for the color. (~을 포함하여)

06 다음 중 밑줄 친 still의 의미가 같은 것끼리 짝지어진 것은?

ⓐ Do you still have a stomachache?
ⓑ Seoul still has a lot of air pollution.
ⓒ Stand still while I take your picture.
ⓓ I can't cut your hair if you don't keep still.
ⓔ He still remembers the day when he first met Somi at the bookstore.

① ⓐ, ⓒ - ⓑ, ⓓ, ⓔ   ② ⓐ, ⓔ - ⓑ, ⓒ, ⓓ
③ ⓐ, ⓑ, ⓔ - ⓒ, ⓓ   ④ ⓐ, ⓒ, ⓓ - ⓑ, ⓔ
⑤ ⓐ, ⓓ, ⓔ - ⓑ, ⓒ

07 다음 중 단어와 영영풀이가 바르게 연결되지 않은 것은?

① scratch: to rub your skin with your fingernails
② fair: treating or affecting everyone in the same way
③ point: to wait for a moment before you do or say something
④ creative: able to make or do something new or with imagination
⑤ scream: to make a loud high noise with your voice because you are afraid, hurt, or excited

• 주어진 우리말과 일치하도록 문장을 쓰시오.

01 _____

학교의 마지막 주이다.

02 _____

각 학생들은 이름 하나가 쓰인 종이 한 장씩을 막 뽑았다.

03 _____

Ms. Kemp: '학급 친구들에 대한 칭찬'이 이번 학년 우리의 마지막 활동이 될 거예요.

04 _____

모두 이름을 뽑았나요?

05 _____

반 아이들: 네, Kemp 선생님.

06 _____

학생들이 서로 이야기를 나누고 있다.

07 _____

Beth: 너는 누구 이름을 뽑았니?

08 _____

Lucy: (미소 지으며) Boyd를 뽑았어.

09 _____

그 애에 관해서는 말할 게 많아.

10 _____

너는 어때, Beth?

11 _____

Beth: (걱정스러운 표정으로) 어, 나는 Peter 이름을 뽑았어.☆

12 _____

Lucy: Peter? 아, 이런! 그 애한테서 칭찬할 것을 찾는 게 쉽지 않을 거야.

13 _____

Steve: 그래. 그 애는 말을 많이 하지 않고 하루 종일 그냥 책상에 앉아만 있잖아.

14 _____

Beth: (머리를 긁적이며) 음, 무언가를 찾아야 하겠다.

15 _____

Beth는 집에서 그 활동에 대해 부모님과 이야기를 나누고 있다.

16 _____

Beth: 저를 제외한 모두가 다른 친구들에 대한 긴 칭찬 목록을 가지고 있어요.

17 _____

저는 Peter에 관해 무엇을 칭찬해야 할지 모르겠어요.

18 _____

엄마: 잘 생각해 봐. 뭔가 있을 거야.

19

Beth: 음, 그 애는 깔끔해요. 매일 세수를 해요.

20

엄마: 그건 칭찬이 아니지. 모든 사람들이 하는 거잖니.

21

아빠: 다시 생각해 보렴. 그 아이에 대해 말할 무언가 좋은 점을 분명히 찾을 수 있을 거야.

22

다음 날, 학교에서 사고가 일어난다.

23

Boyd의 발이 자전거 거치대에 끼었다.

24

Boyd: (공중에 양팔을 벌린 채) 도와줘! 도움이 필요해!

25

Beth: 가만히 있어. 네 발을 당겨 꺼내려고 노력하는 중이야.☆

26

Boyd: (비명을 지르며) 아야! 아파!

27

Peter: 내가 도와줄게. 잠깐만.

28

Peter가 학교 주방으로 뛰어가 버터를 가지고 온다.

29

Peter: 네 발에 이 버터를 바를 거야.

30

Boyd: 뭐? 버터를?

31

Peter: 그냥 침착하게 있어.☆

32

Beth: (Boyd의 발을 가리키며) 와! 효과가 있어!

33

Boyd의 발이 거치대에서 빠져나오고 있어.

34

Beth는 부모님과 저녁 식사를 하고 있다.

35

그녀는 부모님께 Boyd에게 일어난 일에 대해 이야기한다.

36

Beth: 오늘 학교에서 작은 사고가 있었어요.

37

Boyd의 발이 자전거 거치대에 끼었어요.

38

엄마: 아, 저런! 그래서 발을 어떻게 뺐니?

39

Beth: Peter가 그 애 발에 버터를 바르고 나서 발을 당겨서 꺼냈어요.

40

아빠: 그거 정말 창의적이었구나. 지저분하지만 창의적이야.

41

Beth: 흠. 창의적이라고요? 아빠, 그것이 칭찬이 될 수 있어요?

42

아빠: 물론이지.

43

학교의 마지막 날이고, 학생들은 서로를 칭찬하고 있다.

44

Ms. Kemp: Joanne, Beth에게 무슨 칭찬을 해 주겠니?

45

Joanne: Beth, 너는 항상 쾌활해.

46

또한 친절하고 모두에게 공정해.

47

Beth: 고마워, Joanne. 그렇게 말해 주다니 넌 정말 친절하구나.

48

Ms. Kemp: Beth, 이제 네 말을 들어 보자. 너는 Peter의 이름을 뽑았구나.

49

Beth: (주저하며) 음, 저는 Peter가 창의적이라고 생각해요. Peter, 너는… 어… 창의적이야.

50

Peter: (수줍게) 정말?

51

Ms. Kemp: Peter가 왜 창의적이라고 생각하니?

52

Beth: (한참 있다가) 일전에 Boyd의 발이 자전거 거치대에 끼었을 때, Peter는 버터를 사용해서 그의 발을 꺼냈어요. 그것은 창의적이었어요.☆

53

Boyd: 맞아! 어느 누구도 그렇게 할 생각을 하지 못했어.☆

54

Steve: 난 몰랐어. 음, 그렇다면, 나도 그가 창의적이라고 생각해.

55

Beth: (자신 있게) 그래, Peter, 너는 창의적이야!

56

Peter: 고마워, Beth! 그건 최고의 칭찬이야!

[01~03] 다음 글을 읽고, 물음에 답하시오.

It is the last week of school. Each student has just picked a piece of paper with a name on it.

Ms. Kemp: "_____ⓐ_____" will be our last activity of the school year. Did everyone pick a name?

Class: Yes, Ms. Kemp.

Students are talking to each other.

Beth: So, whose name did you pick?

Lucy: (*smiling*) I got Boyd. I have a lot to say about him. What about you, Beth?

Beth: (*looking worried*) Uh, I picked Peter's name.

Lucy: Peter? Oh, no! ⓑIt won't be easy to find something to compliment him on.

Steve: Yeah. He doesn't talk much and just sits at his desk all day long.

Beth: (*scratching her head*) Well, I'll have to find something.

01 윗글의 흐름상 빈칸 ⓐ에 들어갈 말로 가장 알맞은 것은?

① Compliments for Classmates
② Plans for the New School Year
③ Electing a New Class President
④ Writing about Your Best Friend
⑤ Saying Good-bye to Classmates

02 윗글의 밑줄 친 ⓑIt과 쓰임이 같은 것을 <u>모두</u> 고르면?

① It was painted by Leonardo da Vinci.
② It can be dangerous to drive at night.
③ It is so cold that we can't play outside.
④ It gets warmer and warmer in the spring.
⑤ It is hard for me to climb the mountain alone.

03 Which CANNOT be answered from the passage above?

① What is the last activity of the school year?
② Whose name did Lucy pick?
③ Whom does Beth have to praise?
④ What does Lucy think about praising Peter?
⑤ Why does Peter just sit at his desk all day long?

[04~06] 다음 글을 읽고, 물음에 답하시오.

Beth is eating dinner with her parents. She tells them about _____ⓐ_____ happened to Boyd.

Beth: There (A) was / were a little accident at school today. Boyd's foot (B) stuck / got stuck in a bicycle stand.

Mom: Oh, no! So _____ⓑ_____ did he get his foot out?

Beth: Peter put butter on his foot and then pulled (C) it out / out it.

Dad: That was really creative. Messy but creative.

Beth: Hmm. Creative? Can that be a compliment, Dad?

Dad: Sure.

04 윗글의 빈칸 ⓐ와 ⓑ에 들어갈 말이 순서대로 바르게 짝지어진 것은?

① how − why   ② what − how
③ how − what   ④ what − when
⑤ why − what

05 윗글 (A)~(C)의 각 네모 안에 주어진 말 중 어법상 알맞은 것끼리 바르게 짝지어진 것은?

	(A)		(B)		(C)
①	was	…	stuck	…	it out
②	was	…	got stuck	…	it out
③	was	…	got stuck	…	out it
④	were	…	stuck	…	it out
⑤	were	…	got stuck	…	out it

06 다음 글에서 윗글의 내용과 일치하지 <u>않는</u> 부분을 찾아 바르게 고친 것은?

> Boyd's foot was stuck in a bicycle stand at school. Peter made Boyd's foot come out by putting oil on his foot. Beth's father said Peter's idea was creative, and Beth asked him if that could be a compliment.

① bicycle → umbrella
② at school → at the park
③ oil → butter
④ father → mother
⑤ compliment → complaint

[07~10] 다음 글을 읽고, 물음에 답하시오.

> *It is the last day of school, and the students are complimenting each other.*
>
> **Ms. Kemp:** Joanne, what compliment do you have for Beth? (①)
>
> **Joanne:** Beth, you're always ⓐ<u>cheerfully</u>. You're also kind and fair to everybody.
>
> **Beth:** Thanks, Joanne. It's so nice ⓑ<u>for</u> you to say so.
>
> **Ms. Kemp:** Beth, let's hear from you now. (②)
>
> **Beth:** (*hesitating*) Well, I think Peter is creative. Peter, you're ... uh ... creative.
>
> **Peter:** (*shyly*) Really? (③)
>
> **Ms. Kemp:** What made you ⓒ<u>thinking</u> Peter is creative? (④)
>
> **Beth:** (*after a long pause*) When Boyd's foot got stuck in the bicycle stand the other day, Peter got it out by ⓓ<u>use</u> butter. That was creative.
>
> **Boyd:** Yeah! Nobody else thought of doing that. (⑤)
>
> **Steve:** I didn't know that. Well, then, I also think he's creative.
>
> **Beth:** (*confidently*) Yeah, Peter, you ARE creative!
>
> **Peter:** Thanks, Beth! It's the ⓔ<u>most</u> compliment ever!

07 윗글의 ①~⑤ 중 주어진 문장이 들어갈 위치로 알맞은 것은?

> You picked Peter's name.

①　　　②　　　③　　　④　　　⑤

08 윗글의 밑줄 친 ⓐ~ⓔ를 바르게 고쳐 쓴 것 중 어법상 <u>틀린</u> 것은?

① ⓐ → cheerful　　② ⓑ → of
③ ⓒ → to think　　④ ⓓ → using
⑤ ⓔ → best

09 다음 영영풀이에 해당하는 단어 중 윗글에 쓰이지 <u>않은</u> 것은?

① dirty or not neat
② an expression of praise, admiration, or approval
③ treating or affecting everyone in the same way
④ a short time when you stop speaking or doing something
⑤ able to make or do something new or with imagination

10 윗글의 내용과 일치하는 문장의 개수는?

> ⓐ Joanne complained about Beth.
> ⓑ Beth got praise for her kindness.
> ⓒ Beth praised Peter for his creativity.
> ⓓ Boyd didn't agree with Beth's opinion about Peter.
> ⓔ Peter thanked Beth for her compliment for him.

① 1개　② 2개　③ 3개　④ 4개　⑤ 5개

서술형

[11~12] 다음 글을 읽고, 물음에 답하시오.

> *It is the last week of school. Each student has just picked a piece of paper with a name on it.*
>
> **Ms. Kemp:** "Compliments for Classmates" will be our last activity of the school year. Did everyone pick a name?
>
> **Class:** Yes, Ms. Kemp.
>
> *Students are talking to each other.*
>
> **Beth:** So, whose name did you pick?
>
> **Lucy:** (*smiling*) I got Boyd. I have a lot to say about him. What about you, Beth?
>
> **Beth:** (*looking worried*) Uh, I picked Peter's name.
>
> **Lucy:** Peter? Oh, no! It won't be easy to find something to compliment him on.
>
> **Steve:** Yeah. He doesn't talk much and just sits at his desk all day long.
>
> **Beth:** (*scratching her head*) Well, I'll have to find something.

11 다음 ⓐ~ⓒ 중 윗글의 내용과 일치하지 <u>않는</u> 것을 골라 기호를 쓰고, <u>틀린</u> 부분을 바르게 고쳐 쓰시오.

> ⓐ Lucy has lots of things to compliment Boyd on.
>
> ⓑ Beth is worried because she picked Peter's name for the activity.
>
> ⓒ Steve thinks that Boyd doesn't talk a lot and always sits at his desk.

(   ) _____ → _____

12 윗글의 내용과 일치하도록 빈칸에 알맞은 말을 쓰시오.

> The last activity of the school year was to _____ classmates, and each student _____ a name. Beth got _____ name, and her friends told her that it wouldn't be easy to _____ Peter.

고
난도
13 다음 글의 밑줄 친 우리말을 [조건]에 맞게 영작하시오.

> **Beth:** Everyone has long lists of compliments for other classmates, except for me. <u>저는 Peter에 관해 무엇을 칭찬해야 할지 모르겠어요.</u>
>
> **Mom:** Think carefully. There should be something.

> [조건] 1. to부정사를 사용할 것
> 2. don't know, compliment, on을 포함한 완전한 문장으로 쓸 것

→ _____

[14~15] 다음 글을 읽고, 물음에 답하시오.

> *The next day, there is an accident at school. Boyd's foot is stuck in a bicycle stand.*
>
> **Boyd:** (*with arms in the air*) Help! I need help!
>
> **Beth:** Stay still. I'm trying to pull your foot out.
>
> **Boyd:** (*screaming*) Ouch! That hurts!
>
> **Peter:** Let me help. Just a minute.
>
> *Peter runs to the school's kitchen and comes back with butter.*
>
> **Peter:** I'm going to put this butter on your foot.
>
> **Boyd:** What? Butter?
>
> **Peter:** Just stay calm.
>
> **Beth:** (*pointing to Boyd's foot*) Wow! ⓐIt's working! Boyd's foot is coming out of the stand.

14 윗글의 밑줄 친 ⓐIt이 가리키는 것을 우리말로 쓰시오.

→ _____

15 윗글의 내용과 일치하도록 다음 질문에 알맞은 답을 완전한 영어 문장으로 쓰시오.

(1) What accident happened at school?

→ _____

(2) Where did Peter get the butter from?

→ _____

01 다음 짝지어진 두 단어의 관계가 같도록 할 때, 빈칸에 들어갈 단어로 알맞은 것은?   4점

> pause : stop = praise : _____

① scream   ② stay
③ hesitate   ④ happen
⑤ compliment

02 다음 영영풀이에 해당하는 단어로 알맞은 것은?   5점

> caught or held in a position so that you cannot move

① fair   ② calm   ③ cheerful
④ stuck   ⑤ messy

03 빈칸에 들어갈 말이 순서대로 바르게 짝지어진 것은?   5점

> • Sam did nothing except _____ sleeping.
> • It wasn't easy to pull _____ the long carrot roots.

① to – out   ② for – out
③ to – with   ④ for – with
⑤ in – up

04 다음 중 밑줄 친 부분의 우리말 의미가 알맞지 <u>않은</u> 것은?   4점

① Can you <u>scratch</u> my back? (늘이다)
② It's not polite to <u>point</u> at a person. (가리키다)
③ She <u>shyly</u> asked for my phone number. (수줍게)
④ I don't think Ben is particularly <u>creative</u>.
　　　　　　　　　　　　　　　　　　(창의적인)
⑤ After a <u>pause</u>, he continued his speech. (중단)

[05~07] 다음 글을 읽고, 물음에 답하시오.

> *It is the last week of school. Each student has just picked a piece of paper with a name on it.*
>
> **Ms. Kemp:** "Compliments for Classmates" will be our last activity of the school year. Did everyone pick a name?
> **Class:** Yes, Ms. Kemp.
>
> *Students are talking to each other.*
>
> **Beth:** So, whose name did you pick?
> **Lucy:** (*smiling*) I got Boyd. I have a lot to say about him. What about you, Beth?
> **Beth:** (*looking worried*) Uh, I picked Peter's name.
> **Lucy:** Peter? Oh, no! ⓐ그에게서 칭찬할 것을 찾는 것은 쉽지 않을 거야.
> **Steve:** Yeah. He doesn't talk much and just sits at his desk all day long.
> **Beth:** (*scratching her head*) Well, I'll have to find something.

서술형1

05 윗글의 밑줄 친 우리말 ⓐ와 의미가 같도록 주어진 표현을 배열하여 문장을 쓰시오.   6점

> easy, to compliment, to find, won't, him, it, be, on, something

→ _____

06 윗글의 다음에 이어질 내용으로 가장 알맞은 것은?   4점

① Beth가 Boyd와 친구가 되는 과정
② Kemp 선생님과 친구들의 송별회
③ 새 학년을 준비하는 친구들의 계획
④ Lucy가 준비한 Peter를 칭찬하는 내용
⑤ Peter를 칭찬할 장점을 찾으려 애쓰는 Beth의 이야기

07 윗글을 읽고 답할 수 <u>없는</u> 질문은?   6점

① What did each student pick?
② What is the last activity of the school year?
③ Who is Lucy going to compliment?
④ What is Beth worried about?
⑤ What does Steve think about Boyd?

[08~10] 다음 글을 읽고, 물음에 답하시오.

> *Beth is at home talking with her parents about the activity.*
>
> **Beth:** Everyone has long lists of compliments for other classmates, ⓐexcept for me. I don't know (A)|that / what| to compliment Peter on.
>
> **Mom:** Think carefully. There should be something.
>
> **Beth:** Well, he's clean. He washes his face every day.
>
> **Mom:** That's not a compliment. Everybody (B)|do / does| that.
>
> **Dad:** Try again. I'm sure you can find something (C)|to say good / good to say| about him.

08 윗글의 밑줄 친 ⓐ가 의미하는 바로 알맞은 것은? **6점**

① but no one wants to compliment me
② and I also have a list of compliments
③ although I already have a list of compliments
④ and they have long lists of compliments for me
⑤ but I don't have such a long list of compliments for Peter

09 윗글 (A)~(C)의 각 네모 안에 주어진 말 중 어법상 올바른 것끼리 짝지어진 것은? **6점**

	(A)		(B)		(C)
①	that	⋯	do	⋯	to say good
②	that	⋯	does	⋯	to say good
③	what	⋯	do	⋯	good to say
④	what	⋯	does	⋯	to say good
⑤	what	⋯	does	⋯	good to say

10 윗글의 내용과 일치하는 것은? **6점**

① Beth is talking about her parents.
② Beth has a list of compliments for Peter.
③ Beth knows Peter's strengths very well.
④ Beth found good things about Peter with the help of her friends.
⑤ Beth's dad encouraged Beth to find something to compliment Peter on.

[11~13] 다음 글을 읽고, 물음에 답하시오.

> *The next day, there is an accident at school. Boyd's foot is stuck in a bicycle stand.*
>
> **Boyd:** (*with arms in the air*) Help! I need help!
>
> **Beth:** Stay ___ⓐ___. I'm trying to pull your foot out. (①)
>
> **Boyd:** (*screaming*) Ouch! That hurts! (②)
>
> **Peter:** Let me help. Just a minute. (③)
>
> *Peter runs to the school's kitchen and comes back with butter.*
>
> **Peter:** I'm going to put this butter on your foot.
>
> **Boyd:** What? Butter? (④)
>
> **Peter:** Just stay calm.
>
> **Beth:** (*pointing to Boyd's foot*) Wow! (⑤) Boyd's foot is coming out of the stand.

11 윗글의 흐름상 빈칸 ⓐ에 들어갈 말로 가장 알맞은 것은? **5점**

① still
② long
③ awake
④ home
⑤ behind

12 윗글의 ①~⑤ 중 주어진 문장이 들어갈 위치로 알맞은 것은? **5점**

> It's working!

①   ②   ③   ④   ⑤

서술형2

13 윗글의 내용과 일치하도록 다음 질문에 알맞은 답을 완전한 영어 문장으로 쓰시오. **6점**

> Q: What did Peter use to pull Boyd's foot out of the bicycle stand?
>
> A: _____
>
> _____

[14~16] 다음 글을 읽고, 물음에 답하시오.

> *Beth ⓐis eating dinner with her parents. She tells them about what ⓑhappened to Boyd.*
>
> **Beth:** There was ⓒa little accident at school today. Boyd's foot ⓓgot stuck in a bicycle stand.
> **Mom:** Oh, no! So how did he get his foot out?
> **Beth:** Peter put butter on his foot and then ⓔpulled out it.
> **Dad:** (A)That was really creative. Messy but creative.
> **Beth:** Hmm. Creative? Can (B)that be a compliment, Dad?
> **Dad:** Sure.

14 윗글의 밑줄 친 ⓐ~ⓔ 중 어법상 틀린 것은? **6점**

① ⓐ　　② ⓑ　　③ ⓒ　　④ ⓓ　　⑤ ⓔ

서술형3

15 윗글의 밑줄 친 (A)와 (B)가 각각 가리키는 것을 우리말로 쓰시오. 각 **4점**

(A) _____

(B) _____

고난도

16 윗글을 통해 알 수 있는 내용으로 알맞은 것은? **6점**

① Beth doesn't want to tell her parents about the accident.
② Beth's mom thinks that the bicycle stand is dangerous.
③ Peter also thinks he himself is creative.
④ Beth's dad thinks that Peter's solution was creative.
⑤ Beth already knows that being creative can be a compliment.

[17~18] 다음 글을 읽고, 물음에 답하시오.

> *It is the last day of school, and the students are complimenting each other.*
>
> **Ms. Kemp:** Joanne, what compliment do you have for Beth?
> **Joanne:** Beth, you're always cheerful. You're also kind and fair to everybody.
> **Beth:** Thanks, Joanne. It's so nice of you to say so.
> **Ms. Kemp:** Beth, let's hear from you now. You picked Peter's name.
> **Beth:** (*hesitating*) Well, I think Peter is creative. Peter, you're ... uh ... creative.
> **Peter:** (*shyly*) Really?
> **Ms. Kemp:** _____ ⓐ _____
> **Beth:** (*after a long pause*) When Boyd's foot got stuck in the bicycle stand the other day, Peter got it out by using butter. That was creative.
> **Boyd:** Yeah! Nobody else thought of doing that.
> **Steve:** I didn't know that. Well, then, I also think he's creative.
> **Beth:** (*confidently*) Yeah, Peter, you ARE creative!
> **Peter:** Thanks, Beth! It's ⓑthe best compliment ever!

서술형4 고난도

17 윗글의 빈칸 ⓐ에 들어갈 말을 주어진 단어를 바르게 배열하여 쓰시오. **7점**

> Peter, think, creative, made, you, is, what

→ _____ ?

18 윗글의 밑줄 친 ⓑ에 해당하는 말로 가장 알맞은 것은? **5점**

① You are so nice.
② You are creative.
③ You are cheerful.
④ You are confident.
⑤ You are kind and fair.

01 다음 중 짝지어진 단어의 관계가 나머지와 <u>다른</u> 하나는? 4점

① fair – unfair   ② pull – push
③ clean – messy   ④ last – final
⑤ carefully – carelessly

02 다음 중 단어와 영영풀이가 바르게 연결되지 <u>않은</u> 것은? 5점

① **confidently**: surely, with confidence
② **scream**: to rub your skin with your fingernails
③ **calm**: relaxed and quiet, not angry, nervous, or upset
④ **pause**: a short time when you stop speaking or doing something
⑤ **compliment**: an expression of praise, admiration, or approval

03 다음 빈칸에 공통으로 들어갈 말로 알맞은 것은?   5점

> • He is _____ waiting for you at the station.
> • Stand _____ for a minute without moving.

① ever   ② very   ③ still
④ last   ⑤ quite

신유형
04 다음 빈칸 ⓐ~ⓓ의 어느 곳에도 들어갈 수 <u>없는</u> 단어는?
   6점

> • This medicine didn't ___ⓐ___ at all.
> • The ___ⓑ___ was caused by my mistake.
> • Don't ___ⓒ___ to ask questions if you don't understand.
> • We were ___ⓓ___ in a traffic jam on our way home.

① stuck   ② calm   ③ work
④ hesitate   ⑤ accident

[05~08] 다음 글을 읽고, 물음에 답하시오.

> *It is the last week of school. Each student has just picked a piece of paper with a name on* (A)*it.*
>
> **Ms. Kemp:** "Compliments for Classmates" will be our last activity of the school year. Did everyone pick a name?
> **Class:** Yes, Ms. Kemp.
>
> *Students are talking to each other.*
>
> **Beth:** So, whose name did you pick?
> **Lucy:** (*smiling*) I got Boyd. I have a lot ⓐsay about him. What about you, Beth?
> **Beth:** (*looking worried*) Uh, I picked Peter's name.
> **Lucy:** Peter? Oh, no! It won't be easy ⓑfind something to compliment him on.
> **Steve:** Yeah. (B)He doesn't talk much and just sits at his desk all day long.
> **Beth:** (*scratching her head*) Well, I'll have to find something.

서술형 1
05 윗글의 밑줄 친 (A)it과 (B)He가 가리키는 것을 각각 본문에서 찾아 쓰시오.   각 3점

(A) _____   (B) _____

06 윗글의 밑줄 친 동사 ⓐsay와 ⓑfind의 어법상 올바른 형태가 순서대로 바르게 짝지어진 것은?   5점

① say – find   ② to say – find
③ say – to find   ④ to say – to find
⑤ saying – found

고난도 신유형
07 Which question CANNOT be answered "Yes" from the passage above?   7점

① Did Beth's classmates pick names for the last activity of the school year?
② Is Lucy happy with the name she picked?
③ Did Beth pick Peter's name?
④ Is Beth excited about complimenting the person she picked?
⑤ Does Lucy think that complimenting Peter won't be easy?

08 윗글을 읽고 알 수 <u>없는</u> 것을 <u>모두</u> 고르면?　5점

① 이번 학년 마지막 활동
② Lucy가 뽑은 사람
③ Steve가 칭찬할 반 친구
④ Peter에 대한 Steve의 생각
⑤ Peter가 말을 많이 하지 않는 이유

[09~11] 다음 글을 읽고, 물음에 답하시오.

> *Beth is at home talking with her parents about the activity.*
>
> **Beth:** Everyone has long lists of compliments for other classmates, except ___ⓐ___ me. I don't know what to compliment Peter ___ⓑ___.
> **Mom:** Think carefully. There should be something.
> **Beth:** Well, he's clean. (A)He washes his face every day.
> **Mom:** That's not a compliment. Everybody does that.
> **Dad:** Try again. I'm sure you can find something good to say about him.

09 윗글의 빈칸 ⓐ와 ⓑ에 들어갈 말이 순서대로 바르게 짝지어진 것은?　5점

① to – on
② for – on
③ to – about
④ that – for
⑤ without – about

서술형2

10 윗글의 밑줄 친 (A)가 칭찬이 될 수 없다고 한 이유를 우리말로 쓰시오.　5점

→ _____

서술형3　고
난도

11 다음 빈칸에 들어갈 말을 윗글에서 찾아 쓰시오.　6점

> A compliment means something _____ _____ _____ _____ someone.

[12~13] 다음 글을 읽고, 물음에 답하시오.

> *The next day, there is an accident at school. Boyd's foot ⓐis stuck in a bicycle stand.*
>
> **Boyd:** (ⓑwith arms in the air) Help! I need help!
> **Beth:** ⓒStay still. I'm trying to pull your foot out.
> **Boyd:** (screaming) Ouch! ⓓThat hurts!
> **Peter:** Let me help. Just a minute.
>
> *Peter runs to the school's kitchen and comes back with butter.*
>
> **Peter:** I'm going to put this butter on your foot.
> **Boyd:** What? Butter?
> **Peter:** Just stay calm.
> **Beth:** (pointing to Boyd's foot) Wow! ⓔIt's working! Boyd's foot is coming out of the stand.

12 윗글의 밑줄 친 ⓐ~ⓔ의 우리말 의미가 알맞지 <u>않은</u> 것은?　5점

① ⓐ: 끼었다
② ⓑ: 공중에 양팔을 벌린 채
③ ⓒ: 여전히 있어.
④ ⓓ: 아파!
⑤ ⓔ: 그것은 효과가 있어!

13 윗글의 내용을 정리한 (A)~(D)를 순서대로 바르게 배열한 것은?　5점

> (A) Peter put butter on Boyd's foot.
> (B) Boyd's foot came out of the bicycle stand.
> (C) Peter got butter from the school's kitchen.
> (D) Boyd's foot was stuck in a bicycle stand.

① (A) – (B) – (D) – (C)
② (A) – (D) – (C) – (B)
③ (B) – (C) – (A) – (D)
④ (C) – (A) – (B) – (D)
⑤ (D) – (C) – (A) – (B)

[14~16] 다음 글을 읽고, 물음에 답하시오.

Beth is eating dinner with her parents. She tells them about what happened to Boyd.

Beth: There was a little accident at school today. Boyd's foot got stuck in a bicycle stand. (①)

Mom: Oh, no! (②)

Beth: Peter put butter on his foot and then pulled it out. (③)

Dad: That was really creative. Messy but creative. (④)

Beth: Hmm. Creative? Can that be a compliment, Dad? (⑤)

Dad: Sure.

서술형 4 고/난도

14 윗글의 ①~⑤ 중 주어진 문장이 들어갈 위치로 알맞은 것은?
5점

So how did he get his foot out?

①   ②   ③   ④   ⑤

서술형 4 고/난도

15 윗글의 내용과 일치하도록 빈칸에 알맞은 말을 쓰시오.
각 3점

Peter got Boyd's foot out of the bicycle stand by using (1)_____. Beth's dad says Peter's idea was (2)_____. Beth wonders if it can be a(n) (3)_____.

서술형 5

16 다음 영영풀이에 해당하는 단어를 윗글에서 찾아 쓰시오. 5점

dirty or not neat

→ _____

[17~18] 다음 글을 읽고, 물음에 답하시오.

ⓐIt is the last day of school, and the students are complimenting each other.

Ms. Kemp: Joanne, what compliment do you have for Beth?

Joanne: Beth, you're always cheerful. You're also kind and fair to everybody.

Beth: Thanks, Joanne. ⓑIt's so nice of you to say so.

Ms. Kemp: Beth, let's hear from you now. You picked Peter's name.

Beth: (*hesitating*) Well, I think Peter is creative. Peter, you're ... uh ... creative.

Peter: (*shyly*) Really?

Ms. Kemp: ⓒWhat made you think Peter is creative?

Beth: (*after a long pause*) When Boyd's foot got stuck in the bicycle stand the other day, ⓓPeter got it out by use butter. That was creative.

Boyd: Yeah! ⓔNobody else thought of doing that.

Steve: I didn't know that. Well, then, I also think he's creative.

Beth: (*confidently*) Yeah, Peter, you ARE creative!

Peter: Thanks, Beth! (A)그건 최고의 칭찬이야!

서술형 6 고/난도

17 윗글의 밑줄 친 ⓐ~ⓔ 중 어법상 틀린 문장의 기호를 쓰고, 틀린 부분을 바르게 고쳐 쓰시오.
6점

(   ) _____ → _____

서술형 7

18 윗글의 밑줄 친 우리말 (A)와 의미가 같도록 다음 문장을 완성하시오.
6점

→ That's _____ _____ _____ ever!

〈제1회〉 대표 기출로 내신 **적중** 모의고사

● 틀린 문항을 표시해 보세요.

총점 _____ / 100

문항	영역	문항	영역	문항	영역	문항	영역
01	p.156 [W]	06	p.160 [R]	11	p.161 [R]	16	pp.161~162 [R]
02	p.156 [W]	07	p.160 [R]	12	p.161 [R]	17	p.162 [R]
03	p.156 [W]	08	pp.160~161 [R]	13	p.161 [R]	18	p.162 [R]
04	p.156 [W]	09	pp.160~161 [R]	14	pp.161~162 [R]		
05	p.160 [R]	10	pp.160~161 [R]	15	pp.161~162 [R]		

● 부족한 영역을 점검하고 어떻게 더 학습할지 계획을 적어 보세요.

오답 공략

부족한
영역

학습 계획

〈제2회〉 대표 기출로 내신 **적중** 모의고사

● 틀린 문항을 표시해 보세요.

총점 _____ / 100

문항	영역	문항	영역	문항	영역	문항	영역
01	p.156 [W]	06	p.160 [R]	11	pp.160~161 [R]	16	pp.161~162 [R]
02	p.156 [W]	07	p.160 [R]	12	p.161 [R]	17	p.162 [R]
03	p.156 [W]	08	p.160 [R]	13	p.161 [R]	18	p.162 [R]
04	p.156 [W]	09	pp.160~161 [R]	14	pp.161~162 [R]		
05	p.160 [R]	10	pp.160~161 [R]	15	pp.161~162 [R]		

● 부족한 영역을 점검하고 어떻게 더 학습할지 계획을 적어 보세요.

오답 공략

부족한
영역

학습 계획

동아출판 영어 교재 가이드

영역	브랜드	초1~2	초3~4	초5~6	중1	중2	중3	고1	고2	고3
문법	[초·중등] 개념서 **그래머 클리어 스타터** **중학 영문법 클리어**		Grammar CLEAR Starter 1	Grammar CLEAR Starter 2	중학 영문법 클리어 1	중학 영문법 클리어 2	중학 영문법 클리어 3			
	[중등] 문법 문제서 **그래머 클라우드 3000제**				그래머 클라우드 3000제 LEVEL 1	그래머 클라우드 3000제 LEVEL 2	그래머 클라우드 3000제 LEVEL 3			
	[중등] 실전 문제서 **빠르게 통하는 영문법** **핵심 1200제**				빠르게 통하는 영문법 1200 1	빠르게 통하는 영문법 1200 2	빠르게 통하는 영문법 1200 3			
	[중등] 서술형 영문법 **서술형에 더 강해지는** **중학 영문법** [고등] 시험 영문법 **시험에 더 강해지는** **고등 영문법**				서술형에 더 강해지는 중학 영문법 1	서술형에 더 강해지는 중학 영문법 2	서술형에 더 강해지는 중학 영문법 3	시험에 더 강해지는 고등영문법		
	개정판 [고등] 개념서 **Supreme 고등 영문법**							Supreme 고등영문법		
어법	[고등] 기본서 **Supreme 수능 어법** **기본 실전**							Supreme 수능 어법	Supreme 수능 어법	
쓰기	**개정판** [중등] 영작 집중 훈련서 **중학 문법+쓰기 클리어**				Gamr & Writing 중학 문법+쓰기 클리어 1	Gamr & Writing 중학 문법+쓰기 클리어 2	Gamr & Writing 중학 문법+쓰기 클리어 3			
기출	[중등] 기출예상문제집 **특급기출 (중간, 기말)** 윤정미, 이병민					특급기출 중학 영어 2-2	특급기출 중학 영어 3-2			

동아출판이 만든 진짜 기출예상문제집

특급기출

동아출판

기말고사

중학 영어 3-2

윤정미

정답 및 해설

동아출판

Lesson 7
Technology in Our Lives

STEP A

Words 연습 문제
p. 9

A 01 질병, 병
02 규칙적으로
03 의미 있는
04 예측(하다), 예보(하다)
05 알아보다, 확인하다, 식별하다
06 교통수단, 탈것; 운송, 수송
07 산업
08 증상
09 흔적, 자취, 발자국
10 방법, 방식
11 양, 액수
12 개선하다, 향상하다
13 (잠긴 것을) 열다
14 예측하다
15 분석하다
16 복잡한
17 추가의, 더 이상의
18 구입(하다), 구매(하다)
19 포함하다
20 확산, 전파; 퍼지다, 퍼뜨리다

B 01 national
02 draw
03 avoid
04 communication
05 crime
06 place
07 collect
08 technology
09 influence
10 performance
11 prevention
12 leave
13 appreciate
14 insert
15 database
16 rent
17 develop
18 flu
19 press
20 analysis

C 01 역할을 하다
02 이제부터
03 ~에 근거하여
04 ~할 것 같다
05 ~에 집중하다
06 A를 B에게 추천하다
07 ~ 덕분에
08 ~을 벗다

D 01 focus on
02 take off
03 play a role
04 based on
05 thanks to
06 from now on
07 be likely to
08 recommend A for B

Words Plus 연습 문제
p. 11

A 1 method, 방법, 방식   2 include, 포함하다   3 avoid, 피하다   4 improve, 개선하다, 향상하다   5 symptom, 증상

6 flu, 독감   7 database, 데이터베이스   8 purchase, 구입(품), 구매(품)
B 1 identify   2 trace   3 crime   4 analyze   5 spread
C 1 based on   2 Take off   3 focus on   4 play an, role   5 are, likely to
D 1 complex   2 meaningful   3 wisely   4 disease   5 generally

A |해석| 1 어떤 것을 하는 방법
2 무언가를 전체 중 일부로 가지고 있다
3 누군가 또는 무언가를 멀리하다
4 더 나아지다 또는 어떤 것을 더 나아지게 만들다
5 특정한 병에 걸렸을지도 모른다는 것을 보여 주는 것
6 심한 감기 같지만 매우 심각할 수 있는 병
7 컴퓨터 시스템에 저장된 대량의 정보
8 어떤 것을 사는 행위; 구입된 물건

B |해석| 1 아기들은 자신의 엄마를 쉽게 알아볼 수 있다.
2 그 여자는 흔적도 없이 사라졌다.
3 경찰은 범죄를 예방하기 위해 열심히 일했다.
4 이 소프트웨어는 마케팅 데이터를 분석하는 데 사용된다.
5 손을 씻음으로써 이 질병의 확산을 막을 수 있다.

D |해석| 1 잠그다 : 열다 = 간단한 : 복잡한
2 도움 : 도움이 되는 = 의미 : 의미 있는
3 규칙적인 : 규칙적으로 = 현명한 : 현명하게
4 예측하다 : 예측하다 = 병 : 병
5 가능한 : 아마 = 일반적인 : 일반적으로

Words 실전 TEST
p. 12

01 ⑤   02 ④   03 ⑤   04 ③   05 possibly   06 ②
07 played an, role   08 Take, off

01 |해석| 어떤 것을 바꾸거나 어떤 것에 영향을 주다
① (사용료를 내고) 빌리다 ② 예측하다 ③ 피하다 ④ 알아보다
|해설| influence(영향을 미치다)의 영영풀이이다.

02 |해석| 예측하다 : 예측하다
① 잠그다 : 열다 ② 국가 : 국가의 ③ 간단한 : 복잡한
④ 병 : 병 ⑤ 일반적인 : 일반적으로
|해설| [보기]와 ④는 유의어 관계이다. ①과 ③은 반의어, ②는 「명사 – 형용사」, ⑤는 「형용사 – 부사」의 관계이다.

03 |해석| • Jim은 자신의 프로젝트에 집중하려고 노력했다.
• 나는 이제부터 모바일 게임을 그만둘 것이다.
|해설| focus on: ~에 집중하다 / from now on: 이제부터

04 |해석| • 그 도둑은 범죄 현장에 아무 흔적도 남기지 않았다.
• 그들은 이번 주말에 여수로 떠날 것이다.
① 피하다 ② (결과를) 이끌어 내다 ③ 수집하다 ⑤ 성장하다
|해설| leave는 동사로 '남기다'와 '떠나다'라는 두 가지 의미를 모두 갖

는다.

05 |해석| 규칙적인 : 규칙적으로 = 가능한 : 아마

|해설| 「형용사 – 부사」의 관계이다. possible의 부사형은 possibly이다.

06 |해석| • 나는 매일 내 블로그에 사진을 많이 업로드한다.

• 일기 방식(→ 예보)에 의하면 내일 비가 올 것이다.

• 나에게 런던에서 방문하기 좋은 장소를 추천해 주겠니?

• 그들은 역에 12시 정도에 도착할 것 같다.

• 그 병의 첫 증상은 기침이다.

|해설| ⓑ '일기 예보(weather forecast)에 의하면 내일 비가 올 것이다.'라는 의미가 되는 것이 알맞다. (→ forecast)

07 |해설| '역할을 하다'는 play a role로 표현한다. important가 모음으로 시작하므로 an을 쓰는 것에 유의한다.

08 |해설| '~을 벗다'는 take off로 표현한다.

(L&T) Listen and Talk 만점 노트　　pp. 14~15

Q1 교통 카드에 돈을 충전하는 방법　Q2 T　Q3 F
Q4 choose the snack he wants　Q5 ⓑ　Q6 ⓐ　Q7 T
Q8 컵에 뜨거운 물 붓기　Q9 ⓑ

(L&T) Listen and Talk 빈칸 채우기　　pp. 16~17

Listen and Talk A-1 Can you tell me, First, Second, the amount of money, Last, insert, into, simple
Listen and Talk A-2 how to use, First, next, take, out, Got
Listen and Talk A-3 rent a bike, tell me how to use, log in to, Then, what, to unlock, appreciate your help
Listen and Talk C robot for, you tell me how, place, screen, Second, type, looking for, that all, take, to, isn't it, Yes, amazing
Talk and Play Do you know, put a tea bag, pour hot water, then, Last, I got it, appreciate
Review - 1 how to plant a potato, First, cut, into small pieces, Second, Then, cover the holes, sounds simple

---

(L&T) Listen and Talk 대화 순서 배열하기　　pp. 18~19

1 ⓔ – ⓑ, ⓐ – ⓓ　　　　　2 ⓑ – ⓐ – ⓓ – ⓒ – ⓔ
3 ⓒ – ⓑ – ⓐ – ⓓ – ⓔ　　4 ⓗ – ⓑ – ⓔ, ⓘ, ⓒ – ⓐ
5 ⓓ – ⓐ, ⓖ, ⓕ – ⓔ　　　6 ⓔ – ⓐ – ⓒ – ⓓ

(L&T) Listen and Talk 실전 TEST　　pp. 20~21

01 ⑤　**02** ④　**03** ②　**04** ⑤　**05** ③　**06** ④　**07** ①
08 ①, ④　**09** ②, ④

[서술형]
10 (1) Do you know how to make tea　(2) I really appreciate your help　**11** (1) put water and the eggs in a pot　(2) boil the water and the eggs for 10 to 12 minutes　(3) Last (Then)　**12** (3)-(1)-(2)

01 |해석| A: 저는 과자를 사고 싶어요. 이 과자 자판기를 어떻게 사용하는지 아세요?

B: 네. 원하는 과자를 고르고 돈을 넣으세요. 그런 다음 과자를 꺼내세요.

① 저에게 간식 좀 사 주실래요?

② 매점에 가려면 어떻게 가야 하나요?

③ 과자 자판기는 어디에 있나요?

④ 간식을 살 수 있는 곳이 있나요?

|해설| 대답으로 과자 자판기에서 과자를 구입하는 방법을 설명하고 있으므로 빈칸에는 방법이나 절차를 묻는 표현이 알맞다.

02 |해석| A: 복사기를 어떻게 사용하는지 알려 주시겠어요?

B: 그럼요. 먼저, 복사기에 종이를 놓으세요. 그런 다음 종이 크기와 복사할 매수를 선택하세요. 마지막으로, START 버튼을 누르세요.

A: 알겠습니다. 도와주셔서 정말 고맙습니다.

① 괜찮아요.

② 별말씀을요.

③ 도움이 필요하신가요?

⑤ 그것을 복사해 주셔서 고맙습니다.

|해설| 복사기를 사용하는 방법을 설명해 준 사람에게 도와줘서 고맙다는 말을 하는 것이 자연스럽다.

03 |해석| A: 실례합니다. 교통 카드에 돈을 충전하는 방법을 알려 주시겠어요?

B: 유감이지만 그럴 수 없습니다(→ 그럼요). 먼저, 기계에 카드를 넣으세요. 두 번째로, 충전하고 싶은 금액을 선택하세요.

A: 알겠어요.

B: 마지막으로, 기계에 돈을 넣으세요.

A: 간단한 것 같네요. 고맙습니다.

|해설| 교통 카드 충전 방법을 이어서 설명하고 있으므로, ②는 Sure. 나 Of course. 등 충전 방법을 묻는 말에 대한 긍정의 응답이 되는 것이 알맞다.

04 |해석| A: 공원에 어떻게 가는지 아세요?

B: 네. 두 블록을 쭉 걸어가서 왼쪽으로 도세요.

A: 도와주셔서 감사합니다.

① 실례합니다.　② 참 안됐군요.　③ 찾을 수 있을 거예요.

④ 별말씀을요.

|해설| 밑줄 친 문장은 길을 알려 준 것에 대해 감사하는 표현이므로 ⑤와 바꿔 쓸 수 있다.

05 |해석| A: 실례합니다. 자전거를 빌리고 싶은데요. 이 앱을 어떻게 사용하는지 알려 주시겠어요?

(B) 그럼요. 먼저, 앱에 로그인하세요. 그런 다음 RENT 버튼을 찾아서 터치하세요.

(A) 그다음에는 뭘 하죠?

(D) 그러면 앱이 자전거 잠금을 해제할 수 있는 번호를 알려 줄 거예요.

(C) 고맙습니다. 도와주셔서 정말 감사해요.

| 해설 | 자전거를 빌리고 싶어서 앱 사용법을 묻는 말에 첫 번째와 두 번째 절차를 설명하고(B), 그다음에는 무엇을 해야 하는지 묻는 말(A)에 앱이 자전거 잠금을 해제하는 번호를 알려 줄 것이라고 설명하자(D) 고마움을 표현하는(C) 대화의 흐름이 자연스럽다.

06 | 해설 | A: 감자 심는 방법을 알려 주겠니?

B: 그럼. 첫 번째로, 감자를 작은 조각으로 잘라.

A: 알았어.

B: 그 다음, 땅에 구멍을 파.

A: 그다음에는?

B: 두 번째로(→ 세 번째로/그런 다음), 구멍에 감자 조각들을 넣어.

A: 그게 다야?

B: 아니. 마지막으로, 흙으로 구멍을 덮어.

A: 간단한 것 같다. 고마워.

| 해설 | ⓓ 설명의 흐름상 세 번째 절차에 해당하므로 Third나 Then을 쓰는 것이 알맞다.

[07~09] | 해석 |

A: 실례합니다만, 이 로봇은 용도가 뭔가요?

B: 아, 그것은 책을 찾아 주는 로봇이에요.

A: 정말요? 어떻게 사용하는지 알려 주시겠어요?

B: 그럼요. 먼저, 도서 대출 카드를 로봇 화면 위에 대세요.

A: 알겠어요.

B: 두 번째로, 당신이 찾고 있는 책의 제목을 입력한 다음 ENTER를 누르세요.

A: 그게 다인가요?

B: 네. 그러면, 로봇이 그 책을 찾아서 안내 데스크로 가져다줄 거예요.

A: 그러면 저는 그냥 안내 데스크로 가서 책을 받을 수 있네요?

B: 그렇습니다. 아주 쉬워요, 그렇지 않아요?

A: 네, 정말 놀랍네요. 고마워요.

07 | 해설 | 주어진 문장은 로봇의 사용법을 묻는 말이므로 첫 번째 사용 절차를 설명하는 말 앞인 ①에 들어가는 것이 알맞다.

08 | 해설 | 로봇은 책을 찾는 용도로 사용되고, 로봇의 사용법은 대화에서 순서대로 설명하고 있다.

09 | 해석 | ① 괜찮습니다. ② 고맙습니다.

③ 천만예요. ④ 도와주셔서 고맙습니다.

⑤ 그 말을 들으니 유감이야.

| 해설 | 사용법을 알려 줘서 고맙다는 감사의 표현이 들어가는 것이 알맞다.

10 | 해석 | A: 너는 차 만드는 방법을 아니?

B: 그럼. 먼저, 컵에 티백을 넣어. 그런 다음, 그 컵에 뜨거운 물을 부어.

A: 그다음에는?

B: 마지막으로, 3분 뒤에 티백을 꺼내.

A: 알겠어. 도와줘서 정말 고마워.

| 해설 | (1) 상대방에게 방법이나 절차를 물을 때 「Do you know how to+동사원형 ~?」으로 말할 수 있다.

(2) 도와줘서 고맙다고 할 때는 I (really) appreciate your help.라고 말할 수 있다.

11 | 해석 | 달걀 삶는 방법

1. 냄비에 물과 달걀을 넣는다.

2. 10~12분간 물과 달걀을 끓인다.

3. 달걀을 꺼내서 식힌다.

A: 너는 달걀 삶는 방법을 아니?

B: 그럼. 먼저, 냄비에 물과 달걀을 넣어. 그런 다음, 10~12분간 물과 달걀을 끓여.

A: 그다음에는?

B: 마지막으로(그런 다음), 달걀을 꺼내서 식혀.

| 해설 | (1), (2)에는 각각 주어진 메모의 첫 번째, 두 번째 절차를 쓰고, (3)에는 마지막 절차를 나타내는 말인 Last나 Then을 쓴다.

12 | 해석 | 음료수 자판기를 어떻게 사용하는지 알려 줄게요. 먼저, 자판기에 돈을 넣으세요. 두 번째로, 원하는 음료를 고르세요. 그럼 다음 음료수를 자판기에서 꺼내세요.

| 해설 | First, Second, Then의 순서대로 알맞은 내용을 나타내는 그림에 번호를 쓴다.

Ⓖ Grammar 핵심 노트 **1** QUICK CHECK p. 22

1 (1) Doing (2) Hearing (3) Dancing

2 (1) Waiting for the bus (2) Not feeling well

(3) Calling my name

---

1 | 해석 | (1) 숙제를 하면서 그는 졸음을 느꼈다.

(2) 그 소식을 들었을 때 그녀는 울기 시작했다.

(3) 아빠와 춤을 추면서 그녀는 환하게 웃었다.

2 | 해석 | (1) 나는 버스를 기다리다가 Tom을 만났다.

(2) 나는 몸이 좋지 않아서 집에 있었다.

(3) Anne은 내 이름을 부르면서 우리를 향해 걸어왔다.

Ⓖ Grammar 핵심 노트 **2** QUICK CHECK p. 23

1 (1) as (2) As (3) As

2 (1) ⓑ (2) ⓐ (3) ⓒ

---

1 | 해석 | (1) 내가 그곳에 도착했을 때, 회의가 시작되었다.

(2) 이전에 내가 말했듯이 우리는 6시에 만날 것이다.

(3) 밖에 비가 오기 때문에, 우리는 오늘 외출하지 않을 것이다.

2 | 해석 | (1) 산꼭대기에 서 있을 때, 그는 기분이 무척 좋았다.

(2) 우리는 나이가 들어감에 따라 더 현명해진다.

(3) 나는 해야 할 숙제가 많았기 때문에 오늘 체육관에 가지 않았다.

Ⓖ Grammar 연습 문제 **1** p. 24

A 1 ⓑ 2 ⓒ 3 ⓓ 4 ⓐ

B 1 While she waited(was waiting) for the train

2 Because they were too busy

3 If you solve this problem

C 1 Seen → Seeing

2 When use → (When) Using

3 Knowing not → Not knowing

4 heard → hearing

D 1 Listening to, watered the plants

2 Arriving home, opened all the windows

3 Not having friends, was always lonely

3 we made a fire

4 as it snowed a lot

B 1 When I entered the room

2 because I haven't eaten anything since this morning

3 when they study

C 1 As you know   **2** as she was not there

3 As spring comes

D 1 They did the work as we had asked.

2 She became wiser as she got older. / As she got older, she became wiser.

3 As it was very late, we went home. / We went home as it was very late.

A |해석| **1** 그녀는 너무 아파서 병원에 일주일 동안 있어야 했다.

2 이 버스를 타면 시청에 10분 안에 도착할 수 있다.

3 우리는 극장에 들어가면서 휴대전화를 껐다.

4 나는 전혀 졸리지 않아서 밤새 책을 읽었다.

|해설| 각각 이유(1, 4), 조건(2), 동시동작(3)의 의미로 쓰인 분사구문과 의미상 자연스럽게 연결되는 주절을 찾아 문장을 완성한다.

B |해석| **1** 기차를 기다리면서, 그녀는 샌드위치를 먹었다.

= 그녀는 기차를 기다리는 동안 샌드위치를 먹었다.

2 너무 바빠서, 그들은 우리와 함께 캠핑을 갈 수 없었다.

= 그들은 너무 바빴기 때문에 우리와 함께 캠핑을 갈 수 없었다.

3 이 문제를 해결하면, 너는 상을 받을 것이다.

= 너는 이 문제를 해결하면 상을 받을 것이다.

|해설| **1** 동시동작(~하면서)을 나타내는 분사구문이므로 접속사 while을 사용한 부사절로 바꿔 쓰며, 주절의 시제에 맞게 과거시제나 과거진행형으로 쓴다.

2 이유(~ 때문에)를 나타내는 분사구문이므로 접속사 because를 사용한 부사절로 바꿔 쓰며, 주절의 시제에 맞게 과거시제로 쓴다.

3 조건(~하면)을 나타내는 분사구문이므로 접속사 if를 사용한 부사절로 바꿔 쓴다. 조건절에서는 미래의 일도 현재시제로 쓴다.

C |해석| **1** 길에서 나를 보자마자, 그는 도망쳤다.

2 이 칼을 사용할 때, 너는 매우 조심해야 한다.

3 무엇을 해야 할지 몰라서, 그는 나에게 도움을 청했다.

4 전화 소리를 못 들어서, 나는 전화를 받지 못했다.

|해설| **1** 주어 he가 나를 '보고' 도망갔다는 능동의 의미를 나타내야 하므로 분사구문은 현재분사 Seeing으로 시작하는 것이 알맞다.

2 '이 칼을 사용할 때'라는 의미를 나타내는 분사구문으로, use를 현재분사(using)로 써야 알맞다. 분사구문의 의미를 명확하게 하기 위해 분사구문 앞에 접속사를 쓰기도 한다.

3 분사구문의 부정은 분사 앞에 부정어 not을 써서 나타낸다.

4 '전화 소리를 못 들어서'라는 의미를 나타내는 분사구문이므로, 부정어 Not 뒤에 현재분사(hearing)를 쓰는 것이 알맞다.

D |해설| 분사구문이 쓰인 문장을 완성한다.

3 분사구문의 부정은 분사 앞에 부정어 not을 써서 나타낸다.

A |해석| **1** 시간이 지남에 따라, 나뭇잎은 노랗고 빨갛게 변할 것이다.

2 나는 카페에서 걸어 나오다가 커피를 쏟았다.

3 날씨가 추워지고 있어서 우리는 불을 피웠다.

4 눈이 많이 와서 소풍은 취소되었다.

|해설| **1** '~함에 따라'를 뜻하는 접속사 as가 쓰인 부사절과 어울리는 말을 골라 문장을 완성한다.

2 '카페에서 걸어 나오다가'라는 의미의 부사절이 이어지는 것이 자연스럽다.

3 '~ 때문에'를 뜻하는 접속사 as가 쓰인 부사절과 어울리는 말을 골라 문장을 완성한다.

4 '눈이 많이 와서'라는 의미의 부사절이 이어지는 것이 자연스럽다.

B |해석| **1** 그 방에 들어갔을 때, 나는 내 스마트폰을 떨어뜨렸다.

2 나는 아침부터 아무것도 먹지 않았기 때문에 정말 배가 고프다.

3 어떤 사람들은 공부할 때 음악을 듣는다.

|해설| **1, 3** 접속사 as가 때를 나타내므로 when과 바꿔 쓸 수 있다.

2 접속사 as가 이유를 나타내므로 because와 바꿔 쓸 수 있다.

C |해설| 각각 '~하듯이', '~ 때문에', '~함에 따라'를 뜻하는 접속사 as를 사용하여 부사절을 완성한다.

D |해설| **1** '~하는 대로'의 의미를 나타내는 접속사 as가 쓰인 문장을 완성한다.

2 '~함에 따라'의 의미를 나타내는 접속사 as가 쓰인 문장을 완성한다.

3 '~ 때문에'의 의미를 나타내는 접속사 as가 쓰인 문장을 완성한다.

G Grammar 실전 TEST   pp. 26~29

01 ②   **02** ⑤   **03** ③   **04** ②   **05** ③   **06** ③

07 ③, ⑤   **08** ①   **09** ⑤   **10** ③   **11** ②   **12** ③

13 ②   **14** ③   **15** ④   **16** ④   **17** ④

[서술형]

18 As(as)   **19** (1) Eating ice cream (2) Playing the guitar

(3) Talking on the phone (4) Drinking water   **20** Feeling hungry after shopping, we went to the food court to eat something.   **21** (1) As he grew old(older) (2) As I said before (3) As we predicted   **22** (1) Finishing her

---

G Grammar 연습 문제 2   p. 25

A 1 the leaves will turn yellow and red

2 as I walked out of the café

homework (2) Not having enough money (3) Walking on the beach   **23** (1) As he got off the bus, he said hello to me. (2) Getting off the bus, he said hello to me.
24 (1) As I wasn't(was not) that hungry, I didn't(did not) eat anything. (2) Not being that hungry, I didn't(did not) eat anything.   **25** (1) As I arrived late, I missed the beginning of the movie. (2) As I entered the kitchen, I could smell Mom's cookies. (3) As the doctor told me, I will take this medicine every day.

01 |해석| 그녀는 손을 흔들면서 열차에 올라탔다.
|해설| '~하면서'라는 의미로 동시동작을 나타내는 분사구문이 되어야 하므로 현재분사 Waving이 알맞다.

02 |해석| 나는 요리에 관심이 있었기 때문에 요리 동아리에 가입했다.
|해설| '~ 때문에'의 의미로 쓰인 as이므로 이유를 나타내는 접속사 because와 바꿔 쓸 수 있다.

03 |해석| 커피를 너무 많이 마셔서, 나는 쉽게 잠들지 못한다.
|해설| 분사구문은 부사절의 접속사를 생략하고, 주절의 주어와 부사절의 주어가 같을 때 부사절의 주어를 생략한 뒤, 마지막으로 부사절의 동사를 「동사원형＋-ing」로 바꿔 만든다.

04 |해석| ① 그는 독감에 걸렸기 때문에 외출하지 않았다.
② 어두워짐에 따라 더 추워졌다.
③ 그들은 내가 해 달라고 요청한 대로 하지 않았다.
④ 나이가 듦에 따라 나는 독서를 더 즐긴다.
⑤ 모두가 알고 있듯이, 수진이는 최고의 선수다.
|해설| ② 접속사 As가 '~함에 따라'의 의미로 쓰였다.

05 |해석| 나는 샤워를 하고 있는 동안 누군가가 문을 두드리는 것을 들었다.
① 만약 내가 샤워를 한다면
② 내가 샤워를 하지 않으면
④ 비록 나는 샤워를 하지 않았지만
⑤ 내가 샤워를 하지 않고 있었기 때문에
|해설| '나는 샤워를 하고 있는 동안 누군가가 문을 두드리는 것을 들었다.'라는 의미가 자연스러우므로 '~하는 동안'이라는 의미의 접속사 While을 사용하는 것이 알맞다.

06 |해석| 비가 많이 왔기 때문에, _____.
① 지나는 운전을 할 수 없었다
② 나는 우비를 입었다
③ 땅이 더 건조해졌다
④ 소풍이 취소되었다
⑤ 그들은 테니스를 치지 못했다
|해설| 접속사 As가 '~ 때문에'라는 의미로 쓰인 문장이므로 비가 몹시 내린 결과 ③ '땅이 더 건조해졌다'는 것은 의미상 어색하다.

07 |해설| 이유를 나타내는 접속사 as를 사용하거나 분사구문을 사용하여 표현할 수 있다. 분사구문의 부정은 분사 앞에 not을 써서 나타낸다.

08 |해석| 강을 따라 걸으면서, 나는 개 다섯 마리와 함께 있는 한 남자를 보았다.
|해설| While I was walking along the river, I saw a man with five dogs.와 같은 의미가 되도록 부사절을 분사구문으로 바꿔 쓰면 Walking along the river, I saw a man with five dogs.이다.

09 |해석| 그녀는 피곤했기 때문에, 일찍 잠자리에 들었다.
① 나는 네가 바라는 대로 하겠다.
② 내가 저녁을 요리하고 있을 때, 전화벨이 울렸다.
③ 너도 알듯이, 이것은 좋은 질문이 아니다.
④ 그녀는 자랄수록 더욱 아름다워졌다.
⑤ 눈이 많이 와서 캠핑이 취소되었다.
|해설| [보기]와 ⑤의 접속사 As는 '~ 때문에'라는 의미이다.

10 |해석| ① 그는 음악을 들으면서 자전거를 탔다.
② 나는 저녁을 먹으면서 TV 프로그램을 보았다.
③ 배가 너무 고파서, 나는 피자를 전부 먹었다.
④ 왼쪽으로 돌면 은행이 보일 것이다.
⑤ Tim은 책을 읽으면서 쿠키를 먹었다.
|해설| '배가 너무 고파서'라는 의미를 나타내는 부사절(As I was too hungry)을 분사구문으로 바꿔 쓰면 Being too hungry, I ate a whole pizza.가 된다. (Was → Being)

11 |해석| ① 그가 내 전화를 받지 않았기 때문에, 나는 그에게 문자를 보냈다.
② 비록 그들은 쌍둥이지만, 전혀 다르게 생겼다.
③ 날씨가 추워짐에 따라, 사람들은 더 두툼한 옷을 입는다.
④ 내가 방을 청소하고 있었을 때, 엄마가 집에 오셨다.
⑤ 아빠가 너에게 말하셨듯이, 너는 패스트푸드를 너무 많이 먹지 말아야 한다.
|해설| ②에는 '비록 ~이지만'이라는 의미의 Though(Although)가 알맞다.

12 |해석| ① 그녀는 사과를 먹으면서 TV를 봤다.
② 그는 혼잣말을 하면서 운전했다.
③ 온라인 게임을 하는 것은 매우 흥미진진하다.
④ 그는 문자를 보내면서 아침을 먹었다.
⑤ 나는 창밖을 보면서 차를 마셨다.
|해설| ③은 주어로 쓰인 동명사이고, 나머지는 모두 분사구문에 사용된 현재분사이다.

13 |해석| ⓐ 그는 축구를 하다가 다리를 다쳤다.
ⓑ 너도 볼 수 있듯이, 나는 노래를 잘하지 못한다.
ⓒ 그는 라디오를 들으면서 저녁을 준비했다.
ⓓ 나는 너무 피곤해서 시험에 집중할 수 없었다.
ⓔ 그녀는 돈이 많았기 때문에 신발을 살 수 없었다. (×)
|해설| ⓐ 축구를 하다가 다리를 다친 것이므로 Played는 현재분사 Playing이 되어야 한다.
ⓔ 문맥상 이유를 나타내는 접속사 As가 아니라 '(비록) ~이지만'을 뜻하는 Though나 Although가 사용되어야 한다.

14 |해석| ① 두 블록을 곧장 가. 그러면 공원이 보일 거야.
→ 두 블록을 곧장 가면 공원이 보일 거야.
② Kevin은 모바일 게임을 했다. 그는 동시에 샌드위치를 먹었다.
→ Kevin은 모바일 게임을 하면서 샌드위치를 먹었다.
③ 미나는 그녀의 친구들을 기다렸다. 그녀는 전화 통화도 하고 있었다.
→ 미나는 전화 통화를 하면서 친구들을 기다렸다.
④ 나는 그 사고에 대해 몰랐다. 그래서 나는 할 말이 없었다.
→ 그 사고에 대해 몰랐기 때문에, 나는 할 말이 없었다.
⑤ Jessica는 끔찍한 두통이 있었다. 그래서 그녀는 하루 종일 침대에 누워 있었다.

→ Jessica는 끔찍한 두통이 있어서 하루 종일 침대에 누워 있었다.
|해설| ③ 분사구문을 사용하여 '미나는 전화 통화를 하면서 친구들을 기다렸다.'라는 의미가 되도록 Mina waited for her friends, talking on the phone.으로 써야 한다.

15 |해설| '풀밭에 앉아'를 분사구문으로 나타내면 Sitting on the grass 이므로 sat은 필요 없는 단어이다.

16 |해석| ① 나는 그 사고를 봤을 때 거의 넘어질 뻔했다.
② 지금 떠나면 너는 마지막 기차를 탈 수 있다.
③ 그는 늦잠을 자서 항상 학교에 지각한다.
④ 불난 집을 봤을 때 나는 119에 전화해서 도움을 요청했다.
⑤ 그는 부상을 당해서 마라톤을 끝마치지 못했다.
|해설| ④ 불난 집을 보고 119에 전화했다는 과거의 내용이므로 부사절의 시제가 주절과 같은 과거시제여야 한다. (see → saw)

17 |해석| (A) 조금 늦었기 때문에, 우리는 택시를 탔다.
(B) 제주도에 도착해서, 나는 친구 Tim에게 전화를 했다.
(C) 겨울이 옴에 따라, 점점 더 추워진다.
|해설| ④ (B)의 분사구문을 부사절로 바꾸면 When(After) I arrived in Jeju-do이므로, 접속사(When/After)를 생략하고, 주절의 주어와 일치하는 부사절의 주어(I)를 생략한 뒤, 동사원형에 -ing를 붙인 Arriving으로 시작하는 것이 알맞다.

18 |해석| • 시간이 지남에 따라 상황은 더 좋아졌다.
• 그녀는 매우 화가 나서 말없이 집에 갔다.
• 의사가 네게 말했듯이, 너는 이 약을 먹어야 해.
|해설| 첫 번째 문장은 '~함에 따라, 할수록', 두 번째 문장은 '~ 때문에', 세 번째 문장은 '~하듯이'라는 뜻의 접속사가 적절하므로 공통으로 알맞은 접속사는 as이다.

19 |해석| (1) 아이스크림을 먹으면서, Eric은 책을 읽었다.
(2) 기타를 연주하면서, 유미는 노래를 불렀다.
(3) 전화 통화를 하면서, Amy는 그녀의 개를 산책시켰다.
(4) 물을 마시면서, 지호는 버스를 기다렸다.
|해설| 모두 두 가지 일을 동시에 하고 있는 상황이므로, '~하면서'라는 의미로 동시동작을 나타내는 분사구문으로 쓸 수 있다.

20 |해석| 언니와 나는 엄마 생신 선물을 사기 위해 쇼핑몰을 돌아다녔다. 쇼핑을 한 후에 배가 고파서, 우리는 무언가를 먹기 위해 푸드코트에 갔다.
|해설| 부사절에서 접속사를 생략하고, 주어가 주절의 주어와 일치하므로 주어도 생략한 후, 동사원형에 -ing를 붙여 분사구문으로 쓴다.

21 |해설| '~함에 따라', '~하듯이', '~하는 대로'는 모두 접속사 as를 사용하여 나타낼 수 있다.

22 |해석| (1) 그녀는 숙제를 끝낸 후에 잠자리에 들었다.
→ 숙제를 끝낸 후에, 그녀는 잠자리에 들었다.
(2) 그는 충분한 돈이 없기 때문에 지금 그 차를 살 수 없다.
→ 충분한 돈이 없어서, 그는 지금 그 차를 살 수 없다.
(3) 나는 해변을 걸을 때 바다에서 수영하는 사람들을 보았다.
→ 해변을 걸을 때, 나는 바다에서 수영하는 사람들을 보았다.
|해설| 분사구문은 부사절의 접속사를 생략하고, 주어가 주절의 주어와 일치하면 주어도 생략한 뒤, 동사원형에 -ing를 붙이는 형태로 만든다. 분사구문의 부정은 분사 앞에 not을 써서 나타낸다.

23 |해설| '~하면서'의 의미를 나타내는 접속사 as로 시작하는 부사절을 포함한 문장을 쓴다. 부사절 As he got off the bus를 분사구문으로 나타낼 때, 접속사(As)를 생략하고, 주절과 같은 주어(he)를 생략하고, 동사는 현재분사(Getting)로 쓴다.

24 |해설| '~ 때문에'의 의미를 나타내는 접속사 as로 시작하는 부사절을 포함한 문장을 쓴다. 부사절 As I wasn't that hungry를 분사구문으로 나타낼 때, 접속사(As)를 생략하고, 주절과 같은 주어(I)를 생략하고, be동사의 현재분사형(being) 앞에 Not을 쓴다.

25 |해석| (1) 나는 늦게 도착했기 때문에 영화의 시작 부분을 놓쳤다.
(2) 부엌에 들어갔을 때, 나는 엄마의 쿠키 냄새를 맡을 수 있었다.
(3) 의사가 내게 말한 대로, 나는 이 약을 매일 먹을 것이다.
|해설| 각각 '~ 때문에', '~할 때', '~하면서', '~하는 대로'라는 의미를 나타내는 접속사 as를 사용하여 문장을 연결한다.

R Reading 빈칸 채우기 pp. 32~33

01 been surprised by, recommended for   02 looked interesting   03 what you liked   04 because of
05 data sets, complex   06 As, much   07 because, leaves a trace   08 For example, records, purchases
09 collecting, not enough   10 be analyzed, is done
11 Using, analyze, draw   12 be used to   13 is influencing
14 understand, needs   15 helps people avoid
16 uses, endless   17 disease, as, forecast the weather
18 thanks to   19 comes, will buy, flu   20 symptoms
21 is analyzed, be predicted   22 Are you
23 performance, making, exciting   24 example, national   25 by collecting, analyzing   26 how much, how long   27 With the help of, was able to   28 predict crime   29 Through the analysis of, hot spots   30 is most likely to   31 prevent, by focusing on   32 has, changed   33 from here   34 for sure, important role

R Reading 바른 어휘 · 어법 고르기 pp. 34~35

01 been surprised   02 interesting   03 what
04 because of   05 that   06 much   07 leaves
08 For example   09 is   10 by   11 Using   12 used
13 influencing   14 sell   15 avoid   16 are   17 as
18 to   19 comes   20 more   21 If   22 fan
23 making   24 national   25 by   26 he had   27 win
28 before   29 Through   30 likely   31 focusing
32 changed   33 from   34 knows

01 ×, been surprised by   02 ×, interesting   03 ○
04 ○   05 ×, are   06 ×, greater   07 ○   08 ×, are
09 ○   10 ○   11 ○   12 ×, be used to make   13 ○
14 ○   15 ×, avoid   16 ○   17 ○   18 ○   19 ×,
when   20 ○   21 ×, be predicted   22 ○   23 ×,
more exciting   24 ○   25 ×, collecting   26 ○   27 ×,
to improve   28 ○   29 ×, analysis   30 ○   31 ×, on
32 ×, has   33 ○   34 ○

R Reading 실전 TEST
pp. 40~43

01 ④   02 ④   03 ⑤   04 ②   05 ①   06 predict   07 ②
08 ⑤   09 ③   10 ④   11 ④   12 ④   13 ②   14 ②
15 ④   16 ③

[서술형]
17 Big data is data sets that are very big and complex.
18 (1) ⓒ → because of (2) big data는 명사구이므로 앞에
because of가 와야 한다. because 뒤에는 절이 온다.   19 (정보
통신 기술이 발달함에 따라) 우리가 갖고 있는 데이터의 양이 이전보
다 훨씬 더 많아지고 있는 것   20 ⓐ be analyzed ⓑ to make
21 They analyze big data and draw meaningful results
from it.   22 ⓐ that ⓑ as ⓒ If   23 treat → forecast
24 making sports more exciting   25 players, improve,
win

01 |해석| 당신은 온라인 서점을 방문해서 그 서점이 당신에게 추천한 책들
을 보고 놀란 적이 있는가? 그 책들 중 다수가 당신에게 흥미로워 보
였다. 그러면 그 서점은 당신이 무엇을 좋아하는지 어떻게 알았을까?
이것은 모두 빅데이터 때문에 가능하다.
① ~와 같은 ② ~에 대한 감사 ③ ~ 대신에 ⑤ ~에 더하여
|해설| 문맥상 '빅데이터 때문에'라는 뜻이 되는 것이 자연스러우므로,
'~ 때문에'를 의미하는 because of가 알맞다.

[02~06] |해석|
빅데이터는 매우 크고 복잡한 데이터의 집합이다. 정보 통신 기술이 발달함
에 따라 우리가 갖고 있는 데이터의 양이 이전보다 훨씬 더 많아지고 있다.
이것의 주된 이유는 우리가 온라인상에서 하는 거의 모든 것들이 흔적을
남기기 때문이다. 예를 들어, 당신이 블로그에 올린 사진들과 온라인 상점
에서의 구매 기록들이 모두 빅데이터의 일부다.
하지만 단순히 데이터를 수집하는 것만으로는 충분하지 않다. 빅데이터는
분석되어야 하는데, 이것은 빅데이터 전문가들에 의해서 이루어진다. 전문
가들은 다양한 방법들을 사용하여 빅데이터를 분석하고, 그것으로부터 의
미 있는 결과들을 도출한다. 그런 다음, 이런 결과들은 의사결정을 하거나
미래를 예측하는 데 사용될 수 있다.

02 |해석| ① 그녀는 그곳에서 의사로 일한다.
② 내가 어제 부탁한 대로 일을 해 줘.
③ 나는 늦게 도착했기 때문에 수업을 들을 수 없었다.

④ 나이가 들어감에 따라, 그는 훨씬 더 조용해졌다.
⑤ 내가 게임을 하고 있을 때, 엄마가 집에 오셨다.
|해설| ⓐ와 ④의 As는 '~함에 따라'라는 뜻으로 쓰인 접속사이다.

03 |해석| ① 그러나 ② 게다가 ③ 마침내 ④ 그에 반해
|해설| 우리가 온라인상에서 하는 거의 모든 것들이 흔적을 남긴다는 내
용에 이어 그에 대한 예시가 빈칸 뒤에 이어지고 있으므로, '예를 들면'
이라는 의미의 연결어 For example이 알맞다.

04 |해설| (A) '훨씬'이라는 의미로 비교급을 강조하여 수식하는 부사는
much이다. very는 비교급을 수식할 수 없다.
(B) 데이터 분석이 전문가들에 의해 '되어진다'는 의미의 수동태(be동
사+과거분사)가 되어야 하므로 과거분사 done이 알맞다.
(C) '다양한 방법들을 사용하여'라는 의미의 분사구문이 되어야 하므로
현재분사 Using이 알맞다.

05 |해석| ① 우리는 지금보다 과거에 데이터가 더 많았다.
② 우리가 온라인에서 하는 것은 빅데이터의 일부가 될 수 있다.
③ 빅데이터 전문가들이 하는 일은 빅데이터를 분석하는 것이다.
④ 빅데이터 전문가들은 빅데이터로부터 결과를 도출한다.
⑤ 빅데이터로부터 도출해낸 의미 있는 결과는 사람들이 의사결정을
하는 것을 도울 수 있다.
|해설| ① 정보 통신 기술이 발달함에 따라 이전보다 우리가 갖고 있는
데이터의 양이 훨씬 더 많아지고 있다고 했다.

06 |해설| '어떤 일이 일어날 것이라고 말하다'는 predict(예측하다)의 영
영풀이이다.

[07~10] |해석|
빅데이터는 우리 삶의 거의 모든 부분에 영향을 미치고 있다. 그것은 회사
들이 소비자들이 필요로 하는 것을 더 잘 이해하고 더 많은 상품을 팔도록
도와준다. 그것은 사람들이 교통 체증을 피하도록 도와준다. 그것의 쓰임은
끝이 없는데, 여기 몇 가지 흥미로운 예들이 있다.
(B) 당신은 날씨 전문가들이 날씨를 예측하는 것과 같이 현재 건강 전문가
들이 질병을 예측할 수 있다는 것을 알고 있었는가?
(A) 이것은 빅데이터 덕분에 가능하다. 예를 들어, 독감의 계절이 오면 사람
들은 독감 약을 더 많이 구입할 것이다. 그들은 또한 온라인상에서 독
감 증상에 대해 더 많이 검색해 볼 것이다.
(C) 이런 종류의 데이터가 현명하게 분석된다면, 독감의 확산은 예측될 수
있다.

07 |해설| 빅데이터가 우리의 삶에 영향을 미친다는 내용에 이어, 빅데이터
쓰임의 예시로 건강 전문가들이 현재 질병을 예측할 수 있다는 것을
알고 있는지 묻는 질문(B)과 함께 그것이 빅데이터 덕분이라는 내용과
그 예시(A)로 독감 관련 내용이 나오고, 질병과 관련한 데이터의 분석
이 질병의 확산을 예측할 수 있다는 내용(C)으로 이어지는 것이 자연
스럽다.

08 |해설| ⑤ 독감의 확산이 '예측될' 수 있다는 내용이므로 수동태(be동
사+과거분사)로 쓰이는 것이 알맞다.

09 |해설| ⓐ는 문장 앞부분에 있는 companies를 가리키고, ⓑ는 앞 문
장의 It과 마찬가지로 첫 문장의 Big data를 가리킨다.

10 |해석| ① 빅데이터는 기업에 어떤 도움이 되는가?
② 빅데이터의 쓰임에 한계가 있는가?
③ 건강 전문가들은 현재 무엇을 예측할 수 있는가?

④ 날씨 전문가들은 빅데이터를 어떻게 분석하는가?

⑤ 독감의 계절이 오면 사람들은 무엇을 할 것인가?

|해설| ④ 날씨 전문가들이 빅데이터를 분석한다는 내용은 언급되지 않았다.

[11~13] |해석|

당신은 스포츠 팬인가? 빅데이터는 스포츠를 더 흥미진진하게 만들면서 선수들의 경기력을 향상하고 있다. 한 유명한 사례가 독일 국가 대표 축구팀이다. 그 팀은 선수들에 관한 엄청난 양의 데이터를 모으고 분석함으로써 데이터베이스를 구축했다. 예를 들어, 그 데이터는 각각의 선수들이 얼마나 많이 달렸고, 얼마나 오랫동안 공을 갖고 있었는지를 포함했다. 이 데이터베이스의 도움으로, 독일 국가 대표 축구팀은 경기력을 향상할 수 있었고, 2014년 월드컵에서 우승할 수 있었다.

11 |해설| 주어진 문장은 (독일 국가 대표 축구팀이 구축한) 데이터에 어떤 정보가 포함되어 있었는지에 대한 예시이므로, 독일 국가 대표 축구팀이 선수들에 관한 데이터베이스를 구축했다는 문장 뒤인 ④에 들어가는 것이 알맞다.

12 |해설| '~하면서'라는 의미의 동시동작을 나타내는 분사구문을 이끄는 현재분사 making이 알맞다.

13 |해설| ⓑ by+동명사: ~함으로써
ⓒ with the help of: ~의 도움으로

[14~16] |해석|

빅데이터 덕분에 경찰은 이제 범죄가 발생하기 전에 그 범죄를 예측할 수 있다. 범죄의 유형, 시간 및 장소에 관한 빅데이터 분석을 통해, 경찰은 범죄 다발 지역의 지도를 만들 수 있다. 이 지도는 범죄가 언제, 어디에서 가장 발생할 것 같은지 알려 준다. 경찰은 이 지도가 예측하는 지역과 시간대에 집중함으로써 추가 범죄를 예방할 수 있다.

빅데이터는 이미 세계를 크게 변화시켰다. 그러면 빅데이터 산업은 여기에서부터 어디로 가게 될까? 누구도 확실히 알지는 못하지만, 전문가들은 빅데이터가 우리 삶에서 더욱 더 중요한 역할을 할 것이라는 데에는 동의한다.

14 |해설| ⓑ be likely to: ~할 것 같다

15 |해설| (A)에는 범죄가 일어나기 전에 '예측할(predict)' 수 있다는 내용이 되는 것이 알맞고, (B)에는 추가 범죄를 '예방할(prevent)' 수 있다는 내용이 되는 것이 알맞다.

16 |해설| • 지민 → 범죄 다발 지역 지도로 범죄가 일어날 수 있는 때와 장소를 알 수 있다.
• 소미 → 빅데이터로 범죄를 미리 예측할 수 있다는 내용은 있지만, 빅데이터가 발생한 범죄를 처리하는 데 주로 쓰인다는 내용은 없다.

[17~19] |해석|

당신은 온라인 서점을 방문해서 그 서점이 당신에게 추천한 책들을 보고 놀란 적이 있는가? 그 책들 중 다수가 당신에게 흥미로워 보였다. 그러면 그 서점은 당신이 무엇을 좋아하는지 어떻게 알았을까? 이것은 모두 빅데이터 때문에 가능하다.

빅데이터는 매우 크고 복잡한 데이터의 집합이다. 정보 통신 기술이 발달함에 따라 우리가 갖고 있는 데이터의 양이 이전보다 훨씬 더 많아지고 있다. 이것의 주된 이유는 우리가 온라인상에서 하는 거의 모든 것들이 흔적을 남기기 때문이다. 예를 들어, 당신이 블로그에 올린 사진들과 온라인 상점에서의 구매 기록들이 모두 빅데이터의 일부다.

17 |해설| 보어로 쓰인 선행사 data sets를 주격 관계대명사 that이 이끄는 관계대명사절이 수식하는 형태로 쓴다.

18 |해설| 뒤에 이유를 나타내는 명사(구)가 올 경우 because of를 쓰고, 「주어+동사」로 이루어진 절이 올 경우에는 because를 쓴다.

19 |해설| This는 앞 문장(As information ~ than before.)의 내용을 의미한다.

[20~21] |해석|

하지만 단순히 데이터를 수집하는 것만으로는 충분하지 않다. 빅데이터는 분석되어야 하는데, 이것은 빅데이터 전문가들에 의해서 이루어진다. 전문가들은 다양한 방법들을 사용하여 빅데이터를 분석하고, 그것으로부터 의미 있는 결과들을 도출한다. 그런 다음, 이런 결과들은 의사결정을 하거나 미래를 예측하는 데 사용될 수 있다.

20 |해설| ⓐ '분석되어야 한다'는 의미가 적절하므로 수동태(be동사+과거분사)로 쓴다.
ⓑ '결정하는 데 사용되다'라는 의미가 되어야 하며 등위접속사 or 뒤의 to predict와 병렬 구조를 이루므로 「be used to+동사원형」(~하는 데 사용되다) 형태가 되도록 to make로 쓴다.

21 |해설| Q: 빅데이터 전문가들이 하는 일은 무엇인가?
A: 그들은 빅데이터를 분석하고 그것으로부터 의미 있는 결과를 도출한다.
|해설| 빅데이터 전문가들이 하는 일은 빅데이터를 분석하고 그것으로부터 의미 있는 결과들을 도출하는 것이다.

[22~23] |해석|

당신은 날씨 전문가들이 날씨를 예측하는 것과 같이 현재 건강 전문가들이 질병을 예측할 수 있다는 것을 알고 있었는가? 이것은 빅데이터 덕분에 가능하다. 예를 들어, 독감의 계절이 오면 사람들은 독감 약을 더 많이 구입할 것이다. 그들은 또한 온라인상에서 독감 증상에 대해 더 많이 검색해 볼 것이다. 이런 종류의 데이터가 현명하게 분석된다면, 독감의 확산은 예측될 수 있다.

22 |해설| ⓐ 명사절을 이끄는 접속사 that이 알맞다.
ⓑ '~하듯이'를 의미하는 접속사 as가 알맞다.
ⓒ '(만약) ~하면'을 의미하는 접속사 If가 알맞다.

23 |해설| 빅데이터는 건강 전문가들이 질병을 치료하는(→ 예측하는) 것을 도울 수 있다.
|해설| 빅데이터는 건강 전문가들이 질병을 예측하는 데 도움을 준다고 윗글에 언급되어 있다.

[24~25] |해석|

당신은 스포츠 팬인가? 빅데이터는 스포츠를 더 흥미진진하게 만들면서 선수들의 경기력을 향상하고 있다. 한 유명한 사례가 독일 국가 대표 축구팀이다. 그 팀은 선수들에 관한 엄청난 양의 데이터를 모으고 분석함으로써 데이터베이스를 구축했다. 예를 들어, 그 데이터는 각각의 선수들이 얼마나 많이 달렸고, 얼마나 오랫동안 공을 갖고 있었는지를 포함했다. 이 데이터베이스의 도움으로, 독일 국가 대표 축구팀은 경기력을 향상할 수 있었고, 2014년 월드컵에서 우승할 수 있었다.

24 |해설| 빅데이터는 스포츠를 더 흥미진진하게 만들면서 선수들의 경기력을 향상하고 있다.
|해설| 「make+목적어+형용사(목적격보어)」(~을 …하게 만들다)의 형태를 사용하여, 현재분사 making으로 시작하는 분사구문을 완성한다. exciting의 비교급은 more exciting으로 쓰는 것에 유의한다.

25 |해설| 선수들에 대한 빅데이터 덕분에 독일 국가 대표 축구팀은 경기력을 향상시키고 2014년 월드컵에서 우승할 수 있었다.

01 Let me tell you how to use a drink machine.   **02** ③
03 ②   **04** Looking at the results   **05** free time
activities, traveling, watching TV   **06** ④   **07** ③

[01~02] |해석|
음료 자판기 사용하는 법을 알려 드리겠습니다. 먼저, 기계에 돈을 넣으세요. 그런 다음, 원하는 음료를 고르세요. 마지막으로, 기계에서 음료를 꺼내세요. 간단하죠.

01 |해설| '제가 ~하겠습니다'는 「Let me+동사원형 ~.」 형태로 쓰고, 수여동사 tell 뒤에 간접목적어 you와 직접목적어 how to use a drink machine을 이어 쓴다.

02 |해설| 순서나 절차를 설명할 때 first, second, then, last 등의 순서를 나타내는 말을 사용하면 순서나 절차를 더 명확하게 나타낼 수 있다. 순서를 나타낼 때는 서수로 쓴다.

[03~05] |해석|
우리는 100명의 청소년들에게 그들의 여가 시간 활동에 대해 질문했습니다. 그 결과 청소년들이 가장 하고 싶어 하는 여가 시간 활동은 여행인 것으로 보입니다. 34%가 여가 시간에 여행을 하고 싶다고 말했습니다. 하지만, 그들이 실제로 가장 많이 하는 여가 시간 활동은 TV 시청입니다. 39%가 여가 시간에 TV를 시청한다고 말했습니다. 이 결과를 보면, 우리는 청소년들이 여가 시간에 하고 싶어 하는 것과 여가 시간에 실제로 하는 것 사이에 큰 차이가 있다는 것을 알 수 있습니다.

03 |해석| ① 그러므로 ③ 결과적으로 ④ 무엇보다도 ⑤ 예를 들어
|해설| 설문 조사에서 여가 활동으로 가장 하고 싶다고 답한 것과 실제로 가장 많이 하는 여가 활동이 다르다는 상반된 내용이 이어지므로 연결어로 However(그러나, 하지만)가 알맞다.

04 |해설| 부사절을 분사구문으로 나타낼 때 부사절의 접속사를 생략하고, 부사절의 주어가 주절과 같은 경우 주어를 생략한 뒤, 동사를 「동사원형+-ing」로 바꾼다.

05 |해석| 그들의 여가 시간 활동에 대한 청소년들의 응답에 따르면, 그들이 가장 하고 싶어 하는 것은 여행이지만, 그들이 실제로 가장 많이 하는 것은 TV 시청이다.
|해설| 본문은 청소년들의 여가 시간 활동(free time activities)에 관한 조사 결과를 설명한 것으로, 청소년들이 가장 하고 싶어 하는 것은 여행(traveling)이지만, 실제로 가장 많이 하는 것은 TV 시청(watching TV)이라고 언급되어 있다.

[06~07] |해석|
설문 조사를 바탕으로, 우리는 경주를 골랐습니다. 10명의 학급 친구들이 졸업 여행지를 고를 때 활동이 가장 중요하다고 생각합니다. 온라인으로 자료를 찾아본 후, 우리는 경주에 볼 것과 할 것이 많이 있다는 것을 알게 되었습니다.

06 |해설| ④ 온라인으로 자료를 '찾았다'는 의미가 되어야 하므로, 빈칸에는 searched가 알맞다.

07 |해설| '볼' 것이라는 의미로 many things를 뒤에서 수식해야 하므로, 형용사적 용법의 to부정사가 되는 것이 알맞다.

STEP B

01 ③   **02** ②   **03** ⑤   **04** ②   **05** ④   **06** ④
07 symptom   **08** ⑤   **09** ④   **10** From now on   **11** ④
12 ⑤   **13** ①   **14** ②   **15** ③

01 |해석| • 법이 허용하지 않는 행위
• 어떤 사람이 누구인지 또는 어떤 것이 무엇인지를 알아차리다
① 흔적 – (결과를) 이끌어 내다 ② 구입, 구매 – 넣다
④ 거리 – 예측하다 ⑤ 산업 – 업로드하다
|해설| 첫 번째 영영풀이는 crime(범죄), 두 번째 영영풀이는 identify (알아보다)에 해당한다.

02 |해석| 의료용 마스크를 착용하는 것이 독감의 확산을 방지하는 데 도움이 될 수 있다.
① 방법, 방식 ③ 사회 ④ 예측 ⑤ 양, 액수
|해설| '확산'을 의미하는 spread가 들어가는 것이 알맞다.

03 |해석| • 그들은 직장에서 자신들의 수행력을 향상시킬 방법을 찾고 있다.
• 공연 중에는 휴대전화 사용이 금지되어 있습니다.
① 차이, 격차 ② 분석 ③ 증상 ④ 영향 ⑤ 수행(력); 공연
|해설| '수행(력)', '공연'이라는 뜻을 모두 갖는 명사 performance가 알맞다.

04 |해석| • 어떤 일이 일어날 것 같다.
• John과 그의 팀 덕분에, 우리는 프로젝트를 제시간에 끝낼 수 있었다.
|해설| be likely to: ~할 것 같다 / thanks to: ~ 덕분에

05 |해석| ① 잠그다 : 열다 = 간단한 : 복잡한
② 도움 : 도움이 되는 = 국가 : 국가의
③ 현명한 : 현명하게 = 가능한 : 아마
④ 규칙적인 : 규칙적으로 = 의미 : 의미 있는
⑤ 병 : 병 = 복잡한 : 복잡한
|해설| ④ regular와 regularly는 「형용사 – 부사」의 관계이고, meaning과 meaningful은 「명사 – 형용사」의 관계이다.

06 |해석| ① 예방이 언제나 치료보다 낫다.
② 5월은 한국에서 매우 의미 있는 달이다.
③ Mike는 자신의 감정에 근거하여 결정을 내린다.
④ 나는 Jane 덕분에 영어 발음을 향상시켰다.
⑤ 지하철은 안전하고 편리한 교통수단이다.
|해설| ④ thanks to는 '~ 덕분에'라는 뜻이고, '~에 대한 감사'는 thanks for로 표현한다.

07 |해석| 몡 특정한 병에 걸렸을지도 모른다는 것을 보여 주는 것
내 생각에 너는 감기 초기 증상이 있는 것 같아.
|해설| symptom(증상)의 영영풀이이다.

08 |해석| 다음 문장의 밑줄 친 부분과 바꿔 쓸 수 있는 것은?
당신은 다가올 지진을 예측하는 것이 가능하다고 생각하는가?
① (결과를) 이끌어 내다 ② 떠나다, 남기다 ③ 성장하다, 발달하다
④ 분석하다 ⑤ 예측하다

|해설| predict는 '예측하다'라는 뜻으로 forecast와 바꿔 쓸 수 있다.

09 |해석| ① 버튼을 누르고 네 카드를 여기에 삽입해라.

② 서울에는 국립박물관이 몇 군데 있다.

③ 만약 더 자세한 정보가 필요하면, 이 센터에 전화하면 됩니다.

④ 그 사안은 너무 복잡해서 모두가 이해할 수 있다. (×)

⑤ 과학이 발달할수록 세상은 더욱 편리해진다.

|해설| ④ '그 사안은 너무 복잡해서(complex) 모두가 이해할 수 있다'라는 의미는 어색하다.

10 |해설| from now on: 이제부터

11 |해석| ① 그들은 실수를 방지하기 위해 최선을 다했다.

② 이것은 당신의 뼈에 해를 끼치는 병이다.

③ 그는 몇몇 가구를 매우 싸게 샀다.

④ 아마 그는 내일까지 그 프로젝트를 끝낼 수 있을 것이다.

⑤ 모든 정보를 수집하는 데에는 시간이 걸린다.

|해설| ④ '아마'라는 뜻을 나타내는 possibly는 mainly(주로)와 바꿔 쓸 수 없고, perhaps, maybe 등과 바꿔 쓸 수 있다.

12 |해석| 매일 연습하면 요리 실력이 빠르게 향상될 것이다.

① 행동을 취하다

② 어떤 것을 바꾸거나 어떤 것에 영향을 주다

③ 어떤 것을 주의 깊게 검토하다

④ 어떤 일이 일어날 것이라고 말하다

⑤ 더 나아지다 또는 어떤 것을 더 나아지게 만들다

|해설| 매일 연습하면 요리 실력이 빠르게 향상될 것이라는 의미가 되는 것이 자연스러우므로 빈칸에는 improve(개선하다, 향상하다)가 들어가는 것이 적절하며, improve의 영영풀이로 ⑤가 알맞다.

13 |해석| ① 분석(→ 방법): 어떤 일을 하는 방법

② 피하다: 누군가 또는 무언가를 멀리하다

③ 포함하다: 무언가를 전체의 일부로 가지고 있다

④ 독감: 심한 감기 같지만 매우 심각할 수 있는 병

⑤ 데이터베이스: 컴퓨터 시스템에 저장된 대량의 정보

|해설| ① '어떤 일을 하는 방법'을 뜻하는 단어는 method(방법, 방식)이다. analysis는 '분석'이라는 뜻이다.

14 |해석| ⓐ 그녀는 8시에 집을 떠날 것이다.

ⓑ 그 도둑은 발자국 하나 남기지 않았다.

ⓒ 메시지를 좀 더 남기는 게 어때?

ⓓ 나는 첫 버스를 타기 위해 아침 일찍 출발할 것이다.

ⓔ 이름과 전화번호를 남기면 자전거를 빌릴 수 있습니다.

|해설| ⓐ, ⓓ의 leave는 '떠나다'라는 뜻으로 쓰였고, ⓑ, ⓒ, ⓔ는 '남기다'라는 뜻으로 쓰였다.

15 |해설| • 음악은 사람들의 감정에 영향을 미칠 수 있다.

• 그 이야기 후에 어떤 일이 일어날 것 같은가?

• 너는 주어진 데이터에서 결과를 이끌어 낼 수 있다.

• 야외 활동은 산악 자전거 타기와 카누 타기를 포함한다.

|해설| ⓐ에는 influence(영향을 미치다), ⓑ에는 be likely to(~할 것 같다)를 이루는 likely, ⓒ에는 draw(이끌어 내다), ⓓ에는 include(포함하다)가 알맞으며, avoid(피하다)는 어느 곳에도 들어갈 수 없다.

L&T Listen and Talk 고득점 맞기 pp. 50~51

01 ③ **02** ②, ③ **03** ③ **04** ③ **05** ③ **06** ②, ④

[서술형]

07 I appreciate your help. **08** your(the) library card, Type the title, press ENTER, the front desk

09 (1) library (2) to the front desk **10** Do you know how to plant a potato? **11** ⓑ First ⓒ Third(Then) **12** dig holes in the ground **13** ⓑ → The fourth step of planting a potato is to cover the holes with dirt.

01 |해석| A: 차 만드는 방법을 아니?

B: 그럼. 먼저, 컵에 티백을 넣어. 그런 다음, 그 컵에 뜨거운 물을 부어. 그리고 3분 뒤에 티백을 꺼내.

① 차 좀 마실래?

② 차 좀 마시는 게 어때?

④ 차 만드는 방법을 배우고 싶니?

⑤ 차 마실 수 있는 곳을 알려 주세요.

|해설| 대답으로 차 만드는 방법을 설명하고 있으므로 빈칸에는 차 만드는 방법이나 절차를 묻는 말이 와야 한다. 방법이나 절차를 물을 때 Do you know how to ~? 또는 Can you tell me how to ~? 등으로 말할 수 있다.

02 |해석| A: 이 과자 자판기를 어떻게 사용하는지 알려 줄래?

B: 응. 먼저, 원하는 과자를 골라. 그런 다음, 돈을 넣어. 마지막으로, 과자를 꺼내.

A: 알겠어. _____

①, ⑤ 정말 고마워. ② 별말씀을.

③ 별일 아니야. ④ 도와줘서 고마워.

|해설| B가 과자 자판기 사용법을 설명해 주었고 A는 알겠다고 답했으므로, 빈칸에는 감사의 말이 들어가는 것이 자연스럽다. It's my pleasure.와 Don't mention it.은 감사의 말에 대한 응답이다.

03 |해석| A: 실례합니다. 이 기계를 어떻게 사용하는지 알려 주시겠어요?

B: 그럼요. 먼저, 복사기에 종이를 놓으세요.

A: 알겠어요.

B: 마지막으로(→ 두 번째로/그런 다음), 종이 크기와 복사할 매수를 선택하세요.

A: 그 다음에는요?

B: 마지막으로, START 버튼을 누르세요.

A: 감사합니다. 도와주셔서 정말 고마워요.

|해설| ⓒ는 첫 번째 순서와 마지막 순서 사이에 있는 순서이므로, 마지막 순서를 뜻하는 Last(마지막으로)가 쓰이는 것은 적절하지 않다. Second, Then 등의 표현이 쓰이는 것이 알맞다.

04 |해석| 자연스러운 대화가 되도록 (A)~(E)를 순서대로 바르게 배열한 것은?

(B) 실례합니다. 이 책들을 반납하고 싶어요. 어떻게 하는지 아세요?

(E) 그럼요. 간단합니다. 먼저, 기계에 도서 대출 카드를 넣으세요. 두 번째로, 이 상자 안에 책들을 넣으세요.

(C) 그 다음에는요?

(A) 그런 다음 그냥 카드를 꺼내세요.

(D) 도와주셔서 정말 고맙습니다.

| **해설** 책을 반납하고 싶다고 말하며 방법을 묻는 말(B)에 첫 번째 절차와 두 번째 절차를 설명하자(E) 그다음 절차를 묻고(C), 답한(A) 후 감사를 표현하는(D) 흐름이 자연스럽다.

05 | **해석** ① 자전거를 어떻게 사는지
② 자전거를 어디서 타야 할지
③ 이 앱을 어떻게 사용하는지
④ 앱을 어떻게 만드는지
⑤ 자전거 대여점에 어떻게 가는지
| **해설** 소녀의 물음에 대한 답으로 남자가 앱 사용법을 설명하고 있으므로, 빈칸에는 앱 사용법을 묻는 말이 알맞다.

06 | **해석** ① 소녀는 자전거를 빌리고 싶어 한다.
② 남자는 소녀에게 자전거 잘 타는 법을 알려 준다.
③ 그 앱은 자전거를 빌리는 데 사용된다.
④ 남자는 소녀를 위해 자전거의 잠금을 해제해 준다.
⑤ 소녀는 그 남자의 도움에 고마워한다.
| **해설** ② 남자는 소녀에게 자전거를 잘 타는 방법이 아니라 자전거 대여를 하기 위한 앱 사용법을 알려 주었다.
④ 남자는 앱을 사용하여 자전거 잠금을 해제하는 방법을 알려 주었다.

07 | **해설** appreciate(감사하다)를 사용하여 감사의 표현을 완성한다.

08 | **해설** 1. 로봇 화면 위에 도서 대출 카드를 댄다.
2. 원하는 책의 제목을 입력하고 ENTER를 누른다.
3. 안내 데스크로 가서 책을 받는다.
| **해설** 세호의 설명에 따르면, 먼저 로봇의 화면 위에 도서 대출 카드를 대고, 원하는 책의 제목을 입력하고 ENTER를 누른 후, 안내 데스크에서 로봇이 가져다준 책을 받으면 된다.

09 | **해석** (1) Lucy와 세호는 지금 어디에 있는가?
→ 그들은 도서관에 있다.
(2) 로봇은 찾은 책을 어디로 가져가는가?
→ 그것은 책을 안내 데스크로 가져간다.
| **해설** (1) Lucy와 세호가 도서관의 책을 찾아 주는 로봇을 보며 그것을 사용하는 방법에 대해 대화하고 있으므로 도서관에 있음을 알 수 있다.
(2) 로봇은 찾은 책을 안내 데스크로 가져다줄 것이라고 했다.

10 | **해설** 소녀가 감자 심는 방법을 설명하고 있는 것으로 보아, 소녀는 감자 심는 방법을 아는지 질문하는 것이 자연스럽다. 방법이나 절차를 물을 때는 「Do you know how to+동사원형 ~?」으로 말할 수 있다.

11 | **해설** ⓑ 첫 번째 절차에 해당하므로 First가 들어가는 것이 알맞다.
ⓒ 세 번째 절차이므로 Third 또는 '그다음에'를 뜻하는 Then이 들어가는 것이 알맞다.

12 | **해석** 위 대화에 따르면, 소녀는 첫 번째 단계 이후에 무엇을 해야 하는가?
→ 그녀는 땅에 구멍을 파야 한다.
| **해설** Then, dig holes in the ground.가 첫 번째 단계(감자를 작은 조각으로 자르기) 다음 단계인 두 번째 단계에 해당한다.

13 | **해석** ⓐ 소녀는 감자를 심기 위해 감자를 작은 조각으로 잘라야 한다.
ⓑ 감자를 심는 네 번째 단계는 구멍에 물을 주는 것이다(→ 구멍을 흙으로 덮는 것이다).
ⓒ 소녀는 자신을 도와준 소년에게 고마워한다.
| **해설** ⓑ 감자를 심는 마지막이자 네 번째 단계는 구멍을 흙으로 덮는 것이다.

---

01 ④   **02** ②   **03** ⑤   **04** ③, ④   **05** ②, ④   **06** ④
07 ⑤   **08** ③, ④   **09** ②   **10** ②   **11** ③

[서술형]
12 (1) Hearing a dog bark (2) Not feeling well   **13** (1) As time passed, Jack felt weaker and weaker. (2) As the bread is very delicious, Jenny buys it every morning.
14 He holding → Holding / As(While) he held(was holding)
15 (1) Drinking a cup of coffee, she surfed the Internet. / Surfing the Internet, she drank(was drinking) a cup of coffee. (2) Not wearing glasses, he can't read books.
16 (1) ⓑ Knowing not → Not knowing (2) ⓔ Ran → Running   **17** As I told you, you have to use your smartphone less.   **18** (1) As(While) he sang(was singing) a song, he cleaned his car. (2) Singing a song, he cleaned his car.   **19** (1) Riding a bike in the park, she fell down. (2) Seeing a mouse in the kitchen, she screamed. (3) Playing the piano, she sang a song. / Singing a song, she played the piano. (4) Waiting for the bus, she talked on the phone. / Talking on the phone, she waited for the bus.   **20** (1) As everyone knows → 모든 사람이 알듯이, 해는 동쪽에서 뜬다. (2) As you exercise more → 운동을 더 많이 할수록 너는 더 건강해질 것이다.

---

01 | **해석** · 음악을 들으면서 그는 설거지를 하고 있다.
· 숲속을 걷다가 그녀는 다람쥐를 보았다.
| **해설** 각각 '음악을 들으면서'라는 뜻의 분사구문 Listening to music과 '숲속을 걷다가'라는 뜻의 분사구문 Walking in the forest가 되는 것이 알맞다.

02 | **해석** · 그는 보조 요리사로 일한다.
· Tim은 너무 바빴기 때문에 오지 않았다.
· 어두워짐에 따라 더욱 조용해졌다.
| **해설** '~로서'라는 뜻의 전치사와 '~ 때문에', '~함에 따라'라는 뜻의 접속사로 모두 쓰일 수 있는 것은 as이다.

03 | **해석** 그녀는 전혀 배가 고프지 않아서 점심을 먹지 않았다.
| **해설** 분사구문은 부사절의 접속사를 생략하고, 주절의 주어와 같을 때 부사절의 주어를 생략한 뒤, 동사를 현재분사 형태로 바꿔서 만든다. 분사구문의 부정은 부정어 not을 분사 앞에 써서 나타낸다.

04 | **해석** 그녀는 할 일이 많았기 때문에 나갈 수가 없었다.
| **해설** As는 이 문장에서 부사절을 이끄는 접속사로 쓰였고, '~ 때문에'라는 의미로 이유를 나타내므로 접속사 Since나 Because로 바꿔 쓸 수 있다.

05 | **해설** When I saw my old friend, I shouted with joy.라는 부사절을 쓴 문장과 부사절을 분사구문으로 바꾼 Seeing my old friend, ~.로 쓸 수 있다.

06 | **해석** 그녀는 너무 피곤했기 때문에, _____.
① 일찍 잠자리에 들었다   ② 수영하러 가지 않았다
③ 그 일을 끝낼 수 없었다   ④ 쉽게 밤을 샐 수 있었다

⑤ 친구와의 약속을 취소했다.
|해설| 주어진 부사절이 '그녀는 너무 피곤했기 때문에'라는 의미이므로 그와 관련된 결과가 들어가는 것이 알맞다.

07 |해석| ① 팝콘을 먹으면서 그들은 영화를 보았다.
② 몸이 좋지 않아서 나는 일찍 집으로 돌아왔다.
③ Peter는 석양을 바라보면서 천천히 걸었다.
④ 너무 졸려서 나는 바로 잠자리에 들었다.
⑤ 그녀는 친구들에게 작별인사도 하지 않고 교실을 떠났다.
|해설| ⑤는 전치사(without)의 목적어로 쓰인 동명사이고, 나머지는 모두 분사구문에 쓰인 현재분사이다.

08 |해석| ① 그가 거짓말을 했기 때문에 그녀는 그를 믿었다. (×)
② 아들들을 기다리며 그는 저녁 식사를 준비했다.
③ 외투를 입지 않으면 너는 감기에 걸릴 것이다.
④ 뮤지컬이 시작되자 모든 불이 꺼졌다.
⑤ 샤워를 하고 있어서 그는 전화를 받지 않았다.
|해설| ① 문맥상 부사절이 '비록 ~이지만, ~임에도 불구하고'의 의미가 되어야 하므로 접속사로 As는 알맞지 않다. (As → Though/Although/Even though)
② '기다리면서'라는 능동의 의미가 되어야 하므로 분사구문은 현재분사 Waiting으로 시작해야 한다. (Waited → Waiting)
⑤ 문맥상 이유를 나타내는 분사구문이나 부사절이 쓰여야 한다.
(Been taking → Taking/As he was taking)

09 |해석| [보기] 시간이 지남에 따라 그녀의 영어는 향상되었다.
① 나는 도서관에 가다가 Jane을 만났다.
② 그는 나이가 들수록 더 건강해지고 있다.
③ 그가 걸어 나오자, 모두가 그를 쳐다봤다.
④ 그는 버스를 놓쳐서 학교에 늦었다.
⑤ 그 남자는 바라던 대로 그 대학교에 입학했다.
|해설| [보기]와 ②의 As는 '~함에 따라, ~할수록'의 뜻으로 쓰였다.

10 |해석| ① 나는 차에서 내릴 때 Kate를 보았다.
② 네가 원하는 대로 이야기를 바꿀 수는 없다.
③ 나는 신발이 너무 커서 반품하고 싶다.
④ 양치질할 때는 물을 잠궈라.
⑤ 나는 영화가 마음에 들지 않았기 때문에 바로 극장 밖으로 나왔다.
|해설| ② as가 '~하는 대로'라는 의미로 쓰였으므로 이유를 나타내는 접속사 because(~ 때문에)와 바꿔 쓸 수 없다.

11 |해석| ⓐ 나는 핫도그를 먹으면서 영화를 보았다.
ⓑ 너무 놀라서 나는 한마디도 할 수 없었다.
ⓒ 밤이 늦었기 때문에 우리는 집으로 돌아갔다.
ⓓ 온도가 올라감에 따라 얼음은 녹는다.
ⓔ 역에서 기다리는 동안 나는 Tommy를 만났다.
|해설| ⓑ 분사구문이므로 현재분사 Being으로 시작하거나 또는 Being을 생략할 수 있다. (Was → (Being))
ⓔ 분사구문의 의미를 강조하기 위해 접속사를 함께 쓰는 경우 접속사는 현재분사 앞에 쓰며, 생략 가능하다. (Waiting while → (While) Waiting)

12 |해석| (1) 개가 짖는 소리를 듣고 그녀는 밖을 내다보았다.
(2) 몸이 좋지 않아서 나는 학교에 갈 수 없었다.
|해설| 부사절의 접속사를 생략하고, 주절의 주어와 같은 부사절의 주어를 생략한 뒤, 동사를 현재분사 형태로 바꿔서 분사구문을 만든다. 분

사구문의 부정은 분사 앞에 not을 써서 나타낸다.

13 |해석| (1) 시간이 지나갔다. Jack은 점점 더 약해졌다.
(2) 그 빵은 매우 맛있다. Jenny는 매일 아침 그것을 산다.
|해설| (1) '~함에 따라'라는 의미의 접속사 as를 사용하여 '시간이 지남에 따라 Jack은 점점 더 약해졌다.'라는 뜻이 되도록 문장을 쓴다.
(2) '~ 때문에'라는 의미의 접속사 as를 사용하여 '그 빵이 매우 맛있어서, Jenny는 매일 아침 그것을 산다.'라는 뜻이 되도록 문장을 쓴다.

14 |해설| 분사구문의 주어가 주절의 주어와 같을 때는 분사구문의 주어를 생략한다. 또는 '~하면서'를 뜻하는 접속사 as나 while을 사용한 부사절로 쓸 수도 있다.

15 |해석| (1) 그녀는 커피를 마시는 동안 인터넷 서핑을 했다.
(2) 그는 안경을 쓰지 않을 때는 책을 읽을 수 없다.
|해설| (1) 동시동작을 나타내는 분사구문을 포함한 문장을 쓴다.
(2) 분사구문의 부정은 분사 앞에 not을 써서 나타낸다.

16 |해석| ⓐ 뉴욕에 머물면서, 나는 이모를 방문했다.
ⓑ 무슨 말을 해야 할지 몰라서, 그녀는 잠자코 있었다.
ⓒ 나는 그녀를 생각하면서 거리를 걸었다.
ⓓ 몸이 안 좋으면(안 좋을 때) 너는 이 약을 먹어야 한다.
ⓔ 계단을 달려 내려가다가, 나는 넘어져서 무릎을 다쳤다.
|해설| ⓑ 분사구문의 부정은 분사 앞에 not을 써서 나타낸다.
ⓔ '계단을 달려 내려가다가'라는 의미의 분사구문이 되도록 현재분사 Running으로 시작해야 한다.

17 |해설| '~하듯이'라는 뜻으로 부사절을 이끄는 접속사 as를 사용하여 쓴다.

18 |해설| '~하면서'라는 뜻의 접속사 as 또는 while이 이끄는 부사절을 포함한 문장을 쓰고, 그와 같은 의미의 분사구문을 쓴다.

19 |해석| (1) 공원에서 자전거를 타다가 그녀는 넘어졌다.
(2) 부엌에서 쥐를 보고 그녀는 비명을 질렀다.
(3) 피아노를 치면서 그녀는 노래를 불렀다. / 노래를 부르며 그녀는 피아노를 쳤다.
(4) 버스를 기다리면서 그녀는 전화 통화를 했다. / 전화 통화를 하면서 그녀는 버스를 기다렸다.
|해설| 시간((1), (2))이나 동시동작((3), (4))을 나타내는 분사구문이 포함된 문장을 쓴다. 분사구문은 「동사원형+-ing」 형태의 현재분사가 이끈다.

20 |해석| (1) 모든 사람들이 알듯이, 해는 동쪽에서 뜬다.
(2) 운동을 더 많이 할수록 너는 더 건강해질 것이다.
|해설| 접속사로 쓰인 as는 문장에서 '~하듯이,' '~할수록, ~함에 따라' 등의 다양한 의미를 나타낸다.

Ⓡ Reading 고득점 맞기 pp. 57~59

| 01 ④ | 02 ④ | 03 ① | 04 ④ | 05 ② | 06 ① | 07 ④ |
| 08 ② | 09 ③ | 10 ② | 11 ① | | | |

[서술형]
12 (1) ⓑ → that(which) (2) ⓔ → make **13** 블로그에 올린

사진들과 온라인 상점에서의 구매 기록들　**14** big, complex, big data experts, make decisions, predict the future **15** ⓑ → It included information about how much each player ran and how long he had the ball.　**16** (1) a map of crime hot spots　(2) by focusing on the areas and the times a map of crime hot spots predicts

01 |해설| 「Have you ever+과거분사 ~?」 형태로 경험 여부를 묻는 현재완료 문장이며, 과거분사 visited와 등위접속사 and로 연결되었으므로 과거분사를 사용한 been surprised가 알맞다.

02 |해설| This는 앞부분에서 언급한 내용, 즉 '온라인 서점이 당신이 무엇을 좋아하는지 알고 흥미로워 보이는 책들을 추천하는 것'을 가리킨다.

03 |해석| ① 빅데이터란 무엇인가?
② 빅데이터는 얼마나 큰가?
③ 빅데이터는 어디서 찾을 수 있는가?
④ 우리는 미래를 어떻게 예측할 수 있는가?
⑤ 정보 통신 기술은 얼마나 빨리 발전하고 있는가?
|해설| 빅데이터의 정의와 설명으로 이루어진 글이므로 글의 주제로 ①이 가장 적절하다.

04 |해석| ① 어떤 것을 하는 방법
② 어떤 것을 사는 행위
③ 어떤 것을 주의 깊게 검토하다
④ 누군가 또는 무언가를 멀리하다
⑤ 어떤 일이 일어날 것이라고 말하다
|해설| ①은 method, ②는 purchase, ③은 analyze, ⑤는 predict에 관한 영영풀이이다. ④는 avoid(피하다)에 해당하는 영영풀이로, 윗글에 없는 단어이다.

05 |해설| ⓑ 주어가 everything이므로 단수 취급하여 동사를 leaves로 써야 한다.
ⓔ '다양한 방법을 사용하여'라는 의미를 나타내는 분사구문이 되어야 하므로 현재분사 Using으로 써야 한다.
ⓕ 주어인 '결과들'이 의사결정이나 미래 예측에 '사용되는' 것이므로 수동태인 can be used로 써야 한다.

06 |해석| ② 필요로 하다　③ 원하다　④ 예상하다　⑤ 영향을 미치다
|해설| '~가 …하도록 돕다'의 의미가 되는 것이 자연스러우며 목적격보어가 모두 동사원형(understand, sell, avoid)이므로, 「help+목적어+목적격보어(동사원형)」 형태로 쓰이는 동사 helps가 알맞다.

07 |해석| 그들은 또한 온라인상에서 독감 증상에 대해 더 많이 검색해 볼 것이다.
|해설| 주어진 문장의 주어가 they이고 also가 사용된 것으로 보아 독감의 계절이 되면 사람들이 할 행동으로 제시된 문장 뒤인 ④에 들어가는 것이 자연스럽다.

08 |해설| (A) make의 목적격보어 자리이므로 형용사가 알맞다.
(B) 전치사 by의 목적어이므로 동명사가 알맞다.
(C) was able to에 연결되어 improve와 병렬 관계를 이루므로 동사원형이 알맞다.

09 |해석| ⓐ 그것은 스포츠 선수들의 경기력에 영향을 미칠 수 있다.
ⓑ 독일 국가 대표 축구팀은 선수들에게 그것을 분석하게 했다.
ⓒ 그것 덕분에 독일은 2014년 월드컵을 개최하였다.

ⓓ 그것은 독일 국가 대표 축구팀이 2014년 월드컵에서 우승하는 것에 도움을 주었다.
|해설| ⓑ 독일 국가 대표 축구팀이 선수들에 대한 엄청난 양의 데이터를 모으고 분석했다는 언급은 있지만, 선수들에게 데이터 분석을 시켰다는 언급은 없다.
ⓒ 독일이 2014년 월드컵에서 우승했다는 내용은 있지만 월드컵을 개최했다는 내용은 없다.

10 |해석| 윗글의 빈칸 (A)에 들어갈 말로 알맞은 것은?
① 그것이 발생한 후에
② 그것이 발생하기 전에
③ 그들이 그것을 예방한 후에
④ 그들이 빅데이터를 분석하지만
⑤ 그들이 빅데이터를 분석하기 전에
|해설| ② 빈칸 앞에 범죄를 예측할 수 있다는 내용이 있으므로 문맥상 '범죄가 발생하기 전에'가 알맞다.

11 |해설| ⓐ be likely to+동사원형: ~할 것 같다 (→ to happen)

12 |해설| ⓑ the amount of data가 선행사이고 이어지는 절에서 have의 목적어가 없으므로 목적격 관계대명사 that 또는 which가 쓰이는 것이 알맞다.
ⓔ 문맥상 '결정하는 데 사용되다'가 되어야 하므로 동사원형인 make가 알맞다. 「be used to+동사원형」은 '~하는 데 사용되다'라는 의미이고, 「be used to+동명사」는 '~하는 데 익숙하다'라는 의미이다.

13 |해설| 윗글에서 trace(흔적)는 우리가 온라인상에서 하는 거의 모든 활동에서 생긴 것을 의미하며, 그 예시가 바로 뒤에 이어진다.

14 |해석| 빅데이터는 매우 크고 복잡한 데이터의 집합이며, 그것의 양은 이전보다 더 많아지고 있다. 그것은 빅데이터 전문가들에 의해 분석되며, 사람들은 그것의 결과를 의사결정을 하거나 미래를 예측하는 데 사용할 수 있다.

15 |해석| ⓐ 독일 축구팀은 데이터베이스를 구축하기 위해 얼마나 많은 데이터를 수집했는가?
ⓑ 독일 국가 대표 축구팀이 수집한 데이터는 무엇을 포함했는가?
ⓒ 독일은 2014년 월드컵 결승에서 어느 팀과 경기를 했는가?
|해설| 독일 국가 대표 축구팀이 수집한 데이터는 각 선수들이 얼마나 많이 달렸고, 얼마나 오랫동안 공을 갖고 있었는지에 관한 정보를 포함했다.

16 |해석| (1) 경찰은 빅데이터 분석을 통해 무엇을 만들 수 있는가?
→ 경찰은 범죄 다발 지역의 지도를 만들 수 있다.
(2) 경찰은 어떻게 추가 범죄를 예방할 수 있는가?
→ 경찰은 범죄 다발 지역의 지도가 예측하는 지역과 시간대에 집중함으로써 그것을 예방할 수 있다.

<table>
<tr><td>서술형 100% Test</td><td>pp. 60~63</td></tr>
</table>

01 (1) analyze　(2) symptom　(3) develop　(4) spread
02 (1) is likely to　(2) play a, role　(3) focus on　**03** (1) Can

〔Could〕 you tell me how to use this application? (2) I really appreciate your help.　**04** ⓐ Finally → |모범 답| First ⓑ Don't mention it. → |모범 답| Thank you.　**05** Do you know how to use it?　**06** ⓑ Is that(it) all? ⓒ It's so(very) easy, isn't it?　**07** (1) ⓑ → Place your library card on the screen. (2) ⓓ → Press ENTER. (3) ⓔ → Go to the front desk and get the book.　**08** (1) while she sat(was sitting) on the grass (2) If you turn left (3) Because she was too busy　**09** (1) The boy soon fell asleep as he was very tired. (2) As we went up the mountain, it became colder. (3) As the teacher announced yesterday, the sports day will be canceled.　**10** (1) Talking with me, he kept looking at his cell phone. (2) Not feeling comfortable, she left the party early.　**11** (1) listening to music (2) Not having enough money　**12** (1) Not knowing what to do, he asked for my help. (2) As he didn't know what to do, he asked for my help. / He asked for my help as he didn't know what to do.　**13** (1) ⓑ → much(even/far/still/a lot) (2) ⓓ → is done　**14** Using various methods　**15** (1) the photos you upload on your blog (2) the records of your purchases at online stores　**16** It helps people avoid heavy traffic.　**17** ⓒ → The spread of the flu can be predicted thanks to big data.　**18** collecting and analyzing a huge amount of data, how much each player ran and how long he had the ball　**19** big data will play a more and more important role in our lives　**20** (1) the analysis of big data about the type, time and place of crime (2) identifies when and where crime is most likely to happen (3) prevent further crime (by focusing on the areas and the times the map predicts) 또는 predict crime before it happens

01 |해석| (1) <u>분석하다</u>: 어떤 것을 주의 깊게 검토하다
(2) <u>증상</u>: 특정한 병에 걸렸을지도 모른다는 것을 보여 주는 것
(3) <u>성장하다, 발달하다</u>: 더 크고, 더 좋거나 더 중요한 것으로 성장하고 변화하다
(4) <u>확산, 전파</u>: 어떤 것의 성장이나 발달로 인해 더 큰 지역이나 더 많은 수의 사람들에게 영향을 미치는 것

02 |해설| (1) be likely to: ~할 것 같다
(2) play a role: 역할을 하다
(3) focus on: ~에 집중하다

03 |해석| A: 실례합니다. 자전거를 빌리고 싶은데요. 이 앱을 어떻게 사용하는지 알려 주시겠어요?
B: 그럼요. 먼저, 앱에 로그인하세요. 그런 다음 RENT 버튼을 찾아서 터치하세요.
A: 그다음에는 뭘 하죠?
B: 그러면 앱이 자전거 잠금을 해제할 수 있는 번호를 알려 줄 거예요.
A: 고맙습니다. 도와주셔서 정말 감사해요.
|해설| (1) 어떤 일의 절차나 방법을 묻는 표현인 「Can you tell me how to+동사원형 ~?」을 사용한다.

04 |해석| A: 실례합니다. 교통 카드에 돈을 충전하는 방법을 알려 주시겠어요?
B: 그럼요. <u>마지막으로(→ 먼저)</u>, 기계에 카드를 넣으세요. 두 번째로, 충전하고 싶은 금액을 선택하세요.
A: 알겠어요.
B: 마지막으로, 기계에 돈을 넣으세요.
A: 간단한 것 같네요. <u>별말씀을요(→ 고맙습니다)</u>.
|해설| ⓐ 첫 번째 절차를 설명하고 있으므로 Finally(마지막으로, 마침내)는 알맞지 않고, First를 쓰는 것이 알맞다.
ⓑ 감사의 말에 응답하는 표현이 아니라 Thank you. 등 감사의 표현을 쓰는 것이 알맞다.

05 |해설| 로봇의 사용법을 알려 주는 말이 이어지므로 빈칸에는 로봇을 사용하는 방법을 묻는 표현이 알맞다. 단어 수로 보아 Do you know how to ~?를 사용해야 한다.

06 |해설| ⓑ 상대방이 말한 것이 전부인지 묻는 표현을 쓴다.
ⓒ 앞의 문장에 대해 확인이나 동의를 구하는 부가의문문을 사용하여 문장을 쓴다. be동사가 사용된 평서문이므로 끝에 「, be동사+not의 축약형+주어?」의 형태로 부가의문문을 쓴다.

07 |해석| 당신을 위해 책을 찾아 주는 로봇
이 로봇을 사용하는 방법
1. 화면 위에 당신의 도서 대출 카드를 <u>고른다(→ 댄다)</u>.
2. 찾고 있는 책의 제목을 입력한다.
3. <u>FINISH(→ ENTER)</u>를 누른다.
4. <u>로봇으로(→ 안내 데스크로)</u> 가서 책을 받는다.
|해설| ⓑ 첫 번째로 화면에 도서 대출 카드를 대라고 했다.
ⓓ 책 제목을 입력한 후에 ENTER를 누르라고 했다.
ⓔ 안내 데스크로 가서 책을 받으라고 했다.

08 |해석| (1) 소녀는 잔디에 앉아서 일몰을 보았다.
(2) 왼쪽으로 돌면 그 서점을 볼 수 있다.
(3) 너무 바빠서 그녀는 파티에 갈 수 없었다.
|해설| (1) 접속사 while과 주절의 주어와 같은 주어(she)를 쓰고, 동사를 주절에 맞게 과거시제 또는 과거진행형으로 쓴다.
(2) 접속사 if와 주절의 주어와 같은 주어(you)를 쓰고, 조건을 나타내는 부사절이므로 동사는 현재시제로 쓴다.
(3) 접속사 because와 주절의 주어와 같은 주어(she)를 쓴 후, 동사를 주절에 맞게 과거시제로 쓴다.

09 |해석| (1) <u>소년은 매우 피곤해서 곧 잠들었다.</u>
(2) <u>우리가 산을 오를수록 더 추워졌다.</u>
(3) <u>어제 선생님이 공지하셨듯이, 운동회는 취소될 것이다.</u>
|해설| (1)은 '~ 때문에'를 뜻하는 접속사 as, (2)는 '~함에 따라, 할수록'을 뜻하는 접속사 as, (3)은 '~하듯이'를 뜻하는 접속사 as를 사용하여 부사절을 쓰고, 의미상 자연스럽게 어울리는 주절과 연결해 문장을 완성한다.

10 |해석| (1) 그는 나와 이야기하고 있었다. 그는 계속 휴대전화를 보았다.
→ <u>그는 나와 이야기하면서 계속 휴대전화를 보았다.</u>
(2) 그녀는 마음이 편하지 않았다. 그녀는 파티를 일찍 떠났다.
→ <u>그녀는 마음이 편하지 않아서 파티를 일찍 떠났다.</u>

|해설| (1) 첫 번째 문장을 동시동작을 나타내는 분사구문으로 쓴다.

(2) 첫 번째 문장을 이유를 나타내는 분사구문으로 쓴다. 분사구문의 부정은 분사 앞에 not을 써서 나타낸다.

11 |해석| (1) A: Peter, 뭐 하고 있니?

B: 내 블로그에 사진 몇 장을 올리고 있어. 지금 음악도 듣고 있어.

→ Peter는 음악을 들으면서 자신의 블로그에 사진 몇 장을 올리고 있다.

(2) A: 민지야, 왜 코트를 안 샀니?

B: 나는 충분한 돈이 없었어.

→ 충분한 돈이 없어서 민지는 코트를 살 수 없었다.

|해설| (1) '음악을 들으면서'라는 의미로 동시동작을 나타내는 분사구문으로 쓴다.

(2) '충분한 돈이 없어서'라는 의미의 분사구문으로 쓴다. 분사구문의 부정은 분사 앞에 not을 써서 나타낸다.

12 |해설| (1) 동사원형에 -ing를 붙이고 앞에 not을 쓴 형태로 분사구문의 부정을 나타낸다.

(2) 이유를 나타내는 접속사 as를 사용하여 부사절을 쓴다.

13 |해설| ⓑ '훨씬'이라는 의미로 비교급을 강조하는 수식어는 much, a lot 등이며, very는 비교급을 수식할 수 없다.

ⓓ 빅데이터 분석이 전문가들에 의해 '이루어지는' 것이므로 수동태(be동사+과거분사)로 쓰여야 한다.

14 |해설| 현재분사 Using으로 시작하는 분사구문을 쓴다.

15 |해설| For example로 시작하는 문장에 빅데이터의 구체적인 예시가 나와 있다.

16 |해설| '~가 …하도록 돕다'의 의미가 되도록 「help+목적어+목적격보어(동사원형)」의 형태로 문장을 완성한다.

17 |해설| ⓐ 빅데이터의 쓰임은 특정 산업에만 국한되지 않는다.

ⓑ 빅데이터는 건강 전문가들이 질병을 예측하는 데 도움을 줄 수 있다.

ⓒ 빅데이터 덕분에 독감의 증상(→ 확산)이 예측될 수 있다.

|해설| ⓒ 독감의 증상(symptoms)이 아니라 확산(spread)이 예측될 수 있다고 하였다.

18 |해설| **기자:** 당신의 팀은 2014년 월드컵에서 우승했습니다. 그 비밀은 무엇이었나요?

감독: 선수들에 대한 엄청난 양의 데이터를 수집하고 분석함으로써, 우리 팀은 경기력을 향상시킬 수 있었습니다.

기자: 그것은 어떤 종류의 데이터였나요?

감독: 그 데이터는 각 선수가 얼마나 뛰었는지, 얼마나 오랫동안 공을 가지고 있었는지에 대한 정보를 포함했습니다.

기자: 와, 빅데이터는 정말로 스포츠를 더 흥미진진하게 만드네요.

19 |해설| '역할을 하다'라는 의미의 play a role를 사용하며, role을 수식하는 '점점 더 중요한'은 「비교급+and+비교급」(점점 더 ~한)을 사용하여 more and more important로 나타낸다.

20 |해석| (1) 경찰은 어떻게 범죄 다발 지역의 지도를 만들 수 있는가?

→ 그들은 범죄의 유형, 시간 및 장소에 관한 빅데이터 분석을 통해 그것을 만들 수 있다.

(2) 범죄 다발 지역의 지도가 하는 일은 무엇인가?

→ 그것은 범죄가 언제, 어디에서 가장 발생할 것 같은지를 알려 준다.

(3) 경찰은 범죄 다발 지역의 지도를 사용함으로써 무엇을 할 수 있는가?

→ 경찰은 (지도가 예측하는 지역과 시간대에 집중함으로써) 추가

범죄를 예방할 수 있다 / 범죄가 발생하기 전에 예측할 수 있다.

|해설| (1) 범죄의 유형과 시간 및 장소에 관한 빅데이터 분석을 통해 범죄 다발 지역의 지도를 만들 수 있다고 했다.

(2) 범죄 다발 지역의 지도는 언제, 어디에서 범죄가 가장 발생할 것 같은지를 알려 준다고 했다.

(3) 경찰은 범죄 다발 지역의 지도가 예측하는 장소와 시간대에 집중함으로써 추가 범죄를 예방할 수 있다고 했다. 또한 단락의 첫 부분에서 범죄가 일어나기 전에 범죄를 예측할 수 있다고도 했다.

모의고사

01 ②   02 ③   03 ②   04 ②   05 ④   06 (A) ⓒ (B) ⓐ
(C) ⓑ   07 (D)-(A)-(C)-(B)   08 Can(Could) you tell me
how to use it?   09 ②   10 find   11 ③   12 ①
13 entering the room   14 ④   15 ②   16 big data
17 ②   18 ④   19 ⑤   20 ③   21 (1) ⓑ → making
(2) '만들면서'라는 뜻으로 동시동작을 나타내는 분사구문이 되어야 하므로 현재분사인 making으로 써야 한다.   22 ③   23 ④
24 ①   25 (1) analyzing (2) crime hot spots (3) prevent

01 |해석| 잠그다 – (잠긴 것을) 열다

① 현명한 – 현명하게   ② 간단한 – 복잡한   ③ 국가 – 국가의

④ 가능한 – 아마   ⑤ 예측하다 – 예측하다

|해설| [보기]와 ②는 반의어 관계이다. (①, ④ 형용사 – 부사. ③ 명사 – 형용사. ⑤ 유의어)

02 |해석| 누군가 또는 무언가를 멀리하다

① 모으다, 수집하다   ② 분석하다   ④ 알아보다   ⑤ 예측하다

|해설| avoid(피하다)의 영영풀이이다.

03 |해석| • 교사들은 우리 사회에서 중요한 역할을 한다.

• 밖이 너무 시끄럽다. 나는 공부에 집중할 수 없다.

|해설| play a role: 역할을 하다 / focus on: ~에 집중하다

04 |해석| ① 그 개는 흔적도 없이 사라졌다.

② 부모님은 내 인생에 가장 많은 영향을 주신다.

③ 한국의 영화 산업은 빠르게 성장하고 있다.

④ 당신은 다음 구매에 할인을 받을 수 있습니다.

⑤ 우리의 목표는 질병의 확산을 막는 것이다.

|해설| ② influence는 '영향을 미치다'라는 뜻이다.

05 |해석| A: 감자 심는 방법을 알려 주겠니?

B: 그럼. 먼저, 감자를 작은 조각으로 잘라.

① 너는 감자를 심고 싶니?

② 너는 어디에 감자를 심었니?

③ 너는 감자를 언제 심어야 하는지 아니?

⑤ 너는 감자를 몇 개 심을 예정이니?

|해설| 이어지는 대답으로 보아 감자를 심는 방법을 알려 달라는 말이

알맞다.

06 |해석| A: 저는 과자를 사고 싶어요. 이 과자 자판기를 어떻게 사용하는지 아세요?
B: 네. 먼저, 원하는 과자를 고르세요.
A: 이미 했어요. 그다음은 뭔가요?
B: 돈을 넣으세요. 그런 다음 과자를 꺼내세요.
A: 알겠어요. 고마워요.
|해설| (A)에는 과자 자판기 사용 방법을 묻는 말, (B)에는 다음 단계를 묻는 말, (C)에는 감사를 표현하는 말이 알맞다.

07 |해석| (D) 너는 차 만드는 방법을 아니?
(A) 그럼. 먼저, 컵에 티백을 넣어. 그런 다음, 그 컵에 뜨거운 물을 부어.
(C) 알겠어.
(B) 마지막으로, 3분 뒤에 티백을 꺼내.
A: 알겠어. 도와줘서 정말 고마워.
|해설| 차 만드는 방법을 아는지 묻자(D) 그에 대한 첫 번째와 두 번째 절차를 알려 준(A) 다음 알겠다는 대답(C)을 듣고 마지막 절차를 설명하는(B) 흐름이 자연스럽다.

08 |해설| 로봇 사용 방법을 설명하는 말이 이어지는 것으로 보아, 빈칸에는 방법이나 절차를 물을 때 사용하는 표현인 「Can you tell me how to+동사원형 ~?」으로 로봇 사용 방법을 묻는 말을 쓰는 것이 알맞다.

09 |해석| ① 당신은 로봇을 도와야 한다
② 로봇이 그 책을 찾을 것이다
③ 당신은 책값을 지불해야 한다
④ 로봇이 그 책을 읽을 것이다
⑤ 로봇이 당신에게 도서 대출 카드를 줄 것이다
|해설| 로봇의 용도가 책을 찾아 주는 것이라고 했으므로 로봇이 책을 찾아서 안내 데스크로 가져다줄 것이라는 내용이 알맞다.

10 |해석| 사람들은 도서관에서 책을 찾고 싶을 때 로봇을 사용할 수 있다.
|해설| 로봇이 사람들이 찾고 있는 책을 찾아서 안내 데스크로 가져다준다는 내용의 대화이므로, 사람들이 도서관에서 책을 찾을(find) 때 로봇을 사용할 수 있다고 하는 것이 알맞다.

11 |해석| 나는 길을 따라 걷다가 옛 친구를 만났다.
|해설| ③ '길을 따라 걷다가'라는 뜻의 시간을 나타내는 분사구문이 되는 것이 알맞으므로, 현재분사 형태가 알맞다.

12 |해석| ① 내가 전에 말했듯이, 나는 약속을 지킨다.
② 지나는 긴장했기 때문에 실수를 했다.
③ 그 영화가 지루해서 Jason은 잠들었다.
④ 우리는 회의에 늦었기 때문에 서둘렀다.
⑤ Jenny가 학교에 오지 않아서 나는 그녀에게 전화를 했다.
|해설| ①의 As는 '~하듯이'라는 뜻의 접속사로 쓰였고, 나머지는 모두 '~ 때문에'라는 뜻으로 쓰였다.

13 |해석| Cathy는 방에 들어서면서 우리를 향해 웃었다.
|해설| 접속사 As를 생략하고, 주절의 주어(she)와 같은 대상을 가리키므로 부사절의 주어(Cathy)를 생략한 뒤, 동사 entered를 현재분사 형태로 바꾸어 동시동작을 나타내는 분사구문을 쓴다.

14 |해석| ⓐ 그는 내가 요청했던 대로 했다.
ⓑ 우리는 샌드위치를 먹으며 TV를 시청했다.
ⓒ 그녀는 나이가 들수록 더 현명해졌다.

ⓓ 나는 추워서 난방기구를 틀었다.
ⓔ 열심히 노력하면 분명히 시험에 통과할 것이다.
|해설| ⓑ '먹으면서'라는 능동의 뜻을 나타내도록 현재분사를 써서 분사구문으로 나타낸다. (eaten → eating)
ⓓ 분사구문의 주어와 주절의 주어가 같은 경우 분사구문의 주어는 생략한다. (I feeling → Feeling)

15 |해설| 주어진 문장은 '이것은 우리가 온라인상에서 하는 거의 모든 것들이 흔적을 남기기 때문이다'라는 내용으로, 주어 This가 가리키는 내용(정보 통신 기술이 발달함에 따라 우리가 가진 데이터의 양이 훨씬 더 많아지고 있다) 뒤이면서 온라인상에 남기는 흔적들의 예시(블로그에 올린 사진과 온라인 상점에서의 구입 기록)를 다룬 문장 앞인 ②에 들어가는 것이 자연스럽다.

16 |해설| 빅데이터에 대해 설명하면서 빅데이터가 될 수 있는 것들의 예를 들고 있으므로, 빈칸에는 big data가 알맞다.

17 |해석| ① 빅데이터를 수집하는 것
② 빅데이터를 분석하는 것
③ 빅데이터를 구매하는 것
④ 다양한 방법들을 사용하는 것
⑤ 의사결정을 하거나 미래를 예측하는 것
|해설| this는 문장 앞 부분의 Big data has to be analyzed를 가리킨다.

18 |해설| 이어서 빅데이터가 우리 생활에서 활용되는 예들을 설명하고 있으므로, 우리 삶의 거의 모든 부분에 '영향을 미치고(influencing)' 있다는 내용이 되어야 자연스럽다.

19 |해설| 마지막 문장에서 '빅데이터의 쓰임은 끝이 없고 여기 그 흥미로운 예들이 몇 가지 있다'라고 했으므로, 다양하게 쓰이는 빅데이터의 예시를 다루는 내용이 이어질 것임을 유추할 수 있다.

20 |해석| 빅데이터를 활용한 질병 예측
① 시장 조사 ② 온라인 검색 ④ 날씨 예측 ⑤ 사고 예방
|해설| 빅데이터 덕분에 질병 예측(disease forecast)이 가능해졌다는 내용의 글이다.

21 |해설| ⓑ '스포츠를 더 흥미진진하게 만들면서'라는 의미의 분사구문이 되도록 현재분사 making을 써야 한다.

22 |해설| this database는 독일 국가 대표 축구팀이 선수들에 대한 자료를 모아 분석하여 만든 것으로, ③ 독일 국가 대표 축구 선수들이 얼마나 오랫동안 공을 갖고 있었는지도 포함했다고 언급되었다.

23 |해석| ① 빅데이터는 무엇인가
② 경찰의 역할
③ 빅데이터의 정의
④ 우리 생활에서의 빅데이터의 영향(력)
⑤ 일상 생활에서 빅데이터를 수집하는 방법
|해설| 범죄를 예방하는 빅데이터의 활용 예시를 들며 빅데이터가 우리의 일상생활에서 점점 더 중요한 역할을 하게 될 것이라는 내용의 글이므로, 글의 주제로 ④ '우리 생활에서의 빅데이터의 영향(력)'이 알맞다.

24 |해설| ⓐ '~ 덕분에'라는 뜻의 thanks to가 되는 것이 알맞다. thanks for는 '~에 대한 감사'라는 뜻이다.

25 |해설| 빅데이터를 분석함으로써 경찰은 범죄 다발 지역의 지도를 만들고, 그것을 추가 범죄를 예방하는 데 사용할 수 있다.

01 ③   02 ⑤   03 to   04 ④   05 ③   06 Can you tell me how to add money to my transportation card?
07 ⑤   08 ②   09 |모범 답| I really appreciate your help.
10 (C)-(B)-(A)   11 ④   12 ②, ④   13 As Tony grew older, he became braver.   14 ⑤   15 ③   16 ⑤
17 ④   18 ③   19 ①, ③   20 (1) influence (2) disease
21 making sports more exciting   22 ⑤   23 ④   24 ①
25 police can predict crime before it happens 또는 police can prevent further crime

01 |해석| ① 현명하게 ② 주로 ④ 규칙적으로 ⑤ 일반적으로
|해설| ③은 '친절한, 상냥한'의 의미로 「명사+-ly」 형태의 형용사이고, 나머지는 모두 「형용사+-ly」 형태의 부사이다.

02 |해석| ① 영향을 미치다: 어떤 것을 바꾸거나 어떤 것에 영향을 주다
② 범죄: 법이 허용하지 않는 행위
③ 피하다: 누군가 또는 무언가를 멀리하다
④ 포함하다: 무언가를 전체의 일부로 가지고 있다
⑤ 증상(→ 데이터베이스): 컴퓨터 시스템에 저장된 대량의 정보
|해설| ⑤의 영영풀이에 해당하는 단어는 database(데이터베이스)이다. symptom은 '증상'이라는 뜻으로, 알맞은 영영풀이는 something that shows you may have a particular illness이다.

03 |해석| • 그는 여기에 정시에 도착할 것 같지 않다.
• 인터넷 덕분에 우리의 삶은 더 편리해졌다.
|해설| be likely to: ~할 것 같다 / thanks to: ~ 덕분에

04 |해석| ① 열은 감기 증상이다.
② 우리가 알고 있듯이, 캐나다는 거대한 나라이다.
③ 미국에는 많은 국립공원이 있다.
④ 나는 그 차를 구매해서 돈을 많이 벌었다. (×)
⑤ 오늘의 일기 예보에 대해 들었니?
|해설| ④ 문맥상 '차를 팔고 돈을 벌었다'라는 뜻이 자연스러우므로 purchase(구입, 구매)는 어색하다.

05 |해석| A: 저는 과자를 사고 싶어요. 이 과자 자판기를 어떻게 사용하는지 아세요?
B: 네. 먼저, 원하는 과자를 고르세요.
A: 이미 했어요. 그다음은 뭔가요?
B: 돈을 넣으세요. 그런 다음 과자를 꺼내세요.
A: 알겠어요. 고마워요.
|해설| 주어진 문장은 그다음 절차가 무엇인지를 묻는 말이므로 B가 알려 준 첫 번째 절차를 이미 했다고 말한 다음인 ③에 들어가는 것이 자연스럽다.

06 |해석| A: 실례합니다. 교통 카드에 돈을 충전하는 방법을 알려 주시겠어요?
B: 그럼요. 먼저, 기계에 카드를 넣으세요.
|해설| 상대방에게 어떤 일을 하는 방법이나 절차를 물을 때 「Can you tell me how to+동사원형 ~?」으로 말한다.

07 |해석| A: 실례합니다. 자전거를 빌리고 싶은데요. 이 앱을 어떻게 사용하는지 알려 주시겠어요?

B: 그럼요. 먼저, 앱에 로그인하세요. 그런 다음 RENT 버튼을 찾아서 터치하세요.
A: 그다음에는 뭘 하죠?
B: 그러면 앱이 자전거 잠금을 해제할 수 있는 번호를 알려 줄 거예요.
A: 고맙습니다. 천만에요. (×)
|해설| ⑤ Don't mention it.은 상대방의 고맙다는 말에 대한 응답이므로, 고맙다는 말에 덧붙이는 말로 적절하지 않다.

08 |해석| ① 실례합니다 ② 책 좀 찾아 주실래요?
③ 그게 다인가요? ④ 그러면
⑤ 아주 쉬워요, 그렇지 않아요?
|해설| ⑥ 뒤에 이어지는 내용이 책을 찾아 주는 로봇을 사용하는 방법에 대한 설명이므로, 빈칸에는 로봇 사용법을 묻는 말이 들어가는 것이 알맞다.

09 |해설| I appreciate ~.으로 상대방에게 감사를 표현할 수 있다.

10 |해설| 로봇 화면에 도서 대출 카드를 대고(C) 책의 제목을 입력한(B) 후 안내 데스크에서 책을 받는(A) 순서가 알맞다.

11 |해석| 그는 친절하기 때문에 모두가 그를 좋아한다.
|해설| As가 '~ 때문에'라는 뜻의 이유를 나타내는 접속사로 쓰였으므로 Because와 바꿔 쓸 수 있다.

12 |해석| 그녀는 음악을 크게 틀어 놓고/노래를 부르며 스파게티를 요리했다.
|해설| 빈칸에는 현재분사로 시작하는 분사구문이 올 수 있는데, 분사구문의 의미를 명확하게 하기 위해 현재분사 앞에 접속사를 쓸 수도 있다.

13 |해석| Tony는 더 나이가 들었다. 그는 더 용감해졌다.
→ Tony는 나이가 들수록 더 용감해졌다.
|해설| '~함에 따라, ~할수록'이라는 뜻을 나타내는 접속사 as를 사용하여 부사절을 쓴다.

14 |해석| ① 나는 노래를 부를 때 초인종 소리를 들었다.
② 내가 집에 도착했을 때, 아무도 집에 없었다.
③ 아기는 밝게 웃으며 엄마에게로 걸어갔다.
④ 나는 계단을 내려가다가 동전을 발견했다.
⑤ 그녀는 한국어를 몰라서 그 책을 읽을 수가 없었다.
|해설| ⑤ 첫 번째 문장은 '그녀는 한국어를 몰라서 그 책을 읽을 수 없었다.'라는 뜻이고, 두 번째 문장은 '그녀는 한국어를 알지만 그 책을 읽을 수 없었다.'라는 뜻이다.

15 |해설| ⓑ that은 목적격 관계대명사로 선행사 the books를 수식하는 관계대명사절을 이끈다.
ⓐ 경험 여부를 묻는 현재완료 표현이므로 과거분사 visited가 알맞다.
ⓒ 책들이 흥미롭게 보이는 것이므로 현재분사형 형용사 interesting이 알맞다.
ⓓ 뒤에 명사(구)가 이어지므로 because of가 알맞다.

16 |해석| ① 내가 말하는 대로 해 주세요.
② 나는 졸려서 서둘러 잠자리에 들었다.
③ 나갈 때 불을 꺼 줄래?
④ 내 차가 고장 났기 때문에 나는 직장에 늦었다.
⑤ 인구가 증가함에 따라 사람들은 더 많은 집이 필요하다.
|해설| (A)와 ⑤의 As는 '~함에 따라'라는 의미로 쓰였다.

17 |해설| 전문가들에 의해 분석된 빅데이터로부터의 의미 있는 결과들은 미래를 예측하는 데 사용될 수 있다.

18 |해설| ⓒ 문맥상 빅데이터 덕분에 질병 예측이 가능하다(possible)라고 하는 것이 알맞다.

19 |해설| '독감의 계절이 올 때'라는 의미가 되어야 자연스러우므로 빈칸에는 때를 나타내는 접속사인 as나 when이 알맞다.

20 |해석| 빅데이터가 우리 생활에 미치는 영향과 그것이 질병 예측에 쓰일 수 있는 방법
|해설| 빅데이터가 우리의 생활에 주는 영향과 그 한 가지 예로 빅데이터가 질병 예측에 쓰이는 것을 설명하는 글이다.

21 |해설| '~하면서'라는 의미를 나타내는 분사구문으로 쓴다. 분사구문은 현재분사(동사원형＋-ing)로 시작하며, '(목적어)가 ~하게 하다'는 「make＋목적어＋목적격보어(형용사)」의 어순으로 쓴다.

22 |해석| ① ~ 대신에 ② ~에 대한 감사 ③ ~에 덧붙여
④ ~와 대조를 이루어
|해설| 독일 국가 대표 축구팀이 구축한 데이터베이스의 도움으로(with the help of) 독일 국가 대표 축구팀은 경기력을 향상시키고 2014년 월드컵에서 우승할 수 있었다는 내용이 되는 것이 자연스럽다.

23 |해석| ① 빅데이터는 스포츠에서 사용될 수 있다.
② 독일 국가 대표 축구팀은 빅데이터 사용의 좋은 예이다.
③ 독일의 국가 대표 축구팀은 데이터베이스를 구축하기 위해 선수들에 관한 많은 데이터를 모았다.
④ 독일 국가 대표 축구팀이 수집한 데이터는 팀에서 누가 가장 빨리 달리는지 보여 주었다.
⑤ 선수들에 관한 데이터베이스는 독일 국가 대표 축구팀이 2014년 월드컵에서 우승하는 데 도움이 되었다.
|해설| ④ 독일 국가 대표 축구팀이 수집한 데이터에 선수들 중 누가 가장 빠른지에 대한 정보가 있는지는 본문에 언급되어 있지 않다.

24 |해설| (A) be likely to＋동사원형: ~할 것 같다
(B) 전치사 by의 목적어이므로 동명사인 focusing이 알맞다.
(C) 동사 agree의 목적어 역할을 하는 명사절을 이끄는 접속사 that이 알맞다.

25 |해석| 빅데이터를 사용함으로써 이제 경찰은 범죄가 일어나기 전에 예측할 수 있다 / 경찰은 추가 범죄를 예방할 수 있다.
|해설| 빅데이터가 우리 생활에서 점점 더 중요한 역할을 하게 된 것의 예시로 본문에는 빅데이터를 활용하여 범죄를 예측하고 예방할 수 있다는 내용이 언급되었다.

제3회 대표 기출로 내신 **적중 모의고사**　　pp. 72~75

01 ②　　**02** ④　　**03** ②　　**04** ③, ④　　**05** how to use a drink machine　　**06** ④　　**07** ①　　**08** (A)-(C)-(B)　　**09** ⑤
10 as　　**11** Arrived → Arriving　　**12** ②　　**13** ④　　**14** ⑤
15 우리가 온라인상에서 하는 거의 모든 것들이 흔적을 남기기 때문에　　**16** ④　　**17** ②　　**18** ⓔ → comes　　**19** ④　　**20** ③
21 information about how much each player ran
22 (1) helped (2) performance (3) win　　**23** ①　　**24** ②
25 ⑤

---

01 |해석| • 나는 그 질문에 쉽게 답할 수 있었다.
• 건강하기 위해서 우리는 규칙적인 식사를 해야 한다.
|해설| 첫 번째 빈칸에는 동사 answer를 수식하는 부사 easily가, 두 번째 빈칸에는 명사 meals를 수식하는 형용사 regular가 알맞다.

02 |해석| ① 나는 배의 윤곽선을 그리고 있다.
② 페이지 하단에 선을 그리시오.
③ 너희 가족 그림을 그리는 게 어때?
④ 너는 회의에서 결론을 이끌어 냈니?
⑤ 내 남동생은 여가 시간에 그림 그리는 것을 좋아한다.
|해설| ④의 draw는 '(결과를) 이끌어 내다, 도출하다'라는 뜻으로 쓰였고, 나머지는 모두 '그리다'라는 뜻으로 쓰였다.

03 |해석| • Jessica 덕분에 나는 내 손목시계를 찾을 수 있었다.
• 그는 대화에 집중하려고 노력했다.
• 이 팀이 경기에서 승리할 가능성이 가장 높다.
• 우리는 재활용을 통해 엄청난 양의 에너지를 절약할 수 있다.
• 스마트폰은 우리 생활에서 중요한 역할을 하고 있다.
|해설| ⓑ '~에 집중하다'라는 뜻의 focus on이 되는 것이 알맞다.

04 |해석| A: 초대해 주셔서 감사해요.
B: 천만에요.
① 죄송하지만 당신을 초대할 수 없을 것 같아요.
② 당신을 저녁 식사에 초대하고 싶어요.
③ 초대해 주셔서 정말 감사해요.
④ 초대해 주셔서 진심으로 감사드려요.
⑤ 당신이 초대받지 못하다니 유감이네요.
|해설| 밑줄 친 문장과 ③, ④는 모두 초대해 줘서 고맙다고 감사를 표현하는 말이다.

05 |해석| A: 음료 자판기 사용하는 방법을 아니?
B: 물론이야. 먼저 기계에 돈을 넣어. 그런 다음, 원하는 음료를 고르고 기계에서 음료를 꺼내.
A: 와, 쉽구나.
→ 화자들은 음료 자판기를 사용하는 방법에 대해 이야기를 나누고 있다.
|해설| '~하는 방법'은 「how to＋동사원형」으로 나타낸다.

06 |해석| ① A: 그다음은 뭐니?
B: 그런 다음, 돈을 넣어.
② A: 그게 다야?
B: 아니. 마지막으로, 네 카드를 빼.
③ A: 도와줘서 고마워.
B: 내가 좋아서 한 거야.
④ A: 너는 차를 만드는 방법을 아니?
B: 물론이지. 알겠어. (×)
⑤ A: 이 앱을 사용하는 방법을 알려 주시겠어요?
B: 물론이죠. 먼저, 앱에 로그인하세요.
|해설| ④ I got it.은 '알겠다.' 또는 '이해했다.'라는 의미로, 방법을 알려 주는 말을 듣고 나서 할 수 있는 말이므로, 차 만드는 방법을 아는지 묻는 말에 대한 응답으로 어색하다.

07 |해설| 로봇이 사람들이 찾고 있는 책을 찾아서 안내 데스크로 가져다준다고 했으므로, 책을 찾아 주는(finds) 로봇이라고 용도를 설명하는 것이 알맞다.

08 |해설| 첫 번째 절차를 듣고 나서 알겠다고 답을 한 후, 두 번째 절차를

듣고(A) 그것이 전부인지 묻자(C) 그렇다고 답하고 나서 부연 설명을 해 주는(B) 대화의 흐름이 자연스럽다.

09 |해석| ① 누가 로봇의 사용법을 아는가?
② 사람들은 어디에서 그 로봇을 사용할 수 있는가?
③ 로봇을 사용하기 위해서는 무엇이 필요한가?
④ 로봇을 사용하기 위한 마지막 절차는 무엇인가?
⑤ 로봇을 사용하는 데 비용은 얼마나 드는가?
|해설| ⑤ 로봇을 사용하는 비용은 대화에 언급되어 있지 않다.

10 |해석| • 날이 어두워지고 있어서 우리는 집에 가기로 결정했다.
• Sam은 도서관에서 사서로 일하고 있다.
|해설| 첫 번째 빈칸에는 '~ 때문에'의 의미로 쓰이는 접속사 as, 두 번째 빈칸에는 '~로서'의 의미로 쓰이는 전치사 as가 알맞다.

11 |해석| A: 호수로 갔던 주말 여행은 어땠니?
B: 너도 알다시피, 날씨가 좋았어. 우리는 그곳에 도착하자마자 텐트를 치고 호수로 낚시하러 갔어.
|해설| 때를 나타내는 분사구문으로, 주어(we)가 '도착해서, 도착하자마자'라는 능동의 의미가 되어야 하므로, 현재분사 Arriving이 쓰여야 한다.

12 |해석| [보기] 네가 좋을 대로 해라.
① 날이 갈수록 더 추워진다.
② 너는 왜 그가 네게 말한 대로 하지 않았니?
③ 일요일이기 때문에 나는 일찍 일어날 필요가 없다.
④ 나는 창문을 열었을 때 Tom이 뛰고 있는 것을 보았다.
⑤ 그가 내 집 근처에 살기 때문에 그는 종종 나를 본다.
|해설| [보기]와 ②의 as는 '~하는 대로'라는 뜻의 접속사로 쓰였다.

13 |해석| ⓐ 나는 바빠서 그녀에게 전화하지 않았다.
ⓑ 우리는 악수를 하면서 서로 인사했다.
ⓒ 왼쪽으로 돌면 그 건물을 발견할 것이다.
ⓓ 그녀는 버스에서 내리기 전에 Jake를 만났다.
ⓔ 내가 밖으로 나가려고 할 때 누군가가 문을 두드렸다.
|해설| ⓒ 조건을 나타내는 분사구문이 되는 것이 알맞다. 주어(you)가 '왼쪽으로 돌면'이라는 능동의 의미가 되어야 하므로 현재분사 Turning을 써야 한다. (Turned → Turning)

14 |해석| Tom은 축구를 하다가 팔이 부러졌다.
|해설| 밑줄 친 분사구문을 의미상 '~하는 동안'을 뜻하는 접속사 while이 쓰인 부사절로 바꾸는 것이 알맞다. 부사절의 주어는 주절의 주어(Tom)와 같은 he로 쓰며, 동사는 주절과 같도록 과거시제나 과거진행형으로 쓴다.

15 |해설| 뒤 문장(This is mainly because ~.)에 우리가 갖고 있는 데이터의 양이 이전보다 훨씬 더 많아지고 있는 이유가 언급되어 있다.

16 |해설| ⓑ '다양한 방법들을 사용하여'라는 의미를 나타내는 분사구문이 되어야 하므로 현재분사 형태인 Using이 알맞다.
ⓒ 결과들(These results)이 결정을 하거나 미래를 예측하는 데 '사용될' 수 있다는 내용이 되도록 수동태(be동사+과거분사)로 써야 한다.

17 |해설| ② 온라인 상점에서 구매한 기록도 빅데이터의 일부라고 했다.

18 |해설| ⓔ 시간을 나타내는 부사절에서는 미래의 일도 현재시제로 쓴다.

19 |해석| ① 독감이 빠르게 확산될 수 있다
② 독감 약이 효과가 있다
③ 독감이 더 자주 생길 것이다

④ 독감의 확산이 예측될 수 있다
⑤ 다양한 독감 증상들이 사라지지 않을 것이다
|해설| 빅데이터 덕분에 건강 전문가들의 질병 예측이 가능하다고 했으므로, 독감 관련 데이터가 현명하게 분석되면 ④ '독감의 확산이 예측될 수 있다'고 하는 것이 알맞다.

20 |해석| 그 팀은 선수들에 관한 엄청난 양의 데이터를 모으고 분석함으로써 데이터베이스를 구축했다.
|해설| 주어진 문장은 독일 국가 대표 축구팀이 선수들에 대한 데이터베이스를 구축했다는 내용으로, 주어 The team은 ③ 앞에 언급된 Germany's national soccer team을 가리킨다. 또한, ③ 뒤의 문장에 있는 the data가 주어진 문장의 a huge amount of data on players를 가리키므로 ③에 들어가는 것이 자연스럽다.

21 |해설| information about 뒤에 전치사의 목적어 역할을 하는 간접의문문(의문사+주어+동사)을 쓴다. '얼마나 많이'를 how much로 쓰는 것에 유의한다.

22 |해설| 독일 국가 대표 축구팀에 의해 구축된 데이터베이스는 팀이 경기력을 향상하고 2014년 월드컵에서 우승하게 도왔다.

23 |해설| ⓐ thanks to: ~ 덕분에
ⓒ by -ing: ~함으로써

24 |해석| ⓐ 그것은 범죄 다발 지역을 보여 준다.
ⓑ 그것은 추가 범죄를 예방하는 데 도움이 될 수 있다.
ⓒ 그것은 범죄에 관한 빅데이터 분석을 통해 만들어진다.
ⓓ 그것은 범죄가 일어날 것 같은 이유를 예측한다.
|해설| ⓓ This map은 바로 앞에 언급된 a map of crime hot spots를 가리키며, 이 지도는 범죄가 일어날 것 같은 이유가 아니라 지역과 시간대를 예측한다고 했다.

25 |해설| 마지막 문장에서 전문가들이 빅데이터에 관해 동의하는 바를 알 수 있다.

제4회 고난도로 내신 **적중** 모의고사   pp. 76~79

01 ③ 02 influence 03 ⑤ 04 ⑤ 05 ② 06 Can you tell me how to use this(the) printer
07 ⓔ → |모범 답| Thank you. / I (really) appreciate your help.
08 what is this robot for 09 ③ 10 (1) How to (2) Place your(the) library card (3) Type the title of the book (you're looking for) (4) Press ENTER (5) Go to the front desk
11 ①, ④ 12 ⑤ 13 ③ 14 ② 15 ①, ③, ④ 16 ④
17 ③ 18 making → make 19 ② 20 ⓒ → They can (now) forecast a disease (using big data). 21 ③ 22 (A) how much each player ran (B) how long he had the ball
23 ② 24 ⑤ 25 ②

01 |해설| 방법 : 방법 = 병 : 병
① 독감 ② 흔적, 자취 ④ 확산, 전파 ⑤ 예방, 방지
|해설| method(방법)와 way(방법)는 유의어 관계이므로 빈칸에는 illness(병, 질병)의 유의어인 disease가 알맞다.

02 |해석| ⑧ 어떤 것을 바꾸거나 어떤 것에 영향을 주다

ⓜ 사람들이나 사물에 영향을 미치는 힘

|해설| 두 의미를 모두 나타내는 단어는 influence(영향을 미치다; 영향)이다.

03 |해석| ① 나는 축구 광팬이다.

그 화재의 원인은 선풍기였다.

② 그녀는 내게 매우 친절했다.

너는 어떤 종류의 음악을 좋아하니?

③ 그는 버스에 무엇을 두고 내렸나요?

부산으로 떠나는 기차는 얼마나 자주 있나요?

④ 종이에 직선을 그리시오.

너는 그 보고서에서 어떤 결과를 도출했니?

⑤ Jackson은 자신의 경기력을 향상하기 위해 매일 훈련했다.

그는 그의 축구팀 팀원들의 경기력을 칭찬했다.

|해설| ⑤ 두 문장의 performance는 '경기력, 수행(력)'이라는 뜻으로 쓰였다.

04 |해석| ① 도와주셔서 감사합니다.

② 정말 고맙습니다.

③ 당신에게 감사를 표현하고 싶어요.

④ 도와주셔서 고마워요.

⑤ 도와주시면 감사하겠습니다.

|해설| ⑤는 '도와주시면 감사하겠습니다.'라는 부탁의 의미이고, 나머지는 모두 (도움에) 감사하는 표현이다.

05 |해석| A: 감자 심는 방법을 알려 주겠니?

B: 그럼. 먼저, 감자를 작은 조각으로 잘라. 둘째로, 땅에 구멍을 파.

A: 그다음에는?

B: 그런 다음 구멍에 감자 조각들을 넣고 흙으로 구멍을 덮어.

A: 간단한 것 같네. 고마워.

① 알겠어. ② 무슨 일 있니? ③, ④, ⑤ 그 다음에는?

|해설| 빈칸에는 알겠다는 응답이나 다음 순서를 묻는 말이 알맞다. ②는 무슨 일이 있는지 묻는 표현이다.

06 |해석| Ryan은 과학 보고서를 인쇄하기 위해 도서관에 갔지만 그는 프린터를 사용할 줄 몰랐다. 그때, 그는 반 친구인 Jane을 보았다. 그녀는 다른 컴퓨터에서 무언가를 출력하고 있었다.

Ryan: 안녕, Jane. 이 프린터를 어떻게 사용하는지 알려 주겠니?

|해설| 프린터를 사용할 줄 아는 Jane에게 「Can you tell me how to+동사원형 ~?」을 사용하여 프린터 사용 방법을 알려 달라고 요청하는 것이 알맞다.

07 |해석| A: 실례합니다. 자전거를 빌리고 싶은데요. 이 앱을 어떻게 사용하는지 알려 주시겠어요?

B: 그럼요. 먼저, 앱에 로그인하세요. 그런 다음 RENT 버튼을 찾아서 터치하세요.

A: 그다음에는 뭘 하죠?

B: 그러면 앱이 자전거 잠금을 해제할 수 있는 번호를 알려 줄 거예요.

A: 알겠어요. 그 말을 들으니 정말 유감이에요.(→ 도와주셔서 정말 감사해요.)

|해설| ⓔ 절차를 설명해 준 상대방에게 유감을 표현하는 것은 어색하다. 감사하다는 말을 하는 것이 알맞다.

08 |해설| What is(are) ~ for?는 물건의 용도를 묻는 표현이다.

09 |해석| ① 도서관에는 사람들을 도울 수 있는 로봇이 있다.

② 세호가 Lucy에게 로봇 사용법을 알려 준다.

③ 로봇을 사용하기 위해서는 학생증이 있어야 한다.

④ 찾고 있는 책의 제목을 로봇에 입력하면 로봇이 그것을 찾아 줄 것이다.

⑤ Lucy는 이 로봇이 사용하기 쉽다고 생각한다.

|해설| ③ 도서 대출 카드를 화면에 대야 하므로, 학생증이 아니라 도서 대출 카드가 필요하다.

10 |해석| 이 로봇을 사용하는 방법

STEP 1. 화면 위에 당신의 도서 대출 카드를 댄다.

STEP 2. (찾고 있는) 책의 제목을 입력한다.

STEP 3. ENTER를 누른다.

STEP 4. 안내 데스크로 가서 책을 받는다.

|해설| 로봇 화면에 도서 대출 카드를 대고, 책의 제목을 입력한 뒤 ENTER를 누른 후, 로봇이 찾아온 책을 안내 데스크에 가서 받으면 된다고 세호가 로봇 사용법을 알려 주었다.

11 |해석| 그녀와 이야기를 하면 너는 그녀를 잘 이해할 수 있다.

|해설| 조건을 나타내는 분사구문이므로 접속사 if를 쓴 부사절로 바꿔 쓸 수 있다. 분사구문의 주어가 생략되어 있는 것으로 보아 부사절의 주어는 주절의 주어(you)와 같고, 조건을 나타내는 부사절이므로 동사는 현재시제로 써서 If you talk with her로 바꿔 쓸 수 있다.

12 |해석| ① 도둑은 경찰관을 보자마자 도망쳤다.

② 나는 그의 전화번호를 몰라서 그에게 전화를 할 수 없었다.

③ 오른쪽으로 돌면 그 가게를 쉽게 찾을 수 있다.

④ 그는 음악을 들으면서 공원에서 달렸다.

⑤ Melanie는 너무 놀라서 거의 울 뻔했다.

|해설| ⑤ 부사절의 접속사를 생략하고, 주절의 주어와 부사절의 주어가 일치하므로 부사절의 주어를 생략하고, 동사를 현재분사(Being)로 바꿔 분사구문을 만든다. 분사구문에서 Being은 생략 가능하므로 Too surprised로 쓸 수 있다.

(① Saw → Seeing ② Didn't know → Not knowing ③ Turn → Turning ④ Being listened → Listening)

13 |해석| ① Tom은 나이가 들수록 수줍음이 많아졌다.

② Lisa는 경주를 마쳤을 때 기분이 무척 좋았다.

③ 엄마는 그곳에서 영어 선생님으로 일하신다.

④ 내가 이전에 말했듯이 연습은 완벽을 만든다.

⑤ 우리 모두가 알듯이, Andrew는 농구를 정말 잘한다.

|해설| ③의 as는 '~로서'라는 의미의 전치사로 쓰였고, 나머지는 모두 접속사로 쓰였다.

14 |해석| ⓐ 그는 아들을 생각하며 편지를 썼다.

ⓑ 그들은 내가 그들의 개를 찾아 준 것에 대해 고마워했다.

ⓒ 독감에 걸려서 나는 파티에 갈 수 없었다.

ⓓ 피곤하지 않아서 그는 계속 운동을 했다.

ⓔ 그 일을 하는 것은 쉽지 않았지만, 나는 그것을 즐겼다.

|해설| ⓐ, ⓒ, ⓓ는 분사구문에 쓰인 현재분사이고, ⓑ, ⓔ는 각각 전치사의 목적어와 주어로 쓰인 동명사이다.

15 |해설| '빅데이터 때문에 가능하다'라는 의미가 되어야 자연스러우므로 because of(~ 때문에)나 thanks to(~ 덕분에), with the help of(~의 도움으로)가 들어가는 것이 자연스럽다.

16 |해설| ⓐ complex(복잡한), ⓑ amount(양, 액수), ⓒ methods(방법들), ⓓ meaningful(의미 있는)이 들어가는 것이 알맞다.

17 |해설| 주어진 문장은 '하지만 단순히 데이터를 수집하는 것만으로는 충분하지 않다'라는 내용으로, 우리가 온라인에 남기는 모든 흔적이 빅데이터로 수집된다는 내용 뒤이자 '빅데이터는 분석되어야 한다'라는 내용 앞인 ③에 들어가는 것이 자연스럽다.

18 |해설| '∼하기 위해 사용되다'의 의미가 되어야 하며, 뒤의 to predict와도 병렬 구조가 되어야 하므로 「be used to+동사원형」의 형태가 되는 것이 알맞다. 「be used to+동명사」는 '∼하는 데 익숙하다'라는 의미이다.

19 |해설| (A) '∼가 …하는 것을 돕다'는 「help+목적어+목적격보어(동사원형)」의 형태로 나타내므로 동사원형을 쓰는 것이 알맞다.
(B) '∼하듯이'를 뜻하는 접속사 as가 알맞다.
(C) 독감의 확산이 '예측되어질' 수 있는 것이므로 수동태(be동사+과거분사)로 쓰는 것이 알맞다.

20 |해석| ⓐ 빅데이터는 소비자들을 어떻게 돕는가?
ⓑ 날씨 전문가들은 언제 빅데이터를 사용하기 시작했는가?
ⓒ 건강 전문가들은 빅데이터를 사용하여 현재 무엇을 예측할 수 있는가?
|해설| ⓒ 건강 전문가들은 빅데이터를 사용해서 질병을 예측할 수 있다.

21 |해설| ⓒ 빅데이터가 선수들의 경기력에 영향을 끼치는 한 예로 독일 국가 대표 축구팀의 경우를 설명하고 있으므로, 빈칸에는 example(예, 예시)이 알맞다.

22 |해설| 의문사가 사용된 간접의문문(의문사+주어+동사 ∼)을 쓴다. (A)에는 '얼마나 많이'를 뜻하는 how much, (B)에는 '얼마나 오랫동안'을 뜻하는 how long을 사용한다.

23 |해설| ⓐ 주어(it)가 '일어나는' 것이므로 능동태인 happens가 알맞다.
ⓓ 동사 has changed를 수식하는 부사 greatly가 알맞다.
ⓔ '점점 더 ∼한'은 「비교급+and+비교급」의 형태로 나타낸다.

24 |해설| '누구도 ∼하지 않다'는 주어로 nobody를 사용하여 나타낼 수 있으며, nobody에 부정의 의미가 있으므로 동사를 부정의 표현으로 쓰지 않는다. '확실히 알다'는 know for sure로 나타낸다.

25 |해석| • 빅데이터 덕분에 경찰은 범죄 다발 지역의 지도를 만들 수 있다.
• 범죄 다발 지역의 지도는 범죄가 왜 일어날 것 같은지 알려 준다.
• 범죄 다발 지역의 지도가 제공하는 정보로 경찰은 범죄를 예방할 수 있다.
|해설| ⓑ 범죄 다발 지역의 지도가 범죄가 왜 일어날 것 같은지 알려 준다는 말은 본문에 언급되지 않았다.

Lesson 8
The Joseon Dynasty Through Paintings

STEP A

Ⓦ Words 연습 문제
p. 83

A 01 꽃을 피우다, 꽃이 피다
02 잉어
03 ∼에도 불구하고
04 나타내다, 상징하다
05 정의
06 전시(회)
07 매료된
08 실망스러운
09 효과적으로
10 시대, 왕조
11 상징
12 완전히
13 따라서, 그러므로
14 연꽃
15 (∼인 것처럼) 보이다, ∼인 것 같다
16 아픈
17 보이다, 나타나다
18 대나무
19 태도, 자세
20 충성(심), 충실

B 01 plate
02 bend
03 character
04 behavior
05 pond
06 tool
07 fan
08 object
09 will
10 prefer
11 value
12 frozen
13 inventor
14 choice
15 respect
16 symbolic
17 million
18 decoration
19 symbolize
20 folk painting

C 01 A에게 B를 상기시키다
02 특히
03 실수하다
04 이런 이유로
05 옛날 옛적에
06 ∼을 (얻기) 위해 싸우다
07 (병이) 나아지다
08 ∼의 경우에
09 다음과 같이
10 돈을 벌다

D 01 in particular
02 fight for
03 once upon a time
04 get well
05 in the case of
06 for this reason
07 make money
08 make a mistake
09 remind A of B
10 as follows

A 1 bloom, 꽃을 피우다, 꽃이 피다   2 represent, 나타내다, 상징하다   3 object, 물건, 물체   4 appear, 보이다, 나타나다   5 bend, 굽다, 구부러지다   6 frozen, 얼어붙은   7 attitude, 태도   8 symbol, 상징

B 1 prefer   2 despite   3 respect   4 tool   5 behavior

C 1 in particular   2 remind, of   3 Once upon a time   4 For this reason

D 1 symbolic   2 behavior   3 despite   4 decoration   5 fascinated

A |해석| 1 꽃을 피우다
2 무언가를 보여 주거나 의미하다
3 보고 만질 수 있는 것
4 보이거나 존재하기 시작하다
5 곧지 않고 휘어지거나 접히다
6 얼음으로 되거나, 덮히거나, 둘러싸인
7 어떤 사물이나 사람에 대해 생각하거나 느끼는 방식
8 다른 무언가를 나타내는 기호, 그림, 사물 등

B |해석| 1 그 학생들은 록 음악보다 재즈를 더 좋아한다.
2 폭우에도 불구하고 경기는 계속되었다.
3 우리는 선생님들에게 더 많은 존경을 표해야 한다.
4 인터넷은 매우 유용한 의사소통 도구이다.
5 그 소년의 나쁜 행동은 교실에 있는 모든 사람들을 짜증나게 했다.

D |해석| 1 충성 : 충성스러운 = 상징 : 상징적인
2 선택하다 : 선택 = 행동하다 : 행동
3 따라서 : 따라서 = ~에도 불구하고 : ~에도 불구하고
4 선호하다 : 선호 = 장식하다 : 장식
5 실망한 : 실망스러운 = 매료된 : 매력적인

01 ②   02 ④   03 ⑤   04 disappointing, disappointed
05 ④   06 ③   07 For this reason   08 remind, of

01 |해석| 어떤 사람에 대한 깊은 존경심
① 도구 ③ 정의 ④ 상징 ⑤ 시대, 왕조
|해설| respect(존경(심), 공경)의 영영풀이이다.

02 |해석| [보기] 행동하다 – 행동
① 아픈 – 아픈 ② 충성스러운 – 충성 ③ 상징 – 상징적인
④ 선택하다 – 선택 ⑤ 매료된 – 매력적인
|해설| [보기]와 ④는 '동사 – 명사'의 관계이다. ①은 유의어, ②는 '형용사 – 명사', ③은 '명사 – 형용사', ⑤는 '과거분사형 형용사 – 현재분사형 형용사'의 관계이다.

03 |해석| • 뒤뜰에 이상한 물체가 있었다.
• 그 프로젝트의 목적은 어린이들에게 도로 안전에 대해 가르치는 것이다.

① 의지; ~할[일] 것이다 ② 잉어 ③ 가치 ④ 선택(권)
|해설| '물체'라는 의미와 '목적'이라는 의미를 모두 갖는 object가 빈칸에 공통으로 알맞다.

04 |해석| • 시험 결과는 실망스러웠다.
• 우리는 경기 점수에 실망했다.
|해설| 첫 번째 빈칸에는 주어가 실망스러운 감정을 일으키는 것이므로 현재분사형 형용사 disappointing(실망스러운)이 알맞고, 두 번째 빈칸에는 주어가 실망스러움을 느끼는 것이므로 과거분사형 형용사 disappointed(실망한)가 알맞다.

05 |해석| ① 너는 차보다 커피를 더 좋아하니?
② 그는 특히 탐정 소설을 좋아한다.
③ Kate의 수업 태도가 많이 좋아졌다.
④ Tom은 그 영화에서 가장 웃긴 등장인물이다.
⑤ 비가 오는데도 불구하고 현장학습은 취소되지 않았다.
|해설| ④ 이 문장에서 character는 '등장인물'이라는 의미로 쓰였다.

06 |해석| ⓐ Jack은 다음 달에 5살이 될 것이다.
ⓑ 그는 우리에게 성공하겠다는 의지를 보여 주었다.
ⓒ 서두르면 너는 그곳에 제시간에 도착할 거야.
ⓓ 그녀는 모든 난관을 극복하려는 의지가 강하다.
|해설| ⓐ와 ⓒ는 '~할[일] 것이다'라는 의미의 조동사로 쓰였고, ⓑ와 ⓓ는 '의지'라는 뜻의 명사로 쓰였다.

07 |해설| '이런 이유로'는 for this reason으로 표현한다.

08 |해설| 'A에게 B를 상기시키다'는 remind A of B로 표현한다.

Q1 ⓑ   Q2 ⓐ   Q3 F   Q4 with flowers   Q5 F
Q6 라면   Q7 삼각형 무늬가 있는 모자   Q8 *Batman*, will be much more fun

Listen and Talk A-1 Yes, are, like, more, I prefer, seems to me, cuter
Listen and Talk A-2 do you prefer, I prefer, that, healthier choice, I think so
Listen and Talk A-3 Aren't they, Which, do you prefer, like, better, It seems, unique
Listen and Talk A-4 look, do you prefer, or, I prefer, It seems to me that
Listen and Talk C Which, more, prefer, it seems to me, you think so, I've never seen, before, I'm sure, next to, first
Talk and Play Which do you prefer, seems to me that, prefer, too
Review - 1 Which one, prefer, or, I prefer, more unique
Review - 3 Which one, more, prefer, It seems to me

1 ⓒ, ⓐ – ⓓ	2 ⓒ – ⓐ – ⓓ
3 ⓓ – ⓐ – ⓒ	4 ⓒ, ⓐ – ⓓ
5 ⓓ – ⓕ, ⓘ – ⓗ, ⓖ, ⓔ	6 ⓒ – ⓑ – ⓐ
7 ⓒ, ⓐ – ⓓ	8 ⓓ – ⓑ – ⓐ

L&T Listen and Talk 실전 TEST   pp. 94~95

01 ⑤	02 ⑤	03 ③	04 ④	05 ②	06 ⑤	07 ①
08 ⑤						

[서술형]

09 (p)refer   10 seems to me that it's more delicious
11 Which do you prefer   12 his sister, with flowers

01 |해석| A: 너는 라면과 스파게티 중에서 어느 것이 더 좋니?
B: 나는 스파게티가 더 좋아.
① 네가 가장 좋아하는 음식은 뭐니?
② 점심으로 무엇을 먹었니?
③ 스파게티는 어떠니?
④ 이 스파게티를 어떻게 만들었니?
|해설| 대답으로 자신이 선호하는 음식을 말하는 것으로 보아, 빈칸에는 상대방이 선호하는 것을 묻는 말이 알맞다.

02 |해석| A: 우리가 볼 수 있는 영화가 두 개 있어. 너는 어느 것이 더 좋니?
B: 나는 '배트맨'이 더 좋아. <u>나는 그게 훨씬 더 재미있을 것 같아.</u>
① 나는 '스파이더맨'이 좋아.
② 나는 '배트맨'을 보고 싶지 않아.
③ 나는 보통 영화를 보지 않아.
④ 여기서는 영화 관람이 허용되지 않아.
|해설| 두 영화 중 어느 것이 더 좋은지 묻는 말에 '배트맨'이 더 좋다고 답했으므로, 빈칸에는 그 말을 뒷받침하는 의견인 ⑤가 알맞다.

03 |해석| A: 비빔밥이나 갈비탕을 먹을 수 있네. 너는 어느 것이 더 좋아?
(B) 나는 비빔밥이 더 좋아. 건강에 더 좋은 선택인 것 같아.
(C) 나도 그렇게 생각해. 나도 비빔밥이 더 좋아.
(A) 그럼, 주문하자. 너무 배가 고파.
|해설| 비빔밥과 갈비탕 중에서 어느 것이 더 좋은지 묻는 말에 건강에 더 좋은 선택인 것 같아서 비빔밥이 더 좋다고 답하자(B) 이에 동의하면서 자신도 비빔밥이 더 좋다고 말한(C) 후에 음식을 주문하자고 말하는(A) 흐름이 자연스럽다.

[04~05] |해석|
A: 민호야, 여기 고양이 그림 두 점을 봐. 멋지지 않니?
B: 응, 멋지다.
A: 둘 다 좋긴 하지만 나는 왼쪽 그림이 더 좋아. 너는 어때?
B: <u>나는 오른쪽 그림이 더 좋아. 나는 그 그림 속 고양이가 더 귀여운 것 같아. 그림 속 새도 마음에 들어.</u>

04 |해설| 주어진 문장은 선호를 표현하는 말이므로, 자신이 선호하는 것을 말한 후 상대방은 어떤지 묻는 말에 대한 대답으로 ④에 들어가는 것

이 알맞다.

05 |해설| 「It seems to me (that)+주어+동사 ~.」는 자신의 의견을 말할 때 쓰는 표현이다.

06 |해석| A: 이 오래된 두 접시 좀 봐, Steve. 아름답지 않니?
B: 그렇네. 너는 초록색 접시와 흰색 접시 중에서 어느 것이 더 마음에 들어?
A: 글쎄, 선택하기 어렵지만, 나는 초록색 접시가 더 마음에 들어. 너는 어때?
B: 나도 그래. 나는 <u>흰색(→ 초록색)</u> 접시가 더 아름다운 것 같아.
|해설| ⑤ 초록색 접시가 더 좋다는 말에 대해 동의(Me, too.)했으므로, 흰색 접시가 아니라 초록색 접시가 더 아름다운 것 같다는 의견이 이어지는 것이 자연스럽다.

[07~08] |해석|
A: 우리가 갈 수 있는 전시회가 두 개 있어. 어느 전시회를 더 보고 싶니, Eric?
B: 나는 한국 탈 전시회가 더 좋아. 괜찮아, 소미야?
A: 그럼. 그리고 나도 탈 전시회가 훨씬 더 흥미로울 것 같아.
B: 그렇게 생각해?
A: 응. 이 포스터를 봐. 전시회만 있는 게 아니야. 4시와 6시에 탈춤 공연도 있어.
B: 잘됐다! 난 전에 탈춤 공연을 본 적이 없거든.
A: 음, 난 전에 본 적이 있어. 네가 분명히 좋아할 거야.
B: 그래서 공연은 어디에서 해?
A: 전시실 옆에 있는 다음 홀에서 해.
B: 지금이 4시 30분이니까 6시 공연을 보자.
A: 좋아. 먼저 전시를 보러 가자.

07 |해석| ① 너는 어느 것이 더 좋니
② 너는 어느 것을 보았니
③ 너는 어느 것이 더 좋았니
④ 네가 가장 좋아하는 전시회는 무엇이니
⑤ 너는 왜 한국 탈 전시회가 더 좋니
|해설| ⓐ는 두 개의 전시회 중 어느 것을 더 보고 싶은지 묻는 말이므로 상대방의 선호를 묻는 질문인 ①과 바꿔 쓸 수 있다.

08 |해설| ⑤ Eric과 소미는 전시를 먼저 본 후에 탈춤 공연을 보기로 했다.

09 |해석| A: 너는 수학보다 영어를 더 좋아하니?
B: 응. 난 영어가 <u>더 좋아</u>. 나는 새로운 언어를 배우는 것이 더 흥미로운 것 같아.
|해설| 영어와 수학 중에서 영어를 더 좋아한다는 내용이므로 '~을 더 좋아하다'라는 의미의 prefer가 들어가는 것이 알맞다.

10 |해석| A: 너는 딸기우유와 초콜릿 우유 중 어느 것을 더 좋아하니?
B: 난 딸기우유가 더 좋아. <u>나는 그게 더 맛있는 것 같아.</u>
|해설| 「It seems to me (that)+주어+동사 ~.」 형태로 자신의 의견을 표현하는 문장을 완성한다.

[11~12] |해석|
A: 준수야, 네가 여동생에게 줄 선물을 살 거라고 했잖아. 여기 있는 가방들 어때?
B: 좋아 보인다.
A: 너는 꽃무늬 있는 것과 동물 무늬 있는 것 중에 어느 것이 더 좋아?
B: 나는 꽃무늬 있는 것이 더 좋아. 여동생이 그것을 더 좋아할 것 같아.

11 |해설| A와 B 둘 중에서 무엇을 더 좋아하는지 물을 때 Which (one) do you prefer, *A or B*?로 말할 수 있다.

12 |해석| 준수는 자신의 여동생이 꽃무늬가 있는 가방을 더 좋아할 것이라고 생각한다.

1 (1) for (2) of (3) for
2 (1) kind of (2) stupid of (3) important for

1 |해석| (1) 나는 무엇을 입을지 선택하는 것이 어렵다.
(2) 내 프로젝트를 도와주다니 그녀는 정말 착하다.
(3) 내가 지금 당장 모든 사람의 이름을 기억하는 것은 불가능하다.

2 |해석| (1) 나 대신 내 개를 산책시켜 주다니 그는 친절하다.
(2) 그런 실수를 하다니 나는 정말 어리석다.
(3) 네가 매일 운동하는 것은 매우 중요하다.

1 (1) were (2) would (3) isn't
2 (1) were(was) (2) had (3) would

1 |해석| (1) 내가 아프지 않다면, 파티에 갈 수 있을 텐데.
(2) 눈이 온다면, 우리가 밖에서 함께 놀 텐데.
(3) 내일 너무 춥지 않으면 그녀는 동물원에 갈 것이다.

2 |해석| (1) 내가 부자라면, 그들 모두를 도울 수 있을 텐데.
(2) 내게 그 책이 있다면, 너에게 빌려줄 수 있을 텐데.
(3) 네가 진실을 안다면, 너는 놀랄 텐데.

A 1 It was difficult for him to build a house.
2 It is silly of Mary to give up the job.
3 It is not hard for us to finish the work in a week.
B 1 of you to help my son   2 to ride   3 for me
4 of him
C 1 for him to catch   2 of her to solve
3 for you to eat   4 of you to leave
D 1 It is very difficult for me to read this book.
2 It was careless of him not to lock the gate.
3 It is impossible for me to predict the result.

A |해석| 1 집을 짓는 것은 어려웠다.
→ 그는 집을 짓는 것이 어려웠다.
2 그 일을 포기하는 것은 어리석은 짓이다.
→ Mary가 그 일을 포기하는 것은 어리석은 짓이다.
3 그 일을 일주일 안에 끝내는 것은 어렵지 않다.
→ 우리가 그 일을 일주일 안에 끝내는 것은 어렵지 않다.
|해설| 1, 3 사람에 대한 주관적 평가를 나타내는 형용사가 쓰이지 않았으므로 to부정사 앞에 「for+목적격」 형태로 의미상 주어를 쓴다.
2 사람에 대한 주관적 평가를 나타내는 형용사 silly(어리석은)가 쓰였으므로 to부정사 앞에 의미상 주어를 「of+목적격」 형태로 쓴다.

B |해석| 1 제 아들을 도와주다니 당신은 친절하군요.
2 수지는 혼자 자전거를 타는 것이 어렵다.
3 내가 이 탁자를 옮기는 것은 쉽지 않았다.
4 그런 말을 하다니 그는 친절하지 않았다.
|해설| 1 to부정사의 의미상 주어(of you)는 to부정사 앞에 써야 한다.
2 It이 가주어로 쓰이고 for Suji가 진주어인 to부정사구의 의미상 주어로 쓰인 문장이므로 to ride로 써야 한다.
3 easy는 사람에 대한 주관적 평가를 나타내는 형용사가 아니므로 to부정사의 의미상 주어를 「for+목적격」 형태로 쓴다.
4 nice는 사람에 대한 주관적 평가를 나타내는 형용사이므로 to부정사의 의미상 주어를 「of+목적격」 형태로 쓴다.

C |해설| to부정사 앞에 의미상 주어를 써서 문장을 완성한다.
1, 3 impossible과 important는 사람에 대한 주관적 평가를 나타내는 형용사가 아니므로 to부정사의 의미상 주어를 「for+목적격」 형태로 쓴다.
2, 4 clever와 rude는 사람에 대한 주관적 평가를 나타내는 형용사이므로 to부정사의 의미상 주어를 「of+목적격」 형태로 쓴다.

D |해설| It이 가주어로 쓰이고 to부정사구가 진주어로 쓰인 「It ~ to부정사」 형태로 문장을 쓴다. to부정사의 행위의 주체인 의미상 주어는 「for/of+목적격」 형태로 to부정사 앞에 쓴다.

A 1 were   2 would   3 could   4 don't
B 1 were(was), would lie   2 made, could help
3 had, would go
C 1 he heard the news, he would be happy
2 it were(was) fine, we would play outside
3 I had time, I could go to the library with her
D 1 If she were(was) hungry, she would eat the pizza.
2 If Tom had a car, he could give me a ride.
3 If I didn't have a lot of homework to do, I could go to the concert.

A |해석| 1 내가 너라면, 나는 그의 제안을 받아들일 텐데.
2 내가 그의 전화번호를 안다면, 나는 그에게 전화할 텐데.
3 그가 프랑스어를 할 수 있다면, 그는 Marie와 대화할 수 있을 텐데.
4 아침을 먹지 않으면 너는 수업 중에 배가 고플 것이다.

| **해설** | 1 주절로 보아 가정법 과거 문장이므로 if절의 be동사는 과거형인 were가 알맞다.

2 if절로 보아 가정법 과거 문장이므로 주절의 동사는 「조동사의 과거형+동사원형」이 되어야 한다.

3 주절로 보아 가정법 과거 문장이므로 if절의 조동사는 과거형이 되어야 한다.

4 주절로 보아 조건을 나타내는 접속사 if가 쓰인 문장이므로, 조건절의 동사는 현재형이 되어야 한다.

B | **해설** | 현재 사실과 반대되는 상황을 가정하여 말하는 문장이므로 「If+주어+동사의 과거형 ~, 주어+조동사의 과거형+동사원형 ….」 형태의 가정법 과거 문장으로 완성한다.

C | **해설** | 「If+주어+동사의 과거형 ~, 주어+조동사의 과거형+동사원형 ….」 형태의 가정법 과거 문장을 완성한다.

D | **해석** | [예시] 나는 날개가 없어서 날 수 없다.
→ 내게 날개가 있다면 날 수 있을 텐데.

1 그녀는 배가 고프지 않아서 그 피자를 먹지 않을 것이다.
→ 그녀가 배가 고프다면 그 피자를 먹을 텐데.

2 Tom은 차가 없기 때문에 나를 태워다 줄 수 없다.
→ Tom에게 차가 있다면, 그가 나를 태워다 줄 수 있을 텐데.

3 나는 해야 할 숙제가 많아서 콘서트에 갈 수 없다.
→ 내게 해야 할 숙제가 많지 않다면, 나는 콘서트에 갈 수 있을 텐데.

| **해설** | 현재 사실과 반대되는 상황을 가정하는 가정법 과거 문장으로 바꿔 쓴다. 가정법 과거 문장은 「If+주어+동사의 과거형 ~, 주어+조동사의 과거형+동사원형 ….」으로 쓰며, 현재 사실과 반대되는 상황을 가정하므로 긍정문은 부정문으로, 부정문은 긍정문으로 바꿔 표현한다.

ⓖ Grammar 실전 TEST
pp. 100~103

01 ②	02 ⑤	03 ④	04 ②	05 ⑤	06 ⑤	07 ③
08 ④	09 ③	10 ②	11 ③	12 ③	13 ③	14 ②
15 ②	16 ④	17 ④	18 ③			

[서술형]

19 It, for me to learn　20 (1) will → would (2) am → were(was)　21 This is not easy of me to come to school on time. → It's(It is) not easy for me to come to school on time.　22 (1) were(was) rich, could buy (2) had legs, could meet　23 (1) It's(It is) fun to swim in the sea. (2) It's(It is) clever of you to fix the machine. (3) It's(It is) not safe for children to run around there.　24 (1) If she were(was) not ill, she could go to work. (2) If you asked your father, he would help you. (3) If I had free time, I could travel around the world. (4) If he didn't speak too fast, I could understand him better.　25 (1) easy for Suji to ride a bike (2) dangerous for Jihun to cross at a red light (3) nice of Yuna to help the old lady

---

01 | **해석** | 내게 긴 휴가가 있다면, 나는 전국을 여행할 수 있을 텐데.
| **해설** | 현재 사실과 반대되는 상황을 가정하여 말하는 가정법 과거 문장

(If+주어+동사의 과거형 ~, 주어+조동사의 과거형+동사원형 ….)이므로 If절의 동사는 have의 과거형인 had가 알맞다.

02 | **해석** | 네가 그렇게 말한 것은 매우 _____였다.
① 좋은　② 현명한　③ 영리한　④ 어리석은　⑤ 중요한
| **해설** | to부정사의 의미상 주어의 형태가 「of+목적격」이므로 빈칸에는 사람에 대한 주관적 평가를 나타내는 형용사가 들어가야 한다.

03 | **해석** | 나는 아파서 그 파티에 갈 수 없다.
= 내가 아프지 않다면, 그 파티에 갈 수 있을 텐데.
| **해설** | 가정법 과거 문장은 「If+주어+동사의 과거형(be동사는 주로 were) ~, 주어+조동사의 과거형+동사원형 ….」의 형태로 쓴다. 현재 사실과 반대되는 상황을 가정하므로 긍정문은 부정문으로, 부정문은 긍정문으로 바꿔 표현한다.

04 | **해석** | 그렇게 짧은 시간에 퍼즐을 풀다니 너는 똑똑하구나.
| **해설** | 가주어(It)와 진주어(to부정사구)가 사용된 「It ~ to부정사」 구문으로, to부정사의 의미상 주어가 쓰인 문장이다. 사람에 대한 주관적 평가를 나타내는 형용사 smart가 앞에 있으므로 to부정사의 의미상 주어는 「of+목적격」으로 쓴다.

05 | **해석** | 내게 돈이 많다면, 나는 자선단체에 기부할 텐데.
| **해설** | 현재 사실과 반대되는 상황을 가정하는 가정법 과거 문장이므로 「If+주어+동사의 과거형 ~, 주어+조동사의 과거형+동사원형 ….」의 형태가 되어야 한다.

06 | **해설** | It이 가주어로 쓰이고 진주어인 to부정사구가 문장의 뒤로 간 형태의 「It ~ to부정사」 구문이다. necessary가 사람에 대한 주관적 평가를 나타내는 형용사가 아니므로 to부정사의 의미상 주어는 「for+목적격」의 형태로 to부정사 앞에 쓴다.

07 | **해설** | 우리말을 영어로 옮기면 If the waves were not high, we could go swimming.의 가정법 과거 문장이 되므로, 필요 없는 단어는 are이다.

08 | **해석** | A: 나는 아빠께 거짓말을 했어. 너무 죄송해.
B: 내가 너라면, 나는 그에게 진실을 말씀드리고 사과하겠어.
| **해설** | '내가 너라면, 나는 그에게 진실을 말씀드리고 사과하겠어.'라는 의미의 가정법 과거 문장이므로, 주절의 조동사를 과거형인 would로 고치는 것이 알맞다.

09 | **해석** | ① 네가 헬멧을 쓰는 것이 더 안전할 것이다.
② 그가 컴퓨터 게임을 하는 것은 신나는 일이다.
③ 나에게 길을 가르쳐 주다니 너는 매우 친절하구나.
④ 아이들이 호수에서 수영하는 것은 위험하다.
⑤ 모두가 방에 들어가는 것은 불가능하다.
| **해설** | ③과 같이 사람에 대한 주관적 평가를 나타내는 형용사(kind)가 앞에 있는 경우에는 to부정사의 의미상 주어를 「of+목적격」으로 쓰고, 나머지와 같이 일반적인 경우에는 「for+목적격」으로 쓴다.

10 | **해석** | 내가 바쁘지 않다면, 나는 캠핑을 갈 수 있을 텐데.
| **해설** | 가정법 과거 문장이 되도록 if절의 동사를 과거형으로 고치는 것이 알맞다. 가정법 과거 문장에서 if절의 be동사는 인칭에 상관없이 주로 were를 쓴다.

11 | **해석** | 그가 나를 위해 문을 열어 준 것은 예의 바른 행동이었다.
| **해설** | polite와 같이 사람에 대한 주관적 평가를 나타내는 형용사가 있을 때는 to부정사의 의미상 주어를 「of+목적격」 형태로 쓴다.

12 |해석| ① 내가 너라면, 나는 그를 용서하지 않을 텐데.
② 내가 진실을 안다면, 너에게 그것에 대해 말해 줄 텐데.
③ 네가 제시간에 그곳에 도착하는 것은 불가능하다.
④ 네게 그 돈을 빌려주다니 그는 관대하다.
⑤ 우리가 파리에 간다면, 에펠탑을 볼 수 있을 텐데.
|해설| ③ impossible은 사람에 대한 주관적 평가를 나타내는 형용사가 아니므로 to부정사의 의미상 주어를 「for+목적격」으로 쓴다.

13 |해석| A: 오늘 수업이 없다면 너는 무엇을 하겠니?
B: 나는 놀이공원에 가겠어.
① 너는 어디로 갈 거니
② 너는 어디를 방문했니
④ 너는 무엇을 할 예정이니
⑤ 너는 무엇을 하기로 결정했니
|해설| if절에 과거형 동사가 쓰인 것으로 보아 가정법 과거 문장이므로, 주절의 동사는 「조동사의 과거형+동사원형」 형태가 되어야 한다. B가 '놀이공원에 갈 것이다'라고 답하고 있으므로, '오늘 수업이 없다면 너는 무엇을 할 거니?'의 의미가 되도록 What would you do가 오는 것이 알맞다.

14 |해설| 「It ~ to부정사」 구문으로 나타내며 to부정사 앞에는 의미상 주어가 필요하다. careless가 사람에 대한 주관적인 평가를 나타내는 형용사이므로 to부정사의 의미상 주어는 「of+목적격」 형태가 되어야 한다.

15 |해석| ⓐ 그가 그 기계를 사용하는 것은 매우 쉽다.
ⓑ 내가 복권에 당첨된다면, 나는 새 집을 살 텐데.
ⓒ 나는 운전면허 시험을 통과하는 것이 어려웠다.
ⓓ 그런 말을 하다니 너는 참 무례하다.
|해설| ⓑ 복권에 당첨되는 상황을 가정하는 가정법 과거 문장이므로 주절의 동사는 「조동사의 과거형+동사원형」의 형태로 써야 한다. (will → would)
ⓓ rude가 사람에 대한 주관적 평가를 나타내는 형용사이므로 to부정사의 의미상 주어는 of you가 되어야 한다. (for → of)

16 |해석| ① 날씨가 좋다면, 나는 하이킹을 갈 텐데.
② 내가 그의 전화번호를 안다면, 그에게 전화할 텐데.
③ 내가 너라면, 나는 밤늦게까지 깨어 있지 않을 텐데.
④ 나는 Sue가 회의에 참석할 것인지 궁금하다.
⑤ 우리가 이집트에 간다면, 우리는 피라미드를 볼 수 있을 텐데.
|해설| ④는 '~인지 아닌지'라는 뜻으로 명사절을 이끄는 접속사 if이고, 나머지는 모두 가정법 과거 문장에 쓰인 접속사이다.

17 |해설| 주어진 단어들을 배열하여 문장을 완성하면 It is not easy for me to move this table.이 되므로 5번째로 올 단어는 for이다.

18 |해석| ⓐ 내가 너라면, 나는 도움을 요청할 텐데.
ⓑ Andy가 여기 있다면, 그는 매우 신날 텐데.
ⓒ 쓰레기를 줍다니 너는 정말 친절하구나.
ⓓ 내게 시간이 있다면, 너를 더 자주 볼 수 있을 텐데.
ⓔ Jason은 많은 사람들 앞에서 말하는 것이 어려울 수 있다.
|해설| ⓐ '내가 너라면'이라는 의미로 실현 불가능한 일을 가정하는 내용이므로 가정법 과거 문장(If+주어+동사의 과거형(be동사는 주로 were) ~, 주어+조동사의 과거형+동사원형 ….)이 되어야 한다. (am → were)

ⓒ 사람에 대한 주관적 평가를 나타내는 형용사 nice가 쓰였으므로 to부정사의 의미상 주어는 「of+목적격」으로 쓴다. (for → of)

19 |해석| 외국어를 배우는 것은 나에게 어렵다.
|해설| to부정사구가 주어로 쓰일 때는 주어 자리에 가주어 It을 쓰고 진주어인 to부정사구를 문장의 뒤로 보낼 수 있다. difficult가 사람에 대한 주관적 평가를 나타내는 형용사가 아니므로 to부정사의 의미상 주어는 「for+목적격」 형태로 to부정사 앞에 쓴다.

20 |해석| (1) 내게 한 달의 방학이 있다면, 나는 제주도에서 살 텐데.
(2) 내가 우리 학교 교장 선생님이라면, 나는 매달 운동회를 열 텐데.
|해설| 현재 사실과 반대되는 상황을 가정하는 가정법 과거 문장이므로 「If+주어+동사의 과거형(be동사는 주로 were) ~, 주어+조동사의 과거형+동사원형 ….」의 형태가 되어야 한다.

21 |해석| A: Tony, 너 또 늦었구나.
B: 죄송해요. 저는 제시간에 학교에 오는 것이 쉽지 않아요.
|해설| 대화의 흐름상 '내가 제시간에 학교에 오는 것은 쉽지 않다.'라는 의미의 가주어 It과 진주어인 to부정사구로 이루어진 문장이 되어야 한다. easy가 사람에 대한 주관적 평가를 나타내는 형용사가 아니므로 to부정사의 의미상 주어는 「for+목적격」으로 쓴다.

22 |해설| [예시] 내가 키가 더 크면, 포도를 먹을 수 있을 텐데.
(1) 내가 부자라면, 우리 가족을 위해 음식을 살 수 있을 텐데.
(2) 내게 다리가 있다면, 왕자를 만날 수 있을 텐데.
|해설| 현재 사실과 반대되거나 일어날 가능성이 거의 없는 일을 소망하여 가정하는 상황이므로, 가정법 과거(If+주어+동사의 과거형(be동사는 주로 were) ~, 주어+조동사의 과거형+동사원형 ….) 문장으로 완성한다.

23 |해설| to부정사의 의미상 주어는 일반적으로 「for+목적격」의 형태로 to부정사 앞에 쓰는데, 앞에 사람에 대한 주관적 평가를 나타내는 형용사가 있으면 「of+목적격」의 형태로 쓴다. (1)과 같이 to부정사의 행위의 주체가 막연한 일반적인 사람일 때는 의미상 주어를 생략할 수 있다.

24 |해설| [예시] 나는 새가 아니기 때문에 너에게 날아갈 수 없다.
→ 내가 새라면 너에게 날아갈 수 있을 텐데.
(1) 그녀는 아프기 때문에 출근할 수 없다.
→ 그녀가 아프지 않다면, 출근할 수 있을 텐데.
(2) 네가 아버지께 부탁하지 않기 때문에, 그는 너를 도와주시지 않을 것이다.
→ 네가 아버지께 부탁한다면, 그는 너를 도와주실 텐데.
(3) 나는 자유 시간이 없기 때문에, 세계 여행을 할 수 없다.
→ 내게 자유 시간이 있다면, 나는 세계 여행을 할 수 있을 텐데.
(4) 그가 너무 빨리 말을 해서, 나는 그의 말을 더 잘 이해할 수가 없다.
→ 그가 너무 빨리 말하지 않는다면, 나는 그의 말을 더 잘 이해할 수 있을 텐데.
|해설| 현재 사실과 반대되거나 일어날 가능성이 거의 없는 상황을 가정하는 가정법 과거 문장으로 바꿔 쓴다. 가정법 과거는 「If+주어+동사의 과거형(be동사는 주로 were) ~, 주어+조동사의 과거형+동사원형 ….」으로 쓰며, 긍정문은 부정문으로, 부정문은 긍정문으로 바꿔 표현하는 것에 유의한다.

25 |해석| (1) 수지는 자전거 타기가 쉽지 않다.
(2) 지훈이가 빨간 불에 길을 건너는 것은 위험하다.

(3) 할머니를 도와드리다니 유나는 정말 친절하다.

|해설| It이 가주어로 쓰이고 진주어인 to부정사구가 뒤로 간 「It ~ to부정사」 형태로 문장을 완성한다. to부정사의 의미상 주어는 보통 「for+목적격」으로 to부정사 앞에 쓰지만, 사람에 대한 주관적 평가를 나타내는 형용사(nice 등)가 앞에 있으면 「of+목적격」으로 쓴다.

Ⓡ Reading 빈칸 채우기 — pp. 106~107

01 on the right   02 Chinese character   03 carp, fan
04 is called, that was   05 is, animals, objects   06 One of, appears   07 represent, the Joseon dynasty   08 not just decorations   09 symbolic   10 symbolize, because of   11 goes as follows   12 Once upon a time
13 became ill   14 if I could eat   15 completely frozen
16 for him to catch   17 so, cried out to   18 melted, came out of   19 went back home   20 got well
21 symbolic objects   22 bamboo, lotus flowers
23 bend   24 stays green   25 For these reasons, loyalty   26 In the case of, still   27 thus, will, despite
28 much more than   29 reminded, of, attitudes   30 In particular, study tool   31 Through, importance of harmony

---

Ⓡ Reading 바른 어휘·어법 고르기 — pp. 108~109

01 on   02 Chinese   03 a carp   04 is called   05 is
06 appears   07 were   08 are   09 symbolic
10 respect   11 as   12 upon   13 ill   14 could
15 frozen   16 for him   17 disappointed   18 came
19 for his mother   20 got   21 symbolic   22 of
23 does   24 green   25 For   26 but   27 thus
28 much   29 of   30 In   31 Through

Ⓡ Reading 틀린 문장 고치기 — pp. 110~111

01 ○   02 ○   03 ○   04 ×, was   05 ○   06 ×, characters   07 ×, that(which)   08 ○   09 ×, symbolic   10 ×, because of   11 ×, as follows   12 ○
13 ×, couldn't eat   14 ○   15 ○   16 ×, to catch
17 ×, disappointed   18 ×, carp   19 ×, cooked   20 ○
21 ○   22 ○   23 ○   24 ×, all kinds of   25 ×, came to symbolize   26 ○   27 ×, despite   28 ○   29 ×, influenced   30 ×, particular   31 ○

Ⓡ Reading 실전 TEST — pp. 114~117

01 ④   02 ③   03 ③   04 ④   05 ①   06 ⑤   07 ④
08 ④   09 ⑤   10 ④   11 ③   12 ④   13 ⑤   14 ②
15 ②   16 ④

[서술형]

17 ⓐ is ⓑ appears ⓒ were   18 a carp, a geomungo, a fan   19 character   20 (A) wonderful (B) melted (C) well   21 It was impossible for him to catch any fish.
22 ⓐ bamboo ⓑ lotus flowers   23 does not bend and stays green in all kinds of weather   24 what → that (which)   25 study tool, importance of harmony in family and society

[01~05] |해석|
오른쪽에 있는 그림을 보라. 한자 효(孝)가 보이는가? 잉어, 거문고, 그리고 부채도 보이는가? 이런 종류의 그림을 문자도라고 하며, 그것은 조선 시대 후기에 인기 있었던 민화의 한 종류이다. 문자도에는 보통 한자 하나가 동물이나 사물들과 함께 나온다.
문자도에는 여덟 개의 한자 중 하나가 나온다. 그것들은 효(孝), 제(悌), 충(忠), 신(信), 예(禮), 의(義), 염(廉), 치(恥)이고, 조선 시대 사람들에게 중요했던 가치들을 나타낸다.

01 **|해설|** 사물인 주어(This kind of painting)가 '문자도라고 불린다'라는 의미가 적절하므로 수동태(be동사+과거분사)가 되는 것이 알맞다.

02 **|해설|** 빈칸 앞의 선행사가 각각 a type of folk painting과 the values로 사물이고 이어지는 관계대명사절의 주어 역할을 하므로, 주격 관계대명사 which나 that이 들어가는 것이 알맞다.

03 **|해석|** ① 민화들
② 몇몇 동물들 또는 사물들
③ 여덟 개의 한자
④ 조선 시대 사람들
⑤ 잉어, 거문고, 그리고 부채
|해설| 앞 문장의 eight Chinese characters를 가리킨다.

04 **|해설|** ④ 문자도에는 여덟 개의 한자 중 하나가 나온다.

05 **|해석|** ① 문자도란 무엇인가?
② 문자도는 누가 그렸는가?
③ 다양한 종류의 민화
④ 그림 속 동물이나 사물들
⑤ 조선 시대의 중요한 가치들
|해설| 본문은 문자도가 무엇인지, 문자도 속 한자가 무엇을 나타내는지 설명하는 글이므로 제목으로 ①이 적절하다.

[06~10] |해석|
문자도에 있는 동물이나 사물은 단순히 장식만은 아니다. 그것들은 종종 상징적이다. 예를 들어, '효' 그림에 있는 잉어는 한 옛이야기로 인해 부모님에 대한 공경을 상징한다. 그 이야기는 다음과 같다.
(C) 옛날 옛적에, 한 남자가 나이 든 어머니와 살고 있었다. 어느 겨울, 남자의 어머니는 병이 들어서 아무것도 먹을 수 없었다. 무척 추운 어느 날, 어머니는 남자에게 말했다. "신선한 물고기를 먹을 수 있다면 정말 좋겠구나."
(B) 남자는 강으로 나갔지만, 강은 완전히 얼어붙어 있었다. 그가 어떤 물

고기라도 잡는 것은 불가능했다. 남자는 몹시 기뻐서(→ 낙담해서) 하늘에 대고 외쳤다. "제가 어떻게 해야 하나요? 제발 저를 도와주세요."
(A) 그러자 얼음이 녹았고, 잉어 세 마리가 갑자기 물 밖으로 나왔다. 남자는 집으로 돌아가서 어머니에게 그 물고기들을 요리해 드렸다. 그러자 그의 어머니는 병이 나았다.

06 |해설| 아픈 어머니가 추운 겨울에 물고기가 먹고 싶다고 하자(C), 남자는 강으로 나갔지만 강이 얼어 있어서 물고기를 잡을 수 없어 하늘에 도와달라고 외쳤고(B), 그러자 얼음이 녹으며 잉어 세 마리가 강물에서 튀어나와 어머니가 그것을 먹고 병이 나았다는(A) 순서가 되는 것이 자연스럽다.

07 |해설| ④ 편찮으신 어머니께 드릴 물고기를 잡기 위해 남자는 강으로 나갔지만, 강이 완전히 얼어붙어 있어서 낙담했을 것이므로 pleased(기쁜)는 어색하다. disappointed(낙담한) 등이 되어야 문맥상 자연스럽다.

08 |해설| ④ 가주어 It과 to부정사구 진주어가 사용된 문장으로, 빈칸에는 to부정사의 의미상 주어가 들어가야 한다. impossible이 사람에 대한 주관적 평가를 나타내는 형용사가 아니므로 to부정사의 의미상 주어로 「for+목적격」 형태가 알맞다.

09 |해설| ⑤ '(만약) ~라면 …할 텐데.'의 의미로 실현 가능성이 희박한 일을 소망하여 가정할 때는 가정법 과거 문장(If+주어+동사의 과거형 ~, 주어+조동사의 과거형+동사원형 ….)을 쓴다.

10 |해석| ① 남자의 나이 든 어머니는 아팠다.
② 남자의 나이 든 어머니는 신선한 물고기를 먹고 싶어 했다.
③ 남자는 강이 얼어붙어 있어서 처음에는 물고기를 한 마리도 잡지 못했다.
④ 남자는 물고기 세 마리를 사서 어머니께 요리해 드렸다.
⑤ 남자의 나이 든 어머니는 물고기를 먹은 후에 병이 나았다.
|해설| ④ 남자는 물고기를 산(bought) 것이 아니라, 얼음이 녹으며 물 밖으로 나온 잉어 세 마리를 가져 어머니께 요리해 드렸다.

[11~13] |해석|
문자도에 있는 상징적인 사물의 또 다른 예가 있다. 한자 '충(忠)' 그림에 있는 대나무와 '의(義)' 그림에 있는 연꽃이다. 대나무는 구부러지지 않는다. 그것은 어떤 날씨에서도 푸르름을 유지한다. 이런 이유로, 대나무는 왕에 대한 충성심을 상징하게 되었다. 연꽃의 경우, 그것들은 진흙투성이의 연못에서 자라지만 그럼에도 아름답게 꽃을 피운다. 그래서 그 꽃들은 어려움에도 불구하고 정의를 위해 싸우는 한 사람의 의지를 상징하게 되었다.

11 |해설| ⓒ in the case of: ~의 경우에

12 |해설| 주어진 문장의 these reasons는 '대나무가 구부러지지 않고 어떤 날씨에서도 푸르름을 유지하는 것'을 의미하므로 해당 내용 뒤인 ④에 들어가는 것이 알맞다.

13 |해석| ① 나를 도와주다니 너는 친절하구나.
② 나는 요리 수업에 등록하기로 결정했다.
③ 내 꿈은 유명한 건축가가 되는 것이다.
④ 스마트폰으로 웹툰을 읽는 것은 재미있다.
⑤ 세계에는 방문할 멋진 장소들이 많이 있다.
|해설| (A)와 ⑤는 앞의 명사를 수식하는 형용사적 용법의 to부정사이다. (①, ④ 진주어 역할을 하는 명사적 용법, ② 목적어 역할을 하는 명사적 용법, ③ 보어 역할을 하는 명사적 용법)

[14~16] |해석|
문자도는 조선 시대 사람들에게 그림 그 훨씬 이상의 것이었다. 그것은 그들에게 자신들의 행동과 태도에 큰 영향을 미치는 중요한 가치를 상기시켰다. 특히 아이들에게 문자도는 학습 도구였다. 그것을 통해, 조선 시대의 아이들은 가족과 사회에서 조화의 중요성을 배울 수 있었다.

14 |해설| 비교급을 수식하여 '훨씬'이라는 강조의 의미를 나타내는 부사는 much, a lot, even, far, still 등이다. very는 비교급을 수식할 수 없다.

15 |해설| ⓑ remind A of B: A에게 B를 상기시키다
ⓒ in particular: 특히, 특별히
ⓓ through: ~을 통해

16 |해설| 문자도는 조선 시대 사람들의 행동과 태도에 영향을 주는 중요한 가치들을 상기시켰고, 특히 어린이들에게는 가족과 사회에서 조화의 중요성을 배울 수 있게 하는 학습 도구였다고 했으므로 글의 주제로 ④가 알맞다.

[17~19] |해석|
오른쪽에 있는 그림을 보라. 한자 효(孝)가 보이는가? 잉어, 거문고, 그리고 부채도 보이는가? 이런 종류의 그림을 문자도라고 하며, 그것은 조선 시대 후기에 인기 있었던 민화의 한 종류이다. 문자도에는 보통 한자 하나가 동물이나 사물들과 함께 나온다.
문자도에는 여덟 개의 한자 중 하나가 나온다. 그것들은 효(孝), 제(悌), 충(忠), 신(信), 예(禮), 의(義), 염(廉), 치(恥)이고, 조선 시대 사람들에게 중요했던 가치들을 나타낸다.

17 |해설| ⓐ 주어가 단수(a Chinese character with some animals or objects)이므로 is가 알맞다.
ⓑ 주어(One)가 단수이므로 appears가 알맞다.
ⓒ 선행사(the values)가 복수이므로 주격 관계대명사 뒤의 동사는 were가 알맞다.

18 |해설| '효(孝)' 문자도의 잉어, 거문고, 부채가 문자도에 한자와 함께 등장하는 동물과 사물의 예시이다.

19 |해설| '알파벳이나 수학에서 사용되는 문자 또는 기호'를 뜻하는 단어는 character(문자, 글자, 부호)이다.

[20~21] |해석|
옛날 옛적에, 한 남자가 나이 든 어머니와 살고 있었다. 어느 겨울, 남자의 어머니는 병이 들어서 아무것도 먹을 수 없었다. 무척 추운 어느 날, 어머니는 남자에게 말했다. "신선한 물고기를 먹을 수 있다면 정말 좋겠구나."
남자는 강으로 나갔지만, 강은 완전히 얼어붙어 있었다. 그가 어떤 물고기라도 잡는 것은 불가능했다. 남자는 몹시 낙담해서 하늘에 대고 외쳤다. "제가 어떻게 해야 하나요? 제발 저를 도와주세요." 그러자 얼음이 녹았고, 잉어 세 마리가 갑자기 물 밖으로 나왔다. 남자는 집으로 돌아가서 어머니에게 그 물고기들을 요리해 드렸다. 그러자 그의 어머니는 병이 나았다.

20 |해설| (A) '신선한 물고기를 먹을 수 있다면 정말 좋겠다'라는 의미이므로 wonderful이 알맞다.
(B) '얼어붙은 강이 녹으면서 잉어 세 마리가 나왔다'라는 내용이 되는 것이 자연스러우므로 melted가 알맞다.
(C) '아들이 요리해 준 물고기를 먹고 나서 병이 나았다(got well)'라는 내용이 되는 것이 자연스럽다.

21 |해설| 「It ~ to부정사」 구문으로 쓰되, to부정사의 의미상 주어를 to부정사 앞에 쓴다. impossible은 사람에 대한 주관적 평가를 나타내는

형용사가 아니므로 의미상 주어를 「for+목적격」 형태로 쓴다.

[22~23] |해석|

문자도에 있는 상징적인 사물의 또 다른 예가 있다. 한자 '충(忠)' 그림에 있는 대나무와 '의(義)' 그림에 있는 연꽃이다. 대나무는 구부러지지 않는다. 그것은 어떤 날씨에서도 푸르름을 유지한다. 이런 이유로, 대나무는 왕에 대한 충성심을 상징하게 되었다. 연꽃의 경우, 그것들은 진흙투성이의 연못에서 자라지만 그럼에도 아름답게 꽃을 피운다. 그래서 그 꽃들은 어려움에도 불구하고 정의를 위해 싸우는 한 사람의 의지를 상징하게 되었다.

22 |해설| ⓐ는 앞 문장의 bamboo를, ⓑ는 앞 문장의 lotus flowers를 가리킨다.

23 |해설| Q: 왜 대나무는 왕에 대한 충성심을 상징하게 되었나요?
A: 구부러지지 않고 어떤 날씨에서도 푸르름을 유지하기 때문이었다.
|해설| For these reasons(이러한 이유로) 앞의 두 문장이 대나무가 왕에 대한 충성심을 상징하게 된 두 가지 이유이다.

[24~25] |해석|

문자도는 조선 시대 사람들에게 그림 그 훨씬 이상의 것이었다. 그것은 그들에게 자신들의 행동과 태도에 큰 영향을 미치는 중요한 가치를 상기시켰다. 특히 아이들에게 문자도는 학습 도구였다. 그것을 통해 조선 시대의 아이들은 가족과 사회에서 조화의 중요성을 배울 수 있었다.

24 |해설| 선행사가 important values로 사물이고 이어지는 관계대명사절에서 주어 역할을 하므로 주격 관계대명사로 that이나 which를 써야 한다. what은 선행사를 포함하는 관계대명사이므로 선행사(important values)가 있는 경우에는 사용할 수 없다.

25 |해설| 문자도는 조선 시대에 학습 도구로 사용되었다. 그 당시에 아이들은 문자도를 통해 가족과 사회에서 조화의 중요성을 배울 수 있었다.

[03~05] |해석|

· 효(孝) 그림: 잉어는 부모님에 대한 존경심(공경)을 상징한다. 옛이야기에서 한 남자가 얼어붙은 강에서 잉어 세 마리를 잡아 아픈 어머니에게 그것을 요리해 드렸다.
· 충(忠) 그림: 대나무는 왕에 대한 충성심을 상징한다. 그것은 구부러지지 않고 어떤 날씨에서도 푸르름을 유지한다.
· 의(義) 그림: 연꽃은 어려움에도 불구하고 정의를 위해 싸우는 한 사람의 의지를 상징한다. 그것은 진흙투성이의 연못에서 자라지만 그럼에도 아름답게 꽃을 피운다.

03 |해설| ⓒ 어떤 날씨에서도 푸르름을 '유지한다'라는 의미가 되는 것이 알맞으므로, 빈칸에는 stays(~한 상태를 유지하다)가 알맞다.

04 |해설| despite: ~에도 불구하고 (= in spite of)

05 |해석| 잉어: (1) 부모님에 대한 공경
대나무: (2) 왕에 대한 충성심
연꽃: (3) (어려움에도 불구하고) 정의를 위해 싸우는 한 사람의 의지
|해설| 문자도에서 잉어는 '부모님에 대한 공경'을, 대나무는 '왕에 대한 충성심'을, 연꽃은 '(어려움에도 불구하고) 정의를 위해 싸우는 한 사람의 의지'를 상징한다.

06 |해석| (A) 이 그림은 16세기 유럽 시골 지역의 수확기를 보여 준다.
(B) 이 그림은 조선 시대 후기의 씨름 대회를 보여 준다.
(C) 이 그림은 19세기 미국인 농부의 딸 결혼식을 보여 준다.
|해설| (A)는 16세기 유럽 시골 지역의 수확기, (B)는 조선 시대 후기의 씨름 대회, (C)는 19세기 미국의 시골 결혼식을 나타내는 그림에 대한 설명이다.

STEP B

M 기타 지문 실전 TEST　　　　　p. 119

01 ③, ④　　**02** (1) 과학이 배우기에 더 재미있는 것 같아서
(2) 에디슨 같은 훌륭한 발명가가 되고 싶어서　　**03** ③　　**04** in spite of　　**05** (1) respect for parents　(2) loyalty to the king
(3) a person's will to fight for justice (despite difficulties)
06 (A) ⓑ　(B) ⓒ　(C) ⓐ

[01~02] |해석|

나는 과학을 더 좋아해. 나는 그것이 배우기에 더 재미있는 것 같아. 나는 또한 에디슨 같은 훌륭한 발명가가 되고 싶기 때문에 과학을 더 좋아하기도 해.

01 |해석| ① 너는 무엇을 공부하고 있었니?
② 너는 왜 과학을 좋아하니?
③, ④ 너는 수학과 과학 중 어느 것을 더 좋아하니?
⑤ 너는 수학과 과학 중 어느 과목을 공부했니?
|해설| ⓐ는 '과학을 선호한다'라는 대답이므로, 어느 과목을 선호하는지 묻는 말이 질문으로 알맞다.

02 |해설| 과학을 선호하는 이유로 배우기에 더 재미있고, 에디슨 같은 훌륭한 발명가가 되고 싶기 때문이라고 했다.

W Words 고득점 맞기　　　　　pp. 120~121

01 ④　　**02** (1) loyalty　(2) preference　(3) behavior　　**03** ③
04 ①　　**05** remind, of, value　　**06** ②　　**07** ②　　**08** ④
09 will　　**10** ②　　**11** ⑤　　**12** ⑤　　**13** ③　　**14** ②　　**15** ③

01 |해석| 다음 영영풀이에 해당하는 단어로 알맞은 것은?
특정 가문이 한 나라나 지역을 통치한 기간
① 도구　② 물건, 물체　③ 태도　⑤ 장식
|해설| dynasty(왕조)에 대한 영영풀이이다.

02 |해석| (1) 상징적인 : 상징 = 충성스러운 : 충성
(2) 선택하다 : 선택 = 선호하다 : 선호
(3) 장식하다 : 장식 = 행동하다 : 행동
|해설| (1) '형용사 : 명사'의 관계이므로, loyal의 명사형 loyalty가 알맞다.
(2), (3) '동사 : 명사'의 관계이므로, 각각 prefer의 명사형 preference와 behave의 명사형 behavior가 알맞다.

03 |해석| ① 나는 너의 어머니가 곧 나으시길 바란다.
② 이런 이유로, 나는 네 의견에 동의하지 않는다.
③ 그는 특히 공룡에 관심을 보였다.

④ 옛날 옛적에, 한 남자가 숲에서 호랑이와 함께 살았다.

⑤ James의 경우에, 그는 학교 봉사 동아리에 가입하기로 결정했다.

|해설| ③ in particular: 특히

04 |해설| 다음 빈칸에 들어갈 말이 순서대로 바르게 짝지어진 것은?

· 너는 연기에 흥미가 있니?

· 나는 내 수학 성적에 실망했다.

· 그녀는 그것이 매우 매력적인 영화라고 생각한다.

|해설| 첫 번째 빈칸에는 사람이 흥미를 느끼는 것이므로 과거분사형 형용사 interested가 알맞다. 두 번째 빈칸에는 사람이 실망스러운 감정을 느끼는 것이므로 과거분사형 형용사 disappointed가 알맞다. 세 번째 빈칸에는 영화가 매력을 느끼게 하는 것이므로 현재분사형 형용사 fascinating이 알맞다.

05 |해설| remind A of B: A에게 B를 상기시키다

value: 가치

06 |해설| · 정확한 주소를 알려 주시겠습니까?

· 봄이 오면 많은 꽃들이 핀다.

① 구불구불한 – 구부러지다

③ 얼어붙은 – 선호하다

④ 독특한 – 상징하다

⑤ 상징적인 – 존경하다

|해설| 첫 번째 빈칸에는 '정확한 주소'라는 의미가 되는 것이 자연스러우므로 exact(정확한)가 알맞고, 두 번째 빈칸에는 '많은 꽃들이 핀다'라는 의미가 되는 것이 자연스러우므로 bloom(꽃이 피다)이 알맞다.

07 |해설| ① 무언가를 보여 주거나 의미하다

② 어떤 사람에 대한 깊은 존경심

③ 곧지 않고 휘어지거나 접히다

④ 어떤 것에 대해 생각하거나 느끼는 방식

⑤ 보이거나 존재하기 시작하다

|해설| ①은 represent(나타내다, 상징하다), ②는 respect(존경(심), 공경), ③은 bend(굽다, 구부러지다), ④는 attitude(태도), ⑤는 appear(보이다, 나타나다)의 영영풀이이다.

08 |해설| 다음 중 밑줄 친 단어의 의미가 [보기]와 같은 것은?

[보기] 그녀의 소설 속 등장인물들은 대개 활기차다.

① 그는 친절한 성격의 사람이다.

② 그녀의 행동은 그녀의 성격을 보여 준다.

③ 그 주소는 아라비아 문자로 쓰여 있었다.

④ 내 여동생 Anne은 그 연극의 주요 등장인물이다.

⑤ 한글은 한자보다 배우기 더 쉽다.

|해설| [보기]와 ④의 character는 '등장인물'이라는 뜻으로 쓰였다.

09 |해설| · 내일 밤까지 눈이 계속될 것이다.

· 강한 의지 없이는 우리 팀이 그 경기에서 이기지 못할 것이다.

|해설| '~할 것이다'라는 뜻으로 미래를 나타내는 조동사와 '의지'라는 뜻의 명사로 모두 쓰이는 will이 공통으로 알맞다.

10 |해설| · 나는 그 약속에 대해 완전히 잊고 있었다.

· 우리의 미술 전시회에 와 주셔서 고맙습니다.

· 나는 내 시간을 더 효과적으로 관리하고 싶다.

· 병사들은 그들의 왕에게 충성심을 보였다.

|해설| ⓐ에는 completely(완전히), ⓑ에는 exhibition(전시회), ⓒ에는 effectively(효과적으로), ⓓ에는 loyalty(충성심)가 들어가는 것이

알맞다.

11 |해설| ① 대나무는 쉽게 구부러지지 않는다.

② 우리는 크리스마스트리에 달 장식이 필요하다.

③ Baker 씨는 아들의 나쁜 행동에 대해 걱정했다.

④ White 씨는 그의 학생들이 그를 존경하지 않았기 때문에 속상했다.

⑤ 팀원들은 John이 경기에서 실수를 했기 때문에 기뻐해 줬다. (×)

|해설| ⑤ 경기에서 '실수한' John에게 팀원들이 기뻐해 줬다는 내용은 어색하다.

12 |해설| ① 너의 부모님은 네가 아픈 것을 알고 계시니?

② 나는 나의 상사에 대한 존경심이 크다.

③ 비가 그치고 해가 나타났다.

④ 비가 옴에도 불구하고, 우리는 축구 경기에 갔다.

⑤ 표지판의 삼각형은 무엇을 나타내는가?

|해설| ⑤ represent는 '나타내다, 상징하다'라는 뜻으로, stand for와 같은 의미로 쓰인다. speak for는 '~를 대변하다'를 뜻한다.

13 |해설| 사회의 정의와 평화를 실현하기 위해 우리는 열심히 노력해야 한다.

① 특정한 행동 방식

② 보고 만질 수 있는 것

③ 어떤 것이 공정하고 합리적이라는 사실

④ 특정한 활동을 하는 데 도움을 주는 것

⑤ 커다란 흰색 또는 분홍색 꽃을 가진 아시아 수초

|해설| justice가 '정의'라는 뜻으로 쓰였으며, 영영풀이로 ③이 알맞다.

14 |해설| ⓐ 사진 속 저 물체는 무엇이니?

ⓑ 그녀는 차고에서 이상한 물체를 발견했다.

ⓒ 그녀의 목표는 새로운 식당을 여는 것이다.

ⓓ 바닥에 매우 날카로운 물체가 있다.

ⓔ 내 여행의 목적은 다양한 사람들을 만나는 것이다.

|해설| ⓐ, ⓑ, ⓓ는 '물체, 물건'의 의미로 쓰였고, ⓒ와 ⓔ는 '목표, 목적'의 의미로 쓰였다.

15 |해설| · 꽃이 피다: 꽃을 피우다

· 잉어: 호수와 강에 서식하는 큰 물고기

· 얼어붙은: 얼음으로 되거나, 덮히거나, 둘러싸인

· 상징: 다른 무언가를 나타내는 기호, 그림, 사물 등

· 문자, 부호: 알파벳이나 수학에서 사용되는 문자 또는 기호

|해설| ⓒ frozen은 '얼어붙은'이라는 뜻이므로 water가 아닌 ice가 알맞다.

L·T Listen and Talk 고득점 맞기 pp. 124~125

| 01 ⑤ | 02 ③ | 03 ④ | 04 ③ | 05 ③, ⑤ | 06 ③, ④ |

[서술형]

07 it seems to me (that) the mask exhibition will be much more interesting **08** before → after **09** (1) Somi has seen a mask dance show before. (2) They will see it(the mask dance show) at 6 o'clock. **10** ⓒ → I prefer English. **11** I prefer the green one(plate) **12** ⓑ → He prefers the green plate(one).

01 |해석| A: 너는 수학과 과학 중에서 어느 것이 더 좋니?

B: 나는 수학이 더 좋아.

① 너는 왜 수학을 좋아하니?

② 너는 수학 공부를 많이 하니?

③ 너는 오늘 어떤 수업이 있니?

④ 너는 수학과 과학 중 어느 것을 잘하니?

|해설| B가 수학을 더 좋아한다고 답하고 있으므로 수학과 과학 중 어느 것을 더 좋아하는지 선호를 묻는 ⑤가 질문으로 알맞다.

02 |해석| 자연스러운 대화가 되도록 (A)~(D)를 바르게 배열한 것은?

(C) 우리가 볼 수 있는 영화가 두 개 있어. 너는 어느 것이 더 보고 싶니, 소미야?

(D) 나는 '배트맨'이 더 좋아. '스파이더맨'은 지난주에 봤거든. 그래도 괜찮니, John?

(B) 물론이지. 나도 '배트맨'이 훨씬 더 재미있을 것 같아.

(A) 좋아. 그럼 가서 보자.

|해설| 두 영화 중 어느 것이 더 보고 싶은지 묻는 말(C)에 '배트맨'을 선호한다고 답하면서 그 영화를 봐도 괜찮은지 묻자(D) 괜찮다며 자신도 '배트맨'이 더 재미있을 것 같다는 말(B)을 하자, 그러면 가서 보자고 답하는(A) 흐름이 자연스럽다.

03 |해석| A: 김밥이나 떡볶이를 먹을 수 있네. 어느 것이 더 좋니?

B: 나는 김밥이 더 좋아. 건강에 더 좋은 선택인 것 같거든. 너는 어때?

A: 나는 떡볶이를 먹을래. 여기 떡볶이가 아주 맛있다고 들었거든.

B: 그럼 주문하자. 나는 정말 배고파.

|해설| (A) 김밥이 더 좋다고 답하는 것으로 보아 김밥과 떡볶이 중에서 어느 것이 더 좋은지 묻는 ⓑ가 알맞다.

(B) 김밥이 더 좋은 이유인 ⓒ가 이어지는 것이 알맞다.

(C) How about you?가 둘 중 어느 것이 더 좋은지 묻는 뜻으로 쓰였으므로 떡볶이를 먹겠다고 답하는 ⓐ가 알맞다.

04 |해석| ① A: 너는 사과와 오렌지 중 어느 것을 더 좋아하니?

B: 난 사과보다 오렌지를 더 좋아해.

② A: 나는 비빔밥이 더 맛있는 것 같아.

B: 나도 그렇게 생각해. 그럼 비빔밥을 주문하자.

③ A: 이 두 개의 티셔츠를 봐. 어느 것이 더 좋니?

B: 난 재킷보다 티셔츠가 더 좋아.

④ A: 내게 초콜릿과 아이스크림이 있어. 어느 것이 더 좋니?

B: 난 초콜릿이 더 좋아.

⑤ A: 너는 축구와 야구 중 어느 것을 더 좋아하니?

B: 난 축구를 더 좋아해. 그게 더 흥미진진한 것 같아.

|해설| ③ 두 개의 티셔츠 중에서 어느 것이 더 좋은지 묻는 말에 재킷보다 티셔츠가 더 좋다고 답하는 것은 어색하다.

05 |해석| ① 내 여동생이 그것을 더 좋아했으면 좋겠어.

② 내 여동생이 그것을 더 좋아할지 궁금해.

③ 내 여동생이 그것을 더 좋아할 것 같아.

④ 내 여동생이 그것을 더 좋아해서 기뻐.

⑤ 내 생각에는 내 여동생이 그것을 더 좋아할 것 같아.

|해설| It seems to me (that) ~.은 자신의 의견을 말하는 표현으로, I think (that) ~. 또는 In my opinion, ~. 등으로도 말할 수 있다.

06 |해석| ① 준수는 여동생에게 선물을 사 주고 싶어 한다.

② Kate와 준수는 준수의 여동생에게 줄 가방을 고르고 있다.

③ 준수의 여동생에게는 이미 꽃무늬 가방이 있다.

④ Kate는 동물 무늬 가방을 더 좋아한다.

⑤ 준수는 꽃무늬 가방을 더 좋아한다.

|해설| ③ 준수의 여동생이 가지고 있는 가방에 대한 언급은 없다.

④ Kate가 어떤 가방을 선호하는지는 언급되지 않았다.

07 |해석| It seems to me (that) ~.은 '나는 ~인 것 같아.'라는 뜻으로 자신의 의견을 말할 때 사용하는 표현이다.

08 |해석| 소미와 Eric 모두 한국 탈 전시회를 선호한다. 그들은 탈 전시 관람 전에(→ 후에) 탈춤 공연을 볼 것이다.

|해설| 소미와 Eric은 탈 전시를 먼저 보고 나서 6시에 하는 탈춤 공연을 보기로 했다. 따라서 전시 '전에' 공연을 보는 것이 아니라 전시 '후에' 공연을 볼 것이다.

09 |해석| 위 대화의 내용과 일치하도록 질문에 완전한 영어 문장으로 답하시오.

(1) 탈춤 공연을 본 적이 있는 사람은 누구인가?

→ 소미가 전에 탈춤 공연을 본 적이 있다.

(2) 소미와 Eric은 몇 시에 탈춤 공연을 볼 것인가?

→ 그들은 6시에 그것을 볼 것이다.

|해설| (1) 소미는 Eric과 달리 탈춤 공연을 본 적이 있다고 했다.

(2) 탈춤 공연이 4시와 6시에 있는데, 이미 4시 30분이므로 6시 공연을 보기로 했다.

10 |해석| A: 너는 역사와 영어 중 어느 것을 더 좋아하니?

B: 난 역사가 더 좋아. 더 흥미진진한 것 같아. 너는 어때?

A: 나도 역사가 더 좋아(→ 나는 영어가 더 좋아). 나는 새로운 언어를 배우는 것이 더 흥미로운 것 같아.

|해설| ⓒ 자신도 역사를 더 좋아한다고 말한 후 새로운 언어를 배우는 것이 더 흥미롭다는 의견을 말하는 것은 어색하다. 대화의 흐름상 자신은 영어를 더 좋아한다는 내용이 되는 것이 자연스럽다.

11 |해석| I like ~ better(more).는 '나는 ~을 더 좋아한다.'라는 뜻으로 선호를 나타내는 표현이며, I prefer ~.와 바꿔 쓸 수 있다.

12 |해석| ⓐ 유미와 Steve는 지금 어디에 있는가?

ⓑ Steve는 어느 접시를 더 좋아하는가?

ⓒ 왜 유미는 초록색 접시를 더 좋아하는가?

|해설| ⓑ Steve는 초록색 접시가 더 독특해서 더 좋다고 했다.

ⓐ 두 사람이 함께 있는 장소에 대해서는 알 수 없다.

ⓒ 유미가 초록색 접시를 더 좋아한다고 했지만 그 이유에 대해서는 언급하지 않았다.

G Grammar 고득점 맞기   pp. 126~128

01 ④   02 ②   03 ④   04 ③   05 ④   06 ②   07 ④
08 ⑤   09 ⑤   10 ③   11 ④   12 ①, ④   13 ②
14 ⑤   15 ①

[서술형]

16 (1) If he were(was) tall, he could reach the top shelf.

(2) If you knew them well, you wouldn't say that.

17 It's(it is) smart of him to solve the difficult problem.

18 ⓓ → If she asked me, I would teach her how to make

Gimchi. 또는 If she asks me, I will teach her how to make Gimchi. **19** (1) It is difficult for him to stand on his hands. (2) It is rude of you to say such a thing to the teacher. (3) It is dangerous for Jake to ride a bike without a helmet. **20** (1) If I had a lot of money, I would(could) buy a new computer. (2) If I had a good voice, I would (could) be a news anchor. (3) If I had a robot, I would (could) make it do my homework.

01 |해석| 내가 너라면 도서관에 그 책들을 찾으러 갈 텐데.
|해설| If절에 동사의 과거형(were)이 쓰인 것으로 보아 실현 가능성이 희박한 일을 가정하는 가정법 과거 문장임을 알 수 있다. 가정법 과거에서 주절의 동사는 「조동사의 과거형+동사원형」의 형태로 쓴다.

02 |해석| 다음 빈칸에 들어갈 말이 순서대로 바르게 짝지어진 것은?
• 할머니를 도와드리다니 너는 친절했다.
• 나는 프렌치 토스트를 만드는 것이 매우 쉽다.
|해설| nice는 사람에 대한 주관적 평가를 나타내는 형용사이므로 to부정사의 의미상 주어를 「of+목적격」으로 쓴다. easy는 사람에 대한 주관적 평가를 나타내는 형용사가 아니므로 의미상 주어를 「for+목적격」으로 쓴다.

03 |해석| 나는 우산이 하나 더 없어서 너에게 빌려주지 못한다.
= 내게 우산이 하나 더 있다면, 너에게 빌려줄 수 있을 텐데.
|해설| 현재 사실과 반대되는 상황을 가정하고 있으므로 가정법 과거 문장(If+주어+동사의 과거형 ~, 주어+조동사의 과거형+동사원형 …)으로 나타낸다.

04 |해설| 괄호 안의 단어들을 배열하여 문장을 완성하면 It is necessary for us to protect the environment.이므로, 4번째로 올 단어는 for이다.

05 |해석| _____, 나는 콘서트에 갈 수 있을 텐데.
① 내가 표를 구한다면
② 내가 파리에 산다면
③ 내가 바쁘지 않다면
④ 내게 자유 시간이 더 많으면
⑤ 내가 심한 감기에 걸리지 않았다면
|해설| 주절의 동사가 「조동사의 과거형+동사원형」 형태인 것으로 보아 가정법 과거 문장이 되는 것이 알맞으므로, If절의 동사는 과거형으로 써야 한다.

06 |해석| 지갑을 택시에 두고 내리다니 그는 부주의했다.
= 그가 지갑을 택시에 두고 내린 것은 부주의한 짓이었다.
|해설| 주어진 문장은 「It ~ to부정사」 구문을 사용한 문장으로 바꿔 쓸 수 있으며, careless가 사람에 대한 주관적 평가를 나타내는 형용사이므로 to부정사의 의미상 주어는 「of+목적격」 형태로 to부정사 앞에 쓴다.

07 |해석| ⓐ 나는 내 신용카드를 사용할 수 있는지 그에게 물었다.
ⓑ 내가 너라면, 나는 쇼핑하러 가지 않을 텐데.
ⓒ 나는 우리가 그 과제를 6시까지 마칠 수 있을지 잘 모르겠다.
ⓓ 그에게 돈이 충분하다면, 그는 그 차를 살 수 있을 텐데.
|해설| ⓑ와 ⓓ는 가정법 과거 문장의 접속사로 쓰였고, ⓐ와 ⓒ는 '~인지 아닌지'라는 의미로 명사절을 이끄는 접속사로 쓰였다.

08 |해석| ① 내 책을 찾아 주다니 너는 매우 친절하구나.
② 그가 경주에서 이긴 것은 당연한 일이었다.
③ 그 소년은 그 책을 읽는 것이 힘들다.
④ Susan이 그의 충고를 따른 것은 현명했다.
⑤ 사람들이 강을 깨끗하게 유지하는 것은 중요하다.
|해설| ⑤ to부정사의 의미상 주어가 막연한 일반적인 사람일 경우에는 생략할 수 있다.

09 |해석| ① 그녀는 아파서 외출하지 않을 것이다.
→ 그녀가 아프지 않다면 외출을 할 텐데.
② 그가 서울에 없기 때문에 나는 그를 만날 수 없다.
→ 그가 서울에 있다면, 나는 그를 만날 수 있을 텐데.
③ Sam은 다쳐서 경기에 출전할 수 없다.
→ Sam이 다치지 않았다면 경기에 출전할 수 있을 텐데.
④ 나는 독서를 좋아하지 않기 때문에 독서 클럽에 가입하지 않을 것이다.
→ 내가 독서를 좋아한다면 독서 클럽에 가입할 텐데.
⑤ 나는 자전거가 없기 때문에 자전거로 학교에 갈 수 없다.
→ 내게 자전거가 있다면 자전거로 학교에 갈 수 있을 텐데.
|해설| ⑤ 현재 사실과 반대되는 상황을 가정하는 가정법 과거 문장(If+주어+동사의 과거형 ~, 주어+조동사의 과거형+동사원형 …)이므로, If절의 동사는 과거형으로 써야 한다. (would have → had)

10 |해석| ① 네가 구명조끼를 입는 것이 더 안전하다.
② 그녀가 만점을 받는 것은 어렵다.
③ 그녀의 거짓말을 다시 믿다니 내가 어리석었다.
④ 그 개가 나무에 오르는 것은 불가능하다.
⑤ 그들은 유학을 하기 위해 영어를 배우는 것이 필요했다.
|해설| ③과 같이 앞에 사람에 대한 주관적 평가를 나타내는 형용사(stupid)가 있는 경우에는 to부정사의 의미상 주어를 「of+목적격」 형태로 쓰고, 일반적인 경우에는 「for+목적격」 형태로 쓴다.

11 |해석| A: 너는 왜 그를 믿지 않니?
B: 그는 약속을 안 지키기 때문이야. 그가 약속을 지킨다면, 나는 그를 믿을 텐데.
|해설| 그가 약속을 지키지 않기 때문에 그를 믿지 않는다는 내용이므로 '그가 약속을 지킨다면 그를 믿을 텐데.'라는 의미의 가정법 과거 문장으로 나타낼 수 있다. (④ → would)

12 |해석| ① 네가 밤에 외출하는 것은 위험하다.
② 내가 너라면, 나는 따뜻한 재킷을 입을 텐데.
③ 내가 그들이 나를 도와주기를 기대한 것은 어리석은 짓이었다.
④ 내가 작가라면, 나는 탐정 소설을 쓸 텐데.
⑤ 우리가 그 건물에 들어가는 것은 불가능했다.
|해설| ① dangerous는 사람에 대한 주관적 평가를 나타내는 형용사가 아니므로 to부정사의 의미상 주어를 「for+목적격」으로 써야 한다. (of → for)
④ 현재 사실과 반대되는 상황을 가정하는 가정법 과거 문장이므로 주절의 동사를 「조동사의 과거형+동사원형」으로 써야 한다. (will → would)

13 |해석| • 그가 여기 있다면 뭐라고 말할까?
• 내게 오븐이 있다면, 나는 쿠키를 만들 수 있을 텐데.
• 오른쪽으로 돌면 도서관이 보일 것이다.
• 졸리면 너는 지금 자도 된다.

• 오늘 날씨가 좋다면 행사가 야외에서 열릴 텐데.

|해설| ⓑ '내게 오븐이 있다면, 나는 쿠키를 만들 수 있을 텐데.'라는 의미로 현재 사실과 반대되는 상황을 가정하는 가정법 과거 문장이므로 주절의 동사는 「조동사의 과거형+동사원형」으로 써야 한다. (→ could 또는 would be able to) 세 번째와 네 번째 문장은 조건을 나타내는 부사절이 쓰인 문장으로, if절의 동사를 현재형으로 쓰는 것에 유의한다.

14 |해석| ① 우리를 기다려 주다니 그는 사려 깊다.
② Daniel이 젓가락을 사용하는 것은 어려운 일이다.
③ 내가 너라면, 나는 패스트푸드를 먹지 않을 텐데.
④ 그가 피곤하지 않다면, 그는 수영하러 갈 텐데.
⑤ 파티에 오면, 너는 그를 만날 수 있다.
|해설| ⑤ 주절의 조동사가 현재형인 것으로 보아 조건을 나타내는 if절이 쓰이는 것이 알맞다. 조건을 나타내는 부사절에서는 미래의 의미도 현재시제로 쓴다. (→ come)

15 |해석| ⓐ 건강에 좋은 음식을 먹는 것은 중요하다.
ⓑ 직원들을 해고하다니 그들은 잔인하다.
ⓒ 내게 타임머신이 있다면, 나는 어린 시절로 돌아갈 수 있을 텐데.
ⓓ 그가 강에 있는 사람들을 구한 것은 용감한 일이었다.
ⓔ 네가 진실을 안다면, 너는 깜짝 놀랄 텐데.
|해설| ⓒ 실현 가능성이 희박한 일을 가정하는 가정법 과거 문장이므로 주절의 동사를 「조동사의 과거형+동사원형」의 형태로 써야 한다. (can → could)
ⓓ to부정사의 의미상 주어는 「for/of+목적격」의 형태로 to부정사 앞에 쓰며, brave가 사람에 대한 주관적 평가를 나타내는 형용사이므로 「of+목적격」으로 써야 한다. (to save people in the river of him → of him to save people in the river)

16 |해석| (1) 그는 키가 크지 않아서, 맨 위 선반에 닿지 못한다.
→ 그가 키가 크다면, 맨 위 선반에 닿을 수 있을 텐데.
(2) 네가 그들을 잘 모르기 때문에 그렇게 말하는 것이다.
→ 네가 그들을 잘 안다면, 너는 그렇게 말하지 않을 텐데.
|해설| 현재 사실과 반대되는 상황에 대한 가정은 가정법 과거 문장으로 나타낼 수 있다. 가정법 과거 문장은 「If+주어+동사의 과거형(be동사는 주로 were) ~, 주어+조동사의 과거형+동사원형 ….」의 형태로 쓰며, 현재 사실과 반대되는 상황을 가정하므로 부정문은 긍정문으로, 긍정문은 부정문으로 바꿔 쓰는 것에 유의한다.

17 |해설| smart가 사람에 대한 주관적 평가를 나타내는 형용사이므로 to부정사의 의미상 주어로 「of+목적격」 형태를 to부정사 앞에 써서 「It ~ to부정사」 구문을 쓴다.

18 |해석| ⓐ 그녀는 새로운 악기를 배우는 것이 흥미롭지 않았다.
ⓑ 내게 차가 있다면, 나는 전국을 여행할 텐데.
ⓒ 네가 외출할 때 불을 꺼 주면 좋겠다.
ⓓ 그녀가 내게 물어본다면, 나는 그녀에게 김치 만드는 법을 가르쳐 줄 텐데. / 그녀가 내게 물어보면, 나는 그녀에게 김치 만드는 법을 가르쳐 줄 것이다.
|해설| ⓓ If절에 동사의 과거형(asked)을 써서 가정법 과거 문장으로 나타내거나, 주절의 동사를 will로 써서 조건을 나타내는 부사절이 쓰인 문장으로 나타내야 한다.

19 |해석| [예시] 내가 충분한 수면을 취하는 것은 중요하다.
(1) 그가 물구나무를 서는 것은 어려운 일이다.
(2) 선생님께 그런 말을 하다니 너는 무례하다.

(3) Jake가 헬멧을 쓰지 않고 자전거를 타는 것은 위험하다.
|해설| 「It is+형용사+for/of+목적격+to부정사 ~.」의 형태로 쓴다. 사람에 대한 주관적 평가를 나타내는 형용사(rude)가 쓰인 (2)는 전치사 of를 쓰고, 나머지는 모두 전치사 for를 쓴다.

20 |해석| [예시] 눈이 온다면, 나는 스키를 타러 갈 텐데.
(1) 내게 돈이 많다면, 나는 새 컴퓨터를 살(살 수 있을) 텐데.
(2) 내 목소리가 좋다면, 나는 뉴스 앵커가 될(될 수 있을) 텐데.
(3) 내게 로봇이 있다면, 나는 그것이 내 숙제를 하게 만들(만들 수 있을) 텐데.
|해설| 가정법 과거(If+주어+동사의 과거형 ~, 주어+조동사의 과거형+동사원형 ….) 문장으로 그림의 내용을 바르게 표현한다.

Ⓡ Reading 고득점 맞기
pp. 131~133

01 ④	02 ④	03 ③	04 ③	05 ②	06 ⑤	07 ①
08 ②	09 ③	10 ①	11 ④			

[서술형]
12 (1) ⓓ → for him (2) 형용사 impossible이 사람에 대한 주관적 평가를 나타내는 형용사가 아니므로 to부정사 앞에 의미상 주어를 「for+목적격」의 형태로 써야 한다. 13 would be wonderful, I could eat 14 (1) ⓑ friends → parents (2) ⓒ river → sky 15 will 16 (1) (The (Chinese) character) *Chung* (忠) is related to bamboo(it). (2) They symbolize a person's will to fight for justice (despite difficulties).

01 |해설| ⓐ on the right: 오른쪽에
ⓑ a type of: 일종의, ~의 한 종류
ⓒ with: ~와 함께
ⓓ important to people: 사람들에게 중요한

02 |해설| (A) 그림이 문자도라고 '불리는' 것이므로 수동태(be동사+과거분사)가 되는 것이 알맞다.
(B) 「one of+복수명사」가 주어일 경우 one에 동사의 수를 일치시킨다.
(C) 주격 관계대명사 뒤의 동사는 선행사(the values)에 수를 일치시킨다.

03 |해석| ⓐ 그것은 민화의 한 종류이다.
ⓑ 그것은 조선 시대 초기에 인기 있었다.
ⓒ 그것에서는 한자만 볼 수 있다.
ⓓ 그것에 있는 한자는 조선 시대의 중요한 가치들을 나타낸다.
|해설| ⓑ 문자도는 조선 시대 후기에 인기 있었다고 했다.
ⓒ 문자도에는 보통 한자 하나가 동물이나 사물들과 함께 나온다고 했다.

04 |해설| (A) 빈칸 뒤에 문자도에 있는 동물이 상징하는 것의 예시가 나오므로 For example(예를 들어)이 알맞다.
(B) '그 이야기는 다음과 같다.'라는 의미가 되도록 as follows(다음과 같이)의 as가 들어가는 것이 알맞다.

05 |해설| ⓑ 실현 가능성이 희박한 상황을 가정하여 '내가 신선한 물고기를 먹을 수 있다면 정말 좋겠구나.'라는 의미를 나타내므로 가정법 과거 문장이 되어야 한다. 가정법 과거 문장에서 주절의 동사는 「조동사의 과거형+동사원형」으로 쓴다. (→ would be)

06 |해석| ① 상징으로 쓰이거나 여겨지는

② 몸이 좋지 않거나 병을 앓고 있는

③ 얼음으로 되거나, 덮이거나, 둘러싸인

④ 일어난 일 또는 성취한 것으로 인해 기쁜

⑤ 어떤 일이 일어나지 않거나 예상만큼 좋지 않아서 슬픈

|해설| 강이 얼어붙어 물고기를 잡는 것이 불가능해진 상황이므로 몹시 실망해서(disappointed) 하늘에 대고 도와달라고 외쳤다는 내용이 되는 것이 자연스럽다. disappointed의 영영풀이로는 ⑤가 알맞다.

07 |해석| 윗글을 읽고 답할 수 <u>없는</u> 질문은?

① 남자와 그의 어머니는 어디에 살았는가?

② 남자의 어머니는 무엇을 먹고 싶어 했는가?

③ 남자는 왜 추운 날에 강으로 나갔는가?

④ 남자가 하늘을 향해 외쳤을 때 무슨 일이 일어났는가?

⑤ 남자는 물고기를 몇 마리 얻었는가?

|해설| ① 남자와 그의 어머니가 살던 곳이 어디인지는 언급되지 않았다.

08 |해설| 주어진 문장의 It이 문맥상 Bamboo를 가리키고, 내용이 대나무가 왕에 대한 충성심을 상징하게 된 이유 중 하나에 해당하므로 For these reasons(이러한 이유로) 앞인 ②에 들어가는 것이 자연스럽다.

09 |해석| • 지나: 대나무와 연꽃은 문자도에 있는 상징적인 물건이다.

• 태호: 대나무는 곧게 유지되지 못한다.

• 찬호: 대나무는 왕에 대한 충성심을 나타낸다.

• 미소: 연꽃은 진흙투성이의 연못에서 꽃을 피울 수 있다.

• 수연: 연꽃은 자유를 위해 싸우는 한 사람의 의지를 상징한다.

|해설| • 태호 → 대나무는 구부러지지 않는다고 했다.

• 수연 → 연꽃이 상징하는 것은 어려움에도 불구하고 '정의'를 위해 싸우는 한 사람의 의지라고 했다.

10 |해설| ⓐ much는 비교급을 강조하는 부사로 쓰였으므로 원급을 수식하는 very와 바꿔 쓸 수 없다.

11 |해석| 윗글의 밑줄 친 (A)them이 가리키는 것은?

① 그림들

② 중요한 가치들

③ 행동과 태도

④ 조선 시대 사람들

⑤ 조선 시대 어린이들

|해설| 밑줄 친 them은 앞 문장의 people of the Joseon dynasty를 가리킨다.

12 |해설| 사람에 대한 주관적 평가를 나타내는 형용사가 앞에 있으면 to부정사의 의미상 주어를 「of+목적격」의 형태로 쓰고, 그렇지 않은 경우는 「for+목적격」의 형태로 쓴다.

13 |해설| 괄호 안의 단어들을 조합하여 '내가 신선한 물고기를 먹을 수 있다면 정말 좋겠구나.'라는 의미로 가정법 과거 문장(If+주어+동사의 과거형 ~, 주어+조동사의 과거형+동사원형 ….)을 완성한다.

14 |해석| ⓐ 문자도에 있는 동물이나 사물들은 종종 특정한 가치를 상징하기 위해 사용된다.

ⓑ 문자도의 잉어는 친구(→ 부모)에 대한 공경을 상징한다.

ⓒ 남자는 강(→ 하늘)에 대고 외쳤고, 그러고 나서 그는 세 마리의 물고기를 얻을 수 있었다.

ⓓ 남자는 자신의 아픈 어머니에게 잉어 세 마리를 요리해 드렸다.

|해설| ⓑ '효' 문자도의 잉어는 부모에 대한 공경을 나타낸다고 했다.

ⓒ 남자는 얼어붙은 강 때문에 낙담하여 하늘에 대고 외쳤다고 했다.

15 |해석| • 그는 그곳에 제시간에 도착할 <u>것이다</u>.

• 나의 남동생은 이기려는 강한 <u>의지</u>를 지녔다.

|해설| will은 '~할 것이다'라는 의미를 나타내는 조동사와 '의지'라는 의미의 명사로 모두 쓰일 수 있다.

16 |해석| 윗글을 읽고, 다음 질문에 완전한 영어 문장으로 답하시오.

(1) 어느 한자가 대나무와 관련이 있는가?

→ <u>(한자) chung (忠)이 대나무와 관련이 있다.</u>

(2) 문자도에서 연꽃은 무엇을 상징하는가?

→ <u>그것은 (어려움에도 불구하고) 정의를 위해 싸우는 한 사람의 의지를 상징한다.</u>

|해설| (1) 대나무는 한자 '충(忠)'과 관련이 있다.

(2) 연꽃은 어려움에도 불구하고 정의를 위해 싸우는 한 사람의 의지를 상징한다고 했다.

서술형 100% Test
pp. 134~137

01 (1) represent (2) object (3) attitude (4) character
02 (1) ⓐ surprising ⓑ surprised (2) ⓐ disappointed ⓑ disappointing (3) ⓐ exciting ⓑ excited
03 (1) reminds, of (2) get well (3) Once upon a time
04 (1) Which (one) do you prefer (2) like the green one (plate) more(better) (3) It seems to me (that) the green plate(one) is more unique. **05** Which one do you want to see more **06** (1) He prefers the Korean mask exhibition. (2) They are going to go see the (Korean mask) exhibition. **07** (1) Which do you prefer (2) Ramyeon (3) more delicious (4) I prefer spaghetti (5) to me that it's healthier 또는 to me it is healthier **08** (1) I were(was) not sick, could go on a trip (2) she knew his email address, she would contact him **09** (1) It was rude of you to act like that. (2) It was impossible for him to get there on time. **10** (1) went to the same school, could (would) see each other every day (2) were(was) tall enough, I could(would) pick that apple (3) had a cat, I could(would) take good care of it **11** (1) ⓑ → It's dangerous for you to go there alone. (2) ⓒ → If I were a millionaire, I would buy a sports car. **12** didn't have a lot of homework to do, I could go to the baseball game **13** ⓐ was ⓑ were **14** (1) a type(kind) of folk painting (2) some animals or objects (3) values (4) the Joseon dynasty **15** It was impossible for him to catch any fish. **16** (1) She wanted to eat fresh fish. (2) The ice melted, and three carp (suddenly) came out of the water. **17** ⓐ For ⓑ still ⓒ thus **18** (1) bamboo (2) lotus flowers (3) loyalty to the king (4) a person's will to fight for justice (despite difficulties) **19** It reminded them of important values that(which) greatly influenced **20** in particular

01 |해석| (1) 나타내다, 상징하다: 무언가를 보여 주거나 의미하다

(2) 물건, 물체: 보고 만질 수 있는 것

(3) 태도, 자세: 어떤 사물이나 사람에 대해 생각하거나 느끼는 방식

(4) 문자, 글자, 부호: 알파벳이나 수학에서 사용되는 문자 또는 기호

02 |해석| (1) ⓐ 그 소식은 모두에게 놀라웠다.

ⓑ 모두가 그 소식을 듣고 놀랐다.

(2) ⓐ Jane은 시험 결과에 실망했다.

ⓑ 그 선수는 실망스러운 경기력을 보여 주었다.

(3) ⓐ 영화의 후반부는 더 흥미진진했다.

ⓑ 우리는 가장 좋아하는 가수를 만나서 매우 흥분되었다.

|해설| 현재분사형(-ing) 형용사는 '~한 감정을 유발하는'의 의미를 나타내고, 과거분사형(-ed) 형용사는 '~한 감정을 느끼는'의 의미를 나타낸다.

03 |해설| (1) remind A of B: A에게 B를 상기시키다

(2) get well: (병이) 나아지다

(3) once upon a time: 옛날 옛적에

04 |해석| A: 이 오래된 두 접시 좀 봐, Steve. 아름답지 않니?

B: 그렇네. 너는 초록색 접시와 흰색 접시 중에서 어느 것이 더 마음에 들어?

A: 글쎄, 선택하기 어렵지만, 나는 초록색 접시가 더 마음에 들어. 너는 어때?

B: 나도 그래. 나는 초록색 접시가 더 독특한 것 같아.

|해설| (1) 둘 중 어느 것을 선호하는지 물을 때 Which (one) do you prefer, A or B?로 말할 수 있다.

(2) 선호하는 것을 말할 때 I like ~ more(better).로 말할 수 있다.

(3) 자신의 의견을 말할 때 「It seems to me (that)+주어+동사 ~.」로 말할 수 있다.

05 |해설| 어느 것을 선호하는지 물을 때 Which (one) do you ~ more (better)?나 Which (one) do you prefer?로 말할 수 있다.

06 |해석| (1) Eric은 어느 전시회를 선호하는가?

→ 그는 한국 탈 전시회를 선호한다.

(2) Eric과 소미는 대화 직후 무엇을 할 것인가?

→ 그들은 (한국 탈) 전시회를 보러 갈 것이다.

|해설| (1) 소미가 두 전시회 중에서 어느 것을 더 보고 싶은지 묻자 Eric은 한국 탈 전시회를 선호한다고 답했다.

(2) 6시에 탈춤 공연을 보기로 하고 그 전에 먼저 전시를 보러 가자고 했다.

07 |해석| 미나: 너는 라면과 스파게티 중 어느 것을 더 좋아하니?

지호: 나는 라면을 더 좋아해. 더 맛있는 것 같아. 너는 어때?

미나: 나는 스파게티를 더 좋아해. 나는 그것이 건강에 더 좋은 것 같아.

|해설| (1) 두 음식 중 어느 것을 더 좋아하는지 묻는 질문이므로 Which do you prefer, A or B?로 묻는다.

(2) 표에 따르면 지호가 선호하는 것은 라면이다.

(3) 지호가 라면을 더 좋아하는 이유는 더 맛있다고 생각하기 때문이다.

(4) How about you?가 선호하는 음식을 묻는 의미이므로, I prefer ~.를 사용하여 스파게티를 선호한다고 답한다.

(5) 자신의 의견을 말하는 표현인 「It seems to me (that)+주어+동사 ~.」를 사용한다. 미나가 스파게티를 선호하는 이유는 건강에 더 좋다고 생각하기 때문이다.

08 |해석| (1) 나는 아파서 여행을 갈 수 없다.

→ 내가 아프지 않다면, 나는 여행을 갈 수 있을 텐데.

(2) 그녀는 그의 이메일 주소를 모르기 때문에, 그에게 연락하지 않을 것이다.

→ 그녀가 그의 이메일 주소를 안다면, 그녀는 그에게 연락할 텐데.

|해설| 현재 사실과 반대되는 상황을 가정하는 가정법 과거 문장(If+주어+동사의 과거형 ~, 주어+조동사의 과거형+동사원형 ….)으로 쓴다. 현재 사실과 반대되는 상황을 가정하므로 긍정문은 부정문으로, 부정문은 긍정문으로 바꿔 표현하는 것에 유의한다.

09 |해설| 가주어 It과 진주어인 to부정사구가 사용된 문장을 쓰되, to부정사의 의미상 주어를 「for/of+목적격」의 형태로 to부정사 앞에 쓴다. rude와 같이 사람에 대한 주관적 평가를 나타내는 형용사가 앞에 있으면 「of+목적격」의 형태로 쓴다.

10 |해석| (1) 우리가 같은 학교에 다니면, 우리는 매일 서로를 볼(볼 수 있을) 텐데.

(2) 내가 충분히 키가 크다면, 나는 저 사과를 딸(딸 수 있을) 텐데.

(3) 내게 고양이가 있다면, 나는 그것을 잘 돌볼(돌볼 수 있을) 텐데.

|해설| 주어진 그림의 내용에 맞게 If절의 동사는 과거형으로 쓰고, 주절은 「조동사의 과거형+동사원형」의 형태로 써서 가정법 과거 문장을 완성한다.

11 |해석| ⓐ 너는 병원에 가는 것이 필요하다.

ⓑ 네가 그곳에 혼자 가는 것은 위험하다.

ⓒ 내가 백만장자라면, 나는 스포츠카를 살 텐데.

ⓓ 형이 나를 도와준다면, 나는 숙제를 더 일찍 끝낼 수 있을 텐데.

|해설| ⓑ dangerous는 사람에 대한 주관적 평가를 나타내는 형용사가 아니므로 to부정사의 의미상 주어를 「for+목적격」의 형태로 쓴다.

ⓒ 현재의 사실과 반대되는 상황을 소망하여 가정하는 가정법 과거 문장은 「If+주어+동사의 과거형 ~, 주어+조동사의 과거형+동사원형 ….」으로 나타낸다.

12 |해석| Ryan은 열렬한 야구 팬이다. 오늘 그에게 야구 경기 무료 입장권이 있지만, 그는 해야 할 숙제가 많아서 야구 경기에 가지 못한다.

→ 해야 할 숙제가 많지 않다면, 나는 야구 경기에 갈 수 있을 텐데.

|해설| 해야 할 숙제가 많아서 야구 경기에 가지 못하는 상황이므로, '해야 할 숙제가 많지 않다면 야구 경기에 갈 수 있을 텐데.'라는 의미가 되도록 현재 사실과 반대되는 상황을 가정하는 가정법 과거(If+주어+동사의 과거형 ~, 주어+조동사의 과거형+동사원형 ….) 문장을 완성한다.

13 |해설| 둘 다 주격 관계대명사가 이끄는 관계대명사절에 쓰이는 동사이므로 선행사에 수를 일치시키며, 과거의 일을 나타내므로 과거시제로 쓴다. 따라서 ⓐ에는 선행사가 단수(a type of folk painting)이므로 was, ⓑ에는 선행사가 복수(the values)이므로 were가 알맞다.

14 |해석| A: 문자도가 뭔지 아니?

B: 응. 그것은 민화의 한 종류야. 그것은 조선 시대 후기에 인기 있었어.

A: 문자도에서는 무엇을 볼 수 있니?

B: 그것에서는 동물이나 사물들과 함께 있는 여덟 개의 한자 중 하나를 볼 수 있어.

A: 문자도에 있는 여덟 개의 한자는 무엇을 나타내니?

B: 그것들은 조선 시대의 중요한 가치들을 나타내.

|해설| 문자도는 조선 시대 후기에 인기 있었던 민화의 한 종류로, 동물

들이나 사물들과 함께 여덟 개의 한자 중 하나가 등장하며, 여덟 개의 한자는 조선 시대에 중요했던 가치들을 나타낸다.

15 |해설| 가주어 It과 진주어인 to부정사구가 쓰인 문장을 완성한다. 형용사 impossible이 사람에 대한 주관적 평가를 나타내는 형용사가 아니므로 to부정사 앞에 의미상 주어를 「for+목적격」의 형태로 쓴다.

16 |해석| (1) 어느 추운 날, 남자의 어머니는 무엇을 먹고 싶어 했는가?
    → 그녀는 신선한 물고기를 먹고 싶어 했다.
(2) 남자가 하늘을 향해 외쳤을 때 무슨 일이 일어났는가?
    → 얼음이 녹고 잉어 세 마리가 (갑자기) 물 밖으로 나왔다.
|해설| (1) 남자의 어머니는 신선한 물고기를 먹고 싶어 했다.
(2) 남자가 하늘에 대고 도와달라고 외치자 얼음이 녹고 잉어 세 마리가 물 밖으로 나왔다.

17 |해설| ⓐ '이런 이유로'라는 의미가 되도록 전치사 For가 들어가는 것이 알맞다.
ⓑ 진흙투성이 연못에서 자라지만 아름답게 꽃을 피운다는 대조적인 내용이므로 '그런데도, 그럼에도 불구하고'의 의미를 나타내는 부사 still이 들어가는 것이 알맞다.
ⓒ 문맥상 앞 문장에 대한 결과를 나타내는 문장이므로 '따라서'를 의미하는 thus가 알맞다.

18 |해설| '충(忠)' 문자도에는 대나무가 등장하는데, 대나무는 구부러지지 않고 푸르름을 유지하기 때문에 '왕에 대한 충성심'을 상징하게 되었다고 했다. '의(義)' 문자도에는 연꽃이 등장하는데, 진흙투성이 연못에서도 아름답게 꽃을 피우기 때문에 '어려움에도 불구하고 정의를 위해 싸우는 한 사람의 의지'를 상징한다고 했다.

19 |해설| 'A에게 B를 상기시키다'는 remind A of B로 나타낸다. 선행사(important values)가 사물이므로 주격 관계대명사 which나 that을 사용해야 한다.

20 |해설| 'Emma는 모든 종류의 음악을 좋아하지만 특히 록 음악을 정말 좋아한다.'라는 의미가 되는 것이 자연스러우므로 '특히'라는 뜻의 in particular가 들어가는 것이 알맞다.

모의고사

제 1 회 대표 기출로 내신 **적중** 모의고사   pp. 138~141

01 ④   02 ②   03 of   04 ④   05 ①   06 ⑤
07 prefers, to, more unique   08 ④   09 ③, ⑤
10 (1) (go) see the (Korean mask) exhibition (2) watch(see) the mask dance show   11 ②   12 ⓐ for ⓑ of   13 ②
14 ③   15 ③   16 ③   17 eight Chinese characters
18 ④   19 ④   20 The man was so disappointed that he cried out to the sky   21 ④   22 ④   23 (1) loyalty to the king (2) a person's will to fight for justice   24 ⓐ → more   25 ③

01 |해석| ① 아픈 ② 종류, 유형 ③ 따라서
④ 나타나다 – 사라지다 ⑤ ~에도 불구하고
|해설| ④는 반의어 관계이고, 나머지는 모두 유의어 관계이다.

02 |해석| 곧지 않고 휘어지거나 접히다
① 녹다
③ ~을 더 좋아하다, 선호하다
④ 꽃을 피우다, 꽃이 피다
⑤ 나타내다, 상징하다
|해설| bend(굽다, 구부러지다)의 영영풀이이다.

03 |해석| • 이 사진은 나에게 학교가 생각나게 한다.
• 나의 부모님의 경우, 그분들은 항상 내 선택을 존중해 주신다.
|해설| remind A of B: A에게 B를 상기시키다
in the case of: ~의 경우에

04 |해석| ① 그는 여왕에게 자신의 진실된 충성심을 보였다.
② 대나무 잎은 판다가 가장 좋아하는 먹이이다.
③ 이 도구는 가죽에 구멍을 내는 데 쓰인다.
④ 그녀는 선생님들에 대한 태도가 좋다.
⑤ 봄이 오자 얼어붙은 개울물이 녹기 시작했다.
|해설| ④ attitude는 '태도'라는 뜻이다. '존경심'의 의미를 가진 단어는 respect이다.

05 |해석| A: 이 오래된 두 접시 좀 봐. 너는 어느 것이 더 좋아?
B: 나는 초록색 접시가 더 마음에 들어.
② 너는 언제 그것들을 샀니?
③ 너는 전에 어느 것을 사용해 봤니?
④ 너는 그것들을 어떻게 가져갈 거니?
⑤ 너는 왜 초록색 접시를 더 좋아하니?
|해설| 대답으로 두 접시 중 더 좋아하는 것을 말하고 있으므로 빈칸에는 선호하는 것을 묻는 말인 ①이 알맞다.

06 |해석| A: 우리는 김밥이나 떡볶이를 먹을 수 있어.
B: 나는 김밥이 더 좋아. 건강에 더 좋은 선택인 것 같아.
① 나는 더 많은 김밥을 원해.
② 나는 김밥을 더 먹지 못하겠어.
③ 나는 떡볶이를 전혀 좋아하지 않아.
④ 김밥은 내가 가장 좋아하는 음식이 아니야.
⑤ 나는 떡볶이보다 김밥이 더 좋아.
|해설| I prefer ~.는 자신이 선호하는 것을 말할 때 쓰는 표현이며, I like ~ more(better) (than) ....으로 말할 수도 있다.

07 |해석| A: Joe, 여기 있는 모자들 어때?
B: 무척 좋아 보이네.
A: 너는 삼각형 무늬가 있는 것과 꽃무늬가 있는 것 중에 어느 것이 더 좋아?
B: 나는 삼각형 무늬가 있는 것이 더 좋아. 그것이 더 독특한 것 같아.
→ Joe는 꽃무늬가 있는 모자보다 삼각형 무늬가 있는 모자를 더 좋아한다. 왜냐하면 그는 그것이 더 독특하다고 생각하기 때문이다.
|해설| 'A가 B보다 더 좋다.'는 I prefer A to B.로 표현한다. 주어(Joe)가 3인칭 단수이므로 동사를 prefers로 쓰는 것에 유의한다. It seems to me that ~.은 자신의 의견을 말하는 표현으로, I think (that) ~.로도 나타낼 수 있다.

08 |해석| ① 나는 걱정돼

② 나는 ~라고 생각하지 않아

③ 나는 모르겠어

④ 나는 ~인 것 같아

⑤ 나는 잘 모르겠어

|해설| 탈 전시회를 보러 가는 것이 괜찮다고 답한 뒤 It seems to me that ~.을 사용하여 그 전시회에 대한 자신의 의견을 표현하는 것이 알맞다.

09 |해설| ③ 탈춤 공연은 다음 홀에서 한다.

⑤ 두 사람은 탈춤 공연을 보기 전에 탈 전시회에 먼저 가기로 했다.

10 |해석| Eric과 소미는 (한국 탈) 전시회를 보러 갈 것이고, 그리고 나서 탈춤 공연을 볼 것이다.

|해설| 두 사람은 한국 탈 전시회를 먼저 보고 난 후, 탈춤 공연을 보기로 했다.

11 |해석| A: 너는 1년 동안의 방학이 있다면 무엇을 하겠니?

B: 나는 전 세계를 여행하겠어.

|해설| 주절에 「조동사의 과거형(would)+동사원형(do)」이 사용되었고, B의 대답에도 「조동사 과거형(would)+동사원형(travel)」이 사용된 것으로 보아 가정법 과거 문장이므로, if절의 동사는 과거형으로 쓴다. 내용상 '1년 동안의 방학이 있다면'이라는 의미가 되어야 자연스러우므로 had가 알맞다.

12 |해석| • 나는 그 질문에 답하는 것이 쉽지 않다.

• 제 아들을 도와주시다니 당신은 매우 친절하시네요.

|해설| ⓐ 일반적으로 to부정사의 의미상 주어는 to부정사 앞에 「for+목적격」으로 쓴다.

ⓑ 사람에 대한 주관적 평가를 나타내는 형용사(kind)가 앞에 있을 경우에는 to부정사의 의미상 주어를 「of+목적격」 형태로 쓴다.

13 |해석| ① 내가 너라면, 나는 진실을 말할 텐데.

② 조심하지 않으면 너는 다칠 수도 있다.

③ 우리가 바쁘지 않다면, 파티에 갈 수 있을 텐데.

④ 조부모님이 여기에 계신다면, 그들은 나를 자랑스러워하실 텐데.

⑤ 네가 엄청난 힘을 가진 영웅이라면, 너는 무엇을 하겠니?

|해설| ②는 조건을 나타내는 문장이므로 빈칸에 be동사의 현재형 are가 알맞고, 나머지는 모두 현재 사실과 반대되는 상황을 가정하는 가정법 과거 문장이므로 If절의 be동사로 과거형인 were가 알맞다.

14 |해석| ① 수지가 노트북을 고치는 것은 어렵다.

② 우리에게 길을 안내해 주다니 Mike는 친절하다.

③ 우리가 물 없이 산다면 무슨 일이 생길까?

④ 우리는 오전 9시에 가게를 열 필요가 있다.

⑤ 내가 돈을 많이 번다면, 나는 자선 단체에 기부할 텐데.

|해설| ③ 실현 가능성이 희박한 일을 가정하는 가정법 과거 문장이므로 주절의 조동사 will은 과거형인 would로 써야 한다.

15 |해설| (A) 문자도는 민화(folk painting)의 한 종류이다.

(B) '조선 시대 후기'는 the late Joseon dynasty로 표현한다.

(C) 문자도에는 한자가 동물이나 사물들(objects)과 함께 나온다는 내용이 자연스럽다.

16 |해석| 그것들은 종종 상징적이다.

|해설| 주어진 문장의 They는 문자도에 나오는 동물이나 사물들(The animals or objects in Munjado)을 가리키며, 주어진 문장의 예시에 해당하는 내용이 ③ 다음에 이어지므로 주어진 문장은 ③에 들어가

는 것이 자연스럽다.

17 |해설| 앞 문장의 eight Chinese characters(여덟 개의 한자)를 가리킨다.

18 |해석| 윗글을 읽고 '예'로 답할 수 없는 질문은?

① 문자도에는 여덟 개의 한자 중 하나가 나오는가?

② 한자 충(忠)은 문자도에 나오는가?

③ 여덟 개의 한자는 조선 시대의 중요한 가치를 나타내는가?

④ 문자도에 있는 동물이나 사물은 단순히 장식인가?

⑤ '효' 문자도에 있는 잉어는 부모에 대한 공경을 나타내는가?

|해설| ④ 문자도에 있는 동물이나 사물은 단순히 장식만은 아니라고 언급되었으므로 'Yes'로 답할 수 없다.

19 |해설| 아픈 어머니가 신선한 물고기를 먹고 싶다고 말하자(B), 아들이 물고기를 구하러 강에 갔지만 강이 얼어 잡을 수 없어서(A) 도와 달라며 하늘에 외치자(D) 얼음이 녹으면서 잉어 세 마리가 물 밖으로 나왔고, 이를 가져다가 어머니에게 요리해 드렸다(C)는 흐름이 자연스럽다.

20 |해설| '매우 ~해서 (그 결과) …하다'라는 의미는 「so+형용사/부사+that+주어+동사」의 형태로 나타낸다.

21 |해석| ① 남자는 아픈 어머니를 위해 어디로 갔는가?

② 남자는 처음에 왜 물고기를 잡지 못했는가?

③ 남자는 물고기를 잡지 못했을 때 기분이 어땠는가?

④ 남자는 잉어 세 마리로 어떤 요리를 만들었는가?

⑤ 마지막에 남자의 어머니에게는 어떤 일이 일어났는가?

|해설| ④ 남자가 잉어 세 마리로 어떤 요리를 만들었는지는 언급되어 있지 않다.

22 |해석| ① 그러나 – 그러므로

② 그러나 – 게다가

③ 예를 들면 – 그러나

④ 이런 이유로 – 그러므로

⑤ 반면에 – 그러나

|해설| ⓐ 앞에서 언급된 두 가지 이유로 대나무가 왕에 대한 충성심을 상징하게 되었다는 내용이 되는 것이 자연스러우므로 For these reasons(이런 이유로)가 알맞다.

ⓑ 연꽃이 진흙투성이의 연못에서도 아름답게 꽃을 피운다는 앞 문장에 대한 결과를 나타내는 문장이므로, 인과 관계를 나타내는 thus(그러므로)가 알맞다.

23 |해설| 문자도에서 대나무는 왕에 대한 충성심을 상징하고, 연꽃은 어려움에도 불구하고 정의를 위해 싸우는 한 사람의 의지를 상징한다.

24 |해설| ⓐ 문자도는 조선 시대 사람들에게는 중요한 가치를 상기시켰고 조선 시대 아이들에게는 학습 도구였으므로 단순히 그림인 것이 아니라 그림 이상의 것이었다는 의미가 되는 것이 자연스럽다. 따라서 less를 more로 고치는 것이 알맞다.

25 |해석| ① 다양한 종류의 문자도

② 조선 시대의 중요한 가치들

③ 조선 시대에서 문자도의 역할

④ 조선 시대 아이들이 학습한 것

⑤ 조선 시대 사람들에게 중요했던 행동과 태도

|해설| 윗글은 조선 시대 사람들에게 큰 영향을 미치는 중요한 가치들을 일깨워 주고 학습 도구로도 쓰인 문자도의 역할에 관한 내용이다.

01 ⑤   02 ⑤   03 ⓐ excited ⓑ exciting   04 ②
05 ①, ②   06 ⑤   07 I prefer the green one(plate)
08 Which one do you want to see more   09 ①   10 ③
11 ①   12 for → of   13 ③   14 ②   15 ⑤   16 ①, ③
17 represent, values, the Joseon dynasty   18 ②
19 ③   20 ⑤   21 ④   22 ②   23 (1) 대나무는 구부러지지 않는다. (2) 대나무는 어떤 날씨에서도 푸르름을 유지한다.   24 It reminded them of important values   25 They could learn the importance of harmony in family and society (through Munjado).

01 |해석| [보기] ~을 선호하다 – 선호(도)
　① 충성스러운 – 충성(심)   ② 얼다 – 얼어붙은
　③ 매료된 – 매력적인   ④ 상징 – 상징적인
　⑤ 장식하다 – 장식
　|해설| [보기]와 ⑤는 '동사 – 명사'의 관계이다. (① 형용사 – 명사. ② 동사 – 형용사, ③ 과거분사형 형용사 – 현재분사형 형용사, ④ 명사 – 형용사)

02 |해석| • 그는 그 영화에서 주요 등장인물을 연기할 것이다.
　• 조선 시대에는 학생들이 서당에서 한자를 배웠다.
　① 민속의 ② 도구 ③ 존경(심) ④ 물건, 물체
　|해설| '등장인물', '글자'의 뜻을 모두 가지는 단어는 character이다.

03 |해석| • 나는 우리의 주말 여행 때문에 매우 신난다.
　• 그의 인생 이야기는 매우 흥미진진해서 나는 듣지 않을 수 없었다.
　|해설| ⓐ 주어가 '신나는 감정을 느끼는' 것이므로 과거분사형(-ed) 형용사가 알맞다.
　ⓑ 주어가 '흥미진진한 감정을 유발하는' 것이므로 현재분사형(-ing) 형용사가 알맞다.

04 |해석| • 모두가 파티 장식을 좋아했다.
　• 연못은 연꽃으로 가득 차 있었다.
　• 이상한 물체가 물 위에 떠 있다.
　• Mike는 그 경기에서 이기려는 의지가 강하다.
　|해설| ⓐ에는 decoration(장식)이, ⓑ에는 pond(연못)가, ⓒ에는 object(물체)가, ⓓ에는 will(의지)이 알맞다.

05 |해석| A: 여기 고양이 그림 두 점을 봐. 나는 왼쪽 그림이 더 좋아. 너는 어때?
　B: 나는 오른쪽 그림이 더 좋아. 그 그림 속 고양이가 더 귀여운 것 같아.
　① 나는 그 그림 속 고양이가 마음에 들지 않아.
　② 나는 그 그림 속 고양이가 더 귀여우면 좋겠어.
　③ 내게는 그 그림 속 고양이가 더 귀여워.
　④ 내 생각에는 그 그림 속 고양이가 더 귀여워.
　⑤ 나는 그 그림 속 고양이가 더 귀여운 것 같아.
　|해설| 밑줄 친 문장은 자신의 의견을 표현하는 말로, As for me, ~. / In my opinion, ~. / It seems to me that ~. 등으로 말할 수도 있다.

06 |해석| A: 비빔밥이나 갈비탕을 먹을 수 있네. 너는 어느 것이 더 좋아?
　B: 나는 비빔밥이 더 좋아. 건강에 더 좋은 선택인 것 같아.
　A: 나도 그렇게 생각해. 나도 비빔밥을 더 좋아해.
　B: 그럼, 갈비탕(→ 비빔밥)을 주문하자. 너무 배가 고파.

|해설| 두 사람 모두 비빔밥과 갈비탕 중 비빔밥이 더 좋다고 하였으므로, ⓓ는 '그럼 비빔밥을 주문하자.'라는 내용이 되는 것이 자연스럽다.

07 |해석| A: 이 오래된 두 접시 좀 봐, Steve. 아름답지 않니?
　B: 그렇네. 너는 초록색 접시와 흰색 접시 중에서 어느 것이 더 마음에 들어?
　A: 글쎄, 선택하기 어렵지만, 나는 초록색 접시가 더 마음에 들어. 너는 어때?
　B: 나도 그래. 초록색 접시가 더 아름다운 것 같아.
　|해설| 대화의 마지막에 B가 A의 말에 동의하며 초록색 접시가 더 아름다운 것 같다고 말하는 것으로 보아, 빈칸에는 선호를 나타내는 표현 I prefer ~.를 사용해 '나는 초록색 접시를 더 좋아한다.'라는 말이 들어가는 것이 알맞다.

08 |해석| 어느 것을 더 보고 싶니
　|해설| Which one do you want to ~?로 두 전시회 중에 어느 것을 더 보고 싶은지 묻는 말을 완성한다.

09 |해설| 주어진 문장은 '전시회만 있는 것이 아니다.'라는 말로, 포스터를 보면서 전시회 외에 탈춤 공연도 있다는 것을 알게 되는 흐름이 되도록 ①에 들어가는 것이 알맞다.

10 |해석| ① Eric은 다른 전시회보다 한국 탈 전시회를 더 마음에 들어 한다.
　② 탈춤 공연은 하루에 한 번 이상 있다.
　③ 소미는 전에 한국 탈 전시회(→ 탈춤 공연)를 본 적이 있다.
　④ 탈춤 공연은 다솜 홀에서 열린다.
　⑤ 소미와 Eric은 한국 탈 전시회에 먼저 갈 것이다.
　|해설| ③ 소미는 한국 탈 전시회가 아니라 탈춤 공연을 본 적이 있다고 했다.

11 |해석| 나는 그의 주소를 모르기 때문에 그를 찾아갈 수 없다.
　→ 내가 그의 주소를 안다면, 나는 그를 찾아갈 수 있을 텐데.
　|해설| 현재 사실과 반대되는 상황을 가정할 때 가정법 과거(If+주어+동사의 과거형 ~, 주어+조동사의 과거형+동사원형 …) 문장을 쓴다. 현재의 사실과 반대되도록 현재 사실이 긍정이면 가정하는 상황은 부정으로, 부정이면 긍정으로 나타낸다.

12 |해석| A: 나는 Kate에게 "너는 참 어리석어!"라고 말했어.
　B: 그 말을 하다니 너는 친절하지 않았구나. 내 생각에 너는 그녀에게 사과해야 해.
　|해설| nice는 사람에 대한 주관적 평가를 나타내는 형용사이므로 to부정사의 의미상 주어를 「of+목적격」 형태로 써야 한다.

13 |해석| 그 재킷이 그렇게 비싸지 않다면, 나는 그것을 살 텐데.
　① 그 재킷은 예쁘다.
　② 나는 그 재킷이 마음에 들지 않는다.
　③ 그 재킷은 매우 비싸다.
　④ 나는 그 재킷을 사고 싶지 않다.
　⑤ 나는 그 재킷을 살 충분한 돈이 있다.
　|해설| 가정법 과거 문장은 현재 사실과 반대되는 상황을 가정하므로 현재의 사실은 재킷이 매우 비싸서 사지 못한다는 것이다.

14 |해석| ⓐ 내가 너라면, 마음을 바꿀 텐데.
　ⓑ 그가 내 친구라면 정말 좋을 텐데.
　ⓒ 그녀가 그렇게 일찍 일어나는 것은 쉽지 않다.
　ⓓ 그들이 네 문제에 대해 안다면 너를 도울 텐데.
　ⓔ 내 생일을 기억하다니 너는 참 사려 깊구나.

|해설| ⓐ 가정법 과거 문장에서 주절의 조동사는 과거형으로 쓴다. (I'll → I would)

ⓒ to부정사의 의미상 주어는 to부정사 바로 앞에 위치한다. (for her not easy → not easy for her)

ⓔ 사람에 대한 주관적 평가를 나타내는 형용사(thoughtful)가 있을 때는 to부정사의 의미상 주어를 「of+목적격」 형태로 쓴다. (for → of)

15 |해설| ⓔ '~ 중 하나'라는 의미는 「one of+복수명사」 형태로 쓴다. (→ of)

16 |해설| 밑줄 친 (A)는 '문자도'를 가리키며, 문자도는 조선 시대 후기에 인기 있었던 민화의 한 종류이고, 보통 여덟 개의 한자 중 한 개의 한자와 사물이나 동물들이 그려져 있다고 했다. 귀하고 값비싼 그림이었는지의 여부는 언급되어 있지 않다.

17 |해석| 문자도에서 여덟 개의 한자가 나타내는 것은 조선 시대에 중요했던 가치들이다.

18 |해석| ① 보고 만질 수 있는 것
② 어떤 사람에 대한 깊은 존경심
③ 어떤 것이 공정하고 합리적이라는 사실
④ 특정 활동을 하도록 도와 주는 것
⑤ 다른 무언가를 나타내는 기호, 그림, 사물 등
|해설| 아픈 어머니가 드시고 싶어 하는 물고기(잉어)를 구해 온 한 남자의 이야기를 통해 잉어가 상징하는 것은 부모님에 대한 '존경심(공경)'임을 알 수 있으므로, respect(존경심, 공경)의 영영풀이인 ②가 알맞다. (① object(물건, 물체) ③ justice(정의) ④ tool(도구) ⑤ symbol(상징))

19 |해설| (A) 가정법 과거 문장의 주절에는 「조동사의 과거형+동사원형」이 쓰인다.
(B) 앞에 사람에 대한 주관적 평가를 나타내는 형용사가 쓰이지 않은 경우 to부정사의 의미상 주어는 일반적으로 「for+목적격」으로 쓴다.
(C) '너무(매우) ~해서 …하다'라는 의미로 원인과 결과를 나타내는 so ~ that ... 구문이 되어야 한다.

20 |해설| ① 걱정스러운 → 지루한   ② 신나는 → 화난
③ 신나는 → 놀란   ④ 실망스러운 → 슬픈
⑤ 실망스러운 → 기쁜
|해설| 남자는 아픈 어머니께 드릴 물고기가 잡히지 않아 실망했다가 갑자기 강이 녹으면서 잉어 세 마리를 얻게 되어서 기뻐했을 것이다.

21 |해석| ① 방법 ② 결과 ③ 이유 ④ 예시 ⑤ 문자, 글자, 부호
|해설| 뒤에 나오는 대나무와 연꽃은 문자도에 쓰이는 상징적 사물의 예시(examples)에 해당한다.

22 |해설| 각각 앞에 나온 symbolic objects in Munjado, bamboo, lotus flowers를 가리킨다.

23 |해설| For these reasons 앞의 두 문장이 대나무가 왕에 대한 충성심을 상징하게 된 근거가 되는 내용이다.

24 |해석| 그것은 그들에게 중요한 가치를 상기시켰다.
|해설| 'A에게 B를 상기시키다'라는 뜻의 표현인 remind A of B를 사용하여 나타낼 수 있다.

25 |해석| Q: 조선 시대 아이들은 문자도를 통해 무엇을 배울 수 있었는가?
A: 그들은 (문자도를 통해서) 가족과 사회에서 조화의 중요성을 배울 수 있었다.

01 ⑤   **02** ③   **03** ③   **04** ②   **05** which one(subject), prefer, science, seems to me   **06** ④   **07** ②   **08** ②   **09** They will watch(see) the(a) mask dance show.   **10** ④   **11** ⑤   **12** (1) can't(cannot) (2) could   **13** ②   **14** It, of him   **15** ④   **16** Chinese character   **17** ④   **18** ④   **19** if I could eat fresh fish   **20** ②   **21** ④   **22** justice   **23** (1) disrespect → loyalty (2) clean → muddy   **24** ⑤   **25** ④, ⑤

01 |해석| ① 꽃을 피우다, 꽃이 피다: 꽃을 피우다
② 나타내다, 상징하다: 무언가를 보여 주거나 의미하다
③ 물건, 물체: 보고 만질 수 있는 것
④ 보이다, 나타나다: 보이거나 존재하기 시작하다
⑤ 행동(→ 태도): 어떤 사물이나 사람에 대해 생각하거나 느끼는 방식
|해설| ⑤의 영영풀이에 해당하는 단어는 attitude(태도)이다. behavior는 '행동'이라는 뜻으로, 알맞은 영영풀이는 a particular way of acting이다.

02 |해석| • 옛날 옛적에, 용 한 마리가 살았다.
• 그 노래는 내게 할머니가 생각나게 한다.
• 아빠는 특히 인상주의 화가들의 그림을 매우 좋아하신다.
|해설| once upon a time: 옛날 옛적에
remind A of B: A에게 B를 상기시키다
in particular: 특히

03 |해석| 나는 시험을 위해 열심히 공부했지만, 결과는 매우 실망스러웠다. 나는 매우 우울했고, 재미있는 영화를 보는 것도 내 기분을 나아지게 하지 못했다.
|해설| (A) 결과가 '실망하게 하는' 것이므로 현재분사형 형용사 disappointing이 알맞다.
(B) 내가 '우울함을 느끼는' 것이므로 과거분사형 형용사 depressed가 알맞다.
(C) 영화는 '재미있는' 것이므로 현재분사형 형용사 interesting이 알맞다.

04 |해석| A: 우리가 볼 수 있는 영화가 두 개 있어. 너는 어느 것이 더 보고 싶니, 소미야?
B: 나는 '배트맨'이 더 좋아. '스파이더맨'은 지난주에 봤거든. 그래도 괜찮니?
A: 물론이지. 나도 '배트맨'이 훨씬 더 재미있을 것 같아.
B: 좋아. 그럼 가서 보자.
|해설| 주어진 문장은 "배트맨'을 더 좋아한다.'라는 말이므로, 어느 영화를 더 보고 싶은지 묻는 말에 대한 대답으로 ②에 들어가는 것이 자연스럽다.

05 |해석| Sam은 과학이 배우기에 더 재미있다고 생각하기 때문에 수학보다 과학을 더 좋아한다.
A: Sam, 너는 과학과 수학 중에 어느 것(과목)을 더 좋아하니?
B: 나는 과학을 더 좋아해. 배우기에 더 재미있는 것 같아.
|해설| A와 B 둘 중 어느 것을 더 좋아하는지 물을 때는 Which one do you prefer, A or B?라고 묻는다. one 대신 구체적인 명사를 쓸 수도 있다. 자신의 의견을 말할 때는 「It seems to me (that)+주

어+동사 ~.」로 표현할 수 있다.

06 |해석| ① A: 너는 개와 고양이 중 어느 것이 더 좋니?
　　B: 난 개가 더 좋아.
② A: 나는 피자보다 비빔밥을 더 좋아해.
　　B: 나도 비빔밥이 더 좋아. 그럼 주문하자.
③ A: 난 겨울보다 여름이 더 좋아. 너는 어때?
　　B: 난 추운 날씨를 좋아해서 겨울이 더 좋아.
④ A: 우리는 라면이나 스파게티를 먹을 수 있어. 너는 어느 것이 더 먹고 싶니?
　　B: 그래. 나는 비빔밥을 더 좋아해.
⑤ A: 나는 왼쪽 그림이 더 마음에 들어. 나는 그 그림 속 고양이가 더 귀여운 것 같아.
　　B: 나도 그래. 나는 그 그림 속 새도 좋아.
|해설| ④ 라면과 스파게티 중에서 먹고 싶은 것을 선택해야 하는데, 비빔밥을 선호한다고 답하는 것은 어색하다.

07 |해설| ⓑ 이어지는 내용으로 보아 두 전시회 중 어느 것을 선호하는지 묻는 말에 한국 탈 전시회를 선호한다(prefer)고 답하는 것이 알맞다.

08 |해석| ① 나는 희망한다　　② 나는 생각한다
③ 내가 말했듯이　　④ 나는 ~라고 들었다
⑤ 내게는 ~이 중요하지 않다
|해설| 「It seems to me (that)+주어+동사 ~.」는 자신의 의견을 말할 때 쓰는 표현이며, I think (that) ~.로도 말할 수 있다.

09 |해석| Q: 소미와 Eric은 6시에 무엇을 할 것인가?
A: 그들은 탈춤 공연을 볼 것이다.
|해설| 6시에 하는 탈춤 공연을 보자는 Eric의 말에 소미가 동의했으므로 두 사람은 6시에 탈춤 공연을 볼 것이다.

10 |해석| ＿＿＿＿＿＿＿＿ 너는 무엇을 하겠니?
① 네게 날개가 있다면
② 네가 복권에 당첨된다면
③ 네가 선생님이라면
④ Kate가 너에게 도와달라고 부탁하면
⑤ 네가 숲속에서 길을 잃는다면
|해설| 조동사의 과거형이 사용된 가정법 과거 문장의 주절이 있으므로 빈칸에는 가정법 과거 문장의 if절(if+주어+동사의 과거형(be동사일 때는 주로 were))이 들어가는 것이 알맞다. ④는 조건을 나타내는 부사절이다.

11 |해석| ① 나는 자전거를 타는 것이 쉽다.
② 그녀는 무릎 보호대를 하는 것이 더 안전하다.
③ 우리는 그 과제를 오늘 끝낼 필요가 있다.
④ 네가 돈을 현명하게 쓰는 것은 중요하다.
⑤ 또 다시 같은 실수를 하다니 그는 매우 부주의하다.
|해설| to부정사의 동작을 하는 주체인 의미상 주어는 일반적으로 「for+목적격」의 형태로 to부정사 앞에 쓴다. ⑤에는 사람에 대한 주관적 평가를 나타내는 형용사(careless)가 있으므로 「of+목적격」으로 쓴다.

12 |해석| 엄마는 너무 바빠서 학교 축제에 오실 수 없다. 엄마가 여기에 계신다면, 내 공연을 보실 수 있을 텐데.
|해설| (1) 엄마가 너무 바빠서 학교 축제에 오실 수 없는 현재의 상황이므로 현재시제로 나타낸다.
(2) 현재 사실과 반대인 상황을 가정하는 가정법 과거 문장이므로, 주절에는 「조동사의 과거형+동사원형」이 쓰인다.

13 |해석| ⓐ 규칙적으로 운동하는 것은 좋은 습관이다.
ⓑ 그런 나쁜 말을 하다니 너는 무례하다.
ⓒ 내가 슈퍼히어로라면 위험에 처한 사람들을 도울 텐데.
ⓓ 만약 그가 손을 든다면, 답을 말할 기회를 얻을 수 있을 텐데.
|해설| ⓑ rude는 사람에 대한 주관적 평가를 나타내는 형용사이므로 to부정사의 의미상 주어를 「of+목적격」으로 쓴다. (for → of)
ⓒ 실현 가능성이 없는 일을 가정할 때 가정법 과거(If+주어+동사의 과거형 ~, 주어+조동사의 과거형+동사원형 ….)로 나타내며, if절의 be동사는 주로 were로 쓴다. (I'll be → I were(was))

14 |해석| 쓰레기를 줍다니 그는 친절하구나.
|해설| 「It+be동사+형용사+for/of+목적격+to부정사 ~.」 형태로 문장을 완성한다. nice와 같이 사람에 대한 주관적인 평가를 나타내는 형용사가 있을 때는 to부정사의 의미상 주어를 「of+목적격」으로 쓴다.

15 |해설| ④ 주어가 단수인 One이므로 동사는 appears가 되어야 한다.

16 |해설| 빈칸에는 'hyo (孝)'를 지칭하는 '한자'라는 뜻을 나타내는 Chinese character가 알맞다.

17 |해설| ④ 문자도에 등장하는 여덟 개의 한자들은 조선 시대 사람들에게 중요했던 가치를 나타낸다고 했다.

18 |해석| ① 남자는 아버지와 함께 살았다.
② 남자는 너무 아파서 아무것도 먹을 수 없었다.
③ 나이 든 어머니는 아들을 걱정했다.
④ 남자는 잉어 세 마리를 가지고 집으로 돌아왔다.
⑤ 나이 든 어머니는 아들에게 물고기 요리를 해 주었다.
|해설| ④ 남자는 강이 녹으면서 나온 세 마리의 잉어를 집에 가지고 가서 아픈 어머니께 요리해 드렸다.

19 |해설| 실현 가능성이 희박한 상황을 가정하여 말하는 가정법 과거 문장의 if절에 해당하므로 「if+주어+(조)동사의 과거형 ~」의 형태로 쓴다.

20 |해석| ⓐ 거짓말하는 것은 나쁘다.
ⓑ 비가 아주 많이 올 것 같다.
ⓒ 그것은 수박 맛이 났다.
ⓓ 네가 그녀의 조언을 들은 것은 현명한 일이었다.
ⓔ Jenny는 오늘 집에 있는 것이 더 낫겠다.
|해설| (C)와 ⓐ, ⓓ, ⓔ는 모두 진주어인 to부정사구를 대신하는 가주어로 쓰였다. (ⓑ 날씨를 나타낼 때 사용하는 비인칭 주어, ⓒ 앞서 언급된 대상을 지칭하는 대명사)

21 |해설| (A) 명사(objects)를 앞에서 수식하는 형용사(symbolic) 형태가 알맞다.
(B) 「come to+동사원형」(~하게 되다) 형태가 되어야 하므로 동사원형(symbolize)이 알맞다.
(C) 앞에 관사(a)가 있으므로 명사(symbol)의 형태가 알맞다.

22 |해설| '어떤 것이 공정하고 합리적이라는 사실'을 뜻하는 단어는 justice(정의)이다.

23 |해석|

문자도	충(忠)	의(義)
사물	대나무	연꽃
상징하는 바	왕에 대한 무례함(→ 충성심)	정의를 위해 싸우는 한 사람의 의지
특징	• 구부러지지 않는다. • 항상 푸르름을 유지한다.	• 깨끗한(→ 진흙투성이의) 연못에서 아름답게 꽃을 피운다.

| 해설 | (1) '충(忠)' 그림의 대나무는 왕에 대한 충성심(loyalty)을 상징한다. (2) '의(義)' 그림에서 연꽃은 진흙투성이의(muddy) 연못에서도 아름답게 꽃을 피우기 때문에 어려움에도 불구하고 정의를 위해 싸우는 한 사람의 의지를 상징하게 되었다.

24 | 해설 | ⓐ more than: ~ 이상(의)
ⓑ to: ~에게
ⓒ remind A of B: A에게 B를 상기시키다
ⓓ in particular: 특히
ⓔ in family and society: 가정과 사회에서

25 | 해설 | ① 역사 가르치기
② 집 장식하기
③ 아이들에게 그림 그리는 방법을 가르치기
④ 학습 도구로 사용되기
⑤ 사람들에게 중요한 가치들 상기시키기
| 해설 | 윗글에 언급된 문자도의 쓰임은 사람들의 행동과 태도에 영향을 미치는 중요한 가치들을 상기시키고, 아이들에게 학습 도구로 쓰인 것이다.

제 **4** 회 고난도로 내신 **적중** 모의고사　　pp. 150~153

01 ④　　**02** (c)haracter　　**03** ②, ④　　**04** prefer　　**05** ⑤
06 ⑤　　**07** like the green one(plate) better(more) 또는 prefer the green one(plate)　　**08** ②　　**09** ①　　**10** ④
11 (1) Which do you like, I prefer strawberry milk
(2) Which do you prefer, I like English more(better)
12 ③　　**13** (1) didn't have, could(would) go shopping
(2) it were(was) sunny, could(would) play soccer
14 If he had enough time, he could help her. 또는 He could help her if he had enough time.　　**15** (1) ⓑ → If I were you, I would send him an email. (2) ⓔ → It's easy for Jenny to make Italian food.　　**16** ①, ③　　**17** ①
18 of eight Chinese characters appears in Munjado
19 It was popular in the late Joseon dynasty.　　**20** ④
21 ②　　**22** ②　　**23** ①, ⑤　　**24** ⑤　　**25** (1) tall → green
(2) loyalty → justice

01 | 해설 | 다음 빈칸에 들어갈 말로 알맞은 것은?
개는 충성심의 상징이다. 그들은 자신들의 주인을 위해서 싸우고 주인을 보호한다.
① 시대, 왕조　② 가치　③ 싸움　⑤ 대나무
| 해설 | 자신들의 주인을 위해서 싸우고 주인을 보호한다는 말이 이어지는 것으로 보아, 개가 상징하는 것으로 '충성심'을 뜻하는 loyalty가 알맞다.

02 | 해설 | • 책, 연극 또는 영화에 출연하는 사람
• 알파벳이나 수학에서 사용되는 문자 또는 기호
• 다른 사람과 구별되게 하는 개인의 자질
| 해설 | character는 '문자, 글자, 부호'라는 의미 외에도 '성격', '(책·연극·영화 등의) 등장인물'이라는 뜻을 가진다.

03 | 해설 | [보기] 너는 이 그림에서 어떤 물체가 보이니?
① 그 프로젝트의 목적이 무엇이니?
② 그는 이상한 물체가 하늘에 떠 있는 것을 보았다.
③ 그녀의 인생 목표는 전 세계를 여행하는 것이다.
④ 승객들은 날카로운 물건을 가지고 타는 것이 허용되지 않는다.
⑤ 이 연구의 목적은 그 소리가 어디에서 나는지 알아내는 것이다.
| 해설 | [보기]와 ②, ④의 object는 '물체, 물건'이라는 의미로 쓰였고, 나머지는 모두 '목적, 목표'라는 의미로 쓰였다.

04 | 해석 | A: 비빔밥이나 갈비탕을 먹을 수 있네. 너는 어느 것이 더 좋아?
B: 나는 갈비탕보다 비빔밥이 더 좋아. 나는 그게 건강에 더 좋은 선택인 것 같아.
| 해설 | 빈칸에는 '~을 더 좋아하다, 선호하다'라는 의미를 나타내는 prefer가 공통으로 알맞다. prefer A to B는 'A를 B보다 더 좋아하다'라는 뜻이다.

05 | 해석 | A: 민호야, 여기 고양이 그림 두 점을 봐. 멋지지 않니?
B: 응, 멋지다.
A: 둘 다 좋긴 하지만, 나는 왼쪽 그림이 더 좋아. 너는 어때?
B: 나는 오른쪽 그림이 더 좋아. 나는 그 그림 속 고양이가 더 귀여운 것 같아.
① 나는 둘 다 좋아
② 나는 고양이를 키우지 않아
③ 나는 고양이를 더 좋아해
④ 나는 고양이가 귀엽다고 생각해
| 해설 | 빈칸에 이어 바로 '너는 어때?'라고 묻자 B가 '나는 오른쪽 그림이 더 좋아.'라고 답하는 것으로 보아, 빈칸에는 두 그림 중 자신이 선호하는 것을 말하는 ⑤가 들어가는 것이 자연스럽다.

06 | 해석 | Ted: 너는 여름과 겨울 중 어느 것을 더 좋아하니?
Sam: 난 여름이 더 좋아. 나는 여름이 즐거운 시간을 보내기에 완벽한 계절인 것 같아. 너는 어때?
Ted: 난 겨울이 더 좋아. 겨울이 내 마음을 좀 더 편안하게 해 줘.
① Sam과 Ted는 어느 계절을 선호하는지 이야기하고 있다.
② Sam은 겨울보다 여름을 더 좋아한다.
③ Ted는 여름보다 겨울을 더 좋아한다.
④ Sam은 여름이 즐거운 시간을 보내기에 완벽한 계절이라고 생각한다.
⑤ Ted는 여름이 자신의 마음을 편안하게 해 준다고 생각한다.
| 해설 | ⑤ Ted는 '겨울'이 자신의 마음을 편안하게 해 준다고 했다.

07 | 해석 | A: 너는 초록색 접시와 흰색 접시 중에서 어느 것이 더 마음에 들어?
B: 글쎄, 선택하기 어렵지만, 나는 초록색 접시가 더 마음에 들어. 너는 어때?
A: 나도 그래. 나는 초록색 접시가 더 독특한 것 같아.
→ 나도 초록색 접시가 더 좋아.
| 해설 | ⓐ는 상대방이 초록색 접시가 더 좋다고 하는 말에 동의하는 표현이므로, prefer 또는 like ~ better(more)를 사용하여 '나도 초록색 접시가 더 좋아.'를 뜻하는 문장을 완성한다.

08 | 해설 | ② 두 전시회 중에서 한국 탈 전시회를 더 보고 싶다고 하며 그래도 괜찮냐고 묻는 Eric의 말에 긍정의 대답(Of course.)을 하는 것으로 보아 탈 전시회가 별로 재미 없을 것 같다는 말은 흐름상 어색하다.

09 | 해설 | 주어진 단어들을 바르게 배열하여 문장을 완성하면 I have never seen a mask dance show before.가 되므로 4번째로 올

단어는 seen이다.

10 |해석| 오늘 소미와 나는 한국 탈 전시회에 갔다. 사실 또 다른 전시회가 있었지만, 나는 탈 전시회가 더 좋았다. 탈춤 공연도 있어서, 우리는 전시회를 본 후 4시(→ 6시) 공연을 보았다. 나는 처음으로 탈춤 공연을 보았고, 우리는 정말 좋은 시간을 보냈다.
|해설| ④ 소미와 Eric은 먼저 탈 전시회를 보고, 6시에 하는 탈춤 공연을 볼 것이라고 했다.

11 |해석| (1) A: 딸기우유와 초콜릿 우유 중 너는 어떤 게 더 좋니?
B: 난 딸기우유가 더 좋아.
(2) A: 수학과 영어 중 너는 어느 것을 더 좋아하니?
B: 난 영어가 더 좋아.
|해설| 상대방에게 선호를 물을 때는 Which (one) do you prefer? 또는 Which (one) do you like more(better)?를 쓸 수 있다. 이에 대한 답은 I prefer ~. 또는 I like ~ more(better).로 한다.

12 |해석| 그 말을 하다니 그는 _____.
ⓐ 쉬운 ⓑ 사려 깊은 ⓒ 어리석은 ⓓ 중요한 ⓔ 필요한
ⓕ 부주의한
|해설| to부정사의 의미상 주어로 of him이 쓰였으므로 빈칸에는 사람에 대한 주관적 평가를 나타내는 형용사(thoughtful, stupid, careless)가 들어가는 것이 알맞다.

13 |해석| (1) 나에게 숙제가 없다면, 나는 엄마와 함께 쇼핑을 갈 (수 있을) 텐데.
(2) 오늘 날씨가 화창하다면, 나는 친구들과 축구를 할 (수 있을) 텐데.
|해설| (1) 현재 사실과 반대되는 상황을 가정하여 '숙제가 없다면 엄마와 함께 쇼핑하러 갈 수 있을 텐데.'라고 말하는 가정법 과거 문장(If+주어+동사의 과거형 ~, 주어+조동사의 과거형+동사원형 ….)을 완성한다.
(2) 현재 사실과 반대되는 상황을 가정하여 '날씨가 화창하다면 친구들과 축구를 할 수 있을 텐데.'라고 말하는 가정법 과거 문장을 완성한다. 날씨를 나타낼 때는 비인칭 주어 it을 사용하는 것에 주의한다.

14 |해석| 그에게는 충분한 시간이 없기 때문에, 그는 그녀를 도울 수 없다.
→ 그에게 시간이 충분하다면, 그는 그녀를 도울 수 있을 텐데.
|해설| 현재의 사실과 반대되는 상황을 가정할 때 사용하는 가정법 과거(If+주어+동사의 과거형 ~, 주어+조동사의 과거형+동사원형 ….) 문장으로 나타낸다. 현재 사실과 반대되는 상황을 가정하므로 부정문을 긍정문으로 바꿔 쓰는 것에 유의한다.

15 |해석| ⓐ 그녀가 내 여동생이라면 나는 행복할 텐데.
ⓑ 내가 너라면, 나는 그에게 이메일을 보낼 텐데.
ⓒ 네가 나를 도와준다면, 나는 그것을 더 일찍 끝낼 수 있을 텐데.
ⓓ 우리가 바다에서 수영하는 것은 위험했다.
ⓔ Jenny는 이탈리아 음식을 만드는 것이 쉽다.
|해설| ⓑ '만약 내가 너라면'이라고 불가능한 상황을 가정할 때 if절의 be동사는 과거형을 써서 If I were you, ~.로 나타낸다.
ⓔ easy는 사람에 대한 주관적 평가를 나타내는 형용사가 아니므로 to부정사의 의미상 주어를 「for+목적격」으로 쓴다.

16 |해석| _____은 어려울 수 있다.
① 매일 일찍 일어나는 것
② 기타 연주하는 법을 배우다
③ 내가 너에게 작별인사를 하는 것
④ 그가 그 연설을 이해하는 것

⑤ 우리 모두가 같은 방을 함께 쓰는 것
|해설| 빈칸에는 「It ~ to부정사」 구문의 진주어 to부정사구가 들어가는 것이 알맞다. difficult가 사람에 대한 주관적 평가를 나타내는 형용사가 아니므로 to부정사의 의미상 주어는 「for+목적격」 형태로 쓴다. ①과 같이 to부정사의 의미상 주어가 일반적인 사람일 때는 의미상 주어를 생략할 수 있다.

17 |해설| ⓐ에는 뒤에 동격으로 이어지는 hyo (孝)가 한자이므로 '문자'를 뜻하는 character가, ⓑ에는 '불린다'를 뜻하는 수동태를 만드는 과거분사 called가, ⓒ에는 '종류'를 뜻하는 type이, ⓓ에는 여덟 개의 한자들이 나타내는 '가치'를 뜻하는 values가 알맞다.

18 |해설| 「one of+복수명사」가 주어일 때 동사 one에 수를 일치시키므로 동사를 appears로 써야 한다.

19 |해설| 문자도는 언제 인기 있었는가? 완전한 영어 문장으로 답하시오.
→ 그것은 조선 시대 후기에 인기 있었다.
|해설| 문자도는 조선 시대 후기에 인기 있었던 민화의 한 종류이다.

20 |해석| ① 자연에 대한 사랑
② 왕에 대한 충성심
③ 건강과 성장
④ 부모님에 대한 공경
⑤ 정직함과 성실함
|해설| 이어지는 이야기의 내용으로 보아 '효(孝)' 그림의 잉어는 '부모님에 대한 공경'을 상징한다.

21 |해설| ⓑ 가정법 과거 문장의 주절이므로 「주어+조동사의 과거형+동사원형 …」의 형태가 되어야 한다. 내용의 흐름상 would be가 알맞다.

22 |해설| 가주어 It과 진주어인 to부정사구, 그리고 to부정사의 의미상 주어 for him을 사용하여 It was impossible for him to catch any fish.가 되어야 알맞다.

23 |해석| ①, ⑤ ~에도 불구하고 ② ~일지라도 ③ ~ 없이
④ ~ 때문에
|해설| 문맥상 '~에도 불구하고'를 의미하는 despite나 in spite of가 알맞다. though도 양보의 뜻을 나타내지만 접속사이므로 뒤에 주어와 동사로 이루어진 절이 온다.

24 |해석| ① 대나무와 연꽃이 자라는 곳
② 문자도에 등장하는 한자의 개수
③ 문자도에 대나무와 연꽃을 그리는 법
④ 한자 충(忠)과 의(義)가 의미하는 것
⑤ 대나무와 연꽃이 문자도에서 상징적인 의미를 어떻게 얻었는지
|해설| 문자도에 나오는 상징적인 사물의 예시로 대나무와 연꽃을 들고 있는 글이다.

25 |해석| 문자도에서 대나무는 구부러지지 않고 어떤 날씨에서도 키가 크기(→ 푸르름을 유지하기) 때문에 왕에 대한 충성심을 상징한다. '의'의 그림 속 연꽃은 진흙투성이의 연못에서 아름답게 꽃을 피우기 때문에 충성심을(→ 정의를) 위해 싸우는 한 사람의 의지를 상징한다.
|해설| (1) 대나무는 어떤 날씨에도 '푸르름'을 유지한다고 했다.
(2) 연꽃은 '정의'를 위해 싸우는 한 사람의 의지를 상징한다고 했다.

Special Lesson
Finding the Good in Your Friends

STEP A

W Words 연습 문제
p. 157

A 01 노력하다, 해 보다
02 (~에 빠져) 움직일 수 없는
03 지저분한, 엉망인
04 (일시적인) 중단
05 비명을 지르다
06 칭찬(하다)
07 (일이) 일어나다, 발생하다
08 수줍게, 부끄러워하며
09 망설이다, 주저하다
10 자신 있게

B 01 cheerful
02 point
03 still
04 pull
05 creative
06 scratch
07 carefully
08 activity
09 pick
10 fair

C 01 서로
02 A를 B에 바르다(놓다)
03 ~을 제외하고
04 하루 종일
05 ~에 대해 칭찬하다

D 01 all day long
02 each other
03 compliment on
04 except for
05 pull out

E 01 messy, 지저분한, 엉망인
02 fair, 공정한, 공평한
03 calm, 침착한, 차분한
04 stuck, (~에 빠져) 움직일 수 없는
05 hesitate, 망설이다, 주저하다

F 01 all day long
02 except for
03 compliment, on
04 each other

E |해석| 01 더럽거나 정리되지 않은
02 모든 사람에게 같은 방식으로 대하거나 영향을 주는
03 느긋하고 조용하며, 화나거나 초조하거나 속상하지 않은
04 꼼짝할 수 없도록 어떤 곳에 끼이거나 잡힌
05 어떤 것을 하거나 말하기 전에 잠시 기다리다

W Words 실전 TEST
p. 158

01 ④   02 ⑤   03 ③   04 ⑤   05 except for
06 were stuck   07 on   08 ②

---

01 |해석| 나는 Jessica가 언제나 새롭고 특이한 생각이 넘치기 때문에 매우 <u>창의적</u>이라고 생각한다.
① 수줍어하는 ② 침착한, 차분한 ③ 조용한 ⑤ 신중한, 조심스러운
|해설| 언제나 새롭고 특이한 생각이 넘치기 때문이라는 이유가 이어지므로 Jessica가 '창의적인(creative)' 것 같다는 말이 되는 것이 자연스럽다.

02 |해석| • 불에 너무 가까이 <u>서 있지</u> 마라.
• 자전거 <u>거치대</u>가 어디에 있는지 아니?
① 망설이다, 주저하다 ② 뽑다 ③ 비명을 지르다 ④ 긁다
|해설| '서다, 서 있다'라는 의미의 동사와 '거치대'라는 의미의 명사로 모두 쓰이는 단어는 stand이다.

03 |해석| 칭찬, 감탄, 또는 인정의 표현
① 중지, 중단 ② (~에 빠져) 움직일 수 없는 ③ 칭찬, 찬사; 칭찬하다
④ (일이) 일어나다, 발생하다 ⑤ 활동
|해설| compliment(칭찬)의 영영풀이이다.

04 |해석| ① 우리는 하루 종일 집에 있어야 했다.
② 너의 사고 소식을 듣고 유감이었어.
③ 다음에 무슨 일이 일어날지는 아무도 모른다.
④ 그들은 서로를 바라보고 웃었다.
⑤ 그것을 끄려면 플러그를 뽑아야 한다.
|해설| ⑤ pull out은 '~을 (당겨서) 꺼내다(뽑다)'라는 의미이다.

05 |해설| except for: ~을 제외하고

06 |해설| '갇혀 있다, 끼어 있다'는 be stuck으로 표현한다. 주어가 복수이고 과거시제이므로 be동사는 were를 쓴다.

07 |해석| • 나는 빵에 잼을 발랐다.
• 그녀에 대해 칭찬할 것들이 많다.
|해설| put A on B: A를 B에 바르다
compliment+목적어+on ~: ~에 대해 (목적어)를 칭찬하다

08 |해석| 느긋하고 조용하며, 화나거나 초조하거나 속상하지 않은
① 쾌활한 사람은 항상 웃고 있다.
② 그는 승객들이 침착함을 유지하도록 했다.
③ 모든 것에 대해 그를 탓하는 것은 공정하지 않다.
④ 지금 당장 네 지저분한 방을 치워 주렴.
⑤ 내 남동생은 10분도 가만히 있지 못한다.
|해설| calm(침착한, 차분한)의 영영풀이이다.

R Reading 핵심 구문 노트 QUICK CHECK
p. 159

1 (1) silent (2) angry (3) excited
2 (1) taking (2) making (3) going

1 |해석| (1) 우리는 도서관에서 <u>조용히</u> 있었다.
(2) Jake는 갑자기 <u>화가</u> 났다.
(3) 우리 반 친구들은 이 사진에서 매우 <u>신나</u> 보인다.

2 |해석| (1) 그는 자신을 집에 <u>데려다 준 것</u>에 대해 나에게 고마워했다.
(2) 나는 <u>실수하는 것</u>에 대해 걱정했다.
(3) 어떤 사람들은 밤에 혼자 <u>외출하는 것</u>을 두려워한다.

R Reading 빈칸 채우기 · pp. 163~166

01 last week 02 Each student, piece 03 Compliments, last activity 04 pick a name 05 Yes 06 each other 07 whose name 08 smiling 09 to say 10 about you 11 looking worried 12 compliment, on 13 all day long 14 have to find 15 talking with 16 except for 17 what to compliment 18 Think carefully 19 washes, every day 20 Everybody does 21 I'm sure, good to say 22 there is 23 is stuck in 24 in the air 25 still, pull, out 26 hurts 27 me help 28 comes back with 29 put, on 30 What 31 stay calm 32 pointing to, working 33 coming out of 34 with her parents 35 happened to 36 There was, accident 37 got stuck 38 get, out 39 pulled it out 40 Messy, creative 41 Can, be 42 Sure 43 It, complimenting each other 44 what compliment 45 always cheerful 46 kind, fair 47 of you 48 hear from 49 hesitating 50 shyly 51 made you 52 long pause, by using 53 Nobody else 54 also 55 confidently 56 the best, ever

R Reading 바른 어휘 · 어법 고르기 · pp. 167~168

01 last 02 paper 03 of 04 pick 05 Yes 06 other 07 whose 08 got 09 to say 10 What 11 worried 12 on 13 sits 14 find 15 talking 16 for 17 what 18 carefully 19 washes 20 does 21 something good 22 is 23 stuck 24 help 25 out 26 hurts 27 help 28 comes 29 on 30 What 31 calm 32 working 33 out of 34 with 35 about 36 was 37 stuck 38 how 39 it out 40 creative 41 be 42 Sure 43 complimenting 44 for 45 cheerful 46 fair 47 of 48 hear 49 think 50 shyly 51 What 52 using 53 of 54 know 55 confidently 56 best

R Reading 틀린 문장 고치기 · pp. 169~171

01 ○ 02 ×, Each student 03 ○ 04 ○ 05 ○ 06 ×, each other 07 ×, whose 08 ○ 09 ×, to say 10 ○ 11 ×, worried 12 ×, It 13 ○ 14 ○ 15 ○ 16 ×, has 17 ×, on 18 ○ 19 ○ 20 ○ 21 ×, something good to say 22 ×, at 23 ×, is stuck 24 ○ 25 ×, to pull 26 ○ 27 ×, help 28 ○ 29 ×, on 30 ○ 31 ×, calm 32 ○ 33 ○ 34 ×, eating 35 ×, happened to 36 ○ 37 ○ 38 ×, get 39 ×, pulled it out 40 ×, creative 41 ○ 42 ○ 43 ×, It 44 ○ 45 ×, cheerful 46 ×, and 47 ×, to say 48 ○ 49 ○ 50 ○ 51 ×, think 52 ×, by 53 ×, doing 54 ○ 55 ○ 56 ○

R Reading 실전 TEST · pp. 176~177

01 ③ 02 ③ 03 ④ 04 ④ 05 ③ 06 ⑤ 07 ⑤ 08 ⑤ 09 stuck

[서술형]

10 ⓐ compliment ⓒ creative 11 so(very) nice of you to say so 12 |모범 답| She(Beth) told Peter that he was creative.

[01~03] |해석|

학교의 마지막 주이다. 각 학생들은 이름 하나가 쓰인 종이 한 장씩을 막 뽑았다.

Ms. Kemp: '학급 친구들에 대한 칭찬'이 이번 학년 우리의 마지막 활동이 될 거예요. 모두 이름을 뽑았나요?

반 아이들: 네, Kemp 선생님.

학생들이 서로 이야기를 나누고 있다.

Beth: 너는 누구 이름을 뽑았니?

Lucy: (미소 지으며) Boyd를 뽑았어. 그 애에 관해서는 말할 게 많아. 너는 어때, Beth?

Beth: (걱정스러운 표정으로) 어, 나는 Peter 이름을 뽑았어.

Lucy: Peter? 아, 이런! 그 애한테서 칭찬할 것을 찾는 게 쉽지 않을 거야.

Steve: 그래. 그 애는 말을 많이 하지 않고 하루 종일 그냥 책상에 앉아만 있잖아.

Beth: (머리를 긁적이며) 음, 무언가를 찾아야 하겠다.

01 |해설| ⓒ compliment는 '칭찬하다'라는 의미의 동사로 쓰였고, '불평하다'는 complain이다.

02 |해설| 가주어 It이 주어 자리에 쓰이고 진주어인 to부정사구가 문장 뒤로 간 「It ~ to부정사」 구문이 되어야 하므로 to find가 알맞다.

03 |해설| ④ Beth는 걱정스러운 표정으로 Peter에 대해 칭찬할 무언가를 찾아야겠다고 했으므로, Beth가 Peter의 좋은 점을 거의 모른다는 것을 알 수 있다.

[04~05] |해석|

Beth는 집에서 그 활동에 대해 부모님과 이야기를 나누고 있다.

Beth: 저를 제외한 모두가 다른 친구들에 대한 긴 칭찬 목록을 가지고 있어요. 저는 Peter에 관해 무엇을 칭찬해야 할지 모르겠어요.

엄마: 잘 생각해 봐. 뭔가 있을 거야.

Beth: 음, 그 애는 깔끔해요. 매일 세수를 해요.

엄마: 그건 칭찬이 아니지. 모든 사람들이 하는 거잖니.

아빠: 다시 생각해 보렴. 그 아이에 대해 말할 무언가 좋은 점을 분명히 찾을 수 있을 거야.

04 |해설| ① ~ 덕분에 ② ~에 더하여 ③ ~ 대신에 ⑤ ~ 때문에
|해설| ④ 이어지는 말(I don't know what to compliment Peter

on.)로 보아 '나를 제외하고'라는 의미가 되도록 except for가 들어가는 것이 알맞다.

05 |해석| ① 자랑스러운 ② 기쁜 ③ 걱정하는 ④ 신이 난 ⑤ 만족하는
|해설| 다른 아이들은 친구에 대해 칭찬할 것이 많은데 비해 Beth는 Peter에 대해 무엇을 칭찬해야 할지 모르겠다고 하는 것으로 보아, Beth의 심경으로 worried(걱정스러운)가 알맞다.

[06~07] |해석|
다음 날, 학교에서 사고가 일어난다. Boyd의 발이 자전거 거치대에 끼었다.
Boyd: (공중에 양팔을 벌린 채) 도와줘! 도움이 필요해!
Beth: 가만히 있어. 네 발을 당겨 꺼내려고 노력하는 중이야.
Boyd: (비명을 지르며) 아야! 아파!
Peter: 내가 도와줄게. 잠깐만.
Peter가 학교 주방으로 뛰어가 버터를 가지고 온다.
Peter: 네 발에 이 버터를 바를 거야.
Boyd: 뭐? 버터를?
Peter: 그냥 침착하게 있어.
Beth: (Boyd의 발을 가리키며) 와! 효과가 있어! <u>Boyd의 발이 거치대에서 빠져나오고 있어.</u>

06 |해설| Peter가 Boyd의 발에 버터를 바른 것이 효과가 있어서 Boyd가 거치대에서 발을 뺄 수 있게 된 상황이므로, 주어진 문장은 Boyd의 발을 가리키며 하는 말인 ⑤에 들어가는 것이 자연스럽다.

07 |해석| ① 웃으면서 ② 자신 있게 ③ 웃으면서 ④ 행복한 표정으로
|해설| 자전거 거치대에 낀 발을 꺼내려고 하자 '아야'라고 하며 아프다고 하는 상황이므로 '비명을 지르며'라는 의미의 ⑤가 들어가는 것이 자연스럽다.

[08~09] |해석|
Beth는 부모님과 저녁 식사를 하고 있다. 그녀는 부모님께 Boyd에게 일어난 일에 대해 이야기한다.
Beth: 오늘 학교에서 작은 <u>사고</u>가 있었어요. Boyd의 발이 자전거 거치대에 끼었어요.
엄마: 아, 저런! 그래서 발을 어떻게 뺐니?
Beth: Peter가 그 애 발에 버터를 바르고 나서 발을 <u>당겨서</u> 꺼냈어요.
아빠: 그거 정말 창의적이었구나. 지저분하지만 창의적이야.
Beth: 흠. 창의적이라고요? 아빠, 그것이 칭찬이 될 수 있어요?
아빠: 물론이지.

08 |해설| (A) 친구의 발이 자전거 거치대에 낀 '사고'에 관한 내용이 이어지므로 accident가 알맞다.
(B) 버터를 발라 발을 '당겨서 꺼냈다'는 내용이므로 pulled가 알맞다.
(C) '지저분하지만 창의적이다'라는 내용이 자연스러우므로 접속사 but이 알맞다.

09 |해석| 꼼짝할 수 없도록 어떤 곳에 끼이거나 잡힌
|해설| stuck((~에 빠져) 움직일 수 없는)의 영영풀이이다.

[10~12] |해석|
학교의 마지막 날이고, 학생들은 서로를 칭찬하고 있다.
Ms. Kemp: Joanne, Beth에게 무슨 칭찬을 해 주겠니?
Joanne: Beth, 너는 항상 쾌활해. 또한 친절하고 모두에게 공정해.
Beth: 고마워, Joanne. 그렇게 말해 주다니 넌 정말 친절하구나.
Ms. Kemp: Beth, 이제 네 말을 들어 보자. 너는 Peter의 이름을 뽑았구나.
Beth: (주저하며) 음, 저는 Peter가 창의적이라고 생각해요. Peter, 너

는… 어… 창의적이야.
Peter: (수줍게) 정말?
Ms. Kemp: Peter가 왜 창의적이라고 생각하니?
Beth: (한참 있다가) 일전에 Boyd의 발이 자전거 거치대에 끼었을 때, Peter는 버터를 사용해서 그의 발을 꺼냈어요. 그것은 <u>창의적</u>이었어요.

10 |해설| ⓐ 학생들이 서로를 칭찬하고 있다는 설명이 있으므로, 무슨 '칭찬'이 있는지 묻는 말이 되도록 명사 compliment가 들어가는 것이 알맞다.
ⓒ Peter가 창의적이라고 생각하는 이유를 설명하는 말 다음에 이어지므로, creative가 들어가는 것이 알맞다.

11 |해설| It이 가주어, to부정사구(to say so)가 진주어, to부정사의 의미상 주어가 you인 문장이다. 사람에 대한 주관적 평가를 나타내는 형용사 nice가 있으므로 의미상 주어를 to부정사 앞에 「of+목적격」 형태로 쓴다.

12 |해설| Q. Beth는 Peter에게 어떤 칭찬을 했는가?
→ <u>그녀는 Peter에게 그가 창의적이라고 칭찬했다.</u>

STEP B

Ⓦ Words 고득점 맞기
p. 178

01 complimented, on　02 put, on　03 ③　04 ⑤
05 ⑤　06 ③　07 ③

01 |해설| compliment+목적어+on ~: ~에 대해 (목적어를) 칭찬하다

02 |해설| put *A* on *B*: A를 B에 바르다[놓다]

03 |해석| • 선생님이 네게 말씀하시는 것을 <u>주의 깊게</u> 들으렴.
• 우리 엄마는 보통 어려운 상황에서 <u>침착함</u>을 유지하신다.
• 그녀는 아직도 자동차 <u>사고</u>로부터 완전히 회복되지 않았다.
• 내가 잡초 <u>뽑는</u> 것 좀 도와주겠니?
|해설| ⓐ에는 carefully(주의 깊게), ⓑ에는 calm(침착한, 차분한), ⓒ에는 accident(사고), ⓓ에는 pull out(당겨서 꺼내다[뽑다])의 pull이 들어가는 것이 알맞다.

04 |해석| ① 너 Mary에게 무슨 일이 있었는지 들었니?
② 이 이야기는 정말 창의적이고 흥미롭다.
③ Brian은 그 사고 이전에 아주 쾌활한 편이었다.
④ 그들은 컴퓨터 산업의 미래에 대해 자신 있게 이야기했다.
⑤ 우리가 하루 종일 집을 청소해서 지금 바닥이 지저분하다. (×)
|해설| ⑤ 하루 종일 집을 청소해서 지금 바닥이 '지저분하다(messy)'는 말은 맥락상 어색하다.

05 |해석| ① 필요한 게 있으면 내게 전화하는 것을 망설이지 마.
② 자동차의 앞바퀴가 진흙에 빠져 움직일 수 없었다.
③ 그들은 지난주에 싸워서 서로 말을 하지 않고 있다.
④ Jackson은 자신의 이름이 불리자 수줍게 손을 들었다.
⑤ 내 배낭은 색깔을 제외하고는 네 것과 비슷하다.
|해설| ⑤ except for: ~을 제외하고

06 |해석| ⓐ 너는 여전히 배가 아프니?
　　ⓑ 서울은 아직 대기 오염이 많다.
　　ⓒ 내가 네 사진을 찍는 동안 가만히 서 있으렴.
　　ⓓ 네가 가만히 있지 않으면 나는 네 머리카락을 자를 수 없어.
　　ⓔ 그는 서점에서 소미를 처음 만났던 그날을 여전히 기억하고 있다.
　　|해설| ⓐ, ⓑ, ⓔ는 '여전히, 아직'이라는 뜻의 부사로 쓰였고, ⓒ와 ⓓ는 '가만히 있는, 정지한'이라는 뜻의 형용사로 쓰였다.

07 |해석| ① 긁다: 손톱으로 피부를 문지르다
　　② 공정한, 공평한: 모든 사람을 같은 방식으로 대하거나 영향을 주는
　　③ 가리키다: 무언가를 하거나 말하기 전에 잠시 기다리다
　　④ 창의적인: 새롭거나 상상력 있는 무언가를 만들거나 할 수 있는
　　⑤ 비명을 지르다: 두렵거나 아프거나 흥분했기 때문에 크고 높은 목소리를 내다
　　|해설| ③ '무언가를 하거나 말하기 전에 잠시 기다리다'는 hesitate(망설이다, 주저하다)의 영영풀이이다.

Reading 고득점 맞기　　pp. 182~184

01 ①　02 ②, ⑤　03 ⑤　04 ②　05 ②　06 ③
07 ②　08 ③　09 ①　10 ③
[서술형]
11 ⓒ Boyd → Peter　12 compliment, picked, Peter's, compliment　13 I don't know what to compliment Peter on.　14 (Boyd의) 발에 버터를 바른 것　15 (1) Boyd's foot was(got) stuck in a bicycle stand. (2) He(Peter) got the butter from the school's kitchen.

01 |해석| ① 학급 친구들에 대한 칭찬
　　② 새 학년을 위한 계획
　　③ 새로운 반장 선출하기
　　④ 가장 친한 친구에 관해 글쓰기
　　⑤ 반 친구들에게 작별 인사 하기
　　|해설| 이어지는 학생들의 대화를 통해 자신이 뽑은 학급 친구를 칭찬하는 활동을 하게 될 것임을 알 수 있다.

02 |해석| ① 그것은 Leonardo da Vinci에 의해 그려졌다.
　　② 밤에 운전하는 것은 위험할 수 있다.
　　③ 너무 추워서 우리는 밖에서 놀 수 없다.
　　④ 봄에는 점점 더 따뜻해진다.
　　⑤ 나는 혼자 산을 오르는 것이 힘들다.
　　|해설| 본문과 ②, ⑤의 It은 진주어인 to부정사구 대신 주어 자리에 쓰인 가주어이다. ①은 '그것'이라는 뜻의 대명사로 쓰였고, ③과 ④는 날씨를 나타낼 때 사용하는 비인칭 주어로 쓰였다.

03 |해석| 윗글을 읽고 답할 수 없는 것은?
　　① 이번 학년 마지막 활동은 무엇인가?
　　② Lucy는 누구의 이름을 뽑았는가?
　　③ Beth가 칭찬해야 하는 사람은 누구인가?
　　④ Lucy는 Peter를 칭찬하는 것에 대해 어떻게 생각하는가?
　　⑤ Peter는 왜 하루 종일 자신의 책상에 앉아만 있는가?

04 |해석| ⓐ 'Boyd에게 일어난 일'이라는 의미가 되도록 what이 들어가는 것이 알맞다.
　　ⓑ 대답으로 Boyd의 발을 꺼낸 방법에 대한 설명이 이어지므로 방법을 묻는 의문사 how가 알맞다.

05 |해설| (A) 「There+be동사 ~.」 구문의 주어 a little accident가 단수이므로 was가 알맞다.
　　(B) 발이 자전거 거치대에 '끼인' 것이므로 수동태로 써야 한다. 「get+과거분사」는 '~해지다'라는 의미로 수동의 의미를 나타낸다.
　　(C) pull out과 같은 「타동사+부사」의 목적어로 대명사가 올 경우, 대명사를 타동사와 부사 사이에 쓴다.

06 |해석| 학교에서 Boyd의 발이 자전거 거치대에 끼었다. Peter는 Boyd의 발에 기름(→ 버터)을 발라서 그의 발이 빠져나오게 해 주었다. Beth의 아빠는 Peter의 생각이 창의적이라고 말했고, Beth는 아빠에게 그것이 칭찬이 될 수 있는지 물었다.
　　|해설| ③ Peter는 Boyd의 발에 버터를 바른 후 발을 당겨 자전거 거치대에서 꺼냈다고 했다.

07 |해설| 주어진 문장은 '너는 Peter의 이름을 뽑았구나.'라는 뜻으로 Peter에 대한 칭찬을 들어 보자는 말이다. 따라서 Beth가 Peter에 대해 칭찬하는 말 앞인 ②에 들어가는 것이 자연스럽다.

08 |해설| ⓒ 사역동사 made의 목적격보어이므로 동사원형이 되어야 한다. (→ think)

09 |해석| ① 더럽거나 정리되지 않은
　　② 칭찬, 감탄, 또는 인정의 표현
　　③ 모든 사람을 같은 방식으로 대하거나 영향을 주는
　　④ 무언가 하거나 말하는 것을 멈춘 짧은 시간
　　⑤ 새롭거나 상상력 있는 무언가를 만들거나 할 수 있는
　　|해설| ②는 compliment, ③은 fair, ④는 pause, ⑤는 creative의 영영풀이이다. ①은 messy(지저분한, 엉망인)의 영영풀이로, messy는 본문에 쓰이지 않았다.

10 |해석| ⓐ Joanne은 Beth에 대해 불평했다.
　　ⓑ Beth는 친절함에 대해 칭찬을 받았다.
　　ⓒ Beth는 Peter의 창의력에 대해 Peter를 칭찬했다.
　　ⓓ Boyd는 Peter에 대한 Beth의 의견에 동의하지 않았다.
　　ⓔ Peter는 자신에 대한 Beth의 칭찬을 고마워했다.
　　|해설| ⓐ Joanne은 Beth가 쾌활하고 모두에게 친절하며 공정하다고 칭찬했다.
　　ⓓ Boyd는 Peter가 창의적이라는 Beth의 의견에 동의했다.

11 |해석| ⓐ Lucy는 Boyd에 대해 칭찬할 것이 많다.
　　ⓑ Beth는 활동으로 Peter의 이름을 뽑아서 걱정스럽다.
　　ⓒ Steve는 Boyd가 말이 많지 않고 항상 책상에 앉아 있다고 생각한다.
　　|해설| ⓒ Steve가 말이 없고 하루 종일 책상에 앉아 있다고 말한 사람은 Peter이다.

12 |해석| 이번 학년의 마지막 활동은 학급 친구들을 칭찬하는 것이었고, 각 학생들은 이름 하나씩을 뽑았다. Beth는 Peter의 이름을 뽑았고, 그녀의 친구들은 Peter를 칭찬하는 것이 쉽지 않을 것이라고 그녀에게 말했다.

13 |해설| '무엇을 칭찬해야 할지'를 뜻하는 don't know의 목적어는 「의문사+to부정사」를 사용하여 what to compliment로 쓰고, '~에 대해 (목적어를) 칭찬하다'는 「compliment+목적어+on ~」을 사용하여 compliment 뒤에 Peter on을 써야 한다.

14 |해설| It은 앞에서 Peter가 Boyd의 발에 버터를 바른 것을 가리킨다.

15 |해설| (1) 학교에서 어떤 사고가 있었는가?
→ Boyd의 발이 자전거 거치대에 끼었다.
(2) Peter는 어디에서 버터를 가져왔는가?
→ 그는 학교 주방에서 버터를 가져왔다.

모의고사

제 **1** 회　대표 기출로 내신 **적중** 모의고사　pp. 185~187

01 ⑤　**02** ④　**03** ②　**04** ①　**05** It won't be easy to find something to compliment him on.　**06** ⑤　**07** ⑤　**08** ⑤　**09** ⑤　**10** ⑤　**11** ①　**12** ⑤　**13** He(Peter) used butter (to pull Boyd's foot out of the bicycle stand).　**14** ⑤　**15** (A) Peter가 Boyd의 발에 버터를 바르고 나서 발을 당겨서 꺼낸 것 (B) 창의적이라는 말　**16** ④　**17** What made you think Peter is creative　**18** ②

01 |해석| ① 비명을 지르다　② 머물다　③ 망설이다, 주저하다
④ (일이) 일어나다, 발생하다
|해설| 짝지어진 단어는 '중단'을 뜻하는 유의어 관계이므로, 빈칸에는 praise(칭찬하다)의 유의어인 compliment가 알맞다.

02 |해석| 꼼짝할 수 없도록 어떤 곳에 끼이거나 잡힌
① 공정한　② 침착한, 차분한　③ 발랄한, 쾌활한
④ (~에 빠져) 움직일 수 없는　⑤ 지저분한, 엉망인
|해설| stuck((~에 빠져) 움직일 수 없는)의 영영풀이이다.

03 |해석| • Sam은 잠을 자는 것을 제외하고 아무것도 하지 않았다.
• 긴 당근 뿌리를 뽑는 것은 쉽지 않았다.
|해설| except for: ~을 제외하고
pull out: ~을 (당겨서) 꺼내다(뽑다)

04 |해석| ① 내 등을 좀 긁어 주겠니?
② 사람을 손가락으로 가리키는 것은 예의 없는 행동이다.
③ 그녀는 수줍게 내 전화번호를 물었다.
④ 나는 Ben이 특별히 창의적이라고 생각하지 않는다.
⑤ 잠시 후에, 그는 연설을 계속했다.
|해설| ① scratch는 '긁다'라는 뜻이다. '늘이다'라는 뜻의 단어는 stretch이다.

05 |해설| 진주어인 to부정사구는 뒤로 보내고 주어 자리에 가주어 it을 쓴 「It ~ to부정사」 구문이 쓰인 문장을 완성한다. 「compliment+목적어+on ~」은 '~에 대해 (목적어를) 칭찬하다'라는 뜻이며, to compliment him on이 대명사 something을 뒤에서 수식하도록 쓴다.

06 |해설| Peter를 칭찬할 만한 것을 찾기 쉽지 않을 거라는 친구들의 말 다음에 Beth가 무언가를 찾아야겠다고 말하는 것으로 본문이 끝나고

있으므로, 다음에 이어질 내용으로 ⑤가 알맞다.

07 |해석| ① 각 학생들은 무엇을 뽑았는가?
② 이번 학년의 마지막 활동은 무엇인가?
③ Lucy는 누구를 칭찬할 것인가?
④ Beth는 무엇에 대해 걱정하는가?
⑤ Steve는 Boyd에 대해 어떻게 생각하는가?
|해설| ⑤ Steve가 Boyd를 어떻게 생각하는지는 언급되어 있지 않다.

08 |해석| ① 하지만 아무도 나를 칭찬해 주고 싶어하지 않는다
② 그리고 나에게도 칭찬 목록이 있다
③ 비록 내게 이미 칭찬 목록이 있지만
④ 그리고 그들에게는 나에 대한 긴 칭찬 목록이 있다
⑤ 하지만 나는 Peter에 대한 그렇게 긴 칭찬 목록이 없다
|해설| except for me는 '나를 제외하고'라는 뜻으로, 자신은 다른 친구들과 달리 Peter에 대한 긴 칭찬 목록이 없다는 의미이다.

09 |해설| (A) '무엇을 칭찬해야 할지'라는 의미가 되어야 하므로 의문사 what이 알맞다.
(B) 주어 Everybody가 단수이므로 동사는 does가 알맞다.
(C) something과 같이 -thing으로 끝나는 대명사를 형용사와 to부정사가 함께 수식할 때는 「-thing+형용사+to부정사」의 어순으로 쓴다.

10 |해석| ① Beth는 자신의 부모님에 대해 이야기하고 있다.
② Beth는 Peter에 대한 칭찬 목록이 있다.
③ Beth는 Peter의 장점을 매우 잘 안다.
④ Beth는 친구들의 도움으로 Peter에 대한 좋은 점들을 발견했다.
⑤ Beth의 아빠는 Beth가 Peter에 대해 칭찬할 거리를 찾도록 격려해 주었다.
|해설| ⑤ Beth의 아빠는 I'm sure you can find something good to say about him.이라고 말하며 Peter를 칭찬할 좋은 점을 찾을 수 있을 것이라고 Beth를 격려했다.

11 |해석| ① 가만히 있는　② 긴　③ 깨어 있는　④ 집에　⑤ 뒤에
|해설| 자전거 거치대에 발이 낀 상황에서 도와줄 테니 '가만히 있으라'는 의미가 자연스러우므로 still(가만히 있는, 정지한)이 알맞다.

12 |해석| 효과가 있어!
|해설| 주어진 문장의 It은 '발에 버터를 바른 것'을 가리키며 그것이 효과가 있다는 내용이므로, 주어진 문장은 Boyd의 발이 거치대에서 빠져나오고 있다는 말 앞인 ⑤에 들어가는 것이 자연스럽다.

13 |해석| Q: Peter는 Boyd의 발을 자전거 거치대에서 당겨서 빼내기 위해 무엇을 사용하였는가?
A: 그는 (Boyd의 발을 자전거 거치대에서 당겨서 빼내기 위해) 버터를 사용했다.

14 |해설| ⓔ pull out과 같은 「타동사+부사」의 목적어로 대명사가 올 경우에는 목적어가 타동사와 부사 사이에 와야 한다. (→ pulled it out)

15 |해설| (A) That은 바로 앞 문장, Peter put butter on his foot and then pulled it out.을 가리킨다.
(B) that은 Beth의 아빠가 '창의적이다'라고 한 말을 가리킨다.

16 |해석| ① Beth는 사고에 대해 부모님께 말하기를 원치 않는다.
② Beth의 엄마는 자전거 거치대가 위험하다고 생각한다.
③ Peter 또한 자기 자신이 창의적이라고 생각한다.
④ Beth의 아빠는 Peter의 해결책이 창의적이었다고 생각한다.
⑤ Beth는 창의적인 것이 칭찬이 될 수 있다는 것을 이미 알고 있다.

|해설| ④ Beth의 아빠는 Peter의 해결책이 창의적이었다고 말했다.

17 |해설| 맥락상 '무엇 때문에 ~라는 생각을 하게 되었니?'라는 의미로 이유를 묻는 표현인 What made you think ~?를 사용하여 문장을 완성한다. think의 목적어로는 접속사 that이 생략된 「주어+동사」 형태의 명사절을 쓴다.

18 |해석| ① 너는 정말 친절해.
② 너는 창의적이야.
③ 너는 쾌활해.
④ 너는 자신감이 있어.
⑤ 너는 친절하고 공정해.
|해설| Peter가 말한 최고의 칭찬은 Beth가 Peter에게 해 준 '너는 창의적이야.'라는 말이다.

제 2 회 대표 기출로 내신 적중 모의고사 pp. 188~190

01 ④ 02 ② 03 ③ 04 ② 05 (A) a piece of paper (B) Peter 06 ④ 07 ④ 08 ③, ⑤ 09 ② 10 모든 사람들이 하는 것이기 때문에 11 good to say about 12 ③ 13 ⑤ 14 ② 15 (1) butter (2) creative (3) compliment 16 messy 17 ⓓ by use → by using 18 the best compliment

01 |해석| ① 공평한 – 불공평한
② 당기다 – 밀다
③ 깨끗한 – 지저분한
④ 마지막의 – 마지막의
⑤ 주의 깊게 – 부주의하게
|해설| ④는 유의어 관계이고, 나머지는 모두 반의어 관계이다.

02 |해석| ① 자신 있게: 자신감을 가지고 확실하게
② 비명을 지르다: 손톱으로 피부를 문지르다
③ 침착한: 화나거나 초조하거나 속상하지 않고 느긋하고 조용한
④ (일시적인) 중단: 무엇인가를 하거나 말하는 것을 멈췄을 때의 짧은 시간
⑤ 칭찬: 칭찬, 감탄, 또는 인정의 표현
|해설| ②의 영영풀이에 해당하는 단어는 scratch(긁다)이다. scream (비명을 지르다)의 알맞은 영영풀이는 to make a loud high noise with your voice because you are afraid, hurt, or excited이다.

03 |해석| • 그는 정류장에서 아직도 너를 기다리고 있다.
• 움직이지 말고 1분 동안 가만히 서 있어라.
|해설| '아직도, 여전히'라는 의미의 부사와 '가만히 있는, 정지한'이라는 의미의 형용사로 모두 쓰이는 still이 공통으로 알맞다.

04 |해석| • 이 약은 전혀 효과가 있지 않았다.
• 그 사고는 내 실수로 일어났다.
• 만약 이해가 되지 않는다면 질문하는 것을 망설이지 마라.
• 우리는 집에 가는 길에 교통 체증에 갇혀 있었다.
|해설| ⓐ에는 work(효과가 있다), ⓑ에는 accident(사고), ⓒ에는 hesitate(망설이다, 주저하다), ⓓ에는 stuck(움직일 수 없는)이 들어가는 것이 알맞다.

05 |해설| (A) 각 학생들이 이름이 적힌 종이를 한 장씩 뽑았다는 내용이므로 it은 a piece of paper를 가리킨다.
(B) Peter에 대한 Lucy의 이야기를 듣고 그에 대해 덧붙여 말하는 내용이므로 He는 Peter를 가리킨다.

06 |해설| ⓐ '~할 것이 많다'는 「have a lot+to부정사」로 표현하므로, to부정사 형태가 되어야 한다.
ⓑ 가주어 It이 주어 자리에 쓰이고 진주어인 to부정사구가 문장 뒤로 간 「It ~ to부정사」 구문이므로 to부정사 형태가 되어야 한다.

07 |해석| 윗글을 읽고 '예'로 답할 수 없는 질문은?
① Beth의 반 친구들은 이번 학년의 마지막 활동을 위해 이름을 뽑았는가?
② Lucy는 자신이 뽑은 이름에 만족하는가?
③ Beth는 Peter의 이름을 뽑았는가?
④ Beth는 자신이 뽑은 사람을 칭찬하는 것에 대해 신이 났는가?
⑤ Lucy는 Peter를 칭찬하는 것이 쉽지 않을 것이라고 생각하는가?
|해설| ④ Beth는 걱정스러운 표정으로 Peter의 이름을 뽑았다고 말했고, Peter를 칭찬할 점을 찾는 것은 쉽지 않을 것이라는 친구들의 이야기를 듣고 있으므로 Peter를 칭찬하는 것에 대해 신났다고 볼 수 없다.

08 |해설| Steve가 누구를 뽑았는지와 Peter가 왜 말을 많이 하지 않는지는 언급되어 있지 않다.

09 |해설| ⓐ except for: ~을 제외하고
ⓑ compliment+목적어+on ~: ~에 대해 (목적어)를 칭찬하다

10 |해설| 이어지는 엄마의 말(Everybody does that.)에서 칭찬이 될 수 없는 이유를 찾을 수 있다.

11 |해석| 칭찬은 어떤 사람에 대해 말할 좋은 점을 의미한다.
|해설| Peter에 대해 칭찬할 거리가 없다는 Beth에게 아빠가 '그에 대해 말할 좋은 점'을 찾을 수 있을 거라고 말한 것에서, compliment(칭찬)가 '어떤 사람에 대해 말할 좋은 점'을 의미한다는 것을 알 수 있다.

12 |해설| still은 형용사로 '가만히 있는, 정지한'의 의미를 나타내므로 ⓒ는 '가만히 있어.'를 뜻한다.

13 |해석| (D) Boyd의 발이 자전거 거치대에 끼었다.
(C) Peter는 학교 주방에서 버터를 가져왔다.
(A) Peter는 Boyd의 발에 버터를 발랐다.
(B) Boyd의 발이 자전거 거치대에서 빠져나왔다.
|해설| Boyd의 발이 자전거 거치대에 끼는(D) 사고가 발생하자 Peter가 학교 주방으로 달려가 버터를 가져와서(C) 그것을 Boyd의 발에 발랐고(A) Boyd의 발이 자전거 거치대에서 빠져나왔다(B).

14 |해석| 그래서 그가 발을 어떻게 뺐니?
|해설| 주어진 문장은 그(Boyd)의 발을 어떻게 뺐는지 묻는 내용이므로 Beth가 그것에 대해 설명하는 말 앞인 ②에 들어가는 것이 알맞다.

15 |해석| Peter는 버터를 사용해서 Boyd의 발을 자전거 거치대에서 꺼냈다. Beth의 아빠는 Peter의 아이디어가 창의적이었다고 말한다. Beth는 그것이 칭찬이 될 수 있는지 궁금해 한다.

16 |해석| 더럽거나 정리되지 않은
|해설| messy(지저분한)의 영영풀이이다.

17 |해설| ⓓ 전치사 by 뒤에 동사가 올 때는 동명사 형태가 되어야 한다.

18 |해설| '최고의 칭찬'은 최상급 best(최고의, 가장 좋은)를 사용하여 나타내며, 최상급 앞에는 the를 쓴다.

기출예상문제집
중학 영어 **3-2** 기말고사 윤정미

정답 및 해설

영역	브랜드	초1~2	초3~4	초5~6	중1	중2	중3	고1	고2	고3
독해	[중등] 기본서 READING CLEAR				READING CLEAR 1	READING CLEAR 2	READING CLEAR 3			
	[중등] 수능 대비서 수작 중학 비문학 영어 독해				수능시작 비문학 영어 독해	수능시작 비문학 영어 독해	수능시작 비문학 영어 독해			
	[고등] 기본서 Supreme 구문독해 / 유형독해							Supreme 구문독해	Supreme 유형독해	
	[중·고등] 문장독해 공식으로 통하는 문장독해 기본 완성							공통문 기본	공통문 완성	
듣기	[중등] 듣기모의고사 LISTENING CLEAR 중학영어 듣기모의고사				LISTENING CLEAR 중학영어듣기 모의고사 1	LISTENING CLEAR 중학영어듣기 모의고사 2	LISTENING CLEAR 중학영어듣기 모의고사 3			
	[고등] 듣기모의고사 Supreme 수능 영어 듣기 모의고사 기본 실전							Supreme 기본	Supreme 실전	
어휘	[초·중·고등] 영단어, 영숙어 뜯어먹는 시리즈	뜯어먹는 필수 영단어 1	뜯어먹는 필수 영단어 2		뜯어먹는 중학 기본 1200	뜯어먹는 중학 1800	뜯어먹는 중학 1000	뜯어먹는 수능 1800	뜯어먹는 수능 1800	뜯어먹는 수능 1200
	[중·고등] 영단어 보카클리어				보카 클리어	보카 클리어	보카 클리어	보카 클리어 고교필수편	보카 클리어 수능편